भारतीय
ज्ञानपीठ

णाणं
पयासयं
वीर नि.सं. 2470
भारतीय ज्ञानपीठ
ई.सन् 1944

शिल्प और समाज

शिल्प और समाज

अजय तिवारी

भारतीय ज्ञानपीठ

लोकोदय ग्रन्थमाला : ग्रन्थांक 1225

ISBN 978-93-263-5255-0

शिल्प और समाज
(आलोचना)
अजय तिवारी

प्रकाशक : भारतीय ज्ञानपीठ
18, इन्स्टीट्यूशनल एरिया, लोदी रोड, नयी दिल्ली-110 003

मुद्रक : विकास कम्प्यूटर ऐंड प्रिंटर्स, दिल्ली

आवरण चित्र : महेश्वर
आवरण-सज्जा : ज्ञानपीठ कला प्रभाग

SHILP AUR SAMAJ
(Criticism)
by Ajay Tiwari

Published by
Bharatiya Jnanpith
18, Institutional Area, Lodi Road, New Delhi-110 003
Ph. : 011 24698417, 24626467; 23241619 (Daryaganj)
Mob. : 9350536020; e-mail : bjnanpith@gmail.com
sales@jnanpith.net, website : www.jnanpith.net

Second Edition : 2018
Price : Rs. 350

दहका खड़ा है सेमल का पुरनिया पेड़।

स्व. श्री चन्द्रबली सिंह के लिए।

अनुक्रम

भूमिका

साहित्य रूपों का आविर्भाव और अवसान ही नहीं, साहित्यिक कृतियों का शिल्प भी समाज और इतिहास की परिस्थितियों पर निर्भर होता है। काव्यशिल्प, कथाशिल्प, मूर्तिशिल्प जैसी पदावली कलात्मक अभिव्यक्ति में रूपरचना या स्थापत्य का महत्त्व स्पष्ट करती है। बेनेदेतो क्रोचे भी अभिव्यंजना के लिए अनुभूति को पर्याप्त मानते थे लेकिन वह अनुभूति कला तभी बनती थी, जब उसे भाषा मिल जाती थी, यानी शब्द, नाद, रंग, आकृति, भंगिमा या मुद्राओं का माध्यम। रूपविजित वस्तु ही कला बनती है। इसलिए दोनों की परस्पर निर्भर सत्ता है। अनुभूति वस्तु है, जैसे जल। रूप शिल्प है, जैसे कुआँ, बावड़ी, नदी, नहर, तालाब, झरना। शिल्प वस्तु से निर्मित होता है, उसे नियन्त्रित भी करता है।

एक ही वस्तु अलग-अलग शिल्प से विभिन्न अस्तित्व ग्रहण करती है। वही जल कुआँ, नदी, झरने का रूप लेता है; वही अनुभूति काव्य, संगीत, स्थापत्य का रूप लेती है। यह समझना भूल है कि वस्तु का जन्म शिल्प से होता है। पहाड़ को तोड़कर पानी ही झरने का रूप लेता है। जिस अनुभूति को भाषा नहीं मिलती, वह भी अस्तित्ववान है और अभिव्यंजना है। इसलिए शिल्प निष्क्रिय और गौण नहीं है, फिर भी निर्णायक महत्त्व अन्ततः वस्तु का ही होता है। और, यह निर्विवाद है कि वस्तु का अटूट सम्बन्ध समाज और इतिहास से होता है।

आज इस बात पर जोर देना आवश्यक है क्योंकि पैकेजिंग, एडवर्टाइज़िंग, प्रेजेंटेशन, जेस्चर वगैरह प्रदर्शन और आडम्बर के वातावरण में वस्तु का महत्त्व उपेक्षणीय और गौण हो जाता है, बचता है केवल शिल्प। हमारे पारम्परिक समाज में साथ-साथ रहते हुए जो लोग पूरा जीवन बिता देते थे, उन्हें कभी 'आई लव यू' कहते नहीं सुना गया। लेकिन अमरीकी जीवन-शैली में दिन भर 'आई लव यू-आई मिस यू' की माला जपनेवाले एक जीवन में पाँच-सात जोड़े बदल लेते हैं। वस्तु और अभिव्यक्ति के बीच काफी पेचीदा सम्बन्ध है। प्रदर्शन अक्सर भावहीनता का परिणाम होता है। रीतिवाद में भी 'हाव-भाव' होता था; बाज़ारवाद

में 'हाव' रह गया है, 'भाव' केवल मोलभाव की चीज़ बन गया है।

पहले भी शिल्प और अनुभूति के परस्पर-सम्बन्ध को मानने में उतनी समस्या नहीं थी, जितनी शिल्प के उपकरणों को समाज सापेक्ष मानने में थी। चरित्र, भाषा, मिथक, भंगिमा—शिल्प के जितने उपकरण हैं, वे रचनाकार के अनुभव का हिस्सा हैं। यानी, उसके जगतज्ञान और ज्ञानजगत का, उसके चिन्तन-मनन, कल्पना-अनुभूति का मिला-जुला परिणाम। कला का सामर्थ्य इन सबकी समृद्धि और परस्परता पर निर्भर है। इस पर अलग से बहस करने की जरूरत शायद नहीं है कि अनुभव के विभिन्न घटक समाज और इतिहास की वर्तमान अवस्था में रचनाकार की स्थिति से जन्म लेते हैं।

कला के माध्यम का, उस माध्यम के भीतर शैली का और उस शैली के भीतर रचना के शिल्प का चुनाव अनुभव की प्रकृति पर ही निर्भर है। आदिमानव के गुफाचित्र और धूसर-स्वप्निल रंगों की रोमांटिक चित्रकला दोनों दो बिलकुल भिन्न दुनिया का परिचय देते हैं। 'विशुद्ध रूप' का उदाहरण प्रतीत होनेवाले गुफाचित्र, जैसा क्लाइव बेल कहते हैं, वास्तव में रूपरचना का परिणाम न होकर सीमित साधनोंवाले आदिम मनुष्य के जीवन-संघर्ष से उत्पन्न स्वप्न-चित्र हैं। उनमें प्रकृति पर निर्भर जीवन जीनेवाले मनुष्य की सीमाएँ, उस प्रकृति से उसका संघर्ष, उस पर प्रकृति का आधिपत्य और प्रकृति को अधीन बनाने की उसकी काल्पनिक प्रक्रियाएँ बड़े सजीव रूप में अंकित हैं।

परवर्ती मनुष्य आदिम अनुभव के उन रूपों का उपयोग एक स्मृति के तौर पर ज़रूर करता है लेकिन वह उन अनुभवों का भोक्ता नहीं है इसलिए वैसे रूपों को खुद जन्म नहीं दे सकता। उनसे अलग, रोमांटिक युग की चित्रकला एक गम्भीर भावात्मक वायुमंडल बनाती है, जिसमें यथार्थ जीवन कुछ कोहरे में रहता है, उस पर कल्पना का रंग दिखता है। भव्य रोमांटिक चित्रों से पिकासो के चित्रों की तुलना की जाय तो केवल 'शैली' का नहीं, उसमें निहित अनुभव-वस्तु का फर्क भी स्पष्ट होगा। इससे पता चलता है कि शिल्प का उत्स ही सामाजिक-ऐतिहासिक नहीं होता, उसका प्रभाव भी ऐतिहासिक और भावात्मक होता है। इससे अलग सौन्दर्यात्मक प्रभाव कोई रहस्यमय वस्तु नहीं है। यों भी, बाज़ारवाद एक तरफ सारी पवित्रता, रहस्यमयता को नफ़ा-नुकसान के तराजू में रखकर बिकाऊ माल बना देता है और दूसरी तरफ भय, आशंका को नये रहस्यवाद और चमत्कारवाद में बदलकर अनिश्चय का मनोविज्ञान उत्पन्न करता है।

प्रगतिशील साहित्य के बाद समकालीन स्त्री-साहित्य, विशेषतः दलित साहित्य ने शिल्प और सौन्दर्य के प्रचलित मानदंडों पर बहस खड़ी की है। उसका शिल्प पूर्ववर्ती लेखन से अलग है। उसके शिल्प का स्रोत अनुभव की

प्रकृति, विषयवस्तु के स्वरूप और रचना के उद्देश्य में निहित है। वह शिल्प-रचना के सामाजिक पहलू का सशक्त उदाहरण है। वैदिक कल्पना से दलित अभिव्यक्ति तक समाज के सुदीर्घ इतिहास की एक अन्तर्यात्रा शिल्प के आधार पर भी हो सकती है। भक्ति का शिल्प किसी समय बहुत हेठा माना गया होगा। दरबारी साहित्य की तुलना में वह कुछ नहीं था। कलाचातुरी और भावविभोरता का अन्तर बहुत बड़ा था। आज वही भक्ति काव्य उत्कृष्ट शिल्प का उदाहरण है। 'शिल्प और समाज' में इसी दृष्टिकोण से सामग्री का चुनाव किया गया है।

शिल्प के माध्यम से समाज को देखना उतना ही जरूरी है, जितना समाज के नज़रिए से शिल्प को देखना। यदि शिल्प स्वयं में साध्य नहीं हैं तो यह बात ध्यान में रखनी आवश्यक है कि कला को नयी अन्तर्वस्तु समाज और इतिहास से मिलती है। दूसरे शब्दों में, सामाजिक शक्तियों की गतिशीलता, विभिन्न शक्तियों का परस्पर सम्बन्ध, उन शक्तियों में टकराव और सन्तुलन, परिवर्तन लाने और परिवर्तन रोकने के प्रयत्न, ऐसे अनेक कारक हैं, जिनसे किसी भी दौर की अन्तर्वस्तु निर्मित होती है। हमारे चाहे-अनचाहे कलात्मक रूपों में वह अन्तर्वस्तु अभिव्यक्त होती है। समाज में हमारी स्थिति, वर्तमान सम्बन्धों के प्रति हमारा स्वीकार या अस्वीकार, अतीत और भविष्य के प्रति हमारा रुख यह तय करता है कि समसामयिक अन्तर्वस्तु के प्रति हमारा दृष्टिकोण कैसा होगा। इसलिए पुस्तक में युवामन, लोकतन्त्र, जनसमाज, बाज़ारवाद, दलित, अल्पसंख्य, न्याय-चेतना जैसी विभिन्न अवधारणा के सन्दर्भ में रचना और उसके शिल्प की समस्या को परखने का यत्न किया गया है।

उत्तर-सोवियत विश्व में साम्राज्यवाद के प्रति इतना खुला और बेझिझक समर्थन व्यक्त हो रहा है जिसकी पहले कल्पना नहीं की जा सकती थी। लेकिन दुनिया के अन्तर्विरोध कम नहीं हुए हैं। न्याय और विवेक के स्वर भी नये रूपों में अभिव्यक्त हो रहे हैं। इन स्वरों को रेखांकित करना और उनका समर्थन करन इस पुस्तक का उद्देश्य है। इसलिए प्रत्यक्षतः विवादों से दूर रहते हुए भी यह पुस्तक वैचारिक संघर्ष में एक पक्ष की भूमिका अदा करती है। यह पक्ष इतिहास की गति को समझकर चुना गया है। समाज के जनतान्त्रिक रूपान्तरण और पुनर्गठन के लिए यदि इस विचार-विमर्श से थोड़ी भी उत्तेजना मिलेगी तो मैं अपना प्रयत्न सार्थक समझूँगा।

पुस्तक वामपन्थी आलोचक श्री चन्द्रबली सिंह को समर्पित है। उनके साथ कई दशकों का सम्पर्क रहा। विशेषतः जनवादी साहित्यान्दोलन के निर्माण और बिखराव का पूरा दौर साथ-साथ देखा गया। वामपन्थी आन्दोलन में गुटबन्दी और अवसरवाद ने केवल संगठनों को निष्प्रभावी और निस्तेज नहीं बनाया, पूरे आन्दोलन

को पस्त किया है। चन्द्रबली जी इन प्रवृत्तियों के विरुद्ध लड़नेवाले योद्धा थे। उन्हेंअपमान के घूँट भी पीने पड़े लेकिन उनकी निष्ठा में कमी नहीं आयी, मई 2010 में जब पुस्तक तैयार की गयी थी, तब वे हमारे बीच थे। फरवरी 2014 में पुस्तक के प्रकाशन के समय वे स्मृति-शेष हैं। काशष उनके सामने इसका प्रकाशन हो पाता!

पुस्तक के सुरुचिपूर्ण प्रकाशन के लिए भारतीय ज्ञानपीठ का आभार।

नयी दिल्ली, 25 मई 2014 **अजय तिवारी**

समकालीनता और साहित्य

साहित्य का स्वप्न और गति

युवाओं की एक संस्था ने जब परिसंवाद के लिए 'साहित्य का स्वप्न और गति' विषय सुझाया तो पहली प्रतिक्रिया हुई कि यह काफ़ी अमूर्त विषय है। अमूर्त है इसलिए दार्शनिक भी कह सकते हैं। लेकिन अमूर्त है इसलिए उसकी सीमाएँ अनिश्चित हैं। सोचने के लिए बेहद्दी मैदान है जिसमें आप भटक सकते हैं। बिखर सकते हैं। अपने अनुसार छोटा या बड़ा दायरा बना सकते हैं। गरज यह कि कुछ भी कर सकते हैं...।

ज़ाहिर है, शुरुआत करना भी काफ़ी उलझन भरा है। आप आदिकवि बाल्मीकि के 'मा निषात् प्रतिष्ठाम्...' से भी शुरू कर सकते हैं और बीजिंग ओलम्पिक में दिये गये नारे से भी—'एक विश्व एक स्वप्न'। और, दोनों से शुरू करने पर आप दो रास्तों से शायद एक ही जगह पहुँचेंगे कि साहित्य का स्वप्न, दूसरे सपनों से अलग, संसार के साथ रचनाकार के निजी-विशिष्ट सम्बन्ध से जन्म लेता है। इसलिए वह नाना रूप, नाना रंग में व्यक्त होता है। वह इतना 'एक' (एकरूप या इकहरा) नहीं होता जितना राजनीतिज्ञों और व्यवसायियों का स्वप्न होता है। इसलिए बीजिंग ओलम्पिक का नारा वास्तव में खेल का स्वप्न उतना नहीं है, जितना खेल की राजनीति या राजनीति का खेल है। खेल के स्वप्न से साहित्य का स्वप्न तो मिल भी सकता है क्योंकि दोनों में मनुष्य की सर्जनात्मकता और कौशल का संयोग होता है लेकिन राजनीति के स्वप्न से साहित्य के स्वप्न का तालमेल सामान्यत: नहीं होता।

आदिकवि की सहज अभिव्यक्ति यह बताने के लिए काफी है कि साहित्य का स्वप्न रचनाकार के जिस भावजगत में आकार लेता है, उसमें जीवन का दृश्य यथावत् नहीं रहता। यही मूल बीज है जो साहित्य के स्वप्न को राजनीति के स्वप्न से अलग करती है। राजनीति तत्त्वत: पक्षधर होते हुए भी प्रकटत: तटस्थ दिखने के लिए विवश होती है क्योंकि उसे समाज-संगठन का संचालन करना होता है। साहित्यकार के लिए ऐसी विवशता नहीं है। क्रौंच-वध की घटना ने 'शोक' को 'श्लोक' बनाया। शोक घटना को तटस्थ वर्णन नहीं रहने देता। कवि राजनीतिज्ञ की भाँति शोक 'प्रकट' करके शान्त नहीं हो सकता। वह शोक अनुभव

करता है क्योंकि अनुभव के बिना वह रचना कर ही नहीं सकता। शोक भाव की वस्तु है। वह रचनाकार के अन्तर्जगत को क्षुब्ध करता है। क्षोभ घटना को स्वप्न में बदलता है। मानी, हू-ब-हू नहीं रहने देता। वह जाँच आयोग बिठाकर सचाई पता करने का काम स्थगित नहीं करता। वह अपना निर्णय देता है; उसकी सचाई उसके भावजगत से निश्चित होती है।

इसलिए चाहे वर्तमान सन्दर्भ से विचार करें या प्राचीन सन्दर्भ से, स्वप्न के बिना साहित्य पर बात नहीं हो सकती। यथार्थवादी साहित्य हो, तो भी। विशेषकर कविता तो मूलतः भाव और स्वप्न से ही सम्बन्ध रखती है। यथार्थवाद का विकास एक साहित्यिक प्रवृत्ति के रूप में कथा-साहित्य, उपन्यास के साथ हुआ था। जिन दिनों रूस में 'पेरेस्त्रोइका' शुरू हुआ था, उन दिनों हिन्दी के कई महत्त्वपूर्ण प्रगतिशील और जनवादी कवि कविता से यथार्थवाद ही नहीं, यथार्थ को भी बहिष्कृत करके स्वप्न की महत्ता प्रतिपादित करने लगे थे।

स्वभावतः समस्या स्वप्न से कविता या साहित्य के सम्बन्ध को लेकर नहीं है। समस्या तब है, जब साहित्य उन लोगों तक सम्प्रेषित नहीं होता जिनके जीवन से प्रेरित या संवेदित होता है या जिन्हें सम्बोधित होता है। यानी 'स्वप्न' के बजाय 'गति' (दिशा, सम्प्रेष्य) का सवाल अधिक समस्यामूलक है। 'स्वान्तः सुखाय' लिखनेवालों के लिए गति का प्रश्न नहीं है; वहाँ रचना अपारदर्शी है, उसका अपना अस्तित्व ही पर्याप्त है, किसी के समझने की जरूरत ही नहीं है। लेकिन भवभूति को बहुत पहले यह चिन्ता हुई थी, 'कोऽपि समानधर्मा'। शायद उन्होंने अपने मन को समझाया था कि आज न सही, भविष्य में कोई समानधर्मा (हमख़याल) होगा, जो मेरा साहित्य समझेगा। साहित्य दूसरों तक कब पहुँचेगा, यह तय नहीं था, लेकिन पहुँचेगा, यह भरोसा था।

इस दृष्टि से देखें तो 'मा निषात् प्रतिष्ठाम्....' के स्वप्न से 'कोऽपि समानधर्मा...' की गति तक साहित्य की प्रक्रिया पर विचार के कई दिलचस्प बिन्दु उभरते हैं। बाल्मीकि अगर घटना के प्रति तटस्थ या सन्तुष्ट होते, उन्हें दुःख या क्षोभ न होता तो शोक कभी श्लोक न बनता। इस बात को यों भी कह सकते हैं कि ब्रह्मा की बनायी दुनिया से जो सन्तुष्ट रहता है, उसे कल्पना में एक और दुनिया बनाने की जरूरत नहीं होती।

दूसरे शब्दों में, कविता का स्वप्न जीवन के असन्तोष से पैदा होता है। कबीर सन्तई के आदर्श के लिए कहते होंगे, 'जब आवै सन्तोष धन, सब धन धूरि समान।' लेकिन कविता का आदर्श तो उनके लिए भी दूसरा था। वहाँ वे जीवन के पाखंड पर, विषमता पर, कर्मकांड, अन्धविश्वास, जातिवाद पर, साम्प्रदायिक संकीर्णता और विद्वेष पर ज़ोरदार आक्रमण करते हैं। वे अपने सामने मौजूद पंडितों-मुल्लों-

योगियों को सन्तुष्ट होने के कारण गालियाँ नहीं देते थे। तुलसीदास को कबीर का विरोधी माना जाता है। लेकिन कबीर की तरह ये भी व्यंग्य करते थे, 'पंडित सोइ जो गाल बजावा'; 'सोइ सयान जे परधन हारी।' वग़ैरह।

गिनाने की जरूरत नहीं है लेकिन निराला जब कहते हैं कि 'आज अमीरों की हवेली किसानों की होगी पाठशाला', तो वे भी यथास्थिति से असन्तोष और अपने मन का एक आदर्श स्वप्न ही प्रस्तुत करते हैं। खुद प्रेमचन्द, जो यथार्थवादी रचनाकारों के सिरमौर हैं और छायावादी कल्पना या ऐतिहासिक आदर्शवाद के कड़े आलोचक रहे हैं, उन्होंने भी जीवन का हू-ब-हू चित्र प्रस्तुत करनेवाले 'यथार्थवादी' (या यथार्थाग्रही) साहित्य का विरोध किया था। उनके अनुसार, मनुष्य परिस्थिति-चक्र में जो देवत्व खो देता है, साहित्य उसे वापस लाता है।

इस मायने में हम कहेंगे कि साहित्य का स्वभाव स्वप्नधर्मी होता है; साहित्य का यह स्वप्न यथास्थिति के विरुद्ध होता है और यही असन्तोष उस स्वप्न की प्रक्रिया को गति और दिशा देता है। कारण यह कि साहित्य का स्वप्न जब यथास्थिति से टकराता है तब लेखक चाहे या न चाहे, उसकी रचना एक आदर्श, एक सम्भावना, एक विकल्प, या कम-से-कम एक दिशा का संकेत करती है। यही साहित्य का स्वप्न है।

यों तो तुलसीदास ने भी दुकानों पर 'बैठे बजाज, सर्राफ़' देखे थे, लेकिन वे हद-से-हद ग़ालिब की तरह बाज़ार से गुज़रे थे; वहाँ रमे नहीं थे। लेकिन कबीर के लिए बाज़ार के अलावा जीविका का साधन नहीं था। वे तो बाज़ार में ही खड़े होकर ललकारते थे। बहुत-से मित्रों को यह देखकर बड़ी आस बँधती है कि 'कबिरा खड़ा बाज़ार में...!' वे इस माध्यम से आज के बाज़ारवादी (उपभोक्तावादी) सपनों का औचित्य सिद्ध करते हैं। लेकिन कबीर के समय भूमंडलीय पूँजीवाद नहीं था; उसका यह प्रभावशाली सार्वभौम तन्त्र नहीं था; हद-से-हद सौदागरी पूँजीवाद था, जो उभरते हुए विश्व-बाज़ार में महत्त्वपूर्ण भूमिका निभा रहा था। उस बाज़ार में कबीर सौदागर (बनिया या व्यापारी) की हैसियत से नहीं, जुलाहे (कारीगर) की हैसियत से खड़े थे। इसलिए व्यापारी वर्ग से उनके हित टकराते थे। वे बनिये को बार-बार गाली देते थे—

मन बनिया बनिज न छोड़ै।
कुनबा वाके सकल हरामी, अमृत मा विष घोलै।...

या फिर, 'हरि सन बनिज करेई', वग़ैरह।

बाज़ार का स्वामी कारीगर (श्रमिक) न तब था, न आज है। कबीर कारीगर (जुलाहा) थे, बाज़ार उनकी जीविका भी था और शोषण का स्रोत भी। इसलिए

वे बाज़ार में खड़े भी थे और लुकाठी लेकर अपना घर जलाने का आह्वान भी करते थे। इसलिए कबीर के बाज़ार और उपभोक्तावादी बाज़ार का फ़र्क़ समझना चाहिए।

कबीर के लिए 'जब आवै सन्तोष धन, सब धन धूरि समान' था। उपभोक्तावाद सन्तोष धन पर टिक ही नहीं सकता। वह तो तभी जी सकता है जब 'ये दिल माँगे मोर...'! रोज़ नयापन, रोज़ परिवर्तन, नयी चीज़ें, अधिक चीज़ें...असन्तोष और अस्थिरता उपभोक्तावाद के मूल में हैं। क्या साहित्य के असन्तोष (और नवीनता) से बाज़ार के असन्तोष (और नवीनता) का कोई साझा है? शायद नहीं। उपभोक्तावादी असन्तोष माया में लिप्त है, कविता का असन्तोष माया से क्षुब्ध; उपभोक्तावादी असन्तोष व्यक्तिगत सुखभोग से सम्बद्ध है, कविता का असन्तोष परकायाप्रवेश से; उपभोक्तावादी असन्तोष यथास्थिति को पुष्ट करता है, कविता का असन्तोष यथास्थिति से विद्रोह। कबीर का सन्तभाव और उनका कविभाव प्रकटतः विपरीत दिखते हुए भी पूरक थे क्योंकि दोनों ही उपभोक्तावाद-मायावाद का विरोध करते थे; बाज़ारभाव से उनके सन्त और कवि भाव का मेल ज़रा कम ही बैठता था।

लेकिन कबीर जिस समाज को सुधारने के लिए कर्मकांड वग़ैरह की आलोचना करते थे, उस समाज तक उनकी रचना तब तक पहुँच पायी थी या नहीं? आज संचार के साधन बहुत हो गये हैं; उनके जरिए विज्ञापन तो बच्चे-बच्चे तक पहुँच जाता है, लेकिन क्या साहित्य भी अपने समाज तक पहुँच पाता है? यह सवाल काफ़ी पेचीदा है। लेकिन एक बात निश्चित है कि साहित्य जीवन के सत्य का साक्षी होता है। बाल्मीकि क्रौंच-वध की जिस घटना से क्षुब्ध हुए उसका प्रतिकार नहीं कर सके, लेकिन वे उसके साक्षी बने। उन्होंने अपने क्षोभ के सहयोग से उसे नया रूप दिया और यह रूप अमर हो गया।

केदारनाथ अग्रवाल ने लगभग ऐसा ही एक दृश्य देखा था—*हे मेरी तुम/ चिड़ीमार ने चिड़िया मारी/नन्ही-मुन्नी तड़प गयी प्यारी बेचारी.../...अब भी वह चिड़िया ज़िन्दा है/मेरे भीतर/नीड़ बनाये/चूँ-चूँ करती/चिड़ीमार से डरी-डरी!*

केदार भी उसे चिड़ीमार से नहीं बचा सके, लेकिन उन्होंने अपने भीतर, संवेदना में उसे जीवित रखा। रघुवीर सहाय अपने इस साक्षी-भाव में प्रकृति को भी जोड़ लेते हैं—'उसी आम के नीचे बाँधकर मारा/उन्होंने अठारह बरस के उन लड़कों को/हिन्दी बोलनेवाले गाँव के लड़कों को/जो सेना को नहीं भाते थे।' और, राजेश जोशी की 'लोक कथा' में बिल्ली कबूतर को खा लेती है, और कविता के पास जाकर कहती है, 'कबूतर मेरी आत्मा में जीवित है'! यहाँ कविता के साक्षी भाव को हत्यारे ने भी पहचान लिया है! लेकिन कविता केवल निष्क्रिय

साक्ष्य नहीं है, वह सकर्मक शब्द है—सम्प्रेषण का माध्यम—*इससे पहले/कि अगला जादू दिखाये बिल्ली/कविता ने अपने शब्द/अपने अगल-बगल खड़े लोगों में/बाँट दिये।*

इस तरह साक्षी बनकर साहित्य अन्याय को अलक्षित—अनदेखा नहीं रहने देता; अपने स्वभाव से—शब्दधर्मी कर्तव्य से—वह अपने अनुभव को आस-पास बाँट देता है। यह भी प्रतिकार का एक ढंग है—'रातदिन/कविता/चकमा देती है बिल्ली को।' बेशक़, यह राजनीति की तरह अन्याय का प्रतिरोध नहीं है, लेकिन उसका साक्षी भाव चिड़ीमारों की दुनिया में उत्पीड़ित के पक्ष का समर्थक बनकर एक समान्तर परम्परा का निर्माण करता है। इसी मायने में साहित्य का स्वप्न सत्ता और वर्चस्व के प्रतिकार का सत्य है। और यह कहने की बात नहीं है कि यह उसके रचनात्मक स्वभाव के अनुरूप है।

साहित्य जिस तरह अनुभव को सुरक्षित रखता है, वह अपने समय के बाद भी लोगों की संवेदना को प्रभावित करता है। अगर काव्यशास्त्र की भाषा में कहें तो साहित्य अपना सन्देश 'सहृदय' के माध्यम से लोगों तक पहुँचाता है। इस 'सहृदय' के साथ भारतेन्दु का एक कथन यद आता है, 'जो बात सर्वसाधारण तक पहुँच जाती है, वह अमर हो जाती है।' साहित्य का स्वप्न सर्वसाधारण के अनुभव से पैदा होता है और वापस सहृदय के माध्यम से सर्वसाधारण तक पहुँचता है। थोड़ी जटिल प्रक्रिया है।

'सहृदय' और 'सर्वसाधारण' एक नहीं हैं, उनमें द्वित्व है; फिर रचनाकार अपना अनुभव तो बिना किसी मध्यस्थ के करता है, लेकिन सम्प्रेषण-प्रक्रिया में मध्यस्थ आ जाता है इसलिए उसकी गति भिन्न हो जाती है। यह सहृदय अपने संवेदन-संसार, आस्वाद-बोध और विचारधारा के अनुसार कार्य करता है। अगर वह विशेषज्ञ है, रस-छन्द-अलंकार, बिम्ब-प्रतीक-चरित्र या सिद्धान्त-विमर्श-संरचना जैसे काव्यशास्त्रीय प्रतिमानों में पारंगत है तो वह हुनर और शिल्प को महत्त्व देगा। अगर सहृदय में 'हृदय' का कोई अर्थ है तो वह भाव-सम्बन्ध को महत्त्व देगा। दोनों साहित्य के मूल्य को, उसकी गति को एक ही तरह निर्धारित नहीं करेंगे।

हमारी परम्परा में 'सहृदय' की दोनों रूपों में व्याख्या होती रही है—विशेषज्ञता, हुनर और शिल्प के सन्दर्भ में, तथा भाव-सम्बन्ध में। यह बताने की जरूरत नहीं है कि कब किस रूप में व्याख्या होती रही है और क्यों होती रही है। उस व्याख्या का एक सामाजिक आधार और ऐतिहासिक प्रसंग है, उससे हम परिचित हैं। लेकिन अगर सहृदय विशेषज्ञ है, हुनरमन्द पाठक है, तो साहित्य का मूल्य और साहित्य की गति एक तरह की होगी। अगर वह सहृदय भाव-

सम्बन्ध की ओर झुका हुआ है तो साहित्य का मूल्य, उसकी गति दूसरे तरह की होगी। मुक्तिबोध की प्रसिद्ध पंक्ति है, 'पूँजी से जुड़ा हुआ हृदय बदल नहीं सकता।' मुक्तिबोध के मित्र शमशेर ने दूसरे प्रकार के हृदय का ज़िक्र किया है, 'सरकारें पलटती हैं जहाँ हम दर्द से करवट बदलते हैं।' एक हृदय पूँजी से जुड़ा है; मुक्तिबोध अच्छी तरह जानते हैं कि वह बदल नहीं सकता। दूसरा हृदय उस 'हम' का है जो दर्द से करवट बदलता है और पूँजी से जुड़े हृदयवाली सरकारें पलट जाती हैं। दो अलग-अलग पृष्ठभूमि पर आधारित दो तरह की अवधारणा हो सकती है।

साहित्य का स्वप्न एक तरफ कवि की निजता-अन्तरंगता से निर्धारित होता है, दूसरी तरफ सामाजिक-ऐतिहासिक सन्दर्भ से। रचनाकार की निजता और ऐतिहासिकता में हमेशा विरोध देखने की प्रवृत्ति अच्छी नहीं है। दोनों में पारस्परिक सम्बन्ध होता है। निजता से ऐतिहासिकता निर्मित होती है और ऐतिहासिकता से निजता भी निर्मित होती है। इसलिए दोनों में अनिवार्य सम्बन्ध है। तुलसीदास ने 'रामचरितमानस' का अन्त इस दोहे से किया है—

कामिहि नारि पियारि जिमि, लोभिहि प्रिय जिमि दाम।
तिमि रघुनाथ निरन्तर प्रिय लागहु मोहि राम॥

कामियों को नारी बड़ी प्रिय लगती है और लोभियों को धन-दौलत बहुत प्रिय लगता है; हे रघुनाथ मुझे आप उसी तरह प्रिय लगो ताकि इन प्रलोभनों से मुक्त हो सकूँ! इस अभिव्यक्ति में जो दरिद्रता का स्वप्न है, वह तुलसीदास का निजी भी है और उनके जैसे लाखों-करोड़ों लोगों का सामूहिक भी। उसका समाधान रामराज्य का स्वप्न है।

लेकिन जो दूसरी समस्या है, वह समाज की व्यापक समस्या तो पूँजीवादी युग में आकर हुई है, खासकर वृद्ध पूँजीवाद के युग में; तुलसीदास के लिए तो कम-से-कम व्यक्तिगत समस्या थी और बड़ी विकराल समस्या थी, उसे घटाकर नहीं देखना चाहिए। आप तुलसीदास के राम को याद करें। सीता और राम साथ हैं तो 'निज छवि रवि मनोज मद हरिहीं।' राम अकेले हैं तो 'कोटि मनोज लजावनहारे!' तुलसीदास कामदेव से पीड़ित हैं और तुलसीदास के आराध्य कामदेव को परास्त करते हैं। एक यथार्थ है, दूसरा स्वप्न। यह इस बात का संकेत भर है कि निजता कैसे स्वप्न को निर्मित कर रही है। यह स्वप्न ऐतिहासिकता से निरपेक्ष नहीं है।

दूसरी तरफ, ऐतिहासिकता इस स्वप्न का निर्धारण कैसे करती है, इसका संकेत करना भी उपयुक्त है। रामराज्य का आदर्श समाज का स्वप्न है, भले ही

आज की दृष्टि से वह असंगतियों से भरा हो। तुलसीदास उस स्वप्न को राम के माध्यम से चरितार्थ करते हैं—'रामप्रताप विषमता खोई।' राम मर्यादा पुरुषोत्तम लीलाधारी भगवान के अवतार हैं। जनता संगठित होकर अपना भाग्य बदलने में असमर्थ है इसलिए राम का प्रताप आवश्यक है। विषमता का अन्त हो, यह तुलसी की यातना से पैदा होनेवाला स्वप्न है। लेकिन जनता के व्यापक संगठित संघर्षों का इतिहास नहीं है इसलिए वह स्वप्न पूरा होता है लीलाधारी ब्रह्म की अनुकम्पा से। यह उस स्वप्न की ऐतिहासिक सीमा है।

भारतेन्दु ने 'प्रबोधिनी' में उद्‌बोधन किया है कि 'डूबत भारत नाथ बेगि जागो, अब जागो।' डॉ. नित्यानन्द तिवारी ने भारत और नाथ को मिलाकर 'भारतनाथ' की अवधारणा प्रस्तुत की है। वह बहुत सही है। भारतेन्दु जब कहते हैं कि हिन्दू-मुसलमान-मराठी-पंजाबी-मद्रासी सब एक का हाथ एक पकड़ो और वह करो जिसमें देश का धन बाहर न जाने पाये, तो यहाँ वे उसी 'भारतनाथ' का उद्‌बोधन करते दिखाई देते हैं। इस नयी वस्तुस्थिति की पृष्ठभूमि में 1857 का स्वाधीनता संघर्ष है। देशव्यापी स्तर पर, सभी प्रदेशों, सभी धर्मों, सभी जातियों और सभी वर्गों को उद्वेलित करनेवाला इतना विराट आन्दोलन औपनिवेशिक संसार में कहीं नहीं हुआ। वह विफल रहा। लेकिन महत्त्व उसकी विफलता का नहीं है। महत्त्व है उसके संगठित संघर्ष का, जिसका अनुभव भारतीय मानस में संचित हो गया। इसीलिए भारतेन्दु जनता की संगठित शक्ति को जागृत करने का प्रयत्न करते हैं।

'रामप्रताप' से 'भारतनाथ' तक एक बहुत लम्बी यात्रा है। लेकिन इससे आगे की यात्रा निराला करते हैं, जब झींगुर डटकर बोलने लगता है; नागार्जुन करते हैं, जब कलुआ की तदबीरों से शोषण की बुनियाद हिलती है। रामप्रताप से चलकर भारतनाथ, झींगुर और कलुआ तक लगातार साधारणीकरण की प्रक्रिया दिखाई देती है। इस प्रक्रिया के पीछे जनता के वास्तविक संघर्षों का ऐतिहासिक अनुभव विद्यमान है। इसलिए हमें यह बात ध्यान में रखनी चाहिए कि निजता और ऐतिहासिकता मिलकर साहित्य के समग्र स्वप्न का निर्धारण करते हैं।

यहाँ एक समस्या और उत्पन्न होती है। साहित्य जिस समय लिखा जाता है, उसके युगों बाद (भी) जब अपने समानधर्मा के पास पहुँचता है, तब उनके ऐतिहासिक सन्दर्भ बिलकुल बदल चुके होते हैं। फिर भी पुराने समाज की रचना नये मनुष्य को आकर्षित-प्रभावित करती है। मार्क्स ने बड़े ऐतिहासिक सन्दर्भ में साहित्य (कला) की गति का यह प्रश्न उठाया था कि महाकाव्य जैसे भव्य कला रूपों का उदय प्राचीन समाज में क्यों हुआ, यह समझना मुश्किल नहीं है, लेकिन यह समझना मुश्किल है कि उन रूपों का आकर्षण आगे के युगों में क्यों बना रहता है।

प्राचीन और मध्यकालीन समाजों में व्यक्ति का सामूहिक प्रक्रिया से अलगाव नहीं हुआ था, अनुभव की सामूहिकता अक्षुण्ण थी, इसलिए महाकाव्य हो या क़िलेबन्दी, भव्य रूपों का आविर्भाव स्वाभाविक था। लेकिन उन्नत समाज-व्यवस्था में आकर, व्यक्ति की स्वायत्तता के आधुनिक वातावरण में भी उन कृतियों का आनन्द बना हुआ है। मार्क्स ने इसका यह उत्तर दिया है कि मनुष्य अपने बचपन में लौटना चाहता है; प्राचीन कल्पनाएँ हमारे ऐतिहासिक बचपन की भव्य कल्पनाएँ हैं। अगर विचार करें तो दो बिन्दु उभरते हैं। एक तो ऐतिहासिक बचपन की भव्य कल्पनाओं से यह स्पष्ट है कि भव्य स्वप्न बचपन से सम्बन्धित होते हैं। दूसरे, हम अतीत का स्वप्न बराबर देखते हैं। दोनों ही चीज़ें हमारे सृजन के स्वप्न का भी निर्धारण करती हैं।

सृजन के स्वप्न की ही तरह रुचि-आस्वाद-मिज़ाज भी सामाजिक-ऐतिहासिक परिवर्तनों से निर्धारित होते हैं। फ्रांसीसी क्रान्ति का उदाहरण लें। उसने सोचने-विचारने के तरीक़े में, हमारे ऐतिहासिक मिज़ाज में एक बड़ा परिवर्तन घटित किया। उसने राजशाही और चर्च के गठबन्धन को तोड़कर अपदस्थ किया। इससे यह बात एक विचारधारा की तरह, एक दर्शन की तरह प्रतिष्ठित हुई कि समाज स्थायी नहीं है, वह बदल सकता है, उसे बदलना चाहिए और इस बदलाव के क्रम में मनुष्य की सक्रिय, सजग भूमिका है। अगर समाज परिवर्तनशील है तो स्थायी भावों का ढाँचा भी परिवर्तनशील है। समाज में विशेषाधिकार थे तो साहित्य में भी विशेषाधिकार थे। एक 'रसराज' होता था, बाक़ी रस प्रजा होते हैं! स्थायी भावों के साथ-साथ रसराज और रसप्रजा का ढाँचा भी टूटता है, भाव-व्यवस्था का साधारणीकरण होता है।

दूसरे शब्दों में कहा जाय तो समाज में सम्बन्धों का पुनर्गठन होता है, साहित्य में भावों का पुनर्गठन होता है। साहित्य की ताक़त उसकी भाव-सम्पदा है। इसलिए अगर भाव-व्यवस्था बदलेगी तो साहित्य का स्वरूप भी बदल जाएगा। शब्द-विधान रहेगा, उससे पैदा होनेवाला ढाँचा बदल जाएगा। उसी के साथ सहृदय की धारणा और भूमिका भी बदल जायेगी।

आजकल हम साहित्य में 'सहृदय' से अधिक 'विशेषज्ञों' के युग में ज़ी रहे हैं। विज्ञापनी संस्कृति, बाज़ार-संचार से निर्मित एकरूप सृष्टि हमें रूपगत मूल्यों की ओर ले जाती है, अन्तरंग और मानवीय तत्त्व की ओर नहीं। इसीलिए प्रायः साहित्य (-कारों) को बाज़ार (-वाद) और भूमंडलीकरण के विरोध में देखा जाता है। रूपगत मूल्य एक-से प्रतिमान गढ़ते हैं। भाव सम्बन्ध निजी-विशेष और विविधतापूर्ण होते हैं। पुरानी कहावत है, 'कविर्मनीषी परिभूः स्वयंभूः'। हर कवि अपनी सृष्टि का विधाता है। लेकिन बाज़ारवादी व्यवस्था का नारा है—

'वन ब्रांड विद वन वॉयस।' यानी एक सुर एक ब्रांड। एकध्रुवीय दुनिया, एक सुर, एक ब्रांड, और अब 'एक विश्व एक स्वप्न!' पहले राजनीतिक व्यवस्था, फिर आर्थिक जीवन और अब सामाजिक-सांस्कृतिक स्वप्न, सबकुछ को एकरूपत के ढाँचे में बाँध देने का प्रयत्न मानो मनुष्य की भावात्मक दुनिया और उसकी कलात्मक अभिव्यक्ति पर हमला है।

संचार क्रान्ति, बाज़ार प्रणाली, भूमंडलीकरण, उपभोक्तावाद, सब मिलकर जैसे एकरूप दुनिया का निर्माण करने पर संकल्पबद्ध हैं। लेकिन साहित्य का स्वप्न अनिवार्य रूप से उस एकरूपता का निषेध है। वह एकता और भिन्नता का क्रम साथ-साथ बनाता है, वि-शेष होता है। 'घायल की गति घायल जाण्याँ'; लेकिन इसका आधा सच यह भी है कि 'और न जाण्याँ कोय'! बेशक़ बाज़ार मानव-सम्बन्धों का निर्माण और पुननिर्माण करता है, साहित्य उन मानव-सम्बन्धों का अनुमोदन नहीं करता, उनका मूल्यांकन भी करता है। वह 'कान्फार्मिस्ट' या पुष्टिमार्गी या यथास्थितिवादी नहीं हो सकता। इसलिए साहित्य का स्वप्न एकरूप दुनिया से अनिवार्यतः टकराता है। इसीलिए आगे के युगों में, भविष्य के समानधर्माओं के लिए, उसकी प्राणवत्ता अक्षुण्ण रहती है।

लोकमत-निर्माण और सामाजिक परिवर्तन

लोकमत के निर्माण में साहित्य महत्त्वपूर्ण भूमिका निभाता है। अँग्रेज़ी में जिसे 'पब्लिक स्फीयर' कहा जाता है, उसके लिए यह 'लोकमत' शब्द काफ़ी सटीक है। इस शब्द का हिन्दी में गाहे-बगाहे प्रयोग होता रहा है; मराठी में 'लोकमत समाचार' का अर्थ इसी के आसपास है लेकिन एक पारिभाषिक पद के रूप में गोविन्द वल्लभ पन्त समाज विज्ञान संस्थान, झूँसी, इलाहाबाद का 'दलित संसाधन केन्द्र' उसका प्रयोग आग्रहपूर्वक करता है। अभी हाल में 29-30 दिसम्बर, 2007 को बद्रीनारायण के संयोजन में 'दलित लोकमत, लोकप्रिय साहित्य एवं सामाजिक परिवर्तन' विषय पर राष्ट्रीय संगोष्ठी हुई; इसमें 'लोकमत' इसी आशय का द्योतक है।

बहरहाल, लोकमत-निर्माण और साहित्य के अन्तःसम्बन्धों पर लौटें। प्राचीनकाल से ही यह देखा गया है कि साहित्य हमारे सांस्कृतिक जीवन को परिभाषित और एकसूत्रित करता रहा है। वह हमारी आन्तरिकता को संस्कारित करता है और हमारी जातीयता को पहचान देता है। वर्गों में समाज के बँट जाने के बाद 'लोक' और 'शिष्ट' साहित्य की अलग-अलग परम्पराएँ बनीं, लेकिन यह मानी बात है कि कोई जाति ऐसी नहीं रही जो साहित्य-कला-संगीतविहीन विशुद्ध पशु हो। जिन जातियों का सामाजिक विकास नहीं हुआ, जो आदिम जीवन शैली के आस-पास बनी रहीं, जो जंगलों से निकलकर खेती और व्यापार की तरफ़ नहीं बढ़ीं, उनमें राजा-प्रजा, अमीर-गरीब चाहे न बने हों, इन भेदों के कारण समाज को व्यवस्थित रखनेवाले दंडविधान भी चाहे न बने हों, मन की भावनाओं को व्यक्त करने के लिए नृत्य-संगीत बखूबी पाये जाते हैं, भले उनके आवेश का और उसकी अभिव्यक्ति का रूप सामूहिक और अपरिष्कृत ही हो। इसलिए साहित्य को राजनीति का पूर्ववर्ती मानना उचित है।

वर्ग समाजों में मनुष्य की जीवनशैली और आर्थिक हितों में भिन्नता होती है इसलिए संस्कार, आन्तरिकता और संस्कृति की धाराएँ भी अलग-अलग स्तरों पर, प्रायः अलग-अलग दिशाओं में चलने लगती हैं। विभिन्न वर्गों, समुदायों

के परस्पर-सम्बन्ध से समाज का ढाँचा बनता है, इसलिए संस्कृतियाँ एक-दूसरे से प्रभावित होती रहती हैं। लोक और शास्त्र के रूप में जानी गयी इन प्रवृत्तियों और उनके परस्पर-प्रभाव को लेकर बहुत विवेचन हुआ है। उस पर आचार्य हजारी प्रसाद द्विवेदी ने विशेष रूप से लिखा है। 'लोक' का सम्बन्ध अनपढ़-अधपढ़ जनसमुदाय से है और 'शास्त्र' का सम्बन्ध (वि-) शिष्ट वर्ग से, यह स्वतः स्पष्ट है। शिष्टता आचरण है; वह उच्च वर्ग का सांस्कृतिक आवरण है; उसकी अन्तर्वस्तु है—सम्भ्रान्त वर्ग की जीवनशैली को न्यायसंगत ठहराना, उसके तौर-तरीकों को पूरे समाज पर स्थापित करना, अनपढ़-अधपढ़ जनता को इस प्रभुत्व के अनुकूल ढालना। दूसरी तरफ़ लोकजीवन की सांस्कृतिक अभिव्यक्ति जिन रूपों में होती है, उनमें दलित होने की पीड़ा, इस प्रभुत्व को मानने-ठुकराने की आकांक्षा यानी प्रतिरोध सहमति के तत्त्व और सुखमय जीवन का सपना मौजूद रहता है।

(वि-) शिष्ट वर्ग के लोग प्रायः स्वयं सर्जक नहीं होते। शिष्ट साहित्य के सर्जक अधिकांशतः वे होते हैं जो प्रभुत्वशाली वर्ग में जन्म नहीं लेते बल्कि जनसाधारण के बीच से आते हैं, शिक्षा-संस्कृति अर्जित करके अपनी प्रतिभा और योग्यता के बल पर सम्भ्रान्त वर्ग के अनुरंजन या मनोविनोद के लिए प्रस्तुत होते हैं। इन्हें मध्यवर्ग की संज्ञा दी जा सकती है, जिनका उत्स 'लोक' में है और जिनकी उपस्थिति 'शिष्ट' में है। उन्हें हम अन्तोनियो ग्राम्शी के 'आवयविक बुद्धिजीवी' नहीं कह सकते जो अपने मूलवर्ग की संस्कृति और विचारधारा के वाहक होते हैं। अपने जन्म और कर्म की इस विशिष्ट स्थिति के कारण मध्यवर्गीय बुद्धिजीवी सदा मध्यस्थ की भूमिका निभाता है। जब वर्चस्वशाली वर्गों की सत्ता दृढ़ होती है तब वह उसकी ओर झुकाव रखता है, जब साधारण जनता की गतिविधियाँ तेज़ होती हैं तब उसकी ओर झुकाव दिखाता है। जब मध्यवर्ग का झुकाव जनता की ओर होता है, तब वह लोकमत के निर्माण में और सामाजिक परिवर्तन की चेतना के प्रसार में सहायता करता है। लेकिन लोकजीवन के भीतर से उभरनेवाले संस्कृतिकर्मी, जनता के 'आवयविक बुद्धिजीवी', प्रायः हर स्थिति में परिवर्तनकारी, या कम-से-कम प्रतिरोधकारी, लोकमत बनाने की भूमिका अदा करते हैं।

मध्यवर्गीय बुद्धिजीवियों का साहित्य 'मुख्यधारा' कहलाता है क्योंकि वह सम्भ्रान्त वर्ग से संवाद करता है, भले ही वह उसका अनुमोदन करे या न करे; लेकिन जन समाज का साहित्य 'हाशिया' (सबाल्टर्न) कहा जाता है जो वर्चस्व को चुनौती देने या वर्चस्व प्राप्त करने के ध्येय से परिचालित होता है। उसे 'मुख्यधारा' में स्वीकृति चाहे न मिले, लोकजीवन में उसकी व्याप्ति अधिक होती है इसलिए उसे 'लोकप्रिय' की संज्ञा भी दी जाती है। यह 'लोक'-प्रियता वृद्ध

पूँजीवाद के 'मास कल्चर' वाली 'लोकप्रियता' से भिन्न है क्योंकि 'लोक' की अभिव्यक्ति सामूहिक सर्जनात्मकता से जुड़ी रहती है जबकि 'मास' कल्चर व्यावसायिक स्तर पर संचालित, उत्पादित और वितरित होनेवाली संस्कृति है, जिसमें सर्जनात्मकता नहीं चलनीयता, टिकाऊपन नहीं बिकाऊपन महत्त्वपूर्ण होता है।

मध्यवर्गीय रचना की भूमिका का बेहतरीन उदाहरण प्रेमचन्द का साहित्य है। सबाल्टर्न इतिहास के प्रवर्तक रणजीत गुहा ने जिन्हें 'वर्ग, जाति, आयु, लिंग और पद' की दृष्टि से 'निम्नवर्ग' की संज्ञा दी है, उन्हें प्रेमचन्द ने अपनी कथारचना का चरित-नायक बनाया। उनकी रचनाओं को देशी और विदेशी 'कुलीन वर्ग' का कोपभाजन बनना पड़ा। शुरू में 'राजद्रोह' के लिए उनपर प्रतिबन्ध लगा, बाद में 'ब्राह्मणविरोधी' होने के लिए मुक़दमा चला। इससे जाहिर है कि उनका साहित्य निम्नवर्ग के प्रति आत्मीयता भी रखता था और कुलीन वर्ग की पहुँच में भी था। यह दोतरफ़ा स्थिति ऐतिहासिक कारणों से थी। लेकिन उसी समय लोक-साहित्य की ऐसी ही स्थिति नहीं थी। उसकी अभिव्यक्ति मौखिक स्तर पर रही, वह संवाद-अफवाह-स्मृति के माध्यम से नीचे-नीचे फैलती रही। उस पर कोई सत्ता नियन्त्रण नहीं कर सकी, उस पर कोई कानून प्रतिबन्ध नहीं लगा सका। प्रेमचन्द निम्नवर्ग का यथार्थ चित्रित कर रहे थे किन्तु उनका साहित्य शिक्षित मध्यवर्ग और सत्ताधारी कुलीन वर्ग तक पहुँचता था। निम्नजन की संवेदनाएँ लोकसाहित्य में भी अभिव्यक्त होती थीं लेकिन वहाँ तक कुलीन वर्ग की पहुँच नहीं थी। मध्यवर्ग की पहुँच जरूर थी लेकिन स्वाधीनता की आवश्यकता और जनता की सक्रियता के नाते मध्यवर्ग की भूमिका कुलीन वर्ग के अनुकूल न होकर निम्नवर्ग के अनुकूल थी। प्रेमचन्द की भूमिका भी इसी लोकोन्मुख, प्रगतिशील मध्यवर्ग की थी।

इस वस्तुस्थिति को देखते हुए 'लोक' की अभिव्यक्तियाँ विचारणीय हो जाती हैं। 'लोकप्रिय' की इस निम्नवर्गीय अवधारणा में केवल 'लोकचेतना' के रूपों का नहीं, हाशिये की सभी अभिव्यक्तियों और माध्यमों का समावेश मानना चाहिए। सामाजिक परिवर्तन में सिर्फ़ कुलीन वर्ग की भूमिका नहीं होती; जनता की भूमिका निर्णायक होती है, व्यापक जनचेतना के निर्माण में हाशिये की अभिव्यक्तियों की भूमिका मुख्य होती है। इसलिए लोकमत के निर्माण और सामाजिक परिवर्तन की इन्हीं समस्याओं के कुछ बिन्दुओं पर विचार-विमर्श उपयुक्त होगा।

प्रगतिशील 'लोकप्रिय' साहित्य

यानी, व्यावसायिक और कलात्मक साहित्य से अलग 'प्रचारात्मक' साहित्य, जिसका ध्येय मुनाफ़ा कमाना या आनन्द देना नहीं, जनता तक सन्देश पहुँचाना

है। प्रगतिशील या वामपन्थी पार्टियों के राजनीतिक प्रचार का साहित्य जो उनकी नीतियों को लोकप्रिय बनाए। राजनीतिक विश्लेषण की दृष्टि से गम्भीर, सैद्धान्तिक और बड़ी पुस्तकें नहीं; परचा, पैम्फ्लेट, पुस्तिका कहलानेवाला छोटे आकार और सस्ते दाम का पार्टी साहित्य; सृजनात्मक स्तर पर सोद्देश्य साहित्य और राजनीतिक स्तर पर तात्कालिक साहित्य। मुझे भारतीय कम्युनिस्ट पार्टी के चुनाव-चिह्न के प्रचार के लिए लिखी गयी एक कविता की, 'जनयुग' में प्रकाशित, पंक्तियाँ याद आ रही हैं :

चम चम चमके हँसिया प्यारा, झूमे बाली धान की।
जय हो इसी निशान की, जय मजदूर किसान की।

न यह साहित्य है, न राजनीतिशास्त्र। फिर भी जनसभाओं में, कम पढ़े-लिखे कार्यकर्ताओं के बीच उसकी पहुँच महान साहित्य और राजनीतिक सिद्धान्तों से कहीं ज्यादा है। उसे साहित्य का 'सबाल्टर्न' (उपेक्षित) कहना उचित है जिसका लोकमत के निर्माण में उल्लेखनीय योगदान है।

इस तरह के लेखन का सर्वश्रेष्ठ उदाहरण सव्यसाची हैं। उन्हें मथुरा-हाथरस से आनेवाले अनगिनत लेखक-बुद्धिजीवी 'मास्साब' कहते थे। उन्होंने गद्य और पद्य में ऐसी छोटी पुस्तिकाएँ लिखकर, 'उत्तरार्ध' और 'उत्तरगाथा' जैसी पत्रिकाएँ निकालकर कई पीढ़ी के वामपन्थी कार्यकर्ता और बुद्धिजीवी तैयार किये। सव्यसाची के ऐसे परचों-पुस्तिकाओं को कभी गम्भीरता से नहीं लिया गया। उनके द्वारा प्रेरित बुद्धिजीवी, इस समय हिन्दी परिदृश्य पर सबसे गम्भीर और प्रभावशाली हैं। यही स्थिति रमेश उपाध्याय की है। उन्होंने भी इस तरह के परचे लिखे। उनका भी मज़ाक उड़ाया गया। लेखक से 'एजिट-प्रॉप' (अभियानकर्ता-प्रचारकर्ता) की भूमिका की अपेक्षा नहीं की जाती। इस तरह का लेखन करनेवालों की उपेक्षा यह स्पष्ट करती है कि वामपन्थी सांस्कृतिक आन्दोलन भी कुलीनतावादी संस्कारों से पूरी तरह मुक्त नहीं है।

यहाँ याद करने की ज़रूरत है कि अँग्रेज़ कवि शेली ने 19वीं सदी में बहुत-से राजनीतिक परचे लिखे थे। उनमें कुछ भारत की आज़ादी के समर्थन में भी थे। शेली को महान रोमांटिक कवि का दर्जा मिल गया लेकिन उनके राजनीतिक-प्रचारपूर्ण गद्य को अभी हाल में संकलित और स्वीकृत किया गया। खुद हिन्दी कवि नागार्जुन अपनी कविताओं की पुस्तिकाएँ अपने चलते-फिरते 'यात्री प्रकाशन' से छापकर झोले में डाले हुए घूम-घूम कर बेचा करते थे। उन्हें कवि के रूप में मान्यता बहुत मुश्किल से मिली जबकि उनकी बहुत-सी कविताएँ गम्भीर और क्लासिक दर्जे की थीं। स्वाधीनता आन्दोलन के समय देशभक्ति के गीतों की और बाद के वर्षों में क्रान्तिकारी-जनगीतों की पुस्तिकाएँ तो युवकों में लोकप्रिय

होती ही थीं, नागार्जुन की 'हरिजन गाथा' को विश्वनाथ त्रिपाठी ने प्रगतिशील लेखक संघ की ओर से छापकर 1978 में 50 पैसे में बेचा था। फोल्डर के रूप में उसे दो बार छापना पड़ा था। उद्‌भावना की ओर से अजेय कुमार ने गुजरात नरसंहार के बाद कविताओं की एक पुस्तिका निकाली थी जो दस हज़ार से ज़्यादा बिकी थी।

रामविलास शर्मा ने मार्क्सवादी सिद्धान्त और व्यावहारिक राजनीति के प्रचार के लिए दस पुस्तिकाओं की योजना बनायी थी जिसमें छः का प्रकाशन भी हुआ था। प्रकाशक की अक्षमता के कारण उसका प्रचार नहीं हो पाया। इससे यह भी समझ में आता है कि लोकप्रिय पुस्तिकाओं की अपेक्षित भूमिका राजनीतिक संगठनों के माध्यम से ही पूरी हो सकती है जिसके कार्यकर्ता दूर-दूर मौजूद हों और वे अव्यावसायिक ढंग से इस साहित्य का वितरण करें। ऐसी पुस्तिकाओं का उद्देश्य राजनीतिक है इसलिए उसका प्रचार-प्रसार भी राजनीतिक मंच से ही हो सकता है। राजनीतिक प्रचार साहित्य को व्यावसायिक प्रकाशन तन्त्र के जरिए फैलाने में कई गम्भीर समस्याएँ आती हैं।

इसमें सन्देह नहीं कि यह 'साहित्य' एक मतवादी की तरह काम करता है, जैसे किसी ज़माने में नाथों-सिद्धों-योगियों का 'साहित्य' करता था। मतवादी साहित्य अपने पन्थ के भीतर के लोगों को एकजुट करता है और बाहर के लोगों को आकर्षित। कुछ विद्वान नाथों-सिद्धों की रचनाओं को साहित्य मानने पर बल देते हैं। सम्भव है, राजनीतिक मतवाद पर आधारित लेखन को भी साहित्य में स्थान मिल सके। हालाँकि इससे कई मुश्किलें जुड़ी हैं।

सारा प्रचार साहित्य उत्तेजनापूर्ण ही नहीं होता। क्या अपनी बात लोगों तक तुरन्त पहुँचाने के कारण उसे पूर्णतः तात्कालिक कहा जा सकता है? भारतेन्दु हरिश्चन्द्र कहते थे कि जो बात सर्वसाधारण में पहुँच जाती है, वह अमर हो जाती है। इसीलिए 'जातीय संगीत' की (यानी लोकसंगीत पर आधारित रचनाओं की) छोटी-छोटी पुस्तिकाएँ तैयार करके उनका प्रसार करना चाहिए। यही भारतेन्दु हिन्दी में आधुनिक नवजागरण के अग्रदूत हुए। 1757 से 1857 तक पराधीनता के आरम्भिक सौ वर्षों में अँग्रेज़ी शासन के मित्र और संरक्षित सामन्तों के दरबार में जो संस्कृति रची जा रही थी, वह शाश्वत विषयों वाली स्थायी भावोंवाली—नायक-नायिका भेद और संयोग-वियोग शृंगारवाली—संस्कृति थी। भारतेन्दु ने उच्चात्माओं के बजाय जनसाधारण को ही नहीं देखा, स्थायी भावों के बजाय क्षणभंगुर समस्याओं को भी लिया। महँगाई, टैक्स, अकाल, कला-कौशल-उद्योग, गुलामी, लूट, विषमता, विधवा-विवाह, समाज-सुधार, जैसे निहायत तात्कालिक विषय उनके साहित्य-मन्दिर में प्रतिष्ठित हुए। उनके अमर और युगान्तरकारी

महत्त्व का कारण यही 'सस्ती लोकप्रियता' और सामयिक 'अखबारी' लेखन है।

साहित्य में स्थायी और तात्कालिक जैसे विभाजन व्यर्थ हैं। वास्तव में भाववादी दृष्टि यह समझ ही नहीं सकती कि यह मायामय संसार जितना अनित्य दिखता है, उतना ही नित्य है। जिसे हम प्रचारात्मक और सामयिक कहकर हेय ठहराते हैं, उसका महत्त्व भी दूरगामी होता है। यह सच है कि 'मुख्यधारा' का सारा लेखन स्थायी महत्त्व का नहीं होता। उसी तरह 'हाशिये' के सम्पूर्ण साहित्य का महत्त्व भी स्थायी नहीं हो सकता। लेकिन उनकी भूमिका अपनी तात्कालिकता का अतिक्रमण करती है, उसका उल्लेख ज़रूरी है।

वामपन्थी आन्दोलन के भीतर वैचारिक बहसों में, कार्यकर्ताओं के राजनीतिक प्रशिक्षण में, विरोधी प्रचार के प्रत्युत्तर में और जनता के बीच तथ्यों के प्रसार में इन पुस्तिकाओं की भूमिका को समझना बहुत मुश्किल नहीं होना चाहिए। किसी ज़माने में भारतीय कम्युनिस्ट पार्टी और मार्क्सवादी कम्युनिस्ट पार्टी अपनी अलग राजनीतिक पहचान स्थापित करने के लिए विचारधारात्मक बहसें करती थीं। पार्टी के कार्यक्रम को लेकर दोनों के बीच तीखी टकराहटें अख़बारों के साथ-साथ इन पुस्तिकाओं में दिखती थीं। राजेश्वर राव और बी.टी. रणदिवे, मोहित सेन और एम. बासवपुन्नैया के बीच इन बहसों ने कम्युनिस्ट पार्टी के विभाजन के बाद के डेढ़ दशकों में कार्यकर्ताओं को इस बारे में जागरूक बनाया कि भाकपा के कार्यक्रम 'राष्ट्रीय जनवादी क्रान्ति' और माकपा के कार्यक्रम 'जनता की जनवादी क्रान्ति' में क्या अन्तर है। आज सम्भवतः युवा कम्युनिस्ट कार्यकर्ता इस बारे में पहले से कम सचेत होगा। इतना ही नहीं, कम्युनिस्ट आन्दोलन में 'राजनीति' और 'कार्यनीति' (स्ट्रेटेजी और टैक्टिक्स) में क्या अन्तर है, दोनों की अपनी भूमिकाएँ क्या हैं, पार्टी के दूरगामी लक्ष्य यानी कार्यक्रम को पूरा करने में उनका अलग-अलग उपयोग क्या है, इस बारे में सजगता और भी कम होगी। छोटी पुस्तिकाओं ने कार्यकर्ताओं की वैचारिक ट्रेनिंग और आन्दोलन के निर्माण में बड़ी भूमिका निभायी थी।

इनसे भी अधिक तात्कालिक विषयों पर प्रकाशित पुस्तिकाओं का उल्लेख किया जा सकता है। 1981 में प्रकाशित बी.टी. रणदिवे की पुस्तक 'जाति और वर्ग' हो या 1990 में प्रकाशित ई.एम.एस. नम्बूदिरीपाद की 'रिज़र्वेशन-ह्वाई ऐंड हाउ', अत्यन्त तात्कालिक होते हुए भी दूरगामी महत्त्व रखती हैं, यह आज की राजनीति और इन पुस्तिकाओं के विषय से ही स्पष्ट है। 'रामजन्मभूमि पर भाकपा की अपील' (ए.बी. बर्धन, 1990) और 'साम्प्रदायिक फासीवाद से कैसे लड़ें?' (पुष्पेन्द्र ग्रेवाल, 2003) अपेक्षाकृत और ज़्यादा तात्कालिक होकर भी अपनी प्रासंगिकता बनाए हुए है। लेकिन 'आपातकाल और भारतीय कम्युनिस्ट पार्टी'

(लेखक—सी. राजेश्वर राव, भूपेश गुप्त, मोहित सेन, 1975) और 'दमन आतंक लाठीचार्ज गोलीबारी का सूचीपत्र—1977-78' (सम्पादक—प्रभात दास गुप्ता) जैसी निहायत तात्कालिक और प्रचारात्मक पुस्तिकाएँ भी अच्छा-खासा महत्त्व बनाये रखती हैं।

इन विवरणों से यह पता चलता है कि राजनीतिक सत्ता में फेरबदल के बावजूद स्वाधीन भारत में श्रमिक समुदायों के प्रति भेदभाव और दमन की घटनाएँ लगातार बढ़ती गयी हैं। आज के गम्भीर शोध में, सामाजिक विकास की दिशा पहचानने में और शासन के वर्गीय पक्षपात को समझने में ऐसी पुस्तिकाएँ अपना महत्त्व बनाये हुए हैं।

इसमें सन्देह नहीं कि ऐसी 'प्रचार' सामग्री आज भी कारगर है हालाँकि आज मध्यवर्ग का झुकाव उस ओर कम होता जा रहा है। उपभोक्तावादी संस्कृति का प्रभाव इतना मारक है कि राजनीति के प्रति और राजनीतिक साहित्य के प्रति मध्यवर्ग की अरुचि बढ़ती जा रही है। सच यह है कि उसके पास पैसा बढ़ा है लेकिन पुस्तक प्रेम घटा है। सांस्कृतिक वातावरण इतना बदल गया है कि 'पोर्नोग्राफी' में वह पैसा खर्च कर देगा, भगवती जागरण या काँवड़ सेवा के लिए भारी चन्दा दे देगा, बेरोजगारी के खिलाफ़ राजनीतिक संघर्ष में चन्दा नहीं देगा। इस पृष्ठभूमि में बहुत-सी नयी समस्याएँ पैदा होती हैं, जिन पर विचार करना एक स्वतन्त्र अध्ययन का विषय है। लेकिन यह उल्लेख करना ज़रूरी है कि 70 और 80 के दशक में मध्यवर्ग के पास आर्थिक सम्पन्नता नहीं थी लेकिन सांस्कृतिक विपन्नता भी नहीं थी। क्या राजनीतिक चेतना और सांस्कृतिक जागरूकता में कोई अनिवार्य सम्बन्ध है? क्या कुबेर के ख़ज़ाने का, चालीस चोरों के ख़ज़ाने का दरवाज़ा अचानक खुल जाना सांस्कृतिक-राजनीतिक चेतना के लिए विनाशकारी साबित होता है? 1990 के पहले और बाद, मध्यवर्ग की दशा यही बताती है।

हिन्दी समाज में गल्प

हिन्दी लेखकों में या तो इस बात को लेकर रोना रोने की आदत दिखाई देती है या उत्सव मनाने की प्रवृत्ति कि साहित्य दिनोंदिन बाज़ार होता जा रहा है, आलोचना विज्ञापन अथवा स्पांसरशिप बनती जा रही है, लेखक पहले ही बेचारा था, अब तो प्रकाशक के हाथ की कठपुतली बनता जा रहा है...वग़ैरह, वग़ैरह!

इससे इतना तो ज़ाहिर होता है कि हम सचमुच बाज़ारवादी समाज की आबोहवा में आ गये हैं, अब इसे लेकर रोना या खुशी मनाना हमारी स्थितिजन्य भावना हो सकती है लेकिन, जैसा कि प्रतापनारायण मिश्र ने बहुत पहले कहा था, 'कहिं टटकन गाजै टरती हैं!' गाज तो गिर चुकी है। हमें रास्ते के बारे में सोचना पड़ेगा। उसके पहले सचाई को ठीक-ठीक पहचानना होगा।

साहित्य अगर जीवन की आलोचना है तो साहित्य से अपने समाज की परिस्थितियों को ज़रूर आँका जा सकता है। उपन्यास (या कहानी) का जन्म आधुनिक समाज और यथार्थवादी दृष्टिकोण के साथ हुआ है इसलिए समाज की ठीक-ठीक जाँच पड़ताल के लिए कथारचना को उदाहरण माना जा सकता है। यथार्थ को कथा में रचने की प्रक्रिया न उसे पूरी तरह जीवन रहने देती है, न कल्पना; शायद यही देखकर हजारी प्रसाद द्विवेदी ने 'फिक्शन' को 'गल्प' कहा था। गल्प के माध्यम से यह जाँच सम्भव है...।

यूरोप में पिछली शताब्दी के तीसरे दशक से ही उपन्यास के मृत्यु की घोषणा शुरू हो गयी थी जब इलियट ने कहा कि जेम्स ज्वायस और फ्लावर्ट के साथ उपन्यास अपने अन्त पर आ गया है। तभी से 'बेस्ट सेलर' होना उपन्यास के जीवन की शर्त बनने लगा। कला पर भी प्रयोग और बाज़ार का दोहरा दबाव पड़ने लगा। स्वभावतः लेखक का झुकाव हमेशा कला की ओर, वैयक्तिक अनुभव और मौलिकता की ओर होता है, प्रकाशक का झुकाव 'बेस्ट सेलर' की खोज करने या किसी उपन्यास को 'बेस्ट सेलर' बनाने की ओर।

अपनी प्रसिद्ध किताब 'द सिचुएशन ऑव नॉवेल' में बर्नार्ड बर्गोन्ज़ी ने इस समस्या पर विचार किया। 'मास प्रोडक्शन' यानी विराट उत्पादन के दौर में प्रकाशन भी ''आधुनिक विराट उद्योग का रूप लेता जा रहा है''; वह 'छोटे स्तर की उपभोक्ता माँगों' को अधूरा छोड़ देगा, ''अगर उसमें कोई लाभ नहीं दिखेगा'';

उपन्यास की थोड़ी-बहुत माँग बची रहेगी तो भी कोई फ़र्क नहीं पड़ता; ''परिणामस्वरूप उपन्यास एक लोकप्रिय सांस्कृतिक रूप बना हुआ है फिर भी अब उसमें अपरिहार्य नवीनता (या मौलिकता) नहीं रह गयी है, जो उसकी परम्परागत पहचान थी।'' (मैकमिलन, द्वितीय संस्करण 1979, पृ. 15)

हिन्दी में स्थिति अभी ऐसी नहीं हुई है। अगर 'कुलीनतावादी' ही नहीं, 'जनवादी' लेखकों की शिक़ायत पर भी ध्यान दें तो चालीस करोड़ के हिन्दीभाषी समाज में या कम-से-कम सात-आठ करोड़ के हिन्दी प्रकाशन बाज़ार में उपन्यास के हज़ार-दो हज़ार पाठक भी नहीं हैं। इस समय हिन्दी में तीन तरह के उपन्यास हैं। एक लोकप्रिय उपन्यास, जिन्हें सुसंस्कृत लेखक सस्ता-बाज़ारू उपन्यास कहते हैं। दूसरे कलात्मक उपन्यास, जिनके पाठक गिने-चुने हैं। बीच की एक धारा और है, जिसमें अर्धव्यावसायिक-अर्धसाहित्यिक लेखकों का अच्छा खासा समुदाय उभर रहा है। इनके प्रतिनिधि के रूप में नरेन्द्र कोहली को लिया जा सकता है। वे गुलशन नन्दा-ओमप्रकाश शर्मा जैसे बाज़ारू नहीं हैं, विनोदकुमार शुक्ल, असगर वजाहत जैसे साहित्यिक भी नहीं हैं। इनके पूर्वज गुरुदत्त कहे जा सकते हैं। या कुछ और परिष्कृत रूप में चतुरसेन शास्त्री।

सच पूछिए तो 'भारतीय अँग्रेज़ी उपन्यास' के लेखकों जैसा कोई लेखक-समुदाय और पाठक-बाज़ार हिन्दी में नहीं है। इस बाज़ार के निर्माण में सबसे ज्यादा रुचि उत्पादक-व्यापार की होती है और हिन्दी में ऐसा पुस्तक-उत्पादन व्यापार बहुत अविकसित अवस्था में है। यह कार्य बड़े पैमाने के निजी प्रकाशक कर सकते थे, लेकिन उनकी रुचि ऊँचे दाम, ऊँची घूस और ऊँचे मुनाफ़े में ज्यादा है। पुस्तकों को लोकप्रिय बनाकर—कविता तो शायद नहीं, कथा या गल्प को व्यापक पाठक-समाज तक पहुँचाकर—वे अपना लाभ भी बढ़ा सकते थे और अधिक सुरक्षित स्थायी बाज़ार भी बना सकते थे।

निजी प्रकाशकों के अलावा इस कार्य में सरकारी, अर्धसरकारी या अनुदान प्राप्त स्वायत्त संस्थाओं की भूमिका महत्त्वपूर्ण हो सकती थी। लेकिन वहाँ की नौकरशाही जड़ता, नीति-निर्धारकों का भाई-भतीजावाद और नीरसता में पनपनेवाला भ्रष्टाचार किसी भी प्रकार की सामाजिक चेतना और जिम्मेदारी के प्रति उदासीन बनाने के लिए काफ़ी है। प्रादेशिक अकादमियों और संस्थानों की प्रायः ऐसी ही दशा है। एक बात यह भी है कि अपेक्षाकृत जीवन्त संस्थाएँ बाज़ार-निर्माण से ज़्यादा ज्ञान का भंडार निर्मित करने और बड़ी सांस्कृतिक-राष्ट्रीय आवश्यकताएँ पूरी करने का दायित्व निभाती हैं। नेशनल बुक ट्रस्ट, साहित्य अकादेमी, हिन्दी माध्यम कार्यान्वयन निदेशालय (दिल्ली विश्वविद्यालय) इसका उदाहरण हैं।

यह कार्य भी आवश्यक है और उनकी बिक्री के आँकड़े देखें तो पता चलेगा

कि गम्भीर साहित्य का भी विशाल पाठक हिन्दी में मौजूद है। यही नहीं, सस्ती, बाजारू पत्रिकाओं और बड़े 'डाइजेस्टों' के अलावा सिर्फ़ साहित्यिक कथा-पत्रिकाएँ देखें तो पहले 'हंस' और अब 'नया ज्ञानोदय' की लोकप्रियता ऐसे एक पाठक-बाज़ार का अस्तित्व जताती है। इस बाज़ार को व्यवस्थित करके हम एक तरफ अपने 'बेस्ट सेलर' तैयार कर सकते हैं, दूसरी तरफ लोकप्रिय-कलात्मक-अर्धसाहित्यिक के बीच बँटवारा भी कम कर सकते हैं।

हमारे मित्र रवीन्द्र कालिया ने 'खुदा सही सलामत है' के माध्यम से इस प्रकार के लेखन का प्रारम्भिक प्रयास किया था जिसकी सीमाएँ थीं और तब उसकी यह भूमिका भी अस्पष्ट थी। काफ़ी बाद में विनोदकुमार शुक्ल का 'दीवार में एक खिड़की रहती थी' उस दिशा में एक और सम्भावना प्रस्तुत करता था। लेकिन हमारा प्रकाशन जगत इसके लिए तैयार नहीं था। पिछले दिनों भारतीय ज्ञानपीठ ने काफ़ी भव्य तरीके से एक दर्जन कहानीकारों के संग्रह का 'लोकार्पण' करके इस दिशा में सम्भवतः पहला सांस्थानिक प्रयास किया है। निस्सन्देह, भारत के विकासशील समाज में अभी विकसित पश्चिम जैसी उत्तर-आधुनिक मानसिकता नहीं आयी है, पूँजीवाद भी अभी वैसा 'वृद्ध' नहीं हुआ है, इसलिए पहले लेखकीय प्रयास की तरह इस पहले सांस्थानिक प्रयास को भी पूरी तरह स्वीकृति नहीं मिलेगी।

समकालीन हिन्दी लेखन में तीन प्रकार की धाराएँ और समकालीन हिन्दी प्रकाशन में तीन तरह की प्रवृत्तियाँ यह बताती हैं कि साहित्यिक बाज़ार संक्रमण के दौर से गुजर रहा है। भूमंडलीकरण के दबाव इस बाज़ार पर पड़ने लगे हैं। अब एक सिरे पर 'देहाती पुस्तक भंडार' और दूसरे सिरे पर 'राजकमल प्रकाशन' जैसा सीधा बँटवारा सम्भव नहीं है (हालाँकि तब भी 'व्यावसायिक' और 'साहित्यिक' के इन दो छोरों के बीच 'गीताप्रेस, गोरखपुर' की विराट दुनिया बसी हुई थी)। भूमंडलीकरण का यह परिणाम अच्छा लगे या न लगे, वह सभी पारम्परिक विभाजनों को अस्त-व्यस्त कर रहा है। लेखनशैली में, प्रकाशन-व्यवसाय में, पाठक-बाजार में और खुद गल्प के ढाँचों में वह ऐसी गतिशीलता पैदा कर रहा है कि कोई भी रूप अपने शुद्ध स्थिर निश्चित ढाँचे में नहीं रह सकता।

हमारी चिन्ता प्रकाशन-व्यवसाय की नहीं, साहित्य-सृजन की है। वर्तमान साहित्य-सृजन की परिस्थितियों के लिए प्रकाशन-व्यवसाय पर जितना ध्यान देना चाहिए, हमने दिया। इन सभी तथ्यों को मिलाकर कहा जाए तो हिन्दी-बाज़ार का पिछड़ापन उसके लेखकों से ज्यादा प्रकाशकों के कारण है। इसका एक ही उदाहरण पर्याप्त है। बेशक, यह उदाहरण 'उपन्यास' की अपेक्षा 'कहानी' में ज़्यादा है लेकिन पिछले चार-पाँच वर्षों में, यानी इक्कीसवीं सदी के पहले दशक में जो कथापीढ़ी उभरी है, वह अपनी रचनात्मक वस्तु और विधान में नयी वास्तविकताओं

के प्रति अधिक संवेदनशील और जागरूक दिखाई देती है। उसकी उपलब्धियाँ भले विश्वस्तर की न हों, और कुछ स्वनामधन्य हिन्दी कवियों की तरह 'विश्वस्तर की रचना' का दावा भी वे नहीं करते, लेकिन उनके प्रयत्न समसामयिक हिन्दी गल्प को भूमंडलीकरण प्रक्रिया के समतुल्य लाते हुए दिखाई देते हैं। अच्छी बात यह है कि अनुकरण या अनुवाद के रूप में नहीं, बल्कि सकारात्मक रूप में। यानी, ऐतिहासिक परिघटना के रचनात्मक प्रतिफलन के रूप में।

इस पर थोड़ा विचार करें। फ्रैंक ओ' कोन्नोर ने कभी उपन्यास रचना की दो शर्तें बतायी थीं। एक 'पाठक और पात्र के बीच तादात्म्य' और दूसरा, 'सामान्य समाज की अवधारणा।' सामान्य समाज के बिना पाठक-पात्र-तादात्म्य सम्भव नहीं है जबकि ऐसा तादात्म्य होने पर ही समाज के साथ लेखक का 'शत्रुतापूर्ण या मित्रतापूर्ण सम्बन्ध' विकसित होगा, जो रचना के अनुभव को पाठक के अनुभव से जोड़ देगा (*साहित्य विधाओं की प्रकृति, सं. देवीशंकर अवस्थी, मैकमिलन, दिल्ली 1980, पृ. 116-17*)। यथार्थ की अवधारणा का महत्त्व इसी प्रक्रिया में निहित है। लेकिन अब दोनों बातें नहीं रह गयी हैं। 'समाज' की धारणा टूटकर 'समुदाय' की धारणा आ गयी है, विखंडन की रणनीति ने 'सम्बन्ध' की जगह 'विमर्श' को और 'तादात्म्य' की जगह 'खेल' को ला दिया है। इसलिए विधाओं की सीमा या धारणा भी खंडित हो गयी है।

हिन्दी रचनाकारों ने इस दिशा में कई तरह के प्रयोग किये हैं। उदय प्रकाश और अखिलेश का उदाहरण लिया जा सकता है। अखिलेश अपने 'प्रयोगों' को कथानक के ढाँचे से जोड़े रखते हैं, उदय प्रकाश 'कथानक' को भी आवश्यक नहीं रहने देते। इसलिए अखिलेश की कहानी उसी सीमा तक नवीनता के क्षेत्र में जाती है जिस सीमा तक वर्तमान हिन्दी मानस से उसका सम्बन्ध न टूटे। उदय की कहानी चमत्कार-प्रेमी नये मानस को अधिक आकर्षित करती है, पारम्परिक समाज से जुड़े मानस को ललकारती, चिढ़ाती है।

इस समय नीलाक्षी सिंह, पंकज मित्र, कुणाल सिंह, चन्दन पाण्डेय इत्यादि की जो युवा पीढ़ी लेखकों के बीच चुनौती बन रही है और पाठकों के बीच अपनी जगह बना रही है, वह उदय की अपेक्षा अखिलेश के ज़्यादा करीब जान पड़ती है। इसलिए नहीं कि उसमें 'प्रयोग' का साहस नहीं हैं। सचाई यह है कि प्रयोग में तो वह उदय जैसी है (हालाँकि उदय जैसा विपुल अध्ययन शायद ही इनमें किसी का हो)। लेकिन अपने प्रयोगों को भारतीय जीवन की समकालीन वस्तुस्थिति से मर्यादित रखने की सजगता उसमें अखिलेश जैसी है (हालाँकि अखिलेश जैसा बहुमुखी अध्ययन भी उनमें शायद ही किसी का हो)।

इसे विपुल-बहुमुखी अध्ययन की कमी कहिए या पारम्परिक और भूमंडलीय

दबावों में कसमसाते भारतीय यथार्थ की सजगता, युवा लेखन पर विश्व-प्रसिद्ध रचनाओं और रचनाकारों के 'प्रभाव' की चर्चा लगभग नहीं होती। यह अच्छा लक्षण है। इससे यह भी पता चलता है कि हिन्दी का साहित्यिक समाज आज पहले की अपेक्षा—यानी एक दशक पहले की अपेक्षा—परिपक्व हुआ है। उस परिपक्वता का कारण यह है कि बाज़ारवादी और भूमंडलीय समाज की वास्तविकता को उसने स्वीकार कर लिया है। यह बात यहाँ स्पष्ट कर देना चाहिए कि स्वीकार करने का मतलब उसे आदर्श मानना नहीं है बल्कि उसे वस्तुस्थिति के रूप में ग्रहण करके उससे सलूक करने के लिए तैयार होना है।

बाज़ारवाद अभी हिन्दी साहित्य में इतना प्रभावी नहीं है कि वह 'बेस्ट सेलर' खोजने और बनाने का काम करे। लेखकों की इच्छा और बाज़ार की सम्भावना हो, तो भी। हालाँकि यह अपने में स्वतन्त्र विश्लेषण का क्षेत्र है कि हिन्दी पढ़नेवाले आज प्रधानतः निम्नवर्गीय समाज के युवा हैं और हिन्दी से बड़ी रकम कमानेवाले विज्ञापन-निर्माता हैं। इस विरोध (आभास) से निर्मित हिन्दी समाज को रचनात्मक स्तर पर अभिव्यक्त करना पारम्परिक मानस के लिए सम्भव नहीं है। बहरहाल, यह एक तथ्य है कि बाज़ारवाद प्रभावी होता जा रहा है तथा वह महान और हास्यास्पद को, आदर्श और तुच्छ को, सांस्कृतिक अभिरुचि और अपसांस्कृतिक फूहड़पन को मिलाकर परोसता जा रहा है। इस उत्तर-आधुनिक प्रवृत्ति को स्टीवेन कोन्नोर 'मिश्रण का आन्दोलन' कहते हैं। (पोस्टमाडर्न कल्चर : *ऐन इंट्रोडक्शन टु थियरिज़ ऑव कंटेम्परारी : बेसिल ब्लैकवेल, 1989)*

देश की, काल की, वर्ग की, रुचि की, विधा की सीमाएँ टूट रही हैं—यही भूमंडलीकृत समय का यथार्थ है। यह यथार्थ तेज़ गति, अनवरुद्ध गति का साक्षी है। रचना में भी एक तरफ़ कहानी-उपन्यास-संस्मरण-इतिहास-कल्पना आदि की चौहद्दियों का टूटना और दूसरी तरफ, जिसे चार्ल्स जेन्क्स 'निश्चयात्मक समाधान की असम्भाव्यता' कहते हैं, उसका परिलक्षित होना, ये दोनों बातें बहुत साफ़-साफ दिखाई देती हैं *(व्हाट इज़ पोस्टमाडर्निज़्म 1986, पृ. 9)*।

इस प्रक्रिया में जो 'कथा' निर्मित होती है, उसे 'कहानी' कहने की अपनी सीमाएँ हैं। एक तो उसमें घटना, समस्या, चरित्र की केन्द्रीयता ख़त्म हो गयी है हालाँकि मौजूद तीनों चीज़ें हैं इसलिए उसे 'कथा' से अधिक 'गल्प' ही कहा जा सकता है। दूसरे, विधाओं की सीमा निर्धारित करनेवाले केन्द्रीय तत्त्व का भी विस्थापन हो गया है—मसलन, 'काशी का अस्सी' को किस विधा में रखेंगे? हर विधा का एक केन्द्रीय तत्त्व होता था लेकिन इसमें किस 'केन्द्रीय' तत्त्व की खोज करेंगे? यह अनिश्चयात्मकता ही आज की परिस्थिति का बयान है। रॉब ग्रिलेट ने चार दशक पहले यूरोपीय साहित्य में इस परिवर्तन को लक्ष्य करके कहा

था कि 'सत्य', 'निश्चित (घटना)', 'पास्ट डिफ़िनिट टेन्स' खत्म हो गये हैं; 'सिलसिलेवार वर्णन' नहीं रह गये हैं, 'इकहरे कथानक' और 'निश्चित अन्त की ओर घटना का क्रमिक प्रवाह' बन्द हो गया है, क्योंकि वे 'सभी एक स्थिर विश्व का, सुसंगत, निरन्तर, एकस्वर और पूर्णतः जैव विश्व का प्रक्षेपण करते हैं' *(स्नैप शॉट्स एंड टुवर्ड्स अ न्यू नॉवेल 1965, पृ. 63)*।

भूमंडलीय बाज़ारवाद हो या संचारवाद, उसने सुसंगत, एकस्वर, तार्किक और जैव विश्व की अवधारणा नष्ट कर दी है। भारतीय समाज अभी सुसंगत-तार्किक-जैव आधुनिकता और घुलनशील-असंगत-उथलपुथल भरी उत्तर आधुनिकता के बीच संक्रमण के दौर में है। इसका प्रतिनिधित्व वही लेखक कर सकते हैं जिनमें इस दुविधाभरी जटिल गति का बोध है। भगवानदास मोरवाल की तरह पारम्परिक अनुभव और शिल्प अपनाकर या उदय प्रकाश की तरह विखंडनवादी रणनीति और प्रयोग चुनकर कम-से-कम इस दौर के भारतीय जीवन का प्रतिनिधित्व नहीं किया जा सकता। इन प्रयोगों का अपना महत्त्व है, इससे इनकार नहीं।

यहाँ इस बात का उल्लेख ज़रूरी है कि महत्त्वपूर्ण सृजनात्मक कृतियाँ पहले भी विधा या ढाँचे की सीमा नहीं मानती थीं। प्रेमचन्दीय कथानक को अपने-अपने ढंग से जैनेन्द्र, रेणु, यशपाल ने तोड़ा, जिसका विश्लेषण नित्यानन्द तिवारी ने बख़ूबी किया है। निराला की 'बिल्लेसुर बकरिहा' रेखाचित्र है या कहानी, उपन्यास है या जीवन चरित, इसका निश्चय अब भी नहीं हुआ है। लेकिन इन सभी में, जैनेन्द्र को छोड़कर, किसी के लिए 'कथानक' की धारणा निरर्थक नहीं थी। आज यह धारणा ही ख़त्म हो गयी है। गद्य की सभी विधाएँ 'नरेटिव' हैं। ज्ञान की सभी शाखाएँ 'नरेटिव' हैं। शायद साहित्य में इसी को 'संसार का सपाट होना' कहा जा सकता है।

दिलचस्प बात यह है कि 'वृत्तान्त' (नरेटिव) के इस विस्तार में एक तरफ दलित, स्त्री, अश्वेत, आदिवासी जैसी सामुदायिक अस्मिताएँ सामने आयी हैं, जो सामाजिक आन्दोलनों का परिणाम हैं, दूसरी तरफ़ इन अस्मिताओं की अभिव्यक्ति इस तरह होती है कि वर्तमान सत्ता-समीकरण कुछ अस्त-व्यस्त हो सकें ताकि उसमें पैठ बने। इसलिए वह 'रणनीति' पर आधारित है, जिसका लक्ष्य शक्ति अर्जित करना है। आत्मगत पक्ष की महत्ता उसका स्वाभाविक लक्षण है। इसी को 'पर्सनल इज़ पोलिटिकल' कहकर भी व्यक्त किया जाता है।

सामाजिक आन्दोलन और आत्मगत पक्ष का यह नया घाल-मेल आज के दौर की एक पहचान है। उसमें राजनीति और वैयक्तिकता का विरोधाभासी मिश्रण है। सामाजिक पदक्रम और दमनकारी अर्थप्रणाली को चुनौती देकर वह एक साथ दो स्तरों पर कार्य करता है। राजनीति में या समाज में 'विध्वंस (सबवर्ज़न) और

भाषा में या पाठ में 'विखंडन' (डिकंस्ट्रक्शन)—उत्तर-आधुनिक सौन्दर्यशास्त्र में इसी को 'उपद्रवी संकेत' (ट्रेसेज़) कहा जाता है। संयोग नहीं है कि आधुनिकता से अलग उत्तर-आधुनिकता सांस्कृतिक प्रत्यय के रूप में आयी है। 'गल्प' का स्वरूप 'कथा' और 'विध्वंस', साहित्य और समाज, आन्तरिकता और वास्तविकता के इसी 'मिश्रण' का परिणाम या परिचायक है। हिन्दी की युवा गल्प-रचना 'विखंडन' की सीमा तक उत्तर-आधुनिक नहीं है, यह उसका यथार्थवाद है; साथ ही वह पूरी तरह वस्तुगतता या आन्तरिकता से ऐकान्तिक अर्थ नहीं पाती, यानी यशपाल या जैनेन्द्र के चरम ध्रुवान्तों की तरफ़ नहीं जाती, यह उसकी रचनात्मक उपलब्धि है। जैनेन्द्र, यशपाल या उदय-अखिलेश या कालिया-संजीव या किसी अन्य समकालीन लेखक की तुलना में बिलकुल उत्तर-आधुनिक ढंग का कथाविधान सुरेन्द्र वर्मा के 'मुझे चाँद चाहिए' का था, जो 'बेस्ट सेलर' होने की दिशा में भले अग्रसर था लेकिन उसमें सलमान रश्दी जैसी साहित्यिकता और अरुन्धती राय जैसी भूमंडलीयता नहीं थी। वह पूरब के जीवन को न तो पश्चिमी समाज में रहकर एशियाई आँख से देखता था, न भारतीय समाज में रहकर पश्चिमी आँख से। वह केवल 'मज़े' का लेखन बनकर रह गया।

उत्तर आधुनिकता या लोकप्रिय साहित्यिकता अगर थोड़ा भी बाज़ार और रचना के बीच ताल-मेल करेगी तो वह 'मज़े' के शिल्प में समाज के दृष्टिकोण का सन्निवेश ज़रूर करेगी। तब वह विनोदकुमार शुक्ल-मंजूर एहतेशाम-सुरेन्द्र वर्मा के बीच अपना रास्ता बनाएगी। यह क्षमता युवा रचना में झलकती है। इसलिए दो-तीन दशक की कसमसाहट अब एक आकार लेने का आभास दे रही है; उसके प्रति सकारात्मक भाव अपनाकर ही हम अपने साहित्य और समाज को आज की दुनिया के अनुरूप लाने में सहयोग कर सकेंगे। यह आशा न रूढ़िवादी नीतिशास्त्रियों से की जा सकती है, न उपभोक्तावादी बाज़ारवादियों से। अगर उसमें भी कोई घाल-मेल (या मिश्रण) हो सके तो और बात है।

राजनीति से परहेज का साहित्य

एक ज़माना था जब निर्मल वर्मा की कहानियाँ भी प्रगतिशील समझी जाती थीं। यह बात तब की है जब प्रगतिशीलता को 'राजनीतिक बिल्ला' कहा जाता था। गद्यगीत के स्तर पर लिखी गयी 'परिन्दे' में भी राजनीतिक आशय पाया जाता था। उसमें मनुष्य की मुक्ति और नियति के प्रश्न मौजूद थे। वह कोई उदारीकरण का ज़माना नहीं था। संकीर्णतावाद का ज़माना था। देश की आज़ादी और विभाजन के बाद नवनिर्माण और सन्देह के परस्पर-विरोधी मनोविकारों से निर्मित वह ज़माना विचारधाराओं के विलयन का नहीं, उनके संघर्ष का ज़माना था। अन्तरराष्ट्रीय स्तर पर भी वह शीतयुद्ध का ज़माना था। तब भी इतनी उदारता थी कि साहित्यकार राजनीतिक आशय से लिखने या अपनी रचना में राजनीतिक आशय खोज लिए जाने पर असुविधा नहीं महसूस करता था।

दूसरा ज़माना आया जब फूल-पत्ती-चिड़िया और बादल-पानी-धूप, यानी पर्वत को छोड़कर पन्त जी वाली प्रकृति साहित्य पर छा गयी। इनका भी राजनीतिक आशय था जो 'दूर की कौड़ी' हरगिज़ नहीं था। उसे राजनीतिक आशय दिया था आपातकाल से मुक्ति के सन्दर्भ ने। उन्हीं दिनों कहानी ने भी अपना मिज़ाज़ बदला था। वह मानवीय सम्बन्धों के आत्मीय और संवेदनशील पक्षों के प्रति अधिक जागरूक होने लगी थी। यहाँ मानव सम्बन्ध न कहकर मानवीय सम्बन्ध कहा जा रहा है क्योंकि मानव सम्बन्धों में आर्थिक और पारिवारिक दोनों सम्बन्ध आते हैं, लेकिन मानवीय सम्बन्ध व्यक्तिगत दायरे के इर्द-गिर्द होते हैं। आपातकाल के बाद के इस दौर तक मानवीय सम्बन्धों को न तो सामाजिक-ऐतिहासिक सन्दर्भ से स्वायत्त बनाया गया था, न उनमें उपस्थित राजनीति को अपदस्थ किया गया था। संजीव (तीस साल का सफ़रनामा), उदय प्रकाश (टेपचू), महेश कटारे (पराजित गन्धर्व), शशांक (भूमिका), अखिलेश (कुचक्र) जैसी बहुत-सी कहानियाँ याद आने लगती हैं, जिनमें सामाजिक बदलाव को आर्थिक प्रक्रिया से जोड़कर पहचानने की दृष्टि मौजूद है। इसी से वह राजनीतिक आशय उत्पन्न होता है, लेखन जिसे धुँधला नहीं करना चाहता।

उदारीकरण के साथ सहसा राजनीति को साहित्य से खदेड़ा जाने लगा है। कविता में प्रेम की कमी अखरने लगी, घर की वापसी होने लगी, बहनें संवेदना को झझकोरने लगीं, कभी-कभी माता-पिता भी झलक दिखाने लगे। युवतर पीढ़ी जितनी कलासजग हुई, उतनी ही राजनीतिविमुख भी हुई। कहानी और उपन्यास भी राजनीति के अगल-बगल झाँकने लगे। तिरिया चरित्तर देखनेवालों की भरमार हो चली। ये लोग थोथा उड़ाने में काफ़ी निगुण हैं। उपन्यास तो फिर भी कभी इतिहास को समेटते हुए, कभी विशिष्ट सामाजिक समुदायों या समस्याओं को केन्द्र में रखकर लिखा जाता रहा, इस क्रम में राजनीति से बचना न सम्भव था और न उसका लक्ष्य, लेकिन कहानी बहुत ज़्यादा प्रयोगधर्मी होती चली गयी। इस प्रयोगधर्मिता की एक ख़ास बात थी राजनीति का बहिष्कार। दिलचस्प बात यह है कि इस दौर में व्यक्तिगत सम्बन्धों से सरलता और भावात्मकता ग़ायब हुई है, उपयोगिता और राजनीति ज़्यादा हुए हैं। दूसरे शब्दों में, वास्तविक मानव-सम्बन्ध जितने राजनीतिक और निर्वैयक्तिक हुए हैं, साहित्य उतना ही व्यक्तिपरक और अराजनीतिक हुआ है।

बात यह नहीं है कि एकबारगी कविता राजनीतिविहीन हो गयी है, कहानी राजनीतिक आशय से शून्य हो गयी है और हिन्दी साहित्य में अँधेरा छा गया है। भारत और तीसरी दुनिया के साहित्य की स्थिति इंग्लैंड या अमरीका के साहित्य से अलग है। बात यह भी नहीं है कि उपन्यास सदा राजनीतिक आशय लेकर ही लिखे जा रहे हों। सुरेन्द्र वर्मा का 'मुझे चाँद चाहिए' और विनोदकुमार शुक्ल का 'दीवार में एक खिड़की रहती थी' जैसे उपन्यास इसी दौर के हैं और उनकी कथावस्तु या शिल्प प्रयोग की बात छोड़ दें, दोनों उपन्यास राजनीति को बड़ी गहराई से अस्वीकार करते हैं। दोनों उपन्यासों की लोकप्रियता रुचि में आनेवाले परिवर्तन की सूचना देती है।

दूसरी तरफ़ उत्तर-आधुनिक प्रविधियों का इस्तेमाल करनेवाले मनोहर श्याम जोशी के परवर्ती उपन्यासों को राजनीतिक अन्तर्वस्तु से शून्य नहीं कहा जा सकता, हालाँकि उनका कथानक हरगिज़ राजनीतिक नहीं है। चाँद चाहनेवाले जहाँ सफलता को आलोचनात्मक दृष्टि से जाँचने के बजाय मूल्य की तरह प्रस्तावित करते हैं, वहीं 'हरिया हरकुलिस की हैरानी' या 'हमज़ाद' में वृद्ध पूँजीवाद की विकृतियों को रुचिपूर्वक चित्रित भी किया गया है और उनकी आलोचना भी की गयी है। इसलिए इन उपन्यासों को 'मुझे चाँद चाहिए' और 'दीवार में खिड़की...' के साथ रखने के बजाय 'आख़िरी कलाम' (दूधनाथ सिंह) और 'कैसी आगी लगाई' (असगर वजाहत) के साथ रखना उचित होगा, जिनके कथानक में सीधी राजनीतिक घटनाएँ मौजूद हैं।

कविता की स्थिति और भी दिलचस्प है। फूल-पत्ती-चिड़िया वाली कविता में भी राजनीतिक आशय निहित था, माँ-बहन-प्रेमिका वाली कविता में कितनी राजनीति बची है? प्रगतिशील कवि को लगता था, 'मुझे जगत जीवन का प्रेमी/ बना रहा है प्यार तुम्हारा।' उसकी भावदशा ऐसी थी कि न उससे अकेले रहा जाता था, न जीवन का दुःख-सुख अकेले सहा जाता था। लेकिन आज का कवि, सन् 2000 के आसपास उभरनेवाला कवि, सुख-दुःख अकेले ही सहना चाहता है, सम्बन्धों को भी सामाजिक-राजनीतिक जीवन से निरपेक्ष बनाए रखना चाहता है।

राजनीति से अचानक यह वितृष्णा कई प्रश्न खड़े करती है।

इस बात से शायद ही कोई इनकार करे कि राजनीति ही समाज-संगठन का आधार है। जिन दिनों मानसिक संगठन का आधार धर्म होता था, उन दिनों भी धर्म तक के मामले राजनीति से तय होते थे। ब्रह्मर्षि और राजर्षि की अलग-अलग उपाधियाँ इसका संकेत करती हैं। ब्रह्मर्षियों की सबसे शक्तिशाली पीठ वशिष्ठों की थी। वशिष्ठ राजपुरोहित होते थे। शायद राज्य से अपने सम्बन्ध के कारण ही वे शक्तिशाली थे। वैराग्य की सीख देनेवाले बौद्ध और ब्राह्मण धर्म भी राज्यसत्ता से विमुख होकर नहीं चल सके। उनकी शक्ति और प्रसार का सम्बन्ध राज्य से उनको मिलनेवाले संरक्षण से ही है। इस मायने में संस्कृति और धर्म के स्रोतों का अन्तर पहचाना जा सकता है। यह बात पुराणकाल से उत्तर औद्योगिक काल तक बराबर देखी जा सकती है कि समाज संगठन का आधार राजनीति है।

ऐसे में राजनीति से परहेज का अर्थ यह भी हो सकता है कि साहित्य अपने उद्गम-स्रोत समाज के प्रति उदासीन हो रहा है। इस उदासीनता का कुछ सम्बन्ध उपभोक्तावादी मानसिकता से भी होगा। राजनीति से परहेज का मतलब सामाजिक उत्तरदायित्व से अलगाव है। सुख और आनन्द के भ्रम में जीनेवाले दौर की कला भी मनोरंजन और उत्तेजना में रमने लगी है। साहित्य इस व्यापक परिघटना का एक अंग है। इस प्रक्रिया का दोष रचनाकारों पर मढ़कर सरलबुद्धि से काम लेना और उसी को गहरा चिन्तन समझना भी उपभोक्तावादी-प्रचारवादी तौर-तरीक़ा है। जिस तरह अनेक रचनाकार अपनी उपलब्धियों के प्रति अतिरिक्त विश्वास लेकर आलोचकों की नासमझी से भिड़े हुए हैं, यह भी आत्मविज्ञापन की ही प्रवृत्ति है। इसलिए आज वही आलोचना चल रही है जो स्पांसरशिप करती है। इस बाज़ारवाद को सबसे अधिक अरुचि जिस चीज़ से है, वह राजनीति है।

साहित्य में राजनीति के विलोपन की घटना का कुछ सम्बन्ध रचनाकारों की बदली हुई दृष्टि से है और कुछ सम्बन्ध उस दृष्टि का निर्माण करनेवाले जीवन-दृश्य से है। पराधीनता और आपातकाल के राजनीतिक होने में तो कोई

सन्देह नहीं है। उनके प्रतिरोध और मुक्ति का आधार भी राजनीति ही थी। उस दौर का प्रतिनिधि साहित्य मनुष्य के भाव और सम्बन्ध का चित्रण करते समय राजनीतिक परिप्रेक्ष्य से काम लेता था। लेकिन भूमंडलीकरण का प्रत्यक्ष सम्बन्ध राजनीति से नहीं है। वह या तो सूचना प्रौद्योगिकी का सार्वभौम प्रसार है या बहुराष्ट्रीय कम्पनियों का सीमारहित विस्तार। विज्ञान और बाज़ार की दोहरी गतिविधि से, साइबर स्पेस और ग्लोबल विलेज के ज़रिये घटित होनेवाली प्रक्रिया का राजनीति से क्या लेना-देना!

बची-खुची राजनीति इसलिए अप्रासंगिक हो गयी कि सोवियत संघ के विघटन के बाद 'व्यवस्थाओं का संघर्ष' नहीं रह गया, 'सभ्यताओं का संघर्ष' शुरू हो गया। संघर्ष तो ख़ैर है ही और वह पूँजीवाद के रहते ख़त्म भी नहीं होगा, लेकिन अब उसका चरित्र राजनीतिक न होकर धार्मिक, सामुदायिक या मानवशास्त्रीय हो गया है। इस एकध्रुवीय दुनिया का चक्रवर्ती सम्राट 'ईश्वर के आदेश' पर ख़ून के बदले तेल का सौदा करने के लिए मुल्क के मुल्क तबाह कर सकता है। भारत जैसे देशों में भी उदारीकरण के साथ बोफोर्स, हवाला, कबूतरबाजी और निठारी जैसे कांडों ने एक नयी संस्कृति उत्पन्न कर दी है जिसमें भ्रष्टाचार, घोटाले और नरभक्षण बहुत स्वाभाविक हो गये हैं। जब राजनीति ही इस प्रकार दायित्वहीन होकर गिरोह में बदल गयी हो, तब पढ़े-लिखे मध्यवर्ग का मोहभंग स्वाभाविक लगने लगता है।

साहित्य में व्यापक राजनीतिहीनता का कारण बहुत कुछ यह उत्तर सोवियत परिदृश्य है, जहाँ विकल्प का भरोसा और सपना टूट गया है, प्रतिरोध में भी ज़्यादा विश्वास नहीं रह गया है। 'दूसरी दुनिया' की सम्भावना अब गैरसरकारी संगठनों की घोषणा में ही बची है। इस अराजनीतिक माहौल में युवा रचनाकार अपना रास्ता बना रहे हैं। सदा की तरह युवाओं में दो तरह की दृष्टि और रचना-पद्धति मिलती है। लेकिन यूरोपीय साहित्य की तरह हिन्दी की युवा पीढ़ी पूरी तरह परम्पराविमुख नहीं है। हिन्दी के वरिष्ठ रचनाकार भी समकालीन वास्तविकता से अछूते और अनभिज्ञ नहीं हैं। इसीलिए अमरकान्त जैसे कथाकार आर्थिक ग़ुलामी के नये दौर में स्वाधीनता संघर्ष के हथियार लेकर 'इन्हीं हथियारों से' साहित्य और समाज की जड़ता तोड़ने का प्रयत्न कर रहे हैं। आलोकधन्वा ने परम्परा के इस महत्त्व को रेखांकित करते हुए दृढ़तापूर्वक कहा था कि "प्राचीनता एक ऐसी चीज़ है जिसे अपने घुटनों में जगह दो ताकि वे किसी तानाशाह के आगे न झुकें।"

हिन्दी का समकालीन साहित्य सचेत रूप में परम्परा को ऐसी जगह देता है या नहीं, विश्वासपूर्वक नहीं कहा जा सकता। लेकिन एक तरफ उसके रक्त में मौजूद प्राचीनता और दूसरी तरफ उसकी आबोहवा में व्याप्त बाज़ारवादी आधुनिकता,

यह दुचित्तापन आज के रचना-मानस में पहले किसी भी समय से ज़्यादा है। और, आज के दौर में प्राचीनता की, परम्परा की ज़रूरत भी पहले के किसी समय से ज़्यादा है; उस परम्परा के प्रति आलोचनात्मक विवेक की ज़रूरत भी ज़्यादा है। हिन्दी का भक्ति साहित्य केवल आध्यात्मिक विषयों पर लिखा गया सर्वश्रेष्ठ साहित्य नहीं है, वह राजनीति पर लिखा गया सर्वश्रेष्ठ साहित्य भी है। सुख, भोग, प्रभुत्व में लिप्त रहनेवाली राजनीति की जैसी सारगर्भित आलोचना कबीर, सूर, तुलसी, जायसी ने की है, वैसी अन्यत्र दुर्लभ है।

इसे विडम्बना ही कहेंगे कि राज्यसत्ता की नाभि में पैठकर लिखा गया रीति साहित्य मूलतः अराजनीतिक है और सत्ताकेन्द्रों से दूर रहकर, लोकजीवन का अंग बनकर लिखे गये भक्तिसाहित्य में, धार्मिक दृष्टिकोण के बावजूद, अत्यन्त लोकतान्त्रिक राजनीति व्याप्त है। इससे यह भी स्पष्ट होता है कि वृद्ध सामन्तवाद के दौर में राजनीति की ज़रूरत सत्ताधारी संस्कृति से ज़्यादा जनसाधारण को थी, जिसे जीने के लिए भी संघर्ष करना था। और, सत्ताकेन्द्र से जुड़े बुद्धिजीवी, रचनाकार नायक-नायिका-भेद को ही ब्रह्मांड की सबसे बड़ी समस्या बनाकर जनमानस को प्रभावित करने का काम करते थे। सौभाग्य से उनके पास वृद्ध पूंजीवाद जैसे संचार के साधन नहीं थे!

बहरहाल, यह बात ज़रूर कही जानी चाहिए कि भारतीय साहित्य, विशेषतः हिन्दी साहित्य की स्थिति अँग्रेज़ी और यूरोपीय साहित्य से बेहतर है। युवा कविता की अपेक्षा युवा कहानी उत्तर-आधुनिक प्रविधियों का उपयोग करते हुए भी अपनी अन्तर्वस्तु में अधिक लोकतान्त्रिक है (मैं केवल 'अधिक' कह रहा हूँ, एक को लोकतान्त्रिक और दूसरे को आत्मकेन्द्रित नहीं, क्योंकि यह सचाई नहीं है)। युवा कहानी परम्परा के प्रति यथेष्ट जागरूक नहीं है लेकिन अपनी वर्गगत सीमाओं को तोड़ने की कोशिश जरूर करती है। वह वास्तविकता के जिस भी पक्ष को चित्रित करती है, उसे अन्य सन्दर्भों से जोड़कर देखने का प्रयत्न करती है। इसलिए संस्कृति, राजनीति, बाज़ार, परिवार और व्यक्ति की आन्तरिकता सभी कुछ एक-दूसरे से घात-प्रतिघात करनेवाली प्रक्रिया का रूप लेकर आते हैं। इसलिए हम उम्मीद कर सकते हैं कि वह वर्तमान को प्राचीनता से जोड़ने की दृष्टि भी अर्जित कर लेगी। हालाँकि यह काम कहानी से ज़्यादा कविता के लिए ज़रूरी है लेकिन युवा कविता ज़्यादा तत्कालजीवी है।

विभिन्न तथ्यों और वास्तविकताओं में घात-प्रतिघात का सम्बन्ध लेखक की मर्ज़ी पर निर्भर नहीं होता, वह परिस्थिति में ही निहित रहता है। इन अन्तर्निहित (किन्तु साधारणतः अदृश्य) सम्बन्धों को पहचानना एक बात है और असम्बद्ध तथ्यों को मनमाने ढंग से जोड़ देना बिल्कुल दूसरी बात है। पहली स्थिति को

'रिलेशन' कहते हैं, दूसरी को 'कनेक्शन'। रिलेशन यथार्थ की वस्तुगत प्रक्रिया में होता है, कनेक्शन अपने हित में आत्मगत ढंग से जोड़ दिया जाता है। रिलेशन अनिवार्य और ऐतिहासिक होता है, कनेक्शन सोद्देश्य और रणनीतिक; इसलिए रिलेशन यथार्थवादी रचना में होता है, कनेक्शन विमर्शवादी रचना में।

इस दृष्टि से हम कह सकते हैं कि नीलाक्षी सिंह हों या पंकज मित्र, पंखुरी सिन्हा हों या शशिभूषण द्विवेदी, वन्दना राग हों या मनोजकुमार पांडेय, अल्पना मिश्र हों या कुणाल सिंह—हिन्दी की युवा कथा पीढ़ी विमर्श के ढाँचे से बाहर, यथार्थवाद के दायरे में रचना कर रही है। इस पीढ़ी की अपनी सीमाएँ हैं। उसकी अपनी शक्ति भी है। इन सबके साथ, वह अपनी रचना से साबित कर रही है कि यथार्थवाद केवल प्रविधि तक सीमित नहीं है। वह जीवन-दृश्य और जीवन-दृष्टि का संश्लेष है। बदले हुए संसार में आदिम पद्धतियाँ जीवन की गतिविधि को समझने नहीं देतीं। लेकिन समझना जीवन को ही हो तो संसार में मौजूद तथ्यों के परस्पर-सम्बन्ध पर ध्यान केन्द्रित करना आवश्यक हो जायेगा। युवा कथाकार इस आवश्यकता से विमुख नहीं हैं, यह बात सबसे महत्त्वपूर्ण है। उनकी कमज़ोरियाँ बाद में देखी जाएँगी।

हिन्दी के वर्तमान साहित्यिक परिदृश्य में लगातार बढ़ती राजनीतिहीनता के समान्तर युवा रचनाकारों का एक सशक्त स्वर आश्वस्त करता है कि प्रभुत्वशाली यूरोपीय साहित्य की अपेक्षा तीसरी दुनिया का साहित्य ही भूमंडलीय स्तर पर नये दौर का प्रतिनिधि साहित्य है। यह साहित्य अनिवासी भारतीयों का लिखा हुआ नहीं है (यहाँ मैं गिरमिटिया भारतीय और अनिवासी भारतीय में अन्तर रखना चाहता हूँ। अनिवासी भारतीय अँग्रेज़ी में लिखते हैं और वैश्विक कीर्ति के दावेदार हैं।) वी.एस. नायपॉल और सलमान रश्दी जैसे अनिवासी भारतीयों के उपन्यास पर टेरी ईगल्टन ने हाल ही में कहा है कि ये लोग जिस देश में शरण लेते हैं, वहाँ के रस्मो-रिवाज को चुनौती देने के बजाय उसे अपना लेने में ही उनकी दिलचस्पी दिखती है।

इस प्रकार, प्रभुत्वशाली संस्कृति को अंगीकार करके वे अपनी राजनीतिक सूझ-बूझ और कलात्मक मौलिकता दोनों खो देते हैं। 'मिडनाइट चिल्ड्रेन' में विडम्बना का समर्थ उपयोग करनेवाले रश्दी अफ़गानिस्तान और इराक पर अमरीकी हमले के समर्थक बन गये; 'सैटेनिक वर्सेज़' पर मौत का फतवा पानेवाले रश्दी अमरीकी सैन्यवाद के समर्थन के बाद 'नाइटहुड' पानेवाले रश्दी बन गये! तीसरी दुनिया का साहित्य, हिन्दी साहित्य भी, अराजनीतिक रुख़ अपनाने के बावजूद पूरी तरह समर्पणवादी नहीं हुआ है। राजनीति से परहेज उसे प्रतिरोध और विकल्प की दिशा में जाने से रोकता है लेकिन सम्बन्धों और अन्तर्विरोधों की पहचान

उसे समर्पण करने से भी रोकती है। यही आज के साहित्य की दुविधा है।

संक्षेप में, साहित्य में राजनीति का अर्थ है असहमति और प्रतिरोध। राजनीति के अस्वीकार का अर्थ है सत्ता का अनुमोदन। सत्ता केवल राजनीतिक नहीं है। किसी भी सत्ता या प्रतिष्ठान में असहमति तभी तक सहन की जाती है जब तक वह अलंकार हो, विकल्प न हो। ब्रह्मा की बनायी दुनिया से असन्तुष्ट होकर अपनी अलग दुनिया बनानेवाला रचनाकार-कविर्मनीषी परिभूः स्वयम्भूः—क्या शक्ति के प्रतिष्ठानों का अलंकार बनकर रह जाएगा? या अपनी समान्तर सृष्टि में वह पहले से मौजूद संसार का विकल्प भी देगा? अलंकार बन जाना यथास्थिति की राजनीति है। विकल्प की दृष्टि देना लोकतान्त्रिक राजनीति।

साहित्य और लोकतन्त्र

सोलहवीं लोकसभा के अप्रत्याशित नतीजों के बाद मन में बार-बार सवाल उठता रहा कि अगर राजनीतिक लोकतन्त्र की तरह साहित्यिक लोकतन्त्र भी होता तो क्या स्थिति होती? यह कोई मौलिक विचार नहीं है। साहित्य में आलोचना का लोकतन्त्र या कविता का लोकतन्त्र जैसे मुद्दों पर चर्चा होती रही है, लेकिन उस लोकतन्त्र में लेखक अपनी भूमिका या स्थान खुद ही तय करते हैं। ऐसा नहीं होता कि कोई शीर्षस्थ आसन के लिए 'पोएट/नॉवलिस्ट/क्रिटीक इन वेटिंग' हो और उसका फैसला पाठक समाज अपने मताधिकार के जरिये करे। होने को यहाँ भी लेखकों के अलग-अलग संगठन हैं और मुद्दों के हिसाब से उनके भी फ्रंट बनते-बिगड़ते रहते हैं लेकिन उन सबके प्रभाव और परिणति का फैसला या तो लेखक बिरादरी करती है या उन संगठनों को चलानेवाले राजनीतिक दल करते हैं। आम पाठक समाज की उसमें कोई उल्लेखनीय भूमिका नहीं होती। ऐसा लोकतन्त्र सिर्फ साहित्य में ही हो सकता है, जहाँ लोक केवल परोक्ष भूमिका निभाता हो।

बेशक इस सवाल पर बहस नहीं हो रही है कि साहित्य के मूल्य लोकतान्त्रिक होते हैं या नहीं? बहस इस पर भी नहीं है कि साहित्य के लिए राजतन्त्र, एकतन्त्र वगैरह की अपेक्षा लोकतन्त्र एक बेहतर प्रणाली होती है या नहीं? उसका कारण है कि साहित्य का जन्म लोकतन्त्र से काफी पहले हो चुका था और तब साहित्य के मूल्य की कसौटी लोकतन्त्र नहीं था। कभी वह सर्वात्मवाद था। कभी रसिक रंजन था। कभी स्वान्त: सुखाय तो कभी कलावन्त रिझाय था। साहित्य की आत्मा लोकतन्त्र में बसती है या उसकी आत्मा में लोकतन्त्र बसता है। इस प्रकार की धारणाएँ तो तभी आयी होंगी जब सामाजिक इतिहास ने एक प्रणाली के रूप में लोकतन्त्र का विकास कर लिया होगा—यानी आधुनिक युग में आकर। वरना गरीबी, अपनाम तिरस्कार के जीवन से आकर हमारे सन्त कवियों ने अवश्य लोकतन्त्र और साहित्य की आत्माओं का एकीकरण कर लिया होता। देखिए न तुलसी के राम यह आदर्श रखते हैं कि 'जौं कुछ अनुचित बोलहुँ भाई, तौ मोहि बरजेउ भउ बिसराई।' लेकिन राजा को रोकने-टोकनेवाली यही प्रजा अपने राजा

का चुनाव नहीं कर सकती थी।

जहाँ तक साहित्य की प्रवृत्ति का सम्बन्ध है, पहले उसे साधारणीकरण के जरिये परिभाषित किया जाता था, अब संवेदना के जरिये किया जाता है। दोनों एक जैसी बातें हैं। साधारणीकरण भी रचनाकार के भाव का सहृदय से तादात्म्य होता था। समवेदना भी कृति में मौजूद रचनाकार के भाव का पाठक तक सम्प्रेषण ही है। साधारणीकरण, सहृदय, तादात्म्य की जगह संवेदना, पाठक, सम्प्रेषण की पदावली और अवधारणा का आ जाना--दो युगों की भिन्न सामाजिक-सांस्कृतिक प्रणालियों का परिचायक है। लेकिन दोनों में ही साहित्य की एक-सी प्रक्रिया है। इसलिए हम इतना तो कह ही सकते हैं कि हर युग, वर्ग, समाज के लेखकों के लिए साहित्य की प्रकृति (या प्रक्रिया) समान रहती है और सहृदय (या पाठक) की अवधारणा भिन्न होती है, लेकिन यही बिन्दु है, जहाँ राजनीतिक लोकतन्त्र के समान्तर साहित्यिक लोकतन्त्र की आवश्यकता पेश होती है।

अगर हर युग, वर्ग, समाज का लेखक अपने ढंग से अपने सहृदय या पाठक बनाता है तो यहाँ चुनने का अधिकार लेखक के हाथ में हुआ, पाठक के नहीं। जर्मनी की नाजी सरकार पर कटाक्ष करते हुए ब्रेख्त ने विश्वप्रसिद्ध पंक्तियाँ लिखी थीं कि 'सरकार का जनता पर से विश्वास उठ गया है। क्या यह अच्छा नहीं होगा कि सरकार जनता को भंग कर दे और चुनाव के जरिये एक नई जनता चुन ले।' सरकार के हाथ में यह सुविधा हो या न हो पर लेखक के हाथ में काफी कुछ होती है, इसीलिए उसे प्रजापिता ब्रह्मा के समकक्ष बताया गया है—'कविर्मनीषी परिभूः स्वयम्भूः।' विडम्बना यह है कि अपनी सृष्टि रचने के बाद खुद ब्रह्मा उन देवताओं, गन्धर्वों और ऋषियों को अपने मन माफिक नहीं चला सके, जिन्हें उनकी मानस सन्तान कहा जाता है, इसीलिए ब्रह्मा को बहुत अकेलापन सहना पड़ा। सृष्टि रचने के बाद तो और भी ज्यादा। कवि रूपी स्वयंभू के पास यह अतिरिक्त सुविधा है कि वह ब्रह्मा की तरह जीते-जागते प्राणी उत्पन्न नहीं करता बल्कि ब्रह्मा के बनाए प्राणियों में से अपनी मानस रचना के लिए अपने अनुकूल सहृदय या पाठक चुन लेता है।

लोकतन्त्र के बजाय साहित्य की तुलना बाजार से ज्यादा सटीक बैठती है। माँग का रुख देखकर अपना माल या ब्रांड बदल देना स्वाभाविक होता है ताकि वह ग्राहक के लिए व्यर्थ न होने पाये। यह बात साहित्य में भी दिखती है। प्रगतिशील आन्दोलन चला तो बहुत से राष्ट्रवादी, अध्यात्मवादी रचनाकार प्रगतिशीलता की ओर मुड़ गये। 'क्वासि' वाले रहस्यवादी बालकृष्ण शर्मा 'नवीन' भी 'भैंसागाड़ी' पर उतर आये और जूठे पत्ते चाटते मनुष्यों को देखकर सोचने लगे कि *''क्यों न टेंटुआ घोंटा जाये स्वयं जगपति का।''* राष्ट्रकवि मैथिलीशरण गुप्त भी मार्क्स

और जेनी के पद्य संवाद के माध्यम से प्रतिपादित करने लगे कि *''पूँजी नहीं, लूट ही इसे कहो, दूसरों को ठगकर जोड़ी जो गयी अहो!''* लेकिन स्वतन्त्रता के बाद जब राष्ट्रीय नव निर्माण का दौर चला, तब उन्हीं प्रगतिशीलों में से बहुतों ने अपने ब्रांड बदल लिए और वे आधुनिकतावाद, रहस्यवाद, प्रयोगवाद, मनोविश्लेषणवाद वगैरह-वगैरह नाना धाराओं में बँट गये। पूरा माहौल इतना 'लोकतान्त्रिक' हो गया जैसे अपनी ढपली अपना राग। ब्रांड बदलने के लिए लोकतान्त्रिक अधिकार के आगे सहृदय या पाठक की सुधि भी नहीं रह गयी। शायद उसी का नतीजा था कि आत्मानुभूति वाले इस साहित्य को अभिव्यक्ति का संकट सताने लगा। अनुभूति तो अपनी थी, भीतरी थी, अभिव्यक्ति हमेशा बाहरी होती है। उसका सम्बन्ध समाज या पाठक के साथ सम्प्रेषण या संवाद से होता है। ब्रांड बदलकर बहुत से नये लेखक अपने पाठक नहीं बना सके।

कल्पना कीजिए, अपना ब्रांड या अपना ऑडियंस चुनने का जो अधिकार लेखक के पास है, वही अधिकार अपना लेखक चुनने का पाठक के हाथ में हो, तब? क्या स्वयंभू रचनाकारों की ऐसी ही स्वतन्त्रता तब भी रह जाएगी? जिस तरह राजनीतिक दल या निर्दलीय राजनेता अपना-अपना कार्यक्रम और कार्यकलाप लेकर, अपना-अपना संगठन या गठबन्धन लेकर जनता के पास जाते हैं, और जनता उनमें से कुछ को चुनकर और बाकियों को धुनकर अपना अभिमत प्रकट करती है, क्या ऐसा साहित्य में भी हो सकता है? कवि सम्मेलनों के दौर में जब लोकप्रियता को कलात्मक श्रेष्ठता का विरोधी नहीं माना जाता था, तब साहित्य और जनरुचि में परस्पर प्रभावकारी सम्बन्ध ज्यादा था। अब तो लोकप्रिय होना मानो कवि के लिए अपमान की बात हो गयी है। ऐसे कवि (या लेखक) जनता के न्यायघर में हमेशा 'राइटर इन वेटिंग' ही रह जाएँगे। कभी-कभी लगता है कि साहित्य (कारों) के चुनाव में जनता की प्रत्यक्ष भूमिका हो तो वह स्थिति समाज के लिए ही नहीं, साहित्य के लिए भी ज्यादा अच्छी होगी। एक तो समाज (बल्कि जनसाधारण) की अभिरुचि परिष्कृत होगी और पाठक समुदाय पुच्छ-विषाणहीन पशुता से मुक्त होकर सांस्कृतिक जीवन का निर्माण करने में अपनी भूमिका निभाएँगे, दूसरे, साहित्य (कार) भी स्वेच्छाचार और निरंकुशता से छुटकारा पाएँगे (भले वे ऐसा न चाहते हों)। और यह एक अतिरिक्त लाभ होगा कि अमरता का भ्रम जल्दी टूट जाएगा और लेखक के रूप में सामाजिक मान्यता पाने के लिए हरेक को अधिक परिश्रम करना पड़ेगा। प्रतिस्पर्धा तब भी होगी लेकिन तब शायद उसका परिणाम सकारात्मक होगा। इसलिए लोकतन्त्र केवल सिद्धान्त में, विचार में या पृष्ठभूमि में रहकर साहित्य के लिए जितना लाभकर है, उससे ज्यादा लाभकर वह प्रत्यक्ष, सक्रिय और हस्तक्षेपकारी भूमिका निभाकर बन सकता है।

साहित्य और जनसमाज

शुद्ध साहित्य के दिन लद गये हैं। जादुई यथार्थवाद से लेकर अश्वेत सौन्दर्यशास्त्र तक रचना की जितनी प्रवृत्तियाँ हैं, निम्नवर्गीय अध्ययन से लेकर सांस्कृतिक अध्ययन तक जितनी सैद्धान्तिकियाँ हैं, सब-की-सब सामाजिक-राजनीतिक आन्दोलनों की उपज हैं। भिन्न-भिन्न धाराओं में सामाजिक-ऐतिहासिक अन्तर्वस्तु कहीं प्रगतिशीलता से सम्बन्धित है, कहीं उसके विरुद्ध; लेकिन सभी को साहित्येतर प्रश्नों का सामना करना पड़ता है, और इसी से उनका स्वरूप बनता है। सृजन और चिन्तन की प्रारम्भिक अवस्थाओं में भी 'शुद्ध साहित्य' की अवधारणा नहीं थी। वाल्मीकि और होमर जीवन की व्यापक समस्याओं से उद्वेलित थे, भरत और प्लेटो भी साहित्य और जीवन का अटूट सम्बन्ध मानते थे। इसलिए चाहे तो कह लें कि साहित्य फिर अपनी मूल प्रतिज्ञाओं की ओर लौट रहा है। हालाँकि यह जड़ों में लौटना या अतीत का जागना नहीं है; उसके कुछ चिह्न जहाँ-तहाँ भले हों। दोनों में केवल इतनी समान्तरता है कि वे 'शुद्ध साहित्य' की भाववादी-पलायनवादी अवधारणा से अलग हैं।

कुछ मित्रों को आपत्ति हो सकती है कि इसको 'ब्रह्मस्वाद सहोदर' माननेवाले भरत और काव्य को मायावाद सहोदर (ईश्वरीय सत्य के अनुकरण का अनुकरण) माननेवाले प्लेटो को समकालीनों की तरह भाववाद से अलग बताया जा रहा है जबकि दोनों जगह सत्य और अनुभव की कसौटी ब्रह्म है जो भाववाद-अध्यात्मवाद का स्रोत है। लेकिन यह भी सच है कि ब्रह्म उनके लिए जीवन से भागने का और सामाजिक विषमता को तर्कसंगत ठहराने का साधन नहीं था। भरत ने पंचम वेद के रूप में 'नाट्यशास्त्र' की रचना की थी ताकि चार वेदों में वंचित किये गये शूद्र और स्त्री (नट-नटी) सांस्कृतिक जीवन में हिस्सा ले सकें। यह ऐसे समाज का यथार्थ है जहाँ अपनी नियति को अस्वीकार करनेवाले और सामाजिक वर्जनाएँ तोड़कर कला-संस्कृति में भाग लेनेवाले बहुत से मनुष्य हैं। 'नाट्यशास्त्र' उन्हें सैद्धान्तिक अस्त्र प्रदान करता है। आदर्श 'गणतन्त्र' के स्वप्नद्रष्टा प्लेटो दासविद्रोहों से उत्पन्न अराजकता पर काबू पाने के लिए दो उपाय करते हैं। एक

तरफ, जनसाधारण की 'बुनियादी आवश्यकताएँ' पूरी करने और शासकों के पास निजी सम्पत्ति और निजी परिवार न रहने का प्रस्ताव करते हैं ताकि सामाजिक खाई में थोड़ा सन्तुलन आ सके; दूसरी तरफ, कलाकार से वास्तविक सत्य (ईदोस यानी प्रत्यय जगत) का चित्रण करने और नैतिक प्रभाव छोड़नेवाली काल्पनिक कहानियाँ लिखने का सुझाव देते हैं ताकि मनोवृत्तियाँ परिष्कृत हों।

स्पष्टत: अपने दार्शनिक भाववाद के बावजूद भरत और प्लेटो का सामाजिक दृष्टिकोण यथार्थवादी है। उनके साहित्य-सिद्धान्तों पर दार्शनिक भाववाद से ज्यादा प्रभाव सामाजिक दृष्टिकोण का है क्योंकि साहित्य भी दर्शन के सूत्रों की जगह जीवन के चित्रों से बनता है। आज की रचना और सैद्धान्तिकी फिर सामाजिक प्रश्नों को सम्बोधित कर रही है। इसलिए उसका रुझान मूलत: यथार्थपरक है। भाववादी दृष्टिकोण जीवन और साहित्य को असम्बद्ध मानता है, व्यक्ति और समाज में विरोध मानता है, सामाजिक परिवर्तन में व्यक्ति की और साहित्य की सकर्मक भूमिका अस्वीकार करता है। इससे पता चलता है कि दार्शनिक और साहित्यिक चिन्तन में यान्त्रिक सम्बन्ध नहीं होता, जैसे मनुष्य की वर्गीय पृष्ठभूमि और उसके बौद्धिक चिन्तन में यान्त्रिक सम्बन्ध नहीं होता। यह सम्भव है कि भाववादी नजरिए के कारण यथार्थवादी साहित्य में असंगतियाँ पैदा हों, जैसा भक्तकवियों में है। क्रान्तिकारी कबीर भी मायावादी हैं, सती समर्थक हैं, दासभाव के प्रचारक हैं। ऐसा भी होता है कि दार्शनिक चिन्तन भाववादी न हो पर साहित्य दृष्टि प्रतिक्रियावादी हो, जैसी नई कविता में है। विजयदेव नारायण साही भी विचारधारा, राजनीतिक प्रतिबद्धता और सांगठनिक निष्ठा को साहित्यविरोधी मानते हैं; जायसी सिर्फ 'कवि' हैं, 'सूफी' नहीं! डा. नगेन्द्र की 'शुद्ध साहित्यिक (रस) दृष्टि' से इसमें क्या अन्तर है?

तात्पर्य यह है कि दार्शनिक और साहित्यिक चिन्तन का परस्पर सम्बन्ध बहुत उलझा हुआ है। दार्शनिक भाववाद का विकास वर्गसमाज के आने पर हुआ, जब दूसरे का श्रमफल हथियाकर सामाजिक-सांस्कृतिक नेतृत्व करनेवाला स्वतन्त्र वर्ग पैदा हुआ। बौद्धिक-सांस्कृतिक जीवन में सक्रिय होनेवालों पर तत्कालीन शासक वर्ग के नजरिये का प्रभाव पड़ता था। लेकिन उनकी रचना दर्शन की अपेक्षा सामाजिक अनुभव और निजी प्रेरणा से रची जाती थी। अनुभव और प्रेरणा का निर्धारण उनकी स्थिति से होता था। इसलिए श्रेष्ठ साहित्य हमेशा जनसाधारण के जीवन-यथार्थ से तादात्म्य करके ही रचा जाता रहा है। संयोग नहीं है कि संस्कृत-प्राकृत की परम्परा में भी जीवन्त अंश वह हैं जो जनसाधारण से सम्बन्धित हैं। इससे पता चलता है कि रचना दार्शनिक चिन्तन से प्रभावित अवश्य होती है लेकिन उसका मूल सृजनात्मक स्रोत सामाजिक अनुभव है। अनुभव और चिन्तन

में तारतम्य होने पर श्रेष्ठ रचना पैदा होती है, उनमें अन्तर्विरोध होने पर रचना की शक्ति बाधित होती है।

सामाजिकता से साहित्यिकता का सम्बन्ध वे भी जानते हैं जो 'शुद्ध साहित्य' के हिमायती हैं। उदाहरण के लिए रीति साहित्य को लें, जिसे 'शुद्ध साहित्य' का अकेला उदाहरण माना गया है। उसकी जो भी विशेषताएँ हैं, शृंगार का रसराजत्व, अतिशयोक्ति का अलंकारराजत्व, नायिकाभेद, लक्षणा-व्यंजना और उद्दीपक सामग्री का संग्रह आदि, वे जनसाधारण के जीवन से नहीं, राजाओं-रईसों के दरबार से सम्बन्धित हैं। रीतिकाल का समय याद कीजिए। सन् 1650 ,से 1857 तक। 1650 से 1757 तक व्यापारिक क्रान्ति के उत्कर्ष की शताब्दी और 1757 से 1857 तक भारत की पराधीनता की प्रारम्भिक शताब्दी क्या वही विषयवस्तु दे रही थी जो रीतिसाहित्य में है? यह बात रीतिकाव्य के प्रेमी समझते थे। इसलिए उसे मान्यता दिलाते समय 'शुद्ध साहित्यिक' दृष्टि को अपर्याप्त मानकर वे भी इसे 'गार्हस्थिक जीवन' का चित्र बताते थे। यानी सामाजिक वैधता के बिना 'शुद्ध साहित्य' भी नहीं चल सकता। फिर भी विद्वान लोग सामाजिकता को अस्वीकार करते थे। जाहिर है कि रसवाद, कलावाद, स्वायत्ततावाद के रूप में प्रकट होनेवाला सिद्धान्त किसी साहित्यिक या दार्शनिक कारण से परिचालित नहीं होता, शुद्ध सामाजिक कारण से परिचालित होता है और वह कारण है—कुलीनतावादी नजरिया, प्रभुत्वशाली हितों और वर्गों से सहानुभूति।

समकालीन सैद्धान्तिकियाँ जब साहित्यिक भाववाद को, 'शुद्ध' कला के आग्रह या दुराग्रह को ठुकराती हैं, तब वे जनतान्त्रिक मूल्यों के अनुरूप एक जनसमाज का क्षेत्र चुनती हैं। इस प्रकार, साहित्यिक प्रगति की भूमिका बनाती हैं। लेकिन यह मान लेना दूसरे प्रकार का भाववाद है कि 'स्वायत्तता' के सिद्धान्तों को छोड़ना अपने आप में साहित्यिक प्रगति का वाहक है। आज के समय में बाजार का 'यथार्थवाद' यानी शुद्ध उपयोगितावाद हावी होता जा रहा है। वरना बाजार के हित अग्रसर नहीं हो सकते। वह उपभोक्तावाद को सांस्कृतिक चेतना और जीवन मूल्य का रूप दे रहा है जिसे भ्रमवश लोग 'भौतिकवाद' कहते हैं। वह सारी पवित्र, नेक और आदर्श चीजों को भ्रष्ट, हास्यास्पद, उपभोग्य बना रहा है। इससे रचनाकर्म की गरिमा और रहस्यमयता भी नष्ट होती जा रही है। एक बिलकुल निर्मम कामकाजी दुनिया से हमारा सामना हो रहा है। ऐसे में साहित्यिक भाववाद के लिए गुंजाइश ही नहीं बचती। इस मायने में आज की सभी सैद्धान्तिकियों और विमर्शों का सम्बन्ध सामाजिक-ऐतिहासिक यथार्थ के किसी-न-किसी पहलू से अनिवार्यतः जुड़ा है। खुद 'विमर्श' इस बात का प्रमाण है कि साहित्य भी हितों की रणनीति बन गया है। और यह स्वयंसिद्ध है कि हित सदैव समाज

के भीतर, सम्बन्धों के ताने-बाने में ही होते हैं।

इन सैद्धान्तिकियों की सीमा भी 'विमर्श' में ही है। अपने सामुदायिक हितों की प्राप्ति के लिए अपनी अस्मिता का निर्माण करना, उस अस्मिता के निर्धारक तत्वों को विभेदक तत्त्वों के साथ स्थायी तनव में पहचानना (यानी 'दूसरे' के विरोध में 'अस्मिता' को निश्चित करते समय अपने गुणों और प्रतिपक्षी के दुर्गुणों को चरम रूप दे देना) और विभिन्न शक्तियों में अन्त:क्रिया के बजाय अलगाव को ही स्वीकार करना 'विमर्शों' का मूलभाव है। कहा जा सकता है कि जीवन की यथार्थ प्रक्रिया के द्वन्द्वात्मक स्वरूप को आग्रहपूर्वक अनदेखा करनेवाली यह दृष्टि मूलत: भाववादी है। लेकिन यह बात नहीं भूलनी चाहिए कि अलग अस्मिता का निर्माण उन्हीं शक्तियों ने किया है, जो उत्पीड़ित रही हैं, जिन्हें प्रतिरोध के बिना सामाजिक महत्त्व नहीं मिल सकता था; उन्होंने उत्पीड़कों को भी सामुदायिक चेहरा प्रदान किया है ताकि उससे अलग अपना सामुदायिक चेहरा गढ़ सकें। इस प्रकार, वास्तविक उत्पीड़न (के सम्बन्ध) से अस्मिता की अलगाववादी चेतना पैदा हुई। उसमें प्रतिरोध की अन्तर्वस्तु है, जो सामाजिक-ऐतिहासिक सन्दर्भ से आयी है; उसमें अलगाव की धारणा है, जो सामाजिक परिवर्तन के बजाय सत्ता-विमर्श में ले जाता है। इसी अर्थ में लिंडा इचियन ने कहा था कि बाजार या व्यवस्था का विरोध भी बाजार या व्यवस्था में पचा रहता है। इसीलिए 'विमर्श' में प्रतिरोध की चेतना है, विकल्प की नहीं।

अपनी शक्ति और सीमाओं के बावजूद नई सैद्धान्तिकियाँ हमारे बोध को अधिक संश्लिष्ट बहुआयामी और मानव सापेक्ष बना रही हैं। मसलन सांस्कृतिक अध्ययनदृष्टि और नवइतिहासवाद यह मानते हैं कि साहित्य किसी सांस्कृतिक या ऐतिहासिक पेचीदगियों के भीतर निर्मित पाठ है तो नवफ्राएडवाद अचेतन को भी एक सांस्कृतिक निर्मिति मानता है (क्योंकि पशु के पास न संस्कृति है, न अचेतन)। अचेतन का निर्माण 'दमन' से होता है और दमन करनेवाली शक्तियाँ सांस्कृतिक होती हैं। यहाँ 'शक्ति-विमर्श' का ढाँचा देखा जा सकता है। मनोविश्लेषण उसी प्रकार 'दमन' का प्रतिरोध है जिस प्रकार स्त्री, अश्वेत, दलित या आदिवासी अस्मिता। याद करें, बनेडिक्ट ऐंडर्सन कहते थे, राष्ट्र एक 'काल्पनिक जनसमुदाय' है। काज़ा सिल्वरमैन कहते हैं, 'विश्व एक विचारधारात्मक संरचना है।' यथार्थ मनोगत है, मन यथार्थनिर्मित है। यह नया वस्तुबोध है जो क्रान्तिकारी भले न हो, स्वायत्ततावादी हर्गिज नहीं है।

साहित्य में प्रयोजन

साहित्य में बार-बार 'प्रयोजन' की चर्चा क्यों होती है? जो साहित्य अपने-पराए की भावना से ऊपर लाकर मनुष्यमात्र से और 'ब्रह्मास्वाद' से तदाकार करता है, वह उदात्त का क्षेत्र है। क्या एक मनुष्य से दूसरे मनुष्य के सम्बन्ध में हमेशा प्रयोजन होता है? क्या सृष्टि रचने के पीछे ईश्वर का कोई प्रयोजन है? क्या उपयोगिता और उद्देश्य के बाहर कुछ नहीं होता? ब्रह्म ने अगर लीला के लिए संसार रचा तो मनुष्य भी लीला के लिए साहित्य रच सकता है। लेकिन तर्कवादी यहाँ भी प्रयोजन खोज लेते हैं। साहित्य अगर 'स्व-पर' से ऊपर उठकर 'लोकबद्ध' करता है तो यही उसका प्रयोजन हुआ। फिर ईश्वर की रचना निरुद्देश्य हो सकती है, मनुष्य की नहीं। मनुष्य ने पत्थर घिसकर पहला हथियार भी शिकार के प्रयोजन से बनाया था। टी.एस. एलियट ठीक ही कहते थे कि ईश्वर ने सृष्टि रची है, वह चाहेगा कि हम भी सृष्टि रचें और उसमें ईश्वर के प्रति कृतज्ञता व्यक्त करें। बेशक यह उदात्त स्तर का प्रयोजन है।

आचार्य हजारी प्रसाद द्विवेदी ने स्वप्न और कला को लेकर एक बात कही थी। शायद फ्रायड की बात उनके दिमाग में थी। उसका बड़ा सटीक हल उन्होंने दिया। स्वप्न मनुष्य की प्रयत्ननिरपेक्ष सिसृक्षा का परिणाम है और साहित्य प्रयत्नसाध्य सिसृक्षा का। मनुष्य की सृजनात्मकता दोनों में व्यक्त होती है। इसलिए दोनों में मनुष्य का व्यक्तित्व झलकता है। प्रयत्न निरपेक्ष सिसृक्षा का परिणाम होने से स्वप्न में उसके अवचेतन, उपचेतन और अचेतन की झलक मिलती है। प्रयत्नसाध्य सिसृक्षा का परिणाम होने के नाते साहित्य में मनुष्य की ज्ञात-अज्ञात प्रेरणाएँ, भाव-विचार, स्वप्न-उद्देश्य, संस्कार और प्रागनुभव, सभी व्यक्त होते हैं। इसलिए मनुष्य की पूर्णता और उद्देश्यवत्ता से साहित्य को अलगाया नहीं जा सकता।

आधुनिक युग में वैचारिक टकराहटों ने खेमेबाजी का रूप ले लिया है। प्रयोजन जैसे साहित्यिक प्रश्न पर भी तलवारें खिंच गयी हैं। साहित्य के प्रयोजन से इनकार करना कुछ लोगों के साहित्यशास्त्र का प्रयोजन बन गया है। इससे भले तो प्राचीन ही थे। वे जानते थे कि 'प्रयोजनमनुद्दिश्य मंदोपि न प्रवर्त्तते', प्रयोजन

के बिना मन्दबुद्धि भी किसी काम में नहीं लगता। लेकिन प्रखर बुद्धि आधुनिक को इससे क्या? संस्कृत या ग्रीक में जब साहित्य के प्रयोजन पर विचार हुआ, तब औद्योगिक या उत्तर-औद्योगिक समाज नहीं था। कवि और सहृदय के बीच ऐसा अलगाव नहीं था। इसलिए कवि और सामाजिक (पाठक आदि) के प्रयोजनों में भी सामंजस्य हो जाता था। आद्याचार्य भरत ने कहा था कि 'धर्म्य यशस्य मानुष्यं हितं बुद्ध विवर्धनम्...।' इसमें अकेले यश ही कवि को मिलता था; बाकी धर्म, आयुष्मता, हितभावना, बुद्धिवर्धन, लोकोपदेश आदि कवि और सहृदय को एक समान मिलते थे।

अब लेखक अपने पाठक से बहुत दूर है। बीच में काफी दुनियादारी है। घर-परिवार है, प्रकाशक है, पुरस्कार है, अखबार है, नाना टीवी चैनल हैं, अकादमियाँ हैं, कमेटियाँ हैं, फेलोशिप है, विदेश यात्राएँ हैं—लेखक और पाठक के प्रयोजन में सामंजस्य कहाँ से हो। वे लोग ईर्ष्यालु हैं, जो कहते हैं कि आजकल तत्काल यश और पुरस्कार पर ही ध्यान रहता है। इन चीजों को प्राचीनों ने भी 'प्रयोजन' की सूची में रखा था। आज लेखक और पाठक के बीच बढ़ते फासले से यही सिद्ध होता है कि साहित्य प्रयत्नसाध्य सिसृक्षा है। इसलिए वह क्रान्ति करे या पुरस्कार जुगाड़े, समाज सुधारे या भाग्य सुधारे, दोनों में विरोध कहाँ है? एक व्यक्तिपरक है, दूसरा समाजपरक; एक बहिर्मुखी है, दूसरा अन्तर्मुखी, लेकिन हैं दोनों रचनाकार की रुचि, विचारधारा और जीवन-स्थिति का ही परिणाम। आखिर, साहित्य मनुष्य की रचना है और वह मनुष्य की परिस्थितियों से निरपेक्ष नहीं रह सकता।

समस्या हिन्दी साहित्य में ज्यादा है, जिसकी बान शुरू से ही गलत पड़ गयी है। महावीर प्रसाद द्विवेदी कह गये हैं कि 'कविता से आज तक दुनिया में बड़े-बड़े काम हुए हैं।' इन बड़े-बड़े कामों से हिन्दी लेखक दब गए हैं। कुछ लोग बाज़ार, मनोरंजन, जुगाड़ वगैरह को साहित्य का प्रयोजन सिद्ध करते रहते हैं, लेकिन दकियानूसी हिन्दी समाज इन बातों पर टूट पड़ता है। पहले के लोग शायद समझदार थे, 'स्वान्तः सुखाय' में ढककर अपना प्रयोजन पेश करते थे। उनके सुख की परिभाषा अलग-अलग हो सकती थी। किसी को रघुनाथ गाथा गाने में सुख मिलता था, किसी को नायिका भेद गाने में, किसी के स्वान्तः सुखाय में 'सुरसरि सम सबकहँ हित' भी शामिल था, किसी के लिए सुख अशर्फियों में परिवर्तनीय था—'लाखन खरचि रचि आखर खरीदे हैं।' यह नजारा अब आम हो गया है।

बाजार पहले भी था, बाजार से कवि का वास्ता भी था, लेकिन सम्बन्ध इतने बाजारू नहीं थे। सौदागरी पूँजी ने मानव-सम्बन्ध बदले थे, कवि इसकी

साखी देते हैं। तोड़-फोड़ विशेषज्ञ कबीर हाथ में लुकाठी लेकर बाजार में खड़े थे। देव उनसे कम ईमानदार नहीं थे। अपने को सीधे-सीधे 'सौदागर' कवि कहते थे। उन्हें कबीर की तरह अपना घर जलाना नहीं था, चलाना था। मिर्ज़ा ग़ालिब दोनों से न्यारे थे—'बाजार से गुजरा हूँ, खरीददार नहीं हूँ'! फिर सोचते थे, आजाद ख्याल हूँ।

एक बात और थी। रीति कवि प्रायः सम्प्रदायों से बँधे थे, हालाँकि प्रचारक नहीं थे; भक्तकवि किसी पन्थ से नहीं बँधे थे, हालाँकि ऐसे प्रचारक थे कि राम का नाम न जपने वाले को कबीर 'अभागी' कहते थे और तुलसी 'नीच'। अपशब्द कहने भर की उत्तेजना प्रयोजनातीत मन में नहीं आ सकती। क्या ऐसी ही उत्तेजना साझे का पुरस्कार मिलने पर रीति कवि को नहीं हुई थी? प्रयोजन में फर्क था, प्रयोजन के अपूर्ण रहने पर होनेवाली उत्तेजना में नहीं। बेशक, एक के लिए जिनका मुँह देखने पर घिन उपजती थी, दूसरा उन्हीं का मुखापेक्षी था। लेकिन आज यह फर्क कम हो रहा है। बाजार और सीकरी की लालसा बढ़ रही है। हालाँकि, 'बड़े-बड़े काम' का हैंगओवर बाकी है।

इन बड़े-बड़े कामों में सन्तों की साधना भी थी। वे जानते थे कि माया 'महाठगिनी' है। लेकिन ब्रह्म मायापति था, उससे शक्ति लेकर मनुष्य माया से लड़ रहा था। यही साधना थी। कविता का भी यही प्रयोजन था। यह साधना इसलिए थी कि मायामय संसार में रहकर, दैनन्दिन कार्यों के बीच माया को जीतना था, संसार से भागकर नहीं। इसे वे चाहे जितनी 'सहज' या 'सूधो', बताते हों, लेकिन वह 'कान्तासम्मित उपदेश' से तो कठिन ही थी। आखिर एक 'उपदेश' थी, दूसरी 'साधना'। उसकी सहजता इसी बात में थी कि वह न तो जीवन-विरोधी साधनाओं की तरह आत्मनिषेध की राह पर जाती थी न ऐश्वर्यकामी भोगवाद की तरह सुखलिप्सा में डूबती थी। इसीलिए लोकजीवन से तदाकार-परिणति लेखक और रचना दोनों को उदात्त बनाती है। इसी कान्तासम्मित उपदेश को स्वाधीनता आन्दोलन के दिनों में कवि-कर्तव्य बनाते हुए 'केवल मनोरंजन' के बजाय 'उसमें उचित उपदेश का भी मर्म' जोड़ दिया गया था। इस उपदेशवाद के विरुद्ध "सूक्ष्म का विद्रोह' करनेवाले छायावाद में भी प्रसाद जी ने "आनन्द' के साथ 'शिक्षा' को जोड़कर काव्य का प्रयोजन निश्चित किया था।

शिक्षा या उपदेश केवल साहित्य में नहीं होता। प्राचीनों ने भी उसके कई रूप कहे हैं। वेद-शास्त्र का "प्रभुसम्मित उपदेश' शब्द-प्रधान है, जिसका पालन अनिवार्य है। पुराण-इतिहास का "सुहृत्सम्मित उपदेश' अर्थ-प्रधान है, जिसे मानना लाभकर है। साहित्य-कला का 'कान्तासम्मित उपदेश' रस-प्रधान है, जो अपनी रमणीयता से अनुकरणीय बन जाता है। ये रूप आज भी प्रकारान्तर से मौजूद हैं।

प्रभुसम्मित उपदेश बाजार दे रहा है, जिससे बचना कठिन होता जा रहा है। सुहृत्सम्मित उपदेश सरकारी–गैरसरकारी संस्थाएँ दे रही हैं, जो सफलता की शर्त है। कान्तासम्मित उपदेश साहित्य दे रहा है या नहीं, इस पर लेखक खुद ही विचार करें।

बाजार को न मनुष्य से मतलब है, न प्रकृति से। उसे मुनाफे से मतलब है। काव्य शुरू से ही प्रकृति और मनुष्य से तारतम्य जोड़कर चलता आया है। बाजारवादी शक्तियों ने जो पर्यावरण बनाया है, उसमें प्रकृति और जीवन नाश के कगार पर हैं। जर्मन विचारक हर्बर्ट पी. हेरिंग ने कहा है कि विज्ञान और प्रौद्योगिकी (और बाजार) के युग में, जब मनुष्य प्रकृति से और खुद से दूर होता जा रहा है, तब मानवजाति का परिजीवन एक प्रमुख सवाल है। इस सवाल से साहित्य ही दो–चार होगा, बाजार नहीं। इस सरोकार को भी तो साहित्य क प्रयोजन माना जाएगा।

समकालीनता और साहित्य

एक नाम-वर आलोचक ने कालबद्ध, कालबिद्ध और कालातीत का अन्तर बताते हुए कहा कि रचनाकार का भावबोध समकालीनता से बनता है जो बदलता नहीं, लेकिन साहित्य अपने समय का अतिक्रमण करता है। यह समझना थोड़ा कठिन है कि स्थिर भावबोध के सहारे कालातीत साहित्य कैसे जन्म लेता है; लेकिन आलोचक की इस उलझन में उपभोक्तावादी युग का प्रभाव झलकता है। 'भावबोध' के रूप में वह एक तरफ़ आत्मपरकता को अतिशय महत्त्व देनेवाले समकालीन सिद्धान्तों का समावेश करता है, दूसरी तरफ़ 'स्थिर' (या 'स्थायी') भाववाले परम्परागत काव्यशास्त्र का आधार भी अपनाता है। परम्परागत 'शास्त्र' और समकालीन 'सिद्धान्त' में एक बात समान है। वे आन्तरिकता को, आत्मपरकता या आस्वाद को आत्यन्तिक महत्त्व देते हैं और विचारधारा या सामाजिक उत्तरदायित्व को नगण्य बना देते हैं। इसलिए पुराने 'शास्त्र' और नये 'सिद्धान्त' में सामंजस्य का अर्थ है 'विचारधारा' का बहिष्कार, जो उत्तर-औद्योगिक पूँजीवाद का प्रमुख वैचारिक आग्रह है।

ऐसा होना स्वाभाविक है क्योंकि विचारधाराएँ अपने समय के जीवन में अलग-अलग सामाजिक शक्तियों के व्यवहार का परिणाम हैं। इसलिए उनमें हित, अन्तर्विरोध और स्वप्न का जटिल गतिशास्त्र झलकता है। इन्हीं के घात-प्रतिघात से हमारे कार्य और कर्तव्य परिचालित होते हैं। हमारी व्यवहार-प्रणाली को प्रेरित और प्रभावित करनेवाले हितों, अन्तर्विरोधों और स्वप्नों से निर्मित चिन्तन-व्यवस्था ही विचारधारा है। स्वभावत: विचाराधारा के विभिन्न घटकों, उनके परस्पर सम्बन्धों तथा व्यक्ति या समुदाय पर उनके प्रभाव को हम स्थिर रूप में नहीं पाते। दूसरी ओर सिद्धान्त हमारे निर्णयों और निष्कर्षों की व्यवस्था है, इसलिए वह स्थिर और अटल होता है। वह प्रक्रिया के रूप में नहीं, कसौटी के रूप में मौजूद रहता है।

मध्यकालीन 'दर्शन' का स्थान आधुनिक 'विचारधारा' ने ले लिया है और 'शास्त्र' का स्थान 'सिद्धान्त' ने। इसलिए उपभोक्ता-युग के सिद्धान्तों और मध्यकालीन

शास्त्रों में बड़ी आसानी से सन्तुलन बैठ जाता है। यह दिलचस्प संयोग उल्लेखनीय है कि 'वृद्ध पूँजीवाद के सांस्कृतिक तर्क' यानी उत्तर-आधुनिकता पद का प्रारम्भिक उपयोग जब फेडोरिको द ओनिस ने किया था, तब उनका आशय था 'आधुनिकता के ही भीतर रूढ़िवादी प्रत्यावर्तन।' स्वभावतः, शास्त्र और सिद्धान्त दोनों ही क्रियात्मकता का निषेध करते हैं। इसलिए वे अस्तित्व के विखंडन की चेतना से परिचालित होते हैं जबकि दर्शन और विचारधारा दोनों का चिन्तन अन्तःसम्बन्धों-अन्तःसूत्रों की खोज पर ही निर्भर है। इसलिए दोनों का स्वरूप गतिमान, प्रक्रियामूलक, समावेशी और व्यवस्थाबद्ध होता है।

इसी से यह स्पष्ट हो जाता है कि एक तो 'समकालीनता' में केवल वर्तमान का अंश नहीं रहता, अतीत की निरन्तरता भी रहती है; दूसरे, किसी भी समय 'समकालीनता' में एक से अधिक प्रवृत्तियाँ उलझी हुई चलती हैं क्योंकि समाज भी अनेक प्रकार की शक्तियों की आपसी क्रिया-प्रतिक्रिया से बनता है। इसलिए मनुष्यकेन्द्रित दूसरी अवधारणाओं की तरह समकालीनता भी द्वन्द्वयुक्त, गतिमान और जीवन्त अवधारणा है जिसे मानव-व्यवहार और चिन्तन के बीच घात-प्रतिघात के रूप में ही परिभाषित किया जा सकता है। उदाहरण के लिए, मनुष्य की सत्ता क्रियात्मक-रचनात्मक है इसलिए वह बाह्य वास्तविकता से क्रिया-प्रतिक्रिया करते हुए उसे गतिमान रखता है, क्षण को काल से जोड़ता है और यथार्थ को बोध में बदलता है। स्वभावतः समकालीनता ऐसी प्रक्रिया है जिसमें वर्तमान के साथ बोध के सामंजस्य का सतत द्वन्द्व मौजूद रहता है। किसी भी ऐतिहासिक क्षण (युग, आन्दोलन, प्रवृत्ति) में बोध और वास्तविकता के सामंजस्य से समकालीनता का ढाँचा जन्म लेता है।

यह बात इतनी निर्णायक है कि अपने युग के साहित्य को अन्तर्वस्तु का ढाँचा ही नहीं, अभिरुचि (यानी कलात्मक रूप) भी समकालीन जीवन-सन्दर्भ से ही मिलता है। नित्यानन्द तिवारी ने 'प्रबोधिनी' (भारतेन्दु) और 'साकेत' (मैथिलीशरण गुप्त) के उदाहरण से स्पष्ट किया है कि वर्तमान अनुभव-प्रसंग काव्य के रूप--गठन को कैसे बदलते हैं। 'प्रबोधिनी' में भक्ति, शृंगार और देशप्रेम के अलग-अलग भाव एक साथ पहली बार आये हैं। वे इतने अलग हैं कि 'प्रबन्ध' नहीं बनाते, इतने साथ हैं कि एक ही 'कविता' बनाते हैं। यहाँ पहली बार 'प्रबन्ध' और 'मुक्तक' से हटकर 'लम्बी कविता' सामने आती है जो अनेक भावसूत्रों के गुम्फन से बनती है। इसी तरह द्विवेदी-युग में स्वाधीनता आन्दोलन की शक्तियों की गतिशीलता ने पुराने ढाँचों को अस्त-व्यस्त कर दिया, जिसका परिणाम हुआ कृष्णकथा के गीतात्मक ढाँचे का 'प्रियप्रवास' में प्रबन्धात्मक रूप लेना और रामकथा के प्रबन्धात्मक ढाँचे का 'साकेत' में गीतात्मक रूप लेना। हम पूरे आधुनिक

नवजागरण में सामाजिक विषय-वस्तु और कलात्मक रूप-गठन में निरन्तर गतिशीलता पाते हैं।

अकारण नहीं है कि अगले युग के कवि 'परिवर्तन' को ही सृष्टि का नियम घोषित करते हैं और 'स्थायी' भावों-सिद्धान्तों को ठुकरा देते हैं। इसी प्रकार उत्तर-सोवियत विश्व में उभरनेवाले नये 'विमर्श' अपने ऐतिहासिक दौर की विशेषताएँ वहन करते हैं। हिन्दी में ही नहीं, विश्वभर में, नवइतिहासवाद से लेकर अश्वेत सौन्दर्यशास्त्र (दलित साहित्य) तक जितने नये सिद्धान्त (या विमर्श) सामने आये हैं, वे सभी सामाजिक आन्दोलनों की उपज हैं और 'शुद्ध' साहित्य की धारणा को अस्वीकार करते हैं, लेकिन दूसरी तरफ़ 'आन्तरिकता' पर आत्यन्तिक बल देते हैं, जो 'परितोष' के उपभोक्तावादी मूल्य से जुड़ जाता है। इन विमर्शों की पदावली में अन्तर्विरोध और परिवर्तन का स्थान नहीं है, वर्चस्व और रणनीति का महत्त्व है। यह अलग बात है कि वर्चस्व होगा तो दमित शक्तियाँ भी होंगी जो प्रतिरोध ही नहीं, संघर्ष और परिवर्तन भी चाहेंगी।

इसीलिए नागार्जुन कहते थे, 'शासन के कुछ और सत्य हैं, जनता के कुछ और।' समकालीनता भी अन्त:विभाजित है। एक ही समय को भिन्न-भिन्न शक्तियाँ भिन्न-भिन्न रूपों में प्रतिबिम्बित करती हैं। तुलसी और बिहारी एक ही युग के थे लेकिन दरबारों के प्रति दोनों का नज़रिया अलग था। तुलसी सोचते थे, ''हम चाकर रघुवीर के, पटौ लिखो दरबार। अब तुलसी का होहिंगे नर के मनसबदार।'' लेकिन बिहारी का संकल्प था, ''हुकुम पाइ जैसाइ कौ, हरि-राधिका प्रसाद। रची बिहारी सतसई, भरी अनेक संवाद।'' इस अन्तर के नाते ईश्वर और मनुष्य के आध्यात्मिक सम्बन्ध की भक्ति ने अधिकार की माँग और मुक्ति के संघर्ष का रूप ले लिया, जबकि 1650 से 1857 तक फैला रीति-साहित्य 'नायिकाभेद' और 'रसराज' के वर्णन में लीन होकर 'नादिरशाह के हमले' (1739-40) से 'ग़दर' (1857-59) तक देश की पराधीनता के सत्य से एक शताब्दी तक मुँह चुराये रहा।

देश की नियति से उदासीन रहकर रीतिकाव्य ने जो 'शाश्वत' प्रतिमान अपनाये, उन्होंने उसे भविष्य के लिए अप्रासंगिक तो बनाया ही, अपने समय के लिए समकालीन भी नहीं रहने दिया। याद करें पद्माकर और राममोहन राय एक ही समय के थे, दोनों की मृत्यु 1833 में हुई, फिर भी वे दोनों अपने समय के लिए और हमारे समय के लिए एक जैसा महत्त्व नहीं रखते। रीतिकाव्य जिन राजाओं-रईसों के दरबार में रचा जा रहा था, उन्होंने अपने हितों को अँग्रेज़ी राज से एकमेक कर लिया था। लेकिन 'राजा' होकर भी राममोहन अँग्रेज़ों द्वारा भारत की लूट और रूढ़िवादियों द्वारा जनता के उत्पीड़न के प्रति सजग थे। उन्होंने अपने

समय के ज्वलन्त प्रश्नों को उठाया और समाज-सुधार के लिए पूरी शक्ति लगा दी। इसीलिए वे प्रासंगिक और समकालीन हैं आगे चलकर जिन राजनीतिक-सांस्कृतिक शक्तियों का साम्राज्यवाद से प्रकट या गुप्त सम्बन्ध है, वे दरबारी काव्य का समर्थन करते हैं और भक्तिकाव्य, छायावाद, प्रगतिवाद का विरोध। इसीलिए प्रासंगिकता का प्रश्न अधिक व्यापक और दूरगामी है। स्पष्टत: परम्परा समकालीन बोध के निर्धारण में सक्रिय रहती है और समकालीनता भी परम्परा का बोध निर्मित करती है। साथ ही, वह अतीत की विरासत से अपने लिए परम्परा का सृजन भी करती है।

समकालीनता अगर ऐतिहासिक-सामाजिक अनुभव से संगठित भावबोध है तो वह स्थिर संज्ञा नहीं हो सकती। उसका विकासमान होना अपरिहार्य है। इस भावबोध में आर्थिक चेतना, सामाजिक विवेक और नैतिक मूल्य, सभी का संश्लेष होगा। उदाहरण लें, आज बहुत-से मध्यवर्गीय परिवारों के सदस्य विदेश जा बसे हैं। भूमंडलीकरण ने इस प्रक्रिया को इतना सहज बना दिया है कि आज विदेश-यात्रा या विदेश-प्रवास का विरोध करना रूढ़िवाद ही नहीं, हास्यास्पद जान पड़ेगा। लेकिन 1857 के बाद, भारतेन्दु के युग में, समुद्र पार करना और विदेश जाना बहुत बड़ा क्रान्तिकारी क़दम माना जाता था। ऐसे साहसी व्यक्ति को सामाजिक बहिष्कार का सामना करना पड़ता था। विदेशी शासन, आर्थिक लूट, सामाजिक दमन की पृष्ठभूमि में रेल, जहाज़, विदेश यात्रा सभी कुछ जातिद्रोह जैसा समझा जाता था। भारतेन्दु ने इन चीज़ों का समर्थन करके तत्कालीन रूढ़िवादियों का कोप आमन्त्रित किया था। लेकिन आज स्थिति बदल गयी है। शिक्षित मध्यवर्ग के लोगों की 'समकालीनता' भारत के गाँव से नहीं, वैश्विक सन्दर्भ से परिभाषित होती है। ख़ुद गाँव का आदमी 'परदेस' पहले भी जाता था, अब 'विदेस' जाना भी श्रेयस्कर मानने लगा है।

विभिन्न सामाजिक हितों में विरोध के कारण परम्परा ही नहीं, समकालीनता का बोध भी भिन्न-भिन्न होता है। जो किसान तबाह हो रहे हैं, आत्महत्या कर रहे हैं, उनके लिए भूमंडलीकरण की दुनिया सिकुड़कर मौत की ओर जा रही है। लेकिन जिनके पास साधन हैं और जिनके लिए सम्भावनाओं के द्वार खुले हैं, उनके लिए वर्तमान का बोध आशा और सक्रियता से भरा है। सम्भव है, अधिक सजग और संवेदनशील लोगों की समकालीनता का गठन किसान की आत्महत्या और शॉपिंग मॉल के परस्पर-विरोधी पहलुओं से होता हो। स्वभावत: हमारा देश-काल और देश-काल में हमारी स्थिति, दोनों मिलकर 'समकालीनता' का निर्माण करते हैं। इसलिए आन्तरिकता उसमें समाहित रहती है। यही कारण है कि हम 'समकालीन-बोध' की चर्चा करते हैं, जिसमें वस्तुगत परिस्थिति और आत्मगत

मन:स्थिति का समन्वित रूप होता है।

किसी ज़माने में सामन्ती विशेषाधिकारों के टूटने पर शिक्षा-संस्कृति का जनतन्त्रीकरण हुआ, तब अभिजातवादी विचारकों को भारी क्षोभ हुआ। विक्टोरिया-युगीन चिन्तक मैथ्यू ऑर्नल्ड को अनपढ़ों-श्रमजीवियों की बढ़ती भूमिका से अराजकता फैलने का भय हुआ और लगा कि संस्कृति नष्ट हो जाएगी। टी.एस. इलियट ने तो सार्वभौम शिक्षा को संस्कृतिविरोधी कार्रवाई के रूप में देखा था। लेकिन उस दौर के प्रगतिशील बुद्धिजीवियों ने जनता की बढ़ती भूमिका का समर्थन किया था, विशेषाधिकारों के टूटने और शिक्षा-संस्कृति के व्यापक लोकतान्त्रिक आधार को समाज के विकास के लिए आवश्यक माना था। आज स्थिति अलग दिखाई देती है। आधुनिकता की सबसे बड़ी उपलब्धियों में एक थी—प्रिंटिंग प्रेस, जिसने ज्ञान को मुक्त किया, सबके लिए सुलभ किया। लेकिन यह उपलब्धता केवल शिक्षाप्राप्त नागरिकों के लिए थी। इलेक्ट्रानिक मीडिया के प्रसार ने आज संस्कृति को अनपढ़-अशिक्षित जनता तक पहुँचा दिया है।

यह संस्कृति के जनतन्त्रीकरण की दिशा में एक और क़दम है। इसे लोकप्रिय संस्कृति कहा जाता है। एक तो, इलेक्ट्रॉनिक मीडिया और लोकप्रिय संस्कृति के विभिन्न रूपों से जिस पीढ़ी का बोध निर्मित हो रहा है, उसकी समकालीनता पुस्तक-निर्भर पीढ़ी की समकालीनता से काफ़ी अलग है। दूसरे, पुस्तक-निर्भर मध्यवर्गीय मानस (प्रगतिशील बुद्धिजीवी भी) इस 'लोकप्रिय संस्कृति' को स्वीकार नहीं कर पा रहा है क्योंकि वह इसमें उच्च सांस्कृतिक और मानवीय मूल्यों का विघटन देख रहा है। तीसरे, युवा पीढ़ी जिस 'संस्कृति' को प्राप्त और आत्मसात कर रही है, वह उसके निर्माण में हिस्सा नहीं लेती। उसे 'रेडीमेड' संस्कृति प्राप्त होती है। वह निर्माण पूँजी के बल पर, उसी के अनुरूप होता है। जैसे दूसरे उपभोक्ता-माल रेडीमेड मिलते हैं, वैसे ही संस्कृति भी मिलती है। स्वभावत: उपभोक्तावादी युग की समकालीनता पिछले दौर की आधुनिकतावादी समकालीनता से अलग होगी। इसी अर्थ में 'वृद्ध पूँजीवाद' की संस्कृति औद्योगिक पूँजीवाद की संस्कृति को अपदस्थ करती है। चौथे, आधुनिक युग की लोकतान्त्रिक संस्कृति जब लोकप्रिय संस्कृति बनती है तब उसकी गरिमा, उदात्तता, नैतिकता का भी क्षरण होता है क्योंकि पूँजी की ताक़त से जिस 'लोकप्रिय' संस्कृति का उत्पादन और प्रसार होता है, वह आक्रामकता और लालसा की मनोवृत्तियों को ही सम्बोधित होती है। इस दृष्टि से, विज्ञापन में काम आनेवाली युक्तियाँ ही संस्कृति का आधार भी बनती हैं। यहाँ हम व्यवसाय और संस्कृति का भेद मिटता हुआ पाते हैं। कहने की ज़रूरत नहीं कि इस 'लोकप्रिय' संस्कृति का एक सचेत सामाजिक-व्यावसायिक उद्देश्य होता है।

औद्योगिक पूँजीवाद ने श्रमिक को बेगाना बनाया था और वह भी बिकाऊ माल के उत्पादन की प्रक्रिया के दौरान। अपने श्रम के उपयोग से प्रतिदिन एक श्रमिक निश्चित मात्रा में कच्चे माल को तैयार माल में परिवर्तित करता था। यह तैयार माल प्रकृति (और कच्चे माल) पर श्रम के उपयोग का परिणाम होता था इसलिए उसे हम श्रम का मूर्तिमान रूप कह सकते हैं। वह जिस साधन की मदद से यह काम करता था, वह औज़ार (मशीन) भी श्रम द्वारा निर्मित श्रम का साधन ही है, लेकिन उस पर श्रमिक का अधिकार नहीं है; उत्पादन के साधनों पर स्वामित्व न होने के कारण अपने श्रम के परिणाम पर भी श्रमिक का अधिकार नहीं रह जाता। प्रतिदिन तैयार माल के रूप में अपना मूर्तिमान श्रम किसी और (मालिक) के अधिकार में सौंपकर श्रमिक वापस लौट आता था। इस प्रकार वह अपने श्रम से बेगानेपन का शिकार होता था।

मध्यवर्ग का संवेदनशील हिस्सा श्रम के बेगानेपन को बख़ूबी अनुभव करता था क्योंकि वह श्रमिक समुदाय से पूर्णतः विच्छिन्न नहीं था—किसानों के या खेतिहर मज़दूरों के टूटने से शहर के मजदूरों का और शिक्षित मध्यवर्ग का विकास साथ-साथ हुआ था। मध्यवर्ग स्वयं नयी शिक्षा-दीक्षा लेकर नयी जीवन-स्थितियों के अनुरूप नये साहित्य, नये संगीत, नये स्थापत्य आदि के अलावा नये इतिहास, नये विज्ञान, नयी प्रौद्यौगिकी का और इन नये साधनों पर आधारित नये माध्यमों का—पत्र-पत्रिकाओं, रेडियो आदि का—विकास कर रहा था। इन माध्यमों पर प्रसारित होनेवाली सामग्री की रचना भी कर रहा था। वह बड़े ऊँचे स्वर में माँग कर रहा था—'नव पर नव स्वर दे।'

उस मध्यवर्ग को सांस्कृतिक-(निर्माण) प्रक्रिया से अपने अलगाव का अनुभव नहीं हो सकता था। संस्कृति के निर्माण में स्वयं भागीदार होने से उसकी चेतना में दो बातें समाविष्ट दिखाई देती हैं। एक तो यह कि अपने सहोदर श्रमिक वर्ग के बेगानेपन के प्रति वह संवेदनशील है, इसलिए श्रमिकों के मुक्ति आन्दोलन में बुद्धिजीवियों के भागीदार बनने का आदर्श अपने सामने रखता है। दूसरे, (सांस्कृतिक निर्माण की) प्रक्रिया में शामिल होने के नाते प्रगति का विचार जन्म लेता है, जिससे आधुनिकता (या प्राक्-उत्तर-आधुनिकता) परिभाषित होती है। श्रमिक वर्ग भौतिक सम्पदा की रचना करता है और मध्यवर्ग सांस्कृतिक सम्पदा की रचना करता है, दोनों मिलकर संसार की रचना-पुनर्रचना कर सकते हैं—उसे संगतिपूर्ण, सामंजस्यपूर्ण बना सकते हैं, यह विचार आधुनिकता का एक महत्त्वपूर्ण पहलू है; बेशक़, पूँजीवादी आधुनिकता का नहीं, बल्कि उसके विकल्प का पहलू।

लेकिन 'मास कल्चर' के युग में पूँजी के महावृत्तान्त ने संस्कृति की निर्माण-प्रक्रिया से मध्यवर्ग को विच्छिन्न कर दिया है। यह विच्छिन्नता अकस्मात् नहीं

आयी। पूँजी की सत्ता के सुदृढ़ होने के साथ-साथ नयी सामाजिक संस्थाएँ प्रभावी बनीं। संस्थाएँ मनुष्य की आवश्यकता से जन्म लेती हैं लेकिन मानवोपरि शक्ति का रूप धारण कर लेती हैं। वे व्यक्ति-निरपेक्ष हो जाती हैं। भावनाओं से नहीं, नियमों से चलती हैं। विराट सामाजिक उत्पादन के साथ उत्पन्न साधनों, संस्थाओं और प्रक्रियाओं ने व्यक्ति को तो विलीन ही कर दिया। न उन पर नियन्त्रण रह गया, न उनके निर्माण (या संचालन) में ख़ास भागीदारी रह गयी और न उनके भीतर उसकी स्वतन्त्र सत्ता ही बची रह सकी। विकसित औद्योगिक समाजों में मध्यवर्ग पहले ही सामाजिक जीवन में अलगाव का शिकार था, इन नयी परिस्थितियों में विराट शक्तियों के आगे उसकी चेतना हतप्रभ और पराभूत हो गयी।

एक तरफ़ सामाजिक (सम्बन्धों की) प्रक्रिया से अलगाव, दूसरी तरफ़ सांस्कृतिक (उत्पादन की) प्रक्रिया से अलगाव—समकालीन मध्यवर्ग के बोध का निर्माण करनेवाली अनुभव-स्थितियाँ बेहद अप्रत्याशित हैं। इसीलिए उसका चिन्तन किसी भी प्रक्रियामूलक अवधारणा को स्वीकार नहीं करता, वह चाहे इतिहास हो या विचारधारा। नगरों, विशेषतः महानगरों का जीवन उसे अपने जैसों में सिमटकर रहने को मज़बूर करता है। गाँव-मुहल्लों से निकलकर कॉलोनियों और बस्तियों का जीवन, रोज़गार के मोर्चे पर विशेषज्ञता और पद-सोपान की स्थितियाँ, नये जीवन की सभी शर्तें मध्यवर्ग को बेहद आत्मकेन्द्रित बनानेवाली हैं। अपने से भिन्न सामाजिक समुदायों के साथ उसका बेहद औपचारिक और उपयोगितामूलक सम्पर्क रह जाता है। पूँजीवादी समाज की विकासमान परिस्थितियाँ शिक्षा, स्वास्थ्य, रोज़गार आदि जीवन के साधनों और उपलब्धियों की दौड़ में फुर्सत नहीं लेने देतीं।

पूँजी के महावृत्तान्त ने विकसित देशों में ही नहीं, विकासशील देशों में भी सरकारी और सार्वजनिक क्षेत्रों को अत्यन्त सीमित कर दिया है। रोज़गार का बाज़ार निजी क्षेत्र में है और वहाँ चौकीदार हो या प्रबन्धक, टेक्नीशियन हो या इंजीनियर, किसी के लिए आठ घंटे का कार्य दिवस और पाँच दिन का कार्य सप्ताह अब कल्पना में भी सम्भव नहीं है, हालाँकि इसी बात के लिए शिकागो के मज़दूरों का ख़ून बहा था, जिसकी स्मृति लाल झंडे और मई दिवस के रूप में अब क्रमशः मिथक बनती जा रही है। आज इस उपलब्धि को गँवा देने की यातना भी अनुभव नहीं होती क्योंकि रोज़गार या तो 'अनुकम्पा' पर निर्भर है या हमारी योग्यता का इतना 'ज़्यादा मूल्य' मिल रहा है कि हम जोख़िम उठाने के बारे में सोच भी नहीं सकते। क्या 'श्रमिक जुझारूपन' (ट्रेड यूनियन मिलिटेंसी) के दौर की समकालीनता और 'मालिकों के जुझारूपन' (एम्प्लायर्स मिलिटेंसी) के दौर की समकालीनता एक जैसी होगी? क्या अपने अधिकार के लिए जोख़िम उठाकर

लड़ने-मरने वाले समाज (युग) की समकालीनता वैसी ही हो सकती है, जैसी भय या प्रलोभन के कारण रज़ामन्दी से सिर झुकाये रहनेवाले समय (या समुदाय) की समकालीनता है?

स्वभावतः आधुनिक जीवन-स्थितियों ने आशावाद और भविष्य का स्वप्न दिया था, उत्तर-आधुनिक जीवन-स्थितियाँ नितान्त वर्तमान-बोध और नियतिवाद का सृजन करती हैं। वर्ग-संघर्ष और सामाजिक अन्तर्विरोध की अवधारणाएँ आशावादी आधुनिकता से जुड़ी थीं, शक्ति-संरचना और असम्बद्ध बहुलता का सिद्धान्त नियतिवादी उत्तर-आधुनिकता की पहचान है। इसीलिए हमने देखा कि दूसरी सभी अवधारणाओं की तरह समकालीनता की अवधारणा भी बोध और वास्तविकता के द्वन्द्व से बनती है और वह भी मनुष्यकेन्द्रित है। मनुष्य ही अपने सकर्मक अस्तित्व के कारण वास्तविकता के साथ क्रियात्मक सम्बन्ध स्थापित करता है। इसलिए केवल यही वास्तविकता का 'बोध' प्राप्त करता है। दूसरे प्राणी वास्तविकता के अनुरूप ढल जाते हैं। सोच-विचार कर नहीं, नैसर्गिक ढंग से। मनुष्य का बोध वास्तविकता का निष्क्रिय प्रतिबिम्ब नहीं होता, बल्कि वास्तविकता को अपने अनुरूप बनाने की प्रक्रिया का आरम्भ होता है।

निराशावादी और नियतिवादी दौर में भी मनुष्य के परिवर्तनकारी उपाय बन्द नहीं होते। निराशावाद और नियतिवाद का कारण ही यह होता है कि सामाजिक परिवर्तन और विकल्प की आशा क्षीण दिखाई देती है क्योंकि परिवर्तनकारी शक्तियाँ उतनी संगठित और प्रभावशाली नहीं होतीं जितनी विराट परिस्थितियाँ ताक़तवर दिखायी देती हैं। चौतरफा अलगाव की स्थितियाँ हितों (या स्वार्थों, जरूरतों) की दौड़, साझेपन का लोप इत्यादि, इस प्रकार की वस्तुगत स्थितियाँ हमें परिवर्तन और विकल्प की प्रक्रिया से दूर भी रखती हैं। फिर भी, या शायद इन्हीं स्थितियों के परिणामस्वरूप, सामूहिक भाग्य-परिवर्तन के बदले व्यक्तिगत भाग्य परिवर्तन के उपाय ज्यादा प्रभावशाली दिखाई देने लगते हैं। धर्म, ज्योतिष, बाबावाद का व्यापक प्रभाव ऐसे ही व्यक्तिगत भाग्य-परिवर्तन के उपायों की चेष्टा का परिचय देता है। दूसरे शब्दों में, स्वाधीनता आन्दोलन के उत्कर्षकारी दौर की समकालीनता से भूमंडलीकरण के वर्चस्वशाली दौर की समकालीनता का अन्तर मनुष्य के सम्पूर्ण सांस्कृतिक और वैचारिक ढाँचे में परिलक्षित होता है जिसे हम वृत्ति, प्रवृत्ति, मनोवृत्ति आदि नामों से जानते हैं। उसका निर्माण इसी व्यापक सन्दर्भ में होता है और समकालीनता की पहचान इन सबकी समष्टि से होती है।

अन्त में, अगर यह बात दोहरा दी जाए तो अनुचित न होगा कि 'वास्तविकता' का आशय अस्तित्व से बाहर उपस्थित जीवन-सत्य, वस्तुगत स्थितियों-सम्बन्धों के समुच्चय से है और 'बोध' का आशय अनुभव-संवेदन-ज्ञान तथा भाव-सम्बन्धों

के समुच्चय से है। इसलिए 'समकालीनता' का बोध तात्त्विक नहीं, मानवीय-बोध है। मानवीय है इसलिए ऐतिहासिक-सांस्कृतिक बोध है। यह राजनीति से अधिक व्यापक है। साहित्य में राजनीति से अधिक (मैं केवल अधिक की बात कह रहा हूँ) सांस्कृतिक-ऐतिहासिक बोध अभिव्यक्त होता है। बहुत बार ऐसा भी होता है कि राजनीति में एक प्रकार की समकालीनता अभिव्यक्त होती है और साहित्य में दूसरे प्रकार की। विभिन्न समकालीनताओं का द्वन्द्व केवल एक स्तर पर कार्य नहीं करता, वह सभी क्षेत्रों, रूपों, माध्यमों में कार्य करता है। इसीलिए समकालीनता की कोई समग्र अवधारणा नहीं बन पाती लेकिन इन सभी का समग्र ढाँचा ही समकालीनता का स्वरूप होता है, जिसे विखंडनवादी नज़रिये से तो हर्गिज नहीं पाया जा सकता।

साहित्य का समय और बाज़ार का समय

भूमंडलीकरण राजनीतिक स्तर पर एकध्रुवीयता लेकर आया और सामाजिक स्तर पर एकरूपता। लेकिन विषमता से भरी दुनिया में एकध्रुवीयता प्रतिरोधरहित नहीं हो सकती और भिन्नताओं से निर्मित प्रकृति में एकरूपता सर्वस्वीकृत नहीं हो सकती। एकध्रुवीयता का अर्थ है दुनिया की अर्थव्यवस्था पर अमरीकी प्रभुत्व, और एकरूपता का अर्थ है जीवनशैली पर बाज़ारवाद का प्रभुत्व। इसलिए आज के समय की अवधारणा शीतयुद्धकालीन तीन दुनियाओं से नहीं, बल्कि बाज़ारवादी रणनीति और उसके प्रतिरोध की शक्तियों में बनते-बिगड़ते सम्बन्ध और सन्तुलन से निर्मित होगी। साहित्य की भूमिका, उसकी अन्त:प्रकृति और सामाजिक परिणति, इस द्वन्द्व से ही परिभाषित होगी क्योंकि यही उत्तर-सोवियत समय का निर्णायक द्वन्द्व है।

इस अर्थ में कहा जा सकता है कि हमारा ऐतिहासिक सन्दर्भ ही साहित्य के समय और बाज़ार के समय के बीच संवाद की स्थितियाँ निर्मित करता है। यह संवाद कहीं सहमति भरा है, कहीं टकराहट भरा। लेकिन इतना तय है कि नयी जीवन स्थितियों में साहित्य पुराने सपनों के साथ नहीं जी सकता क्योंकि साहित्य का स्वप्न भी जीवन की वास्तविकता के भीतर से ही फूटता है। इसमें सन्देह नहीं कि समय को अपने-अपने ढंग से गढ़ने का प्रयत्न साहित्य और बाज़ार दोनों करते हैं। लेकिन दोनों की ताक़त और प्रभावकारिता एक जैसी नहीं है; दोनों का स्वभाव भी एक जैसा नहीं है। इसकी चर्चा थोड़ी देर बाद।

साहित्य और बाज़ार दोनों अपने-अपने अनुसार हमारे वर्तमान को (या समय को) ढालने का प्रयत्न करते हैं, इससे यह ज़ाहिर होता है कि समय अपने में एक निर्विकार सत्ता है—गति का पैमाना है—जिसे साकार रूप मिलता है मनुष्य की गतिविधि से। मनुष्य की गतिविधि दिक् (देश या दिशा) में होती है। इसलिए समय का साकार रूप देश और काल की एकता से बनता है। जिस तरह समय मानव गतिविधि से स्वायत्त नहीं हो सकता, उसी तरह साहित्य भी मानव-चेतना से स्वायत्त नहीं हो सकता। साहित्य में आनेवाले बिम्ब हों (जीवन और प्रकृति

के) या अवधारणाएँ हों (जैसे नैतिकता, आदर्श, ब्रह्मांड, क्षण, काल, विराट, शाश्वत, तत्काल, धर्म, जाति, आनन्द आदि) सभी मानव चेतना का परिणाम हैं।

दूसरे शब्दों में, मानव गतिविधि से निर्मित वास्तविकता (देश-काल की अवधारणा) के भीतर ही मानव चेतना का (और बोध का) विकास होता है और फिर विकसित चेतना हमारी गतिविधि का निर्धारण करती है। इसलिए साहित्य में अभिव्यक्त होनेवाला यथार्थ विभिन्न स्थितियों, सम्बन्धों, हितों और संघर्षों के समुच्चय से जन्म लेता है। उसमें नानारूपता स्वाभाविक है। उसी को आचार्य रामचन्द्र शुक्ल 'अनन्त रूपात्मक जगत्' कहते थे, जिससे 'अनन्त भावात्मक हृदय' का विकास होता है। हम इस बहस में तो नहीं पड़ेंगे कि शुक्ल जी जिस रीतिकाव्य का विरोध करते थे, उसने जगत् को दरबार की चारदीवारी में और हृदय को रसराज की तलैया में बाँध दिया था। यह बहस पुरानी हुई। हालाँकि हमारा बाज़ारवादी समय भी हमारे हृदय को सुखात्मक भावों तक सीमित करके अनन्त भावात्मकता पर कुठाराघात कर रहा है; और सच पूछिए तो जीवन के दुःखात्मक पक्षों से नज़र हटाकर अनन्त रूपात्मकता को भी अवरुद्ध कर रहा है।

लेकिन वृद्ध पूँजीवाद अधिक समर्थ है। वह एक तरफ बाज़ार में ही अनन्त रूपात्मकता और अनन्त भावात्मकता का आभास दे रहा है, दूसरी तरफ रीतिकाव्य की कला-चातुरी और उपभोगपरकता को अपना भी रहा है। शुक्ल जी के समय से हमारे समय का अन्तर यह है कि तब रीतिवाद के समर्थक विचारकों का एक मज़बूत दल था, जिससे टक्कर लेकर ही विकास का रास्ता निकलता था, आज बाज़ारवाद के समर्थकों का उतना मजबूत दल प्रकटतः नहीं है, बल्कि दुनिया की बदलती हुई तस्वीर को समझने का प्रयास करनेवाले बहुत-से लोग अपनी उलझनों और समस्याओं के साथ एक लोकतान्त्रिक रास्ता खोजने के लिए जागरूक दिखते हैं।

बहरहाल, अनन्त रूपात्मकता और अनन्त भावात्मकता के कारण, स्थितियों-सम्बन्धों-हितों-संघर्षों के नानास्तरीय संघातों के कारण भिन्नता और समानता के अनेक पहलू हमारे जीवन-यथार्थ का स्वरूप बनाते हैं। भूमंडलीकरण अपनी वर्चस्ववादी परियोजना के कारण इस नानारूपता का निषेध करता है। अमरीका के भूतपूर्व विदेशमन्त्री और प्रतापी राजनयिक हेनरी किसिंगर ने भूमंडलीकरण को विश्व पर अमरीकी प्रभुत्व के रूप में नाहक ही नहीं देखा था। यह प्रभुत्व विज्ञान-प्रौद्योगिकी और सैनिक साज़ोसामान के अलावा जिस 'बाज़ार' (वित्त, मुद्रा और उपभोक्ता माल) के ज़रिये कायम होनेवाला था, वह दुनिया भर के समाजों में भाषा, संस्कृति, जीवनशैली और यहाँ तक कि वनस्पतियों की नानारूपता को नष्ट करने एकरूपता और सपाटता लाने का ही काम कर रहा था।

शायद इसे बहस करके सिद्ध न करना पड़े। आठवें दशक में, अर्थात् 1970 के बाद, जब बहुराष्ट्रीय कम्पनियों की ताकत बहुत तेज़ी से बढ़ रही थी और वे बड़े-बड़े निगमों में बदल रही थीं, तब दुनिया के बाज़ार का 'कोका-कोलाइजेशन' किया जा रहा था; 1990 के बाद, अर्थात् अन्तिम दशक में जब इन निगमों के बड़े-बड़े परिसंघ बनाये जा रहे थे, अर्थशास्त्री जिसे 'मर्जर-मैनिया' कहते हैं, तब दुनिया के बाज़ार का 'मैकडोनाल्डाइजेशन' किया जा रहा था। खाने-पीने के प्रतीकों से भूमंडलीय उपभोक्ता बाज़ार की एकरूपता का पता चलता है और उसे व्यक्त करनेवाले प्रतीक—'कोक' या 'मैकडोनाल्ड' को 'लोगो' कहा जाता है, यानी 'ब्रांड', जिसे रिचर्ड बार्नेट और जॉन कावानाग़ (ग्लोबल ड्रीम्स, 1994) ने 'भूमंडलीय पताकाएँ' कहा है जो तत्काल पहचान में आती हैं। इसलिए इन 'ब्रांडों' के निर्माण में बहुराष्ट्रीय निगम काफ़ी पैसा खर्च करते हैं, आक्रामक विज्ञापन, आक्रामक बिक्री, संचार माध्यमों का उपयोग करते हुए 'वन ब्रांड विद वन वॉयस' (एक आवाज़ में एक ब्रांड) का सिद्धान्त अपनाकर उन्हें 'हैसियत के प्रतीक' में बदल देते हैं। इस प्रकार, आवश्यकता नहीं हैसियत के लिए उपभोग और उस हैसियत की पहचान भूमंडलीय 'ब्रांडों' के ज़रिये—यह सार्वभौम एकरूपता बाज़ारवादी समय की विशेषता बन जाती है। यह भी अलग से विचारणीय प्रश्न है कि 'ब्रांड' के माध्यम से हैसियत की पहचान की प्रक्रिया से समाज और मनुष्य के 'पहचान' की रणनीति किस तरह जुड़ी हुई है क्योंकि यहाँ भी धर्म, रंग, रीति-रिवाज वग़ैरह ऊपरी लक्षण ('लोगो') ही 'अस्मिता' और 'परायेपन' के प्रतीक बनते हैं।

मुश्किल यह है कि 'हैसियत' की पहचान हो या 'अस्मिता' की, दोनों ही अनिवार्य मानवीय अन्तर्वस्तु की अवहेलना पर आधारित हैं। भले यह मानवीय तत्त्व आर्थिक हित, नैतिक मूल्य, भावात्मक प्रतिक्रिया जैसी किसी चीज़ से सम्बद्ध हो। 'पहचान' जिस रंग, आकार, कर्मकांड जैसी चीज़ (यानी ब्रांड) से जुड़ती है, वह मनुष्य या उसके सामाजिक अस्तित्व का अनिवार्य पहलू नहीं है। 'पहचान' की रणनीति देश-काल-वर्ग की सीमा के परे मनुष्य को ऐसे समुदाय में बदल देती है जो वास्तविकता के आधार पर नहीं, कल्पना के आधार पर एकजुट है। भारत का हिन्दू अमरीका के हिन्दू का भाई है क्योंकि दोनों एक ही ईश्वर या धर्मग्रन्थ या कर्मकांड में विश्वास रखते हैं। मज़दूर हिन्दू और पूँजीपति हिन्दू भी एक समुदाय का अंग (या भाई) हैं क्योंकि उनकी आस्था और आचरण (?) के स्रोत एक हैं। लेकिन दलित मज़दूर और सवर्ण मज़दूर एक नहीं हो सकते या हिन्दू किसान और मुस्लिम किसान एक नहीं हो सकते क्योंकि उनके आर्थिक हित उन्हें नहीं जोड़ते, बल्कि उनके वंश और विश्वास उन्हें एक-दूसरे से अलग

करते हैं। इस प्रकार, हम देखते हैं कि बाज़ार के 'ब्रांड' जैसा सपाट मानव-संसार निर्मित करते हैं, 'पहचान' की राजनीति भी वैसा ही सपाट मानव-संसार निर्मित करती है। इस ऐतिहासिक कार्य में उन मार्क्सवादियों की भूमिका कम नहीं है जिन्होंने मार्क्सवाद को 'अर्थवाद' (बल्कि अर्थशास्त्र) से दूर हटाकर 'सांस्कृतिक' (बल्कि संस्कृतिवादी) रूप में ढाला है। इसे विडम्बना ही कहेंगे कि बाज़ार अपनी आर्थिक प्रक्रिया से जो एकरूपता पैदा कर रहा था, उसे सांस्कृतिक औचित्य प्रदान करने के उद्योग में दक्षिण-वाम के अनेक विचारक सक्रिय थे।

उलझन भरी राह

ज़ाहिर है, बाज़ार और साहित्य के आपसी रिश्ते भी सीधे-सरल रास्ते पर चलनेवाले नहीं हैं। साहित्य सीधे बाजार से जुड़ा है या नहीं, वह बाज़ारवादी मूल्यों से संवाद करता है या संघर्ष—इन प्रश्नों पर विवाद हो सकता है, इसलिए अभी उन्हें छोड़ें। इस बात पर मतभेद नहीं हो सकता कि साहित्य हमारी सांस्कृतिक प्रक्रिया का अविभाज्य अंग है। विमर्श के युग में ऐसा कहनेवाले अज्ञेय जैसे चिन्तक शायद ही बचे हों कि साहित्य और संस्कृति विरोधी दिशाओं में चलते हैं क्योंकि साहित्य अद्वितीय व्यक्तिगत अनुभूति पर आधारित है और संस्कृति का क्षेत्र समाज का सामूहिक जीवन है। साहित्य संस्कृति पर आधारित है और संस्कृति बाज़ार पर; बाज़ार के अनुरूप संस्कृति को ढालने का भारी बौद्धिक श्रम अमरीका के स्टेट डिपार्टमेंट (विदेश मन्त्रालय) से लेकर फ्रैंकफर्ट के विश्वविद्यालय (में वामपन्थी बुद्धिजीवियों) तक लम्बे समय जारी रहा है। इसलिए साहित्य और बाज़ार में सीधा बिम्ब-प्रतिबिम्ब जैसा या आमने-सामने दो शत्रु-शिविरों जैसा सरल सम्बन्ध नहीं है। अगर साहित्य संस्कृति पर निर्भर है और संस्कृति बाजार पर, तो संस्कृति की मध्यस्थता के कारण ही सही, साहित्य और बाज़ार का परस्पर-सम्बन्ध भी काफ़ी पेचीदा, संवाद-विवाद के नानास्वरों से निर्मित, विविधतापूर्ण होगा।

अगर हम बाज़ार और साहित्य के संवाद पर ध्यान दें तो उनमें परस्पर-पूरकता का सम्बन्ध दिखता है। बाज़ार मानव-सम्बन्धों के निर्माण का आधार है। (उत्पादक-उपभोक्ता, श्रमिक-पूँजीपति आदि) और साहित्य मानव-सम्बन्धों की अभिव्यक्ति का माध्यम। जिस भाषा और भावसम्पदा से साहित्य रचा जाता है, उसका स्रोत भी मानव-सम्बन्ध है। यह भी सर्वविदित है कि उत्पादन सम्बन्धों पर ही पारिवारिक सम्बन्धों का ढाँचा खड़ा होता है। इसलिए सामन्ती संयुक्त परिवार से पूँजीवादी एकल परिवार का रूप उतना ही पृथक होता है जितना दोनों सामाजिक प्रणालियाँ हैं। यही नहीं, भाषा के निर्माण और प्रसार में भी बाज़ार की प्रत्यक्ष भूमिका होती है। आगरा के राजधानी रहने पर सांस्कृतिक व्यवहार

में दूर-दूर तक ब्रजभाषा का प्रतिष्ठित होना और दिल्ली के राजधानी बनने के बाद खड़ी बोली का उभरकर आना इसका द्योतक है। यूरोप में पुनर्जागरण का सम्बन्ध व्यापारिक क्रान्ति से और पुनर्जागरण का परिणाम जातीय भाषाओं के अभ्युत्थान के रूप में अच्छी तरह पहचाना जाता है। पुनर्जागरण की संस्कृति मध्यकालीन सामन्ती संस्कृति से भिन्न है और उसने दरबारी साहित्य से हटकर लौकिक और लोकपरक या लोकतान्त्रिक साहित्य के विकास में निर्णायक भूमिका अदा की, यह जाना-माना तथ्य है।

यह भी अच्छी तरह समझा जानेवाला पहलू है कि बाज़ार की प्रेरणाएँ साहित्य की प्रेरणाओं से हमेशा मेल नहीं खातीं। अगर पारम्परिक भाषा में कहें तो लक्ष्मी और सरस्वती में पटरी नहीं बैठती। उनमें आपस का वैर है। हालाँकि, यह वैरभाव एक नज़रिया है। इस मिथक के निर्माण में भी अनुभव की जटिलता मौजूद है। दोनों मूलतः एक हैं और आपस में सौत भी हैं। बहरहाल, यह तो देखा जाता है कि सरस्वती को लक्ष्मी अपनी सेवा में लगा लेती हैं; सरस्वती की सेवा लक्ष्मी करें, ऐसा दुर्लभ दृश्य शायद ही दिखाई देता हो। इसलिए उनमें परस्परता एकांगी है; विपरीतता स्वाभाविक। बाजार लक्ष्मी की माया है और साहित्य सरस्वती की वाणी। बाज़ार मुनाफ़े से परिचालित होता है, साहित्य संवेदना से। मुनाफ़ा आत्मकेन्द्रित बनाता है, संवेदना परदुःखकातर बनाती है। परायी जेबों का माल खिंचकर अपनी जेब में आ जाए, यह मुनाफ़े की प्रक्रिया है; दूसरे का सुख-दुःख अपने सुख-दुःख का अंग बन जाए, यह साहित्य की प्रक्रिया है। स्वभावतः मुनाफ़ा प्रतिस्पर्धा उत्पन्न करता है, साहित्य परकायाप्रवेश की क्षमता।

पूरकता और विरोध का द्वन्द्वात्मक सम्बन्ध बड़ी दूर तक चलता है। बाज़ार उपयोगिता-मूल्य का सृजन करता है और साहित्य सौन्दर्य-मूल्य का। मार्क्स जैसे भौतिकवादी ने भी माना था कि उपयोगिता की स्थूल सीमा पार करने के बाद ही सौन्दर्य का जन्म होता है। लेकिन उपयोगिता हो या सौन्दर्य, उसे मूल्य की सत्ता तभी प्राप्त होती है जब समाज की स्वीकृति मिलती है। मूल्यवत्ता मानव-विशिष्ट गुण है (दूसरे प्राणियों को मूल्य से क्या लेना-देना!) और जब तक किसी वस्तु, विचार, गुण में व्यक्ति और समाज के बीच एकता का धरातल प्रकट नहीं होता, तब तक उसे मूल्य का दर्जा नहीं मिलता। इस प्रकार, 'उपयोगिता' नितान्त सामान्य गुण होकर भी सामाजिक स्वीकृति के आधार पर मूल्य बनती है, 'सौन्दर्य' परिष्कृत मानव बोध होकर भी सामाजिक स्वीकृति से मूल्य बनता है। मूल्यवत्ता ही सौन्दर्य और उपयोगिता को परस्पर जोड़ता है, उन्हें द्वन्द्वात्मक स्वरूप प्रदान करता है।

बाज़ार एक तरफ़ प्रतिस्पर्धा, शत्रुता और विषमता पर आधारित है, दूसरी

तरफ़ विकास और समृद्धि का कारण भी है। इसके विपरीत, साहित्य सन्तुलन, सामंजस्य और समता का स्वप्न है जो कल्पना का आकाश और भावना की गहराई नापता है। जहाँ तक सामाजिकता का प्रश्न है, दोनों अपने-अपने ढंग से उसका सहारा लेते हैं। 'मुनाफ़ा' निजी लाभ की प्रेरणा है लेकिन वह ग्राहक पर निर्भर है इसलिए पुराना व्यापारी 'ग्राहक भगवान है' का सिद्धान्त मानता था, नया व्यापारी अपने ग्राहक के साथ 'मैड (mad) फॉर ईच-अदर' का रिश्ता बनाता है। बेशक़, भगवान को आदमी अपनी गरज़ से याद करता है और व्यापारी तो धर्म से पूरा खिलवाड़ करता है। ग्राहक उसके लिए 'भगवान' है और नक़द 'नारायण' है! इनमें 'को बड़-छोट, कहत अपराधू'! भगवान का हाथ पकड़कर नारायण तक पहुँचना व्यापारी का लक्ष्य है। जब धातु की मुद्रा चलती थी तब भी यह लक्ष्य था, जब प्लास्टिक की मुद्रा चल निकली है, तब भी यह लक्ष्य है।

पुराने व्यापारी की दुनिया सीमित थी, उसकी ताक़त भी सीमित थी, नक़द नारायण की महत्ता उसके लिए इतनी ज्यादा थी कि 'उधार प्रेम की कैंची' जान पड़ती थी (हालाँकि यह प्रेम 'ग्राहक' के बजाय 'नक़द' से ही रहता था)। लेकिन नया व्यापारी भूमंडलीय है, उसकी ताक़त भी असीमित है, नक़द नारायण के लिए वह ग्राहक को उधार भी देता है और इस तरह मुनाफ़े के अलावा सूद भी कमाता है। सौ हाथ से देकर हज़ार हाथ से ले लेता है। वह ख़ुद भगवान और नारायण का दर्जा ले चुका है। यह ऐसा समय है जब लक्ष्मी से अपना वैर भूलकर सरस्वती उसके अनुसार अपने को ढाल रही है। लक्ष्मी भी इसके लिए प्रस्तुत है। बड़ी-बड़ी रॉयल्टी, बड़ी-बड़ी बिक्री, बड़े-बड़े पुरस्कार साहित्य के लिए नयी चीज़ हैं, जिसकी चकाचौंध से दरिद्र जनता की संकटग्रस्त भाषाओं के लेखक भी बच नहीं पा रहे हैं।

जो लेखक बाज़ार की चकाचौंध से बच रहे हैं, वे साहित्य की गोष्ठियों में घटती उपस्थिति से लेकर साहित्य के प्रति युवाओं की विरक्ति तक बहुत-से शोचनीय प्रश्नों से घिरे दिखाई देते हैं। इससे पता चलता है कि बाज़ारवाद के प्रसार के साथ साहित्य के लिए जगह कम हुई है। साथ ही, साहित्य का रूप भी बदला है। सादगी इस समय की कला का मूल्य नहीं रह गयी है, भले वह अनमोल गुण हो। विज्ञापन की तरह साहित्य में भी 'प्लेज़र थियरी'—सुख सिद्धान्त चलता है जिसकी 'लोकप्रिय' अभिव्यक्ति 'मुझे चाँद चाहिए' में मिलती है और 'कलात्मक' अभिव्यक्ति 'दीवार में एक खिड़की रहती थी' में। इन दोनों कृतियों की विषयवस्तु में फ़र्क होते हुए भी उन्हें 'सुख सिद्धान्त' (या आनन्दवाद!) के प्रसंग में एक साथ याद करने का सबब यह है कि उनमें विज्ञापन की ही तरह रूपात्मक मूल्य (फॉर्मल वैल्यू) की प्राथमिकता है। उन दोनों में विज्ञापन

की भाँति वस्तु की अतिरंजना का सहारा लिया गया है, इसलिए वे जीवन के बारे में किसी प्रकार की मूल्य-चेतना प्रस्तावित नहीं करतीं। उसी के समानान्तर बिलकुल युवतर रचनाकारों में नीलाक्षी सिंह, पंकज मित्र या वन्दना राग की कहानियाँ मूल्यबोध पर बल देती हैं। (उदाहरण के लिए देखें, *क्विज़मास्टर,* पंकज मित्र, तद्भव-6, अक्टूबर, 2001, पृ.-95-103; *परिन्दे के इन्तज़ार सा कुछ,* नीलाक्षी सिंह, तद्भव-10 जनवरी, 2004, पृ. 174-202; *यूटोपिया,* वन्दना राग, पहल-87, नवम्बर-दिसम्बर, 2007, पृ.-194-210)

ऐसी और भी कहानियाँ अनेक युवतर रचनाकारों की देखी जा सकती हैं। अतिरंजना इन कहानियों में भी शिल्प का साधन हो सकता है। लेकिन उसे बाज़ारवाद से बचानेवाली चीज़ है मूल्यवत्ता जो 'फॉर्मल वैल्यू' के बजाय 'ह्यूमन वैल्यू' (मानवीय मूल्य) को प्राथमिकता देती है। कहा जा सकता है कि 'साहित्य' भी दो तरह का है। एक वह जो 'आनन्द' और 'सुख' के सिद्धान्त पर चलता है; दूसरा वह जो मूल्यवत्ता और वास्तविकता को निर्णायक महत्त्व देता है। आनन्द, सुख, रूपात्मकता और चमत्कार पर बल देनेवाला साहित्य प्रचार-विज्ञापन की शैली से बहुत दूर नहीं रह जाता और आलोचना भी स्पांसरशिप के अलावा कुछ नहीं रह जाती, जिसका काम मूल्यांकन करना नहीं, मनचाही प्रशंसा करना या नूरा कुश्ती के अन्दाज में मनचाहे रचनाकारों को चर्चित करना रह जाता है। इसका ताज़ा-तरीन उदाहरण मैत्रेयी पुष्पा की बेहद लचर और अपठनीय आत्मकथा *'गुड़िया भीतर गुड़िया'* पर उठी बहस है (देखें, भारत भारद्वाज और राजकिशोर का 'विवाद', जनसत्ता, 6 अप्रैल, 2008)।

क्या यह बात जोड़नी जरूरी है कि सृजनात्मकता का सम्बन्ध संवेदना से होता है, रूपगत मूल्य का बनावट से? अपने समय में बाज़ारवाद को जैसा भी था, उसे) लक्ष्य करके ग़ालिब ने विडम्बना के साथ कहा था कि—

तुम शहर में हो तो हमें क्या ग़म, जब उठेंगे
ले आएँगे बाज़ार से जाकर दिल-ओ जाँ और!

बाज़ार संवेदना को ही नहीं, दिल और जाँ को भी बेचता/ख़रीदता है! इस विडम्बना को न समझकर बहुत-से रचनाकार 'अन्दाज़-ए-बयाँ' को ही पूरा बयान (या साहित्य) मान लेते हैं। ऐसा 'साहित्य' बयान के बजाय अन्दाज़ को, सृजनात्मकता के बजाय बनावट को प्रतिष्ठित करता है। बाज़ारवाद के वर्तमान दौर में रूपगत मूल्यों की इस प्राथमिकता से कतरन, पैरोडी, रिमिक्स, कृत्रिम उपादान इतने महत्त्वपूर्ण हो गये हैं कि चरित्रों, अनुभवों, सम्बन्धों और भावनाओं से ध्यान हट-सा गया है! दूसरे शब्दों में, प्रतिरोध की रचनात्मक कोशिशों के बावजूद बाज़ार

काफ़ी प्रभावशाली ढंग से साहित्य के स्वरूप का निर्धारण कर रहा है। इसमें सन्देह नहीं कि देवेन्द्र, मधु कांकरिया, राजू शर्मा, मो. आरिफ़ जैसे कई महत्त्वपूर्ण लेखक विभिन्न स्तरों पर बाज़ारवाद की चुनौती का सामना सूझ-बूझ और रचनात्मक कौशल के साथ कर रहे हैं।

परम्परा और 'माया' वाद

पीटर स्टर्न्स ने औद्योगिक समाज और उपभोक्तावादी समाज का अन्तर स्पष्ट करते हुए बड़े पते की बात कही है। विश्व व्यापार केन्द्र पर तथाकथित आतंकवादी हमले को विभाजक रेखा मानते हुए उन्होंने लिखा है कि युद्ध जैसी बड़ी आपदाओं के मौक़े पर अब तक पारम्परिक प्रतिक्रिया यह होती थी कि बड़े उद्देश्यों के लिए अपने उपभोग का थोड़ा-सा सुख हम छोड़ दें लेकिन सितम्बर 2001 के हमलों के बाद सरकारी नेताओं ने लोगों को इस बात के लिए उकसाया कि वे अपनी उपभोक्ता गतिविधियाँ जारी रखें। "अर्थव्यवस्था को स्थिर बनाये रखना त्याग से ज्यादा जरूरी था और संरकार इसके लिए तैयार दिखाई पड़ी कि आतंकवादविरोधी खर्चों के साथ-साथ निरन्तर जारी रहनेवाले उपभोक्तावादी जोश का ताल-मेल बनाये रखने में जो घाटा हो, उसे वह बर्दाश्त करे" *(कन्ज़्यूमरिज़्म इन वर्ल्ड हिस्ट्री,* दूसरा संस्करण, 2006, पृ. vii)।

पारम्परिक प्रतिक्रिया का अर्थ यहाँ रूढ़िवादी-सामन्ती बोध नहीं है। वह पूँजीवाद के उस दौर की चेतना है जब सामाजिक मूल्य पूरी तरह अपदस्थ नहीं हुए थे। संकटकाल में व्यक्तिगत त्याग और सामाजिक उत्तरदायित्व का विचार महत्त्वपूर्ण था। उपभोक्तावाद का वर्तमान दौर, यानी सितम्बर, 2001 से शुरू होने वाला 21वीं शताब्दी का समय; इसमें संकट आने पर भी त्याग नहीं, उपभोग को ही प्राथमिकता दी जाने लगी है। इस दौर में व्यक्तिगत सुखभोग और त्यागरहित समृद्ध जीवन-शैली को दूसरे सामाजिक लक्ष्यों की तुलना में वरीयता प्राप्त हो गयी है। इस बात में बाज़ार की रुचि तो स्पष्ट ही है, खुद सरकार की तत्परता ने यह सिद्ध किया कि अब समाज के नियम और व्यक्ति की नैतिकता का निर्धारण पूरी तरह बाज़ार ने अपने हाथ में ले लिया है। वह प्रत्येक सामाजिक दायित्व और मूल्य को 'पारम्परिक' मानकर तिलांजलि दे रहा है, सभी आदर्शों और लक्ष्यों को अपने हित में पुनः परिभाषित कर रहा है। इस प्रक्रिया में वह बहुत-सी सामाजिक प्रेरणाओं को अपदस्थ करता है और आर्थिक शक्ति से अर्जित सुखभोग की रुचि को बढ़ावा देता है। हमारी स्वाभाविक मानवीय और नैतिक प्रवृत्ति से उसकी यह नितान्त व्यक्तिवादी प्रवृत्ति टकराती है। इस विरोधाभासी वस्तुस्थिति से ही उपभोक्तावाद की सांस्कृतिक भूमिका परिभाषित होती है।

एक तो यह बात ज़ाहिर होती है कि नितान्त बाज़ारवादी समाज में ही उपभोक्तावाद सम्भव है, जहाँ अधिकाधिक उपभोग की प्रवृत्ति सामाजिक जागरूकता और दायित्व के ऊपर निजी सुख को हावी कर दे—विलासिता की वस्तुओं से तृप्ति का सम्बन्ध जोड़कर उन्हें आवश्यकता की तरह प्रतिष्ठित कर दे। भारत जैसे समाज तो दूर, अभी यह अमरीका जैसे समाजों में भी मानवीय-सांस्कृतिक चेतना का स्थान पूरी तरह नहीं ले सका है। इसीलिए साहित्य को वह पूरी तरह निर्धारित नहीं करता हालाँकि काफ़ी दूर तक प्रभावित करता है।

दूसरी बात यह ज़ाहिर होती है कि उपभोक्तावाद सामाजिक आचरण भले बन जाए, किन्तु सामाजिक भावना के प्रतिकूल होने के नाते वह मूल्य भी बनेगा इसमें सन्देह है। हमारा पारम्परिक बोध नैतिक-धार्मिक-सामाजिक आदर्शों को मिलाकर एक मूल्य रच लेता था—

साईं इतना दीजिए, जामे कुटुम समाय।
आपहुँ भूखा ना रहे, साधु न भूखा जाय॥

इस अपरिग्रहवादी चेतना का ही और उन्नत रूप यह है कि—

पानी बाढ़ै नाव में, घर में बाढ़ै दाम।
दोऊ हाथ उलीचिए, यही सयानो काम॥

अब तो 'दोऊ हाथ उलीचिए' का प्रश्न ही नहीं रह गया है। हो सके तो लाखों हाथ बटोरिए, यही सयानो काम! साहित्य अपने स्वभाव से पीड़ित-उपेक्षित का सहचर रहा है। *'मा निषात् प्रतिष्ठाम्...'* का आदि-लक्ष्य उसे सामाजिक दायित्वों और मानवीय लक्ष्यों का प्रतिनिधि बनाता है। इसलिए बाज़ार द्वारा निर्मित परिस्थितियों में रहते हुए भी साहित्य उसका प्रतिरोध करता है।

हम देख चुके हैं कि उपभोक्तावादी समाज में अनन्त रूपात्मक जगत 'एक स्वर में एक आवाज़' बन जाता है और अनन्त भावात्मक हृदय एकमात्र सुख की खोज में व्याकुल रहने लगता है। यह खोज चाहे धर्म के माध्यम से हो (अमरीकी समाज जितना उपभोक्तावादी है, उतना ही धार्मिक भी), या विलासिता के साधन जुटाकर (विलासिता के साधनों की तरह धर्म भी पैसे और प्रदर्शन से जुड़ जाता है)। इस प्रकार, पैसा सारे नैतिक, भावात्मक, मानवीय मूल्यों का स्रोत (या स्थानापन्न) बन जाता है। मेरे एक मित्र कहा करते हैं कि इस ज़माने का उसूल है, पैसा आना चाहिए, शर्म तो आनी-जानी है। पैसा उपभोक्ता के लिए विलासित, प्रदर्शन, हैसियत का स्रोत है और व्यापारी के लिए लाभ, सम्पत्ति, ताक़त का। पैसा और ताक़त का सम्मिलित प्रतीक है 'ब्रांड'। साहित्य भी 'ताक़त' के खेल

से जुड़ जाता है। वह ताक़त का साधन और ताक़तवर की मान्यता पाने का माध्यम बन जाता है। ऐसे साहित्य को प्रसारित करने के लिए पैसा पूरी दिलचस्पी दिखाता है। 'बेस्ट सेलर' या 'हाइएस्ट रॉयल्टी' या 'बुकर पुरस्कार' जैसे प्रयत्न ऐसे साहित्य को 'ब्रांड' बनाकर लोगों के दिल-दिमाग़ पर हावी करते हैं। इस तरह का साहित्य न जातीय भाषा को मानता है, न जातीय संस्कृति को। जातीय मानकों को अपदस्थ करके भूमंडलीय मानकों की प्रतिष्ठा साहित्य को भी विश्व बाज़ार की 'ब्रांड' प्रक्रिया का अंग बनाता है।

यहाँ फिर एक विडम्बना से हमारा सामना होता है। सार्वभौम 'ब्रांड' बनना बाज़ार का जीवन हो सकता है लेकिन साहित्य का नहीं, क्योकि साहित्य जिन मानव-गतिविधियाँ और सम्बन्धों का चित्रण है, वे विशेष सांस्कृतिक परिवेश से सम्बद्ध रहते हैं। दूसरी तरफ़, पहले-पहल साहित्य ही सार्वभौम का स्वप्न देखता है। 'वसुधैव कुटुम्बकम्' का स्वप्न विश्वबाज़ार के उदय से बहुत पहले साहित्य ने देखा था। बाज़ार का विकास उस स्वप्न को साकार करता है। 15वीं सदी में व्यापारियों की गतिविधियों में जिस नये संसार का सूत्रपात हुआ था, उसमें 17वीं सदी तक आते-आते भारत के प्राचीन साहित्य और दर्शन ने विश्व को प्रभावित करना शुरू कर दिया था। 19वीं सदी में पराधीन भारत के भव्य अतीत से पश्चिम जिस तरह चमत्कृत हुआ, उसके उदाहरण शॉपेनहावर, मैक्समूलर, बॉशम आदि अब तक चले आते हैं। शॉपेनहावर ने उपनिषदों के जो अनुवाद देखे थे, वे दाराशुकोह ने किये थे। विश्वबन्धुत्व का स्वप्न और विश्वबाज़ार का उदय, पराधीन भारत का अँधेरा और गौरवशाली अतीत का प्रकाश—साहित्य और बाज़ार की समान्तरता काफ़ी आड़ी-तिरछी रेखाओं से निर्मित होती है।

अपने बचपन में गाँव की एक अवधी कहावत सुनते थे, 'बरसो राम पकै धनिया, खाय किसान मरै बनिया।' लक्ष्मी-सरस्वती जैसा वैर किसान-व्यापारी में भी है। आज़ादी के बाद दो दशक तक पूँजीवादी विकास के भीतर किसान भी अपनी जगह के लिए कामना (आशा) करता था। आज राम चाहे बरसें या न बरसें, मरना किसान को ही है। यह कितना सांकेतिक है कि खेतिहर समाज में 'खाय किसान मरै बनिया' का सुख-स्वप्न बाज़ारवादी समाज में व्यापारी के फूलने-फलने और किसान की आत्महत्या के दु:स्वप्न में बदल गया है!

यह परिवर्तन अपने आप नहीं हुआ। न अन्तर्राष्ट्रीय स्तर पर, न भारतीय समाज में। आठवें दशक के आरम्भ में जब बहुराष्ट्रीय कम्पनियाँ बड़े-बड़े निगमों का रूप ले रही थीं, तब उनका छुटभैया भारतीय पूँजीवाद अपने मध्यवर्ग को सामाजिक उत्तरदायित्व से विमुख करके उपभोक्ता बनाने की प्रारम्भिक ज़द्दोजहद कर रहा था। 'गाँव से खालिस घी मँगवाते थे; मोहन घी खाया तो गाँव से नाता

ही टूट गया।' गाँव से नाता टूटे बिना बेझिझक होकर विलासिता को मूल्य और जीवनशैली बनानेवाले मध्यवर्ग की कल्पना नहीं की जा सकती थी। यह एक निर्णायक मोड़ था जिसने गाँव से कटे हुए, घर-परिवार के दायित्वों से विमुख, विशुद्ध शहरी उपभोक्ता (मध्य) वर्ग पैदा किया। यह मध्यवर्ग उतना ही दूर पारम्परिक संस्कृति और साहित्य से भी है। सहजता न उसके जीवन में है, न रुचि में। कृत्रिम आचरण (हाव-भाव और डिप्लोमैसी) से लेकर कृत्रिम हास्य (व्यायाम के रूप में ठहाका और टेलीविज़न कार्यक्रम की बनावटी हँसी) तक इस उपभोक्ता-मध्यवर्ग की संस्कृति है। उसके लिए यह प्रश्न निरर्थक हो चुका है कि भारत में ही उसके बन्धु कितनी बड़ी संख्या में भूखे और असहाय हैं! क्या एक प्रजाति के रूप में जीने का नैसर्गिक गुण भी ऐसे 'मनुष्यों' में बाक़ी रह गया है?

19वीं शताब्दी के मध्य में कार्ल मार्क्स 'दर्शन की दरिद्रता' कहकर जिस प्रूधों से बहस कर रहे थे, उस पूँजीवादी विचारक के लिए समस्या अमीरी नहीं, ग़रीबी ही थी—'दरिद्रता का दर्शन'! लेकिन 20वीं सदी के अन्त में जो नयी दुनिया सामने आयी, उसके लिए दरिद्रता कोई प्रश्न नहीं रह गया था, उदार पूँजीवादी अर्थशास्त्री गैलब्रेथ ने 'ऐफ्लुएंट सोसाइटी' का विश्लेषण किया था। आज़ादी की लड़ाई में शामिल होते समय गाँधी ने 'आख़िरी आदमी' को अपने प्रत्येक सिद्धान्त और कार्यकलाप की कसौटी माना था। उसी गाँधी के देश में बाज़ारवादी समाज 'पहले आदमी' को सामाजिक आदर्श की तरह पेश करता है। सबसे अमीर आदमी 'कौन' की चिन्ता में अमीरी 'कैसे' का प्रश्न छूट जाता है! 2 डॉलर प्रतिदिन से कम खर्च कर सकनेवाले 85 करोड़ हिन्दुस्तानियों से इस चमक-दमक भरी 'संस्कृति' को क्या लेना-देना है!!

जिस साहित्य को इस विशाल जनसमुदाय से, 'आखिरी आदमी' और मार्क्स के 'सर्वहारा' से हमदर्दी है, उसके लिए बाज़ारवादी समय में कोई जगह नहीं है। लेकिन जेम्स पेत्रास और हेनरी वाल्टमेयर के शब्दों में कहें तो भूमंडलीकरण (बाज़ारवादी समाज) के विरोधी आर्थिक शक्ति में कम हैं लेकिन तादाद में बहुत ज़्यादा हैं—उत्पीड़ित किसान, नाराज़ श्रमिक वर्ग, सार्वजनिक कर्मचारी, छोटे व्यापारियों का समुदाय और किसी भी पेशे या वर्ग में न आ सकनेवाले बेरोज़गार, दरिद्र और तबाह लोग (*ग्लोबलाइजेशन अनमास्क्ड,* लन्दन, 2001, पृ. 32-33)। साहित्य इन्हीं लोगों से सरोकार रखता है, और इन लोगों के प्रतिरोध के साथ साहित्य की प्रगति भी जुड़ी हुई है। इसमें शक़ नहीं कि साहित्य को अपनी दृष्टि, अन्तर्वस्तु और अभिव्यंजना कौशल में भी परिवर्तन लाना होगा क्योंकि उसका सामना जिस बाजारवाद से है, तादाद में कम हो पर ताक़त में इतना ज़्यादा है

कि फ़िलहाल उसका विकल्प नहीं दिखता। अच्छी बात यह है कि पुरानी भाषा में जिसे 'तीसरी दुनिया' कहते थे, उस एशिया, अफ़्रीका, लैटिन अमेरिका के साहित्य की तरह हिन्दी का अपना साहित्य, मुख्यतः कविता और कथा-साहित्य आज के समय के प्रति जागरूक और अपने वास्तविक स्रोतों के प्रति संवेदनशील दिखाई देता है। इसलिए न सारा साहित्य बाज़ारवादी रणनीति में पच गया है, न पुरानी लीक से बँधा रह गया है। सफल-असफल प्रयोगों के माध्यम से वह बाज़ार के समानान्तर अपना समय भी निर्मित कर रहा है।

शिल्प और समाज

यह भी कोई बात हुई कि हर चीज़ पर समाज को आरोपित किया जाए? आधुनिक 'व्यक्ति' को समाज ने जन्म दिया था लेकिन अब वही अपनी स्वायत्तता की माँग कर रहा है। ऐसे में कला के शिल्प या रूप जैसे बाह्य-विधान को समाज से जोड़ने का प्रयत्न हास्यास्पद नहीं है क्या? ज्ञानीजन तो पहले ही कहते थे कि 'वस्तु' का थोड़ा-बहुत रिश्ता समाज से होता है लेकिन शिल्प का नहीं होता : उपमान, पदावली, संरचना, बिम्ब वग़ैरह तो कवि प्रतिभा की देन हैं।

हम यह नहीं पूछेंगे कि 'कवि प्रतिभा' किसी दिव्य प्रकाश की तरह अन्तरिक्ष से आथी है या समाज से उसका कोई लेना-देना है? प्रतिभा कवि में होती है; कवि किसी समाज या भाषा, संस्कृति और परम्परा में होता है। इसलिए मानना पड़ता है कि अलौकिक कवि प्रतिभा समाज पर निर्भर है, चाहे बहुत थोड़ी मात्रा में हो। इसीलिए बाल्मीकि यूरोप में नहीं हो सकते थे और होमर भारत में; टॉमस हार्डी हिन्दी के उपन्यासकार नहीं हो सकते थे और प्रेमचन्द अँग्रेज़ी के।

शायद ऐसा कहनेवाले अब नहीं होंगे कि कला को उसकी अन्तर्वस्तु से पहचानना पिछड़े सौन्दर्यबोध का परिचायक है। कला का स्थायी तत्त्व तो रूप ही है जो देश-काल का अतिक्रमण करता है। लेकिन इस धारणा से यह ज़रूर समझ में आता है कि कला की विषय-वस्तु समाज से आती है। यह बात रूपवादी विचारक भी मानते हैं। बस, वे इस बात का आग्रह करते हैं कि उस अन्तर्वस्तु को धारण करनेवाला शिल्प सनातन है, उसका सीधा सम्बन्ध न विषय-वस्तु से है, न समाज और इतिहास से।

काश, ऐसा होता!

बहरहाल, हम अपने मूल विषय पर लौटें।

लगभग डेढ़ सौ साल पहले कार्ल मार्क्स ने कला की सामाजिक उत्पत्ति और सौन्दर्यबोध के स्थायित्व पर विचार करते हुए एक बात उठायी थी। उन्होंने कहा था कि महाकाव्यों का युग बीत गया लेकिन उनका आकर्षण बना हुआ है। यह तो समझ में आता है कि आदिम जीवन-प्रणाली से महाकाव्यों के भव्य रूप

का जन्म कैसे हुआ, लेकिन यह समझने में कठिनाई होती है कि उन परिस्थितियों के बीत जाने पर भी उस समय की रचनाएँ आनन्द कैसे देती हैं?

आश्चर्य है कि रूपवादी विचारक मार्क्स के विरोधी हैं जबकि उनके इस विवेचन से यह निष्कर्ष निकाला जा सकता था कि स्थायी आनन्द का स्रोत रूप ही है क्योंकि समाज या इतिहास से मिलनेवाली विषय-वस्तु तो पुरानी पड़ गयी है; उन चमत्कारिक घटनाओं पर विश्वास भी ख़त्म हो चुका है; फिर भी उस कला का आकर्षण बचा है तो वह रूप का ही होगा! इससे भी ज़ाहिर है कि रूप अगर अपने रचनाकाल में विषय-वस्तु से सम्बन्धित है तो कालान्तर में वह स्वायत्त हो ही जाता है। इस प्रकार, रूपगठन का, शिल्प का समाज से कोई अनिवार्य सम्बन्ध नहीं रहता।

हमारी भी यह कोई ज़िद नहीं है कि शिल्प को विषय-वस्तु या समाज से यन्त्रवत् जोड़ दें। हालाँकि यान्त्रिक सम्बन्ध और अनिवार्य सम्बन्ध एक ही बात नहीं है। फिर भी, कुछ सवाल उठते हैं।

क्या भारत क्या यूरोप, सभी जगह प्राचीन और मध्यकालीन संसार में कलात्मक अभिव्यक्ति के भव्य रूपों का विकास होता है। साहित्य में महाकाव्य और स्थापत्य में क़िलेबन्दी इस भव्य रूप के उदाहरण हैं। महाकाव्य और क़िलेबन्दी की यह समान्तरता किसी भी रूप में तत्कालीन सामाजिक स्थितियों से सम्बन्धित है या नहीं? उत्पादन और विनिमय की सामूहिक पद्धति, गोत्र और बिरादरी के सामूहिक सम्बन्ध यह निश्चित करते हैं कि व्यक्ति का समाज से अलगाव नहीं हुआ है इसलिए अनुभव की सामूहिकता भी क़ायम है। शिल्प के भव्य रूप इस सामूहिक अनुभव की देन हैं।

जो सामूहिक अनुभव लोकसंस्कृति में सामूहिक सर्जनात्मकता के माध्यम से अभिव्यक्त होता था, वही महाकाव्य में व्यक्तिगत सर्जनात्मकता के माध्यम से अभिव्यक्त होता है। समाज में व्यक्ति की विशिष्टता और स्वतन्त्रता के बिना प्रगीत और (मुक्तक नहीं) कविता का रूप विकसित नहीं हो सकता था। इसी प्रकार, तीर-तलवार के युग में विजय की रणनीति विशाल और कुशल सेना पर निर्भर थी। संख्या-बहुल पैदल (या हाथी-घोड़े पर सवार) सेना से अपनी सुरक्षा के लिए क़िलेबन्दी अनिवार्य और पर्याप्त थी। विशाल सेना और विशाल क़िले वैभव और शक्ति के द्योतक भी बन गये थे। बारूद और छापामार युद्ध के आ जाने पर पुरानी क़िलेबन्दी अनावश्यक होने लगी। रिमोट कंट्रोल और प्रक्षेपास्त्रों के युग में सूचनाएँ साइबर स्पेस से आयी हैं और हमले भी आकाशमार्ग से होते हैं। इन्हें कोई 'किलेबन्दी' रोक नहीं सकती।

संक्षेप में कहें तो जिस जीवन-पद्धति से किसी युग का ढाँचा बनता है,

वह हमारे सम्पूर्ण भौतिक और आत्मिक कार्यकलाप का निर्धारण करती है। जीवन-पद्धति का यही ढाँचा हमारी आवश्यकताओं और उनकी पूर्ति के प्रयत्नों को भी परिभाषित करता है। कला में बदलकर देखें तो आवश्यकताएँ विषय-वस्तु का निर्माण करती हैं और प्रयत्न शिल्प का। यह बात प्रत्येक युग पर लागू होती है। अगर प्राचीन समाज के आमने-सामने रखकर उत्तर-औद्योगिक समाज के शिल्प को देखें तो पता चलेगा कि सामूहिक जीवन की भव्यता के मुकाबले सामाजिक प्रक्रिया से विच्छिन्न व्यक्ति अथवा शक्तिसम्पन्न स्वायत्त व्यक्ति का अनुभव 'छोटे देवता' के प्रतीकों में ही अभिव्यक्त हो सकता है।

प्राचीन कला के भव्य, उदात्त, गरिमापूर्ण शिल्प के एकदम विपरीत पैरोडी, कतरन, विद्रूप जैसे उपकरण उत्तर-संरचनावादी शिल्प का निर्माण करते हैं। स्थापत्य से संगीत तक, कविता से फैशन तक, उपन्यास से विज्ञापन तक हर जगह सन्तुलन की पुरानी धारणा बदल चुकी है; अतिरंजना, चमत्कार, रिमिक्स, बिल्कुल विषम सामग्रियों के अन्तर्ग्रथन से आज का शिल्प बना है। यहाँ तक कि सुन्दर और भदेस, सन्तुलित और बेडौल, सुसंगत और अनुपातहीन का ऐसा घाल-मेल है कि थोड़ी भी संस्कारबद्ध रुचिवाला सहृदय क्षुब्ध हुए बिना नहीं रह सकता। क्या एकध्रुवीय उत्तर-सोवियत विश्व ऐसा ही तर्कहीन, असंगत, भदेस नहीं है। वास्तविक संसार की सन्तुलनहीनता ही कला में शिल्प का गठन कर रही है। यह अलग बात है कि कला अपने स्वभाव के अनुसार यहाँ भी प्रतिरोध के रास्ते बना रही है।

सामाजिक ढाँचे से कलात्मक ढाँचे के अन्तस्सम्बन्धों की पहचान अनेक स्तरों पर की जा सकती है। प्रबन्धकाव्य मध्यकालीन रूप है। उसके दो भेद माने गये हैं—महाकाव्य और खंडकाव्य। आधुनिक जीवन के साथ ये रूप अचानक अप्रासंगिक हो गये। महाकाव्य में देवता या महापुरुष के सम्पूर्ण जीवन की कथा का और खंडकाव्य में एक अंश की कथा का प्रबन्ध होता था। भरतमुनि का 'रस' हो या प्लेटो का 'आवेश', कविता का आधार भाव है, यह बात शुरू से स्पष्ट रही है। प्रबन्धकाव्य में जीवन-चरित के साथ-साथ भावों की भी एक व्यवस्था होती है। भावों की यही व्यवस्था प्रबन्धत्व का आधार होती है। उस व्यवस्था में एक 'अंगीरस' होता है और शेष 'संचारी' भाव होते हैं। प्रबन्ध का यह रूप सामन्ती समाज का प्रतिरूप जान पड़ता है जहाँ एक 'राजा' होता है, शेष दरबारी या प्रजा, उसके सहायक होते हैं।

जब समाज का यह ढाँचा टूटने लगा, तब काव्यरूप का भी पुराना ढाँचा टूटने लगा। प्रबन्धत्व ने नया रूप लिया। इसका उदाहरण लम्बी कविता है। डॉ. नित्यानन्द तिवारी हिन्दी की पहली लम्बी कविता भारतेन्दु की 'प्रबोधिनी'

को मानते हैं। 'प्रबोधिनी' से लेकर 'पेशोला की प्रतिध्वनि' (जयशंकर प्रसाद), 'राम की शक्ति-पूजा' (सूर्यकान्त त्रिपाठी 'निराला'), 'अँधेरे में' (गजानन माधव मुक्तिबोध), 'हरिजन गाथा' (नागार्जुन) और उसके बाद तक जितनी भी प्रबन्धात्मक कविताएँ हैं, उन्हें 'खंडकाव्य' नहीं बल्कि 'लम्बी कविता' कहा गया है। उल्लेख करने की बात है कि भारतेन्दु के बाद जो भी प्रबन्धकाव्य लिखे गये, वे या तो काव्य की दृष्टि से महत्त्वपूर्ण और काव्यरूप की दृष्टि से असफल रहे हैं, या फिर काव्यरूप की दृष्टि से सफल और काव्य की दृष्टि से महत्त्वहीन रहे हैं। यह बात निरपवाद रूप में आधुनिक काल के सभी प्रबन्धकाव्यों पर लागू होती है।

इसका कारण यह है कि समाज में मनुष्य के सम्बन्धों के बदल जाने से कविता में भावों का सम्बन्ध बदल जाना भी अनिवार्य है। लम्बी कविता में एकाधिक भाव परस्पर गुँथे रहते हैं। उनमें प्रधान और गौण का सम्बन्ध नहीं होता। 'प्रबोधिनी' में भक्ति, शृंगार और देशप्रेम के भाव साथ-साथ आये हैं। वे सिर्फ़ एक ढाँचे में नहीं हैं बल्कि एक अनुभूति में हैं। बेशक़, भक्ति और शृंगार के भाव पारम्परिक हैं। नया भाव केवल देशप्रेम है। लेकिन अकेले एक नये भाव के कारण दो परम्परागत भावों का आपसी सम्बन्ध बदल जाता है। उनमें एक नयी अन्तर्व्यवस्था जन्म लेती है। यह नयी व्यवस्था प्रधान और गौण भाव-सम्बन्ध पर नहीं, बल्कि तीनों भावों की समकक्षता पर आधारित है। इसलिए प्रधान 'अंगीरस' और गौण 'संचारी' भाव का प्रबन्धविधान बदलकर लम्बी कविता में समान महत्त्व के अनेक भावों का परस्पर-गुम्फन मिलता है।

क्या यह बात कहने की जरूरत रह जाती है कि विभिन्न भावों में समकक्षता का यह सम्बन्ध विभिन्न नागरिकों की समकक्षता प्रस्तावित करनेवाले जनतान्त्रिक समाज का प्रतिरूप है? राजा-प्रजा वाले समाज में प्रबन्ध के भीतर ही नहीं, भावों की व्यापक व्यवस्था में भी महत्त्व का क्रम निश्चित था। शृंगार 'रसराज' था। अन्य रस प्रजा रहे होंगे। साहित्य और समाज में राजा-प्रजा का यह सम्बन्ध-विधान एक-दूसरे का पूरक है। विशेषाधिकारों को औचित्य प्रदान करनेवाला यह शिल्प जनतान्त्रिक समाज में नहीं चल सकता। लम्बी कविता में समान महत्त्व के भावों का विधान आधुनिक समाज की नागरिक समानता का प्रतिरूप है जो विशेषाधिकारों को तोड़े बिना सम्भव नहीं है।

यह जानी-मानी बात है कि आधुनिक समाज की परिस्थितियों ने, छापाख़ाने के विकास और शिक्षित मध्यवर्ग के अभ्युदय ने, उपन्यास (फिक्शन) और कहानी (शॉर्ट स्टोरी) जैसी विधाओं को जन्म दिया है। इस बारे में जहाँ-तहाँ चर्चा हुई है कि निबन्ध, संस्मरण, रेखाचित्र, डायरी जैसे नये साहित्यरूपों का विकास व्यक्ति

की प्रतिष्ठा और उसकी निजता-आन्तरिकता के महत्त्व से जुड़ा है। ये सभी साहित्यरूप नये हैं। सामाजिक विकास से शिल्प के विकास का सम्बन्ध परम्परागत साहित्य रूपों में आसानी से पहचाना जा सकता है।

उदाहरण के लिए काव्य में उपमानों को लें। उपमान शिल्प के उपकरण हैं। उनके आधार पर काव्यशास्त्र में अलंकारों का अच्छा-ख़ासा ठाठ खड़ा है आधुनिक कला में भी उपमानों का महत्त्व कम नहीं हुआ है। कालिदास और बाणभट्ट अपनी उपमाओं के लिए जाने जाते हैं। भक्तकवि तुलसी चिन्तित थे कि 'सब उपमा कवि रहे जुठारी, केहि पटतरौं विदेह कुमारी।' और प्रयोगवादी अज्ञेय भी परेशान थे कि 'ये उपमान मैले हो गये हैं, देवता इन प्रतीकों के कर गये हैं कूच।'

कोई भी समझदार आदमी कहेगा कि नये उपमान कवि के साहस और प्रयोग से आएँगे। लेकिन थोड़ा-सा सोचने पर पता चलेगा कि कवि का साहस उसके अनुभव पर और प्रयोग कल्पना पर निर्भर है। वह नये उपमान उन्हीं चीज़ों में से लाएगा जिनका उसे अनुभव है और वे तभी आएँगे जब उसे किसी वस्तु के प्रसंग में अप्रत्याशित नयी वस्तु याद आएगी। यह समझना तो मुश्किल नहीं है कि अनुभव-भंडार और स्मृति-कल्पना का सम्बन्ध सामाजिक जीवन और कवि की स्थिति से है। यहाँ ज़ोर देकर कहने की बात है कि अनुभव, स्मृति, कल्पना को, स्वभावतः बिम्ब-प्रतीक-उपमान को, मानव-सम्बन्ध और कवि का दृष्टिकोण भी निर्धारित करते हैं।

किसी ज़माने में नायिकाएँ 'चन्द्रवदन मृगलोचनी' होती थीं। उनका बहुत आकर्षण होता था। किसी श्वेतकेशी को वे 'बाबा' कह देती थीं तो वह ग्लानि से भर जाता था। उन दिनों 'अंकल' कहने का रिवाज़ नहीं था। राजदरबारों के सांस्कृतिक प्रदूषण में रहकर भी नायिका का यह उपमान कई शताब्दी तक मैला नहीं हुआ था। मुक्तिबोध ने जब चाँद का मुँह 'टेढ़ा' कर दिया, तब भी पुराने अभ्यास की तरह यह उपमान दर्शन दे दिया करता था। लोकप्रिय संगीत में तो नायिका का 'चाँद-सा मुखड़ा' ही शरमाता था। लेकिन कविरूप में मुक्तिबोध के आविर्भाव से काफ़ी पहले निराला ने नायिकाओं को सूर्यमुखी बना दिया था—

खुले केश अशेष शोभा भर रहे,
पृष्ठ ग्रीवा बाहु उर पर तर रहे;
बादलों में घिर अपर दिनकर रहे!

ठीक है कि ये 'अपर' दिनकर हैं लेकिन हैं दिनकर ही, चाँद नहीं है! क्या इस बदले हुए प्रतीक-विधान का सम्बन्ध केवल कवि की प्रतिभा और

कल्पना से है, सामाजिक जीवन से नहीं? सामन्ती समाज में स्त्री का स्वतन्त्र व्यक्तित्व नहीं था। वह अपनी अर्थवत्ता पुरुष से पाती थी। उसके लिए चाँद की उपमा सटीक है जिसका अपना प्रकाश नहीं है। सूर्य तो पुरुष ही है! लेकिन आधुनिक समाज में स्त्री मुक्त हुई। वह पुरुष की मुखापेक्षी और दासी नहीं रही। उसका स्वतन्त्र व्यक्तित्व स्थापित हुआ। फलस्वरूप सम्बन्धों और भावों का ढाँचा भी परिवर्तित हुआ। जीवन के हर क्षेत्र में, सार्वजनिक राजनीति से लेकर निजी एकान्त प्रेम तक, स्त्री अपने ढंग से सक्रिय हुई। इस स्वाधीन, जीवन्त और सक्रिय स्त्री का बिम्ब है 'अपर दिनकर', जिसका अपना प्रकाश है।

तुलसी के लिए सीता आराध्य थीं। वे 'रामवल्लभा' थीं। उनके लिए जूठी उपमाएँ छोड़कर अनूठी उपमाएँ खोजना स्वाभाविक था। तुलसी ने अत्यन्त साहसी उपमान से काम लिया था—'छबिगृह दीपसिखा जनु बरईं।' तुलसी के लिए नारी के व्यक्तित्व में चन्द्रमा की परजीवी शीतलता नहीं, अग्नि का तेज है। सम्भव है, इसमें उनका निजी अनुभव भी घुला-मिला हो। लेकिन वे भक्त थे। भक्ति निजी अनुभव को घुलाकर उदात्त कर देती है। भक्ति ही नहीं, कोई भी विचारधारा या समर्पण निजी अनुभव को रूपान्तरित करने में योगदान देता है। भक्ति पतनशील समाज से विद्रोह और उसका विकल्प थी। वह विषमतापूर्ण स्त्री-पुरुष सम्बन्ध का विकल्प भी थी। इस वैकल्पिक सम्बन्ध और जीवन-दृष्टि का सार उपमाएँ व्यक्त कर देती हैं।

अज्ञेय न भक्त हैं, न व्यक्तिवादी। वे साहित्य में नवरहस्यवाद के प्रवर्तक हैं। व्यक्ति को समाज 'में' स्वतन्त्र करके वे उसे विराट सत्य से जोड़ते हैं। 'नदी का द्वीप' इसी का रूपक है। द्वीप नदी में है, उसी की धारों ने उसे तराशा है, लेकिन वह धार के साथ बहता नहीं, पैर टिकाकर खड़ा रहता है 'क्योंकि बहना रेत होना है'; वह उस विराट भूखंड का अंश है जिसने नदी को यह दायित्व दिया है कि द्वीप को तराशे और द्वीप को यह दायित्व दिया है कि वह स्थिर रहे। स्वभावतः गतिमान सम्बन्धों की जगह समान्तर इकाइयों वाले उपमान अज्ञेय की वृत्ति के अनुकूल हैं। घिसे हुए पुराने उपमानों को छोड़कर वे जिन नये उपमानों से काम लेते हैं, वे अकेली इकाई को विराट की पृष्ठभूमि में उभारते हैं। सागर के झाग से उछली हुई 'एक बूँद' हो या साँझ के नभ की 'अकेली तारिका' हो या अपनी नवीनता के लिए याद की जानेवाली अकेली 'बाजरे की कलगी' हो!

इससे पता चलता है कि उपमान का नयापन या तो इतिहास द्वारा प्रस्तावित नये सम्बन्ध-साहचर्य से आता है या सम्बन्धों के प्रति लेखक की दृष्टि से। उपमान सिर्फ़ कवि के अवचेतन मानस और संस्कारबद्ध भावना का परिचय नहीं देते, वे ऐतिहासिक सम्बन्ध और कवि के आदर्श-स्वप्न का भी परिचय देते हैं। और बातों

में चाहे मतभेद न हो, स्वप्न को इतिहास से बाँधना निस्सन्देह आपत्तिजनक होगा। इस सम्बन्ध में पहली बात यह है कि स्वप्न केवल कला का नहीं, भाव (वस्तु) का गठन भी करते हैं। दूसरी बात यह कि स्वप्न के चमत्कारिक रूप भी अनुभव के वास्तविक संसार की सीमा से ही बँधे रहते हैं। साइबर स्पेस और सुपर कम्प्यूटर के युग में भी यह बात लागू होती है।

दो स्थितियों की तुलना करने पर यह बात अधिक स्पष्ट हो सकेगी। सन् सत्तावन की राज्यक्रान्ति के बाद भारत का इतिहास ही नहीं, कविता का स्वप्न भी गुणात्मक रूप में प्रभावित हुआ है। उससे पहले एक स्पष्ट लक्ष्य के साथ इतने बड़े पैमाने पर सोद्देश्य संघर्ष करने का अनुभव भारतीय समाज में नहीं था। विजय-पराजय का अपना महत्त्व है लेकिन संघर्ष का असर अलग होता है। सन् 57 से पहले, तुलसी ने अपने महान संघर्ष से न्यायपूर्ण समाज का एक स्वप्न रचा था, जिसे 'रामराज्य' कहते हैं। लेकिन तुलसी के सामने इस लक्ष्य को पाने का कोई व्यावहारिक माध्यम नहीं था। रामराज्य एक स्वप्न था जिसे 'रामप्रताप' से ही पाया जा सकता था—

बयरु न कर काहू सन कोई।
रामप्रताप विषमता खोई॥

इतिहास में 1857 का अनुभव जुड़ जाने के बाद वैष्णव भारतेन्दु हों या वेदान्ती निराला, वे दैवीशक्तियों को नहीं, इतिहास की शक्तियों को बुलाते हैं। 'भारतवर्ष की उन्नति' के लिए भारतेन्दु हरिश्चन्द्र 'हिन्दू-मुस्लिम-ईसाई-सिख-महरठे-बंगाली-मद्रासी' आदि भारतवासियों का आह्वान करते हैं कि 'एक का हाथ एक पकड़ो और वह करो जिसमें देश का धन बाहर न जाने पावे।' इसके आधी सदी बाद, अधिक अग्रगामी चेतना के साथ निराला सामाजिक परिवर्तन का कार्यक्रम देते हैं—

आज अमीरों की हवेली
किसानों की होगी पाठशाला,
धोबी-पासी-चमार-तेली
खोलेंगे अँधेरे का ताला,
एक पाठ पढ़ेंगे, टाट बिछाओ!

यह स्वाधीनता आन्दोलन में क्रान्तिकारी उभार का दौर भी था।

रचनाकार की स्वप्न-दृष्टि इतिहास की परिस्थिति और जनता की भूमिका से निर्धारित होती है। कला की भंगिमा (स्वर, टोन आदि) और प्रतीक-उपमान

लेखक की स्वप्न-दृष्टि पर आधारित होते हैं। इसलिए शिल्प के जिन उपकरणों को हम रचना की विषयवस्तु और समाज के ढाँचे से निरपेक्ष समझते हैं, वे भी इतिहास और मानव-सम्बन्धों का ही प्रतिफलन होते हैं। बेशक़, यह बात दोहरा कर कहने की है कि यह प्रतिफलन यान्त्रिक रूप में नहीं होता।

रेत में शिल्प

संस्कृति, कला, साहित्य, शिल्प, सब मानो विरोधाभासों का संसार रचते हैं। अज्ञेय जी ने 'एक बूँद सहसा उछली' कविता में लिखा था कि सागर के झाग से उछली हुई बूँद ढलते सूरज की आग से रँगी गयी, यह क्षण नश्वरता के दाग से उन्मोचन का क्षण था। अध्यात्मवादी या व्यक्तिवादी दृष्टि से हम इस मन्तव्य को अंगीकार कर लें अथवा सामाजिक उत्तरदायित्व के नज़रिये से अस्वीकार कर दें, लेकिन यह अनुभव हमें एक विरोधाभास का परिचय तो देता ही है। वह बूँद अमर नहीं है, वह किरण भी अमर नहीं है; अमरता उस संयोग में है जो बूँद को किरण से रँग देने के क्षण में घटित हुआ। इस विराट प्रवहमान, समतल जीवन में सृजन का क्षण विशेष अर्थवत्ता का क्षण होता है। वह साधारणता के भीतर ही असाधारणता की पहचान है—बूँद विराट-प्रवहमान सागर का अनिवार्य हिस्सा है। दोनों के परस्पर-सम्बन्ध को न समझनेवाले विचार किसी एक दिशा में अतिवादी आग्रह प्रकट कर सकते हैं, ऐसा आग्रह स्वयं अज्ञेय में था और उनके विरोधियों में भी रहा है, लेकिन मानव-जीवन का सहज रूप, मनुष्य द्वारा प्रकृति में निर्मित की गयी सभी रचनाएँ विराट और विशेष, प्रवाह और स्थिति, अनन्त और क्षण के द्वन्द्वात्मक सन्तुलन का परिचय देती हैं। इसी द्वन्द्वात्मक सन्तुलन को हम विरोधाभासी रूप में देखते हैं।

सृजन के इस पहलू पर ध्यान गया बनारस-यात्रा के प्रसंग में, जहाँ कवि-मित्र श्रीप्रकाश शुक्ल ने अपने शिल्पकार मित्र मदनलाल के साथ 'रेत में आकृति' कार्यक्रम के लिए आमन्त्रित किया था। यह परिकल्पना रेत में आकृति—स्वयं एक दिलचस्प विरोधाभास प्रस्तावित करती है। रेत, जो हर आकृति को मिटा देती है और खुद भी किसी आकृति में नहीं ठहरती, रेगिस्तान में हवा के साथ और नदी तट पर जल के साथ पल-पल आकृति बदलती रहती है, वह हमें गतिमयता और क्षणभंगुरता का बोध कराती है। इस क्षणभंगुरता में 'आकृति' की खोज या रचना वास्तव में कला (सार्थकता) की प्राप्ति है। रेत और आकृति का, क्षणभंगुरता और सार्थकता का यह आभासी विरोध विचारों को उद्दीप्त करने के लिए काफी

था। ऊपर से कार्यक्रम का स्थल बनारस, जिसे सम्भवतः सबसे आत्मीय और सुंदर ढंग से केदारनाथ सिंह ने अभिव्यक्त किया है—'अगर ध्यान से देखो/तो यह आधा है/और आधा नहीं है'—यानी, शहर का मिज़ाज भी विरोधाभासों का संसार! काशी के प्राचीन नामों में भी एक तरफ 'तपस्थली' और दूसरी तरफ 'आनन्दवन' जैसा विरोधाभास दिखाई देता है!

'रेत में आकृति की खोज' का सिलसिला कई वर्ष पहले शुरू हुआ जब शिल्पकार मदनलाल ने अपने गुरु श्री राम छाटपार की स्मृति में न्यास स्थापित किया और कलाकारों को एकत्र करना शुरू किया। इनमें युवा, अव्यावसायिक और प्रशिक्षु कलाकार बहुत बड़ी संख्या में होते हैं। सम्भव है, पत्थर या धातु की अपेक्षा रेत में आकृति के निर्माण का प्रयोग व्यावहारिक दृष्टि से अधिक उपयोगी रहा हो क्योंकि इसमें कम खर्च और कम परिश्रम से विद्यार्थी-कलाकार अपने कौशल का प्रदर्शन और परिमार्जन कर सकते हैं। इसी वर्ष के शिल्प-मेले में बनारस हिन्दू विश्वविद्यालय, काशी विद्यापीठ, गोरखपुर विश्वविद्यालय के फाइन आर्ट्स डिपार्टमेंट के विद्यार्थी तो थे ही, बड़ौदा और नागपुर जैसे सुदूर विश्वविद्यालयों से भी बहुत-से विद्यार्थी-कलाकार आये थे। लेकिन, पत्थर या धातु के स्थायी निर्माण की जगह रेत का चुनाव इस व्यावहारिक उपयोग से अधिक गहरा संकेत देता है। रेत में आकृति की खोज (या रचना) क्षणभंगुरता का उन्मोचन भी है और अनन्त काल में विलयन भी। क्या सृष्टि के अनन्तकाल में मनुष्य के सकर्मक हस्तक्षेप का यही मायालोक नहीं है?

काशी में इस प्रयोग की अपनी अर्थवत्ता है। रूढ़ि और कर्मकांड के लिए विख्यात बनारस विद्रोह और नवीनता का भी समान्तर क्रम रचता आया है (जो लोग तुलसी को रूढ़िवादी मानते हैं, वे कबीर के तो विद्रोही मानते ही हैं!)। काशी शिव की नगरी है। शैवधर्म तपस्या प्रधान है। संघ और मठ की स्थापना द्वारा, कला और स्थापत्य के निर्माण द्वारा विश्वासों को मूर्तरूप देना उसका स्वभाव नहीं रहा। इसलिए प्राचीनतम केन्द्र होकर भी काशी में पुरातात्विक साक्ष्यों का बहुत अभाव है—हालाँकि पौराणिक साक्ष्य भरे पड़े हैं। कहीं वह 'सर्वतीर्थोत्तमोत्तमम्' है (स्कन्दपुराण) और कहीं 'काशी विश्वमोहिनी' है (पद्मपुराण)। (ऐसे अनेक तथ्य मेरे मित्र डॉ. प्रेम तिवारी ने अपने शोध-ग्रन्थ में प्रस्तुत किये हैं।)। संयोग की बात नहीं है कि तपस्वी की अन्तर्मुखता के अनुरूप शिव का प्रिय नशा भाँग धतूरा है जो अन्तर्मुखी बनाता है। भाँग की स्मृति तात्कालिक, रेत की स्मृति भी तात्कालिक, समृद्धि का स्वभाव भी संग्रह न करने का (अपरिग्रह!); यही बात पुरातात्विक साक्ष्यों में भी दिखती है। इसीलिए बनारस आधा है और आधा नहीं है!

बनारस की सांस्कृतिक निरन्तरता बाह्य प्रमाणों की जगह भीतरी विश्वास में कायम रहती है। रेत में छिपे जल की तरह। रेत अपने ऊपर आकृतियों को नहीं सहेजती, अपने भीतर जल को सहेज कर रखती है। रेत की सतह पर रहनेवाले उस जल को नहीं पाते। जो सपाट लगनेवाली रेत के अन्तस् में प्रवेश करते हैं, वे उस जल को अपनी भावना के अनुसार अर्थ दे सकते हैं। श्रीप्रकाश शुक्ल ने काशी पहुँचकर 'रेत' को निकटता और आत्मीयता से देखा। तब उन्हें ज्ञान हुआ, 'कौन कहता है/सपाट है रेत.../कितने बेबस आँसुओं को छिपाये है रेत'। लेकिन हर जगह 'आँसू' ही नहीं छिपे हैं, यह जल नदी की स्मृति है, 'रेत जानती है कि नदी उसके साथ है।' इसलिए ठहरी हुई रेत में बहती हुई नदी मौजूद रहती है, 'जब वह ठहरेगी/नदी तब भी बहती रहेगी/उसके भीतर!'

यह देखकर लगता है कि श्रीप्रकाश ने काशी पहुँचकर रेत फाँकी नहीं है, उसमें पैठकर उसका मर्म पहचाना है, इसीलिए उसमें शिल्प गढ़ा है। उसके बिना वे ऐसा वर्णन नहीं कर सकते थे। ठहराव और बहाव का (देश और काल का) यह मायालोक क्या खुद एक विरोधाभास की सृष्टि नहीं करता? इसे विरोध का आभास इसलिए कहना चाहिए कि यह विरोध वास्तविक नहीं है। भाववादी ढंग से ठहराव और बहाव को अस्तित्व की विपरीत सत्ताएँ मानकर अज्ञेय ने लिखा था, 'क्योंकि बहना रेत होना है।' लेकिन इस द्वन्द्व को—विरोधी प्रतीत होनेवाली गतिविधि की एकता को—पहचान कर श्रीप्रकाश शुक्ल ने इसी वक्तव्य को सकारात्मक अर्थ दे दिया है, 'रेत होना बहना है।' इसे केवल विवाद या प्रतिवाद नहीं मानना चाहिए। यह दो दृष्टिकोणों का फर्क है। श्रीप्रकाश का यह दृष्टिकोण विकसित हुआ नयी अनुभव भूमि के संपर्क से। इससे उनकी आन्तरिक सीमाएँ टूटना शुरू हुईं, उनकी रचनात्मक सीमाओं का भी विस्तार हुआ।

सजग दृष्टि के बिना न तो ठहराव और बहाव का परस्पर सम्बन्ध पहचाना जा सकता है, न ही क्षणभंगुरता का उन्मोचन करनेवाला मानव-सृजन साकार हो सकता है। इसलिए रेत में आकृति की खोज हो या कविता में रेत की पुनर्सृष्टि, दोनों मनुष्य की सजग-कर्मशीलता का परिणाम है। इसीलिए मैं उसे 'आकृति' न कहकर 'शिल्प' कहना ज्यादा ठीक समझता हूँ। आकृति प्रयत्न-निरपेक्ष सृष्टि है, शिल्प मानव-प्रयत्न की रचना है, उसमें कल्पना, श्रम, अनुभूति का गहरा संश्लेषण होता है। शिल्प की गरिमा उसकी सहजता में है। उसके आडम्बर में नहीं। सजगता हो, वह सहजता में घुली-मिली हो; प्रयत्न हो, वह नैसर्गिकता में घुला-मिला हो; निर्माण हो, वह अपने-आप रचा हुआ जान पड़े। श्रीप्रकाश ने अच्छे ढंग से कहा है, '...और जो पसीने की बूँदें गिरती हैं रेत में/खुद-ब-खुद एक आकृति उभर आती है' (रेत में दोपहर)। पसीना उसी प्रयत्न का संकेत

है।

'शिल्प' गढ़ा जाते ही उत्सव हो जाता है। अपनी सजग-प्रयत्नसाध्यता के कारण। उत्सव देश-काल में मनुष्य की व्याप्ति है। सीमाओं को, स्थिरता को, नियमों को छोड़ना। इसीलिए उत्सव सदा नहीं रह सकता लेकिन बारम्बार आता है। जितना आवश्यक नियम है, उतना ही नियम का अतिक्रमण भी। केवल नियमबद्धता जकड़न और विकृति का रूप ले लेती है (जिसका सुन्दर वर्णन उपेन्द्रनाथ 'अश्क' ने 'अंजो दीदी' नाटक में किया है)। इसलिए प्रकृति में भी बाढ़, अन्धड़, बीहड़पन का अस्तित्व और सौन्दर्य है। लोकसंस्कृति में भी नियम का अतिक्रमण नवजीवन की प्रेरणा है। अवध में आजकल की ऋतु को लेकर कहावत है—'फागुन में बाबा देवर लागैं!' इसलिए नियम, स्थिरता, सीमा का अतिक्रमण समय-समय पर अनिवार्य है।

शिल्प का उत्सव इस दृष्टि से महत्त्वपूर्ण है। लेकिन यह समझना भी उतना ही जरूरी है कि अतिक्रमण स्वयं नियम नहीं हो सकता; सार्वकालिक उत्सव नीरस, विध्वंसक और अराजक प्रवृत्ति का रूप ले लेगा। यह विचित्र सत्य है कि जो अज्ञेय स्थिरता को अस्तित्व की शर्त मानते थे—'फिर कहीं हम पैर टेकेंगे', उन्हीं का प्रतिरूप शेखर पूरे जीवन सामान्यता और नियमबद्धता का अतिक्रमण करने में ही अस्तित्व की चरितार्थता मानता है। 'द्वीप' और 'विद्रोही' की संकल्पनाएँ एक ही सांस्कृतिक-वैचारिक उत्स का परिणाम हैं। स्थिरता और प्रयोगशीलता की चरम स्थितियाँ स्वाभाविक जीवन की द्वन्द्वमयता को अस्वीकार करने का प्रतिफल है। इसलिए विरोधाभासों की स्वीकृति वास्तव में जीवन की सहजता का स्वीकार है। इस द्वन्द्व के बिना—सतगुण में रजगुण का समावेश हुए बिना—ब्रह्मा भी अपनी सृष्टि आरम्भ नहीं कर पाये थे।

रेत पर आकृति हो या उन आकृतियों (विषयों) पर श्रीप्रकाश की कविताएँ हों, उनके सरोकार नितान्त लौकिक हैं। उनके साधन—रेत, आकृति, रंग, शब्द आदि—तो लौकिक हैं ही। पिछले वर्ष के उत्सव में निर्मित जिन शिल्पकृतियों के छायाचित्र मदनलाल ने पुस्तिका में दिये हैं और इस वर्ष के उत्सव में युवा कलाकारों ने जो निर्माण प्रस्तुत किये थे, उन सभी का स्वरूप लौकिक है। क्या इस आधार पर यह कहा जा सकता है कि नश्वरता का उन्मोचन करनेवाली कला नितान्त नश्वर—लौकिक—साधनों और सरोकारों में ही निवास करती है? क्या इस संयोग पर भी सोचा जा सकता है कि नितान्त लौकिक भावों को अभिव्यक्त करनेवाली कला को प्राचीन काल से ही अपने संरक्षण और विकास के लिए अलौकिक क्षेत्र से सम्बन्ध रखनेवाले मन्दिरों में जगह मिली? कहीं ऐसा तो नहीं कि मन्दिर भी आध्यात्मिक विषय के साथ-साथ लौकिक चिन्ताओं और लौकिक

संस्कृति से ही सम्बन्ध रखते हैं? इस लौकिकता के कारण धर्म में (आध्यात्मिक) विश्वास ही नहीं, (सांसारिक) आकांक्षा भी होती है; कला में तात्कालिक अनुभव ही नहीं, आत्मिक चेतना और परम्परा का बोध भी होता है।

शायद इसी मायालोक के कारण धर्म, कला और संस्कृति के परस्पर सम्बन्धों को लेकर लगातार उलझन बनी रहती है। धर्म अध्यात्म का विषय है और कलाएँ संसार का। लेकिन कलाओं को धर्म से संरक्षण मिलता है। और धर्म को कलाओं से आत्मा मिलती है। स्थापत्य (भवन, कंगूरे, परिसर), संगीत (गायन, वादन), काव्य (भजन) और नृत्य, इन्हीं कलाओं से धर्म का (मन्दिर का) वातावरण बनता है। इसलिए धर्म के केन्द्र और कलाओं के केन्द्र हमेशा साथ-साथ होते हैं और दोनों के केन्द्र वहीं होते हैं जहाँ व्यापार के केन्द्र होते हैं। व्यापार अचल सम्पत्ति पर नहीं, चंचल पूँजी पर निर्भर होता है, वह संग्रह के बजाय उपभोग से विकसित होता है; वह भौतिक समृद्धि और आध्यात्मिक चेतना के विरोधाभासी रूपों में जीवित रहता है। इसीलिए व्यापारिक केन्द्रों में धर्म और कला का विकास होता है, उनकी स्वतन्त्र परम्पराएँ भी बनती हैं। और वे परस्पर-प्रेरक भी होते हैं। यहाँ यह बात भी स्पष्ट करनी चाहिये कि संस्कृति आध्यात्मिक नहीं होती, विषय आध्यात्मिक होते हैं। आध्यात्मिक विषय उच्चतर संस्कृति का निर्माण करते हैं क्योंकि वे तात्कालिकता और उपयोगिता का अतिक्रमण करते हैं।

तात्कालिकता और उपयोगिता के अतिक्रमण का अर्थ अलौकिक क्षेत्र में पदार्पण नहीं है। कला यों भी अलौकिक का क्षेत्र नहीं है। पिछले साल के शिल्प-मेले (2008) में बाल-मन की फैंटेसी से लेकर पर्यावरण की रक्षा तक जीवन के व्यापक सरोकारों से कला की लौकिक स्वेदना का विस्तार ही प्रकट होता है। इस वर्ष (2009) के शिल्प-मेले में आतंकवाद, स्त्रीशोषण, भ्रूणहत्या, बाल मजदूरी, ग्लोबल वार्मिंग से लेकर बनारस के घाट और मोक्ष की संकल्पना तक अपार विविधताओं से भरे विषय भी लौकिक संवेदना का विस्तार ही प्रदर्शित करते हैं। इनमें कुछ शिल्प-कृतियाँ तो अपने यथार्थवादी दृष्टिकोण और कल्पनाशील अभिव्यक्ति के लिए अविस्मरणीय थीं। मसलन, 'ग्लोबल वार्मिंग' (बीएचयू, विजुअल आर्ट, प्रथम वर्ष के विद्यार्थी, ज्योति, विशाखा, अक्षरा, राममिलन सिंह, श्यामनारायण यादव, गोविन्द लाल मौर्य, राजीव पांडेय आदि); 'भ्रूणहत्या' (बीएचयू, विजुअल आर्ट, द्वितीय वर्ष के विद्यार्थी, योगेन्द्र मौर्य, हिमांशु सिंह, इरफान, राजेश्वर, रविप्रकाश आदि), 'आतंकवाद' (ग्रुप ऑफ आर्टिस्ट, वरुणापुल, वाराणसी, प्रियंका गौड़, निकिता त्रिवेदी, शमशेर वारर्स, अतुल मौर्य, अमरदीप पांडेय); 'गंगा प्रदूषण' (सीनियर आर्टिस्ट ग्रुप, खैरागढ़, छत्तीसगढ़, लक्ष्मण प्रसाद, परमानन्द, वीरेन्द्र मौर्य) इत्यादि। अनेक शिल्पकृतियों में आतंकवाद और पर्यावरण असन्तुलन

के लिए अमरीकी राजनीति और जीवनशैली को जिम्मेदार बताया गया था।

लेकिन सबसे अविस्मरणीय संरचना थी 'मोक्ष'। अविस्मरणीय से भी अधिक दहला देनेवाली। उसे बीएचयू में विजुअल आर्ट के प्रथम वर्ष के विद्यार्थियों ने 'यंग स्टार ग्रुप' के बैनर से निर्मित किया था। मेले के लिए इस बार नदी के पार की रेत नहीं चुनी गयी थी बल्कि धारा के बीच में एक टापू जैसा बन गया था, (नदी का द्वीप!) उसी को चुना गया था। यहाँ पानी के एक किनारे किसी संन्यासी का शव बहकर रेत पर ठहर गया था। चमड़ा कहीं गल गया था और हाथ-पाँव की उँगलियाँ दिखती थीं, कहीं कपड़े और गठरी के अंश सुरक्षित थे, जटा-जूट से वह शव जीवित-काल के व्यक्तित्व का परिचय देता था। शव टिकठी के साथ था। बच्चों ने टिकठी के चारों तरफ घाट और अन्य संरचनाएँ निर्मित की थीं। उन्होंने उस शव को छूने या उसे अपनी संरचना का अंग बनाने में कोई असुविधा नहीं महसूस की। सबसे ज्यादा और देर तक असर करनेवाली संरचनाओं में वह एक थी। शव को कला में बदलना अनित्यता को अमरता में बदलना है। यही अध्यात्म है। अगर यों कहना चाहें कि शिल्प (अमरता) में मृत्यु (क्षणभंगुरता) को अंकित कर दिया गया है तो यही 'मोक्ष' है। कला मृत्यु से भागती नहीं। उसका सामना करती है। वह तथ्य को दृष्टि देती है। यही उसका मानवीय, आध्यात्मिक, कालातीत होना है।

मृत्यु में 'मोक्ष' खोजना, क्षणभंगुरता को अमरता प्रदान करना कला के मायालोक की सृष्टि है और साथ ही युवाओं के एक हिस्से की गहन रुचि का परिचायक भी। पिछले वर्ष की 'आकृतियों' पर श्रीप्रकाश की कविताएँ भी हैं, अवश्य यह कठिन काम था; इस वर्ष की 'आकृतियों' पर, विशेषत: 'मोक्ष' जैसी संरचनाओं पर कविता लिखना बेहद मुश्किल होगा। बहरहाल, एक ही विषय पर शिल्प और काव्य की सृष्टि से एक नया ही मायालोक उभरता है। प्रकटत: संवेदनाओं की अभिव्यक्ति में माध्यम-भेद है, वस्तु-भेद नहीं। विभिन्न माध्यमों में मानो एक ही संवेदना अभिव्यक्त होती है। क्रोचे इस माध्यम को 'भाषा' कहते थे। सभी कलाओं की 'वस्तु' एक है, केवल 'भाषा' (माध्यम-रंग, ध्वनि, मुद्राएँ, शब्द आदि) में परिवर्तन होता है।

हम देखते हैं कि माध्यम के साथ केवल अभिव्यंजना का रूप नहीं बदलता प्रभाव और संवेदना का रूप भी बदल जाता है। प्रत्यूष के वर्णन में संगीतकार, नर्तक, कवि या चित्रकार न एक जैसा उपकरण चुनते हैं, न एक जैसा प्रभाव जगाते हैं। अनुभव माध्यम में *अभिव्यंजित* ही नहीं होता, *रूपान्तरित* भी होता है। बेशक, माध्यमों का भेद आत्यन्तिक नहीं है। कलाओं का वर्गीकरण और विशेषीकरण होने के बाद उनका संश्लेष भी आवश्यक होता है। मन्दिरों की देवदासियाँ दरबार

की नर्तकियों के समान नाचती थीं, मूर्तियों में उनकी नृत्यमुद्राओं का सूक्ष्म रेखाओं द्वारा अंकन है; ये रेखाएँ मुद्राओं में अभिव्यक्त भाव-संवेदना उभारती हैं। ये मूर्तिशिल्पकार अवश्य नृत्यकला से परिचित रहे होंगे। मूर्तिशिल्प में नृत्यकला के संश्लेष से ही उन अमर कृतियों का जन्म हुआ। इसी प्रकार संगीत, नृत्य और स्थापत्य से परिचय काव्य में ध्वनियों, भंगिमाओं और अलंकरणों के उपयोग में सिद्धहस्त बनाता है। यह परिचय केवल कौशल नहीं देता, अनुभूति को भी समृद्ध करता है। चित्र और संगीत से अनभिज्ञ व्यक्ति प्रत्यूष (उषा) का वैसा वर्णन नहीं कर सकता जैसा शमशेर ने किया है—

प्रात नभ था बहुत नीला शंख जैसे भोर का नभ
राख से लीपा हुआ चौका/
अभी गीला रहा है

'नभ' और 'भोर' की सघोष महाप्राण ध्वनियाँ दृश्य की गहनता-गम्भीरता सजीव करती हैं और 'नीला' एवं 'गीला' की तरलता उस दृश्य को गतिमयता प्रदान करती हैं। रंग, दृश्य, ध्वनि का सधा हुआ उपयोग शमशेर की विशेषता है। उनके चित्रकार रूप से सभी परिचित हैं। उनके संगीतप्रेमी रूप का बड़ा सुन्दर और मार्मिक वर्णन निर्मला ठाकुर ने किया है (नया ज्ञानोदय, जनवरी 2009)।

अनुभूति के स्वरूप में भेद न होता तो कला के माध्यमों में भी भेद न होता। 'अनुभूति' अगर प्राण है तो 'स्वरूप' माध्यम की विशेषता (भिन्नता) का आधार। साथ ही, अनुभूति में समानता न होती तो माध्यमों की परस्पर-निर्भरता सम्भव न होती। माध्यम केवल शिल्प (भाषा) नहीं है। वह अनुभूति के वैशिष्ट्य का प्रकट रूप है। एक ही कला के भीतर विभिन्न विधाओं या शैलियों में ही नहीं, कला के विभिन्न माध्यमों में भी अभिव्यक्ति का भेद अनुभूति के स्वरूप में निहित होता है। सौन्दर्य-मर्मज्ञ रामकीर्ति शुक्ल ने पुस्तिका के भीतरी आवरण पर बड़े ही सटीक शब्दों में यह बात कही है कि 'संसार की रूपतरंगों में से कुछ को शब्दों में और कुछ को छाया-चित्रों में बाँधकर दिक् और काल के महामिलन की भंगिमाओं/संकेतों' को प्रस्तुत करना दो माध्यमों से एक ही लक्ष्य की अभिव्यक्ति है। भेद दिक् और काल के 'महामिलन' में नहीं है, उसे पकड़ना दोनों का समान लक्ष्य है; भेद है उस महामिलन की 'भंगिमाओं/संकेतों' में, जिससे अनुभूति का स्वरूप बनता है, इसीलिए उनमें से 'कुछ को' शब्दों में व्यक्त किया जा सकता है, 'कुछ को' आकृतियों में।

निराला ने तुलसीदास के लिए लिखा था, 'देशकाल के शर से बिंध कर/ वह जागा कवि अशेष छविधर।' देश और काल के संयोग में ही कला की अनुभूति

घटित होती है और उसी संयोग का क्षण/रूप अमरता प्रदान करता है। माध्यमों के साथ उस संयोग का आयाम महत्त्वपूर्ण होता है। रामकीर्ति जी ने अपनी इसी टिप्पणी में लिखा है, "यहाँ शुद्ध स्वर के रूप में कालिक माने जानेवाले शब्द स्थानिकता से जुड़कर थोड़ा स्थिर होकर ठहर जाते हैं और स्थानिक माने जाने वाले छाया-चित्र शब्दों की संगति पाकर प्रवाही हो जाते हैं।" देश और काल वस्तुतः प्रसार और आवर्तन के आयाम हैं। आवर्तन 'काल' में सम्भव नहीं है, 'देश' में सम्भव है; किन्तु प्रसार 'काल' में अनन्त है, 'देश' में प्रत्यक्ष है। कला दोनों को जोड़ती है, दोनों स्तरों पर विस्तार और आवर्तन संभव करती है। इसीलिए वह देश और काल की सीमाओं का अतिक्रमण करती है।

शायद इसी तथ्य को अनुभव करके श्रीप्रकाश ने कहा कि रेत सपाट नहीं है; और, रेत जब ठहरेगी, तब भी उसके भीतर नदी बहती रहेगी। ठहराव और बहाव का मायालोक दिक् को काल से जोड़ता है; दिक् और काल दोनों की सीमाओं को तोड़ता है, उनका अतिक्रमण करता है। इसी अतिक्रमण का नाम सृजन है, शिल्प है, सौन्दर्य है, अध्यात्म है। इसीलिए कला (वृहत्तर अर्थ में) आनन्द है। यही सिद्धि है। मोक्ष है! देश-काल की सीमाओं का अतिक्रमण किये बिना कला और आनन्द सम्भव नहीं है। कला का आनन्द स्थायी होता है क्योंकि जिस अनुभव-स्थिति में हम ऐसी सीमाओं का अतिक्रमण करते हैं, वे तात्कालिकता से उठ जाते हैं। इसे नश्वरता से उन्मोचन कहें, कला में अन्तर्निहित विरोधाभास कहें या सृजन का मायालोक कहें?

युवामन, महानगर और कविता

कथाकार अखिलेश ने जब बेरोजगारी के अनुभव पर 'अन्वेषण' उपन्यास लिखा था, तब तक कविता में इस तरह के अनुभव युवाओं के यहाँ भी कम आये थे। विश्वनाथ त्रिपाठी ने एक अध्यापक की तरह युवाओं की बेरोजगारी पर द्रवित होकर कल्पना की थी कि पेड़ों की जो माला गले में पड़ी माला जैसी लग रही है, उससे टूटकर गिरता हुआ पत्ता एक नौजवान के हाथ में फड़फड़ाता हुआ नियुक्ति पत्र बन जाए! ऐसी कल्पनाओं का स्रोत संवेदनात्मक साझेदारी के साथ अनुभव की निजता में होता है। इन पंक्तियों का लेखक कवि तो नहीं है, लेकिन औरों की तरह युवाकाल में उसने भी थोड़ा हाथ आजमाया है। बेरोजगारी के दिनों में प्रेम करते हुए बहुत बार लगता था कि इसी तरह दूरी है, 'जिस तरह जेब से लौट आता हो अपना ही हाथ, जिस तरह रोजगार की उम्मीद रहती है।'

महानगरों में तो यह उम्मीद भी रहती है इसलिए शिक्षित युवक रोजगार की तलाश में और अशिक्षित सामान्य जन मज्दूरी की तलाश में वहाँ आ जाते हैं। महानगरों का हाल क्या है, यह वहीं जाकर पता चलता है। भारत की पूँजीवादी अर्थव्यवस्था में महानगरों का विकास बाजारवादी ढंग से हुआ है, जहाँ प्रलोभन ज्यादा है, उपलब्धियाँ कम। जीने के साधनों के लिए सपने ज्यादा हैं, अवसर कम। जो युवक महानगर आता है और यहाँ की विडम्बना में फँस जाता है, उसका बहुत सजीव अनुभव रमण कुमार सिंह ने व्यक्त किया है—'हताश और लगभग पराजित-सा युवक/बाजार बनते जा रहे/घरों के कारण बेचैन है/वह बेचैन है हाथों के काम के लिए/खुशामदी चरित्र और/हारे हुए व्यक्तित्व के लिए/बेचैन है वह/अपने सपनों को साकार करने के लिए।' इसे आदर्शवादी प्रलाप नहीं कहा जा सकता और न अतीत का मोह। यह युवक की हताशा का सजीव बोध है। 'काम' और 'सपने' में फर्क है। सपने तक पहुँचने की पहली सीढ़ी काम है, लेकिन घरों के बाजार बनते जाने के कारण आत्मसम्मान 'खुशामद' में बदल रहा है। इस यातना से पराजय और बेचैनी तीव्र होते हैं। ऐसे में अतीत का मोह, सम्बन्धों की भावुकता, सफलता की बटमारी और जायज-नाजायज गुस्सा जैसी बहुत-सी अन्तर्विरोधपूर्ण प्रतिक्रियाएँ जन्म लेती हैं, जिन्हें युवा कविता कहीं सचेत रूप में

तो कहीं अचेत रूप में अभिव्यक्त करती हैं।

महानगर आ जानेवाले कवि नातों-रिश्तों से दूर होकर बेगाने वातावरण में रहते हैं। उन्हें जीने की होड़ करनी है, आगे बढ़ना है। आत्मीय सम्बन्धों से बना अतीत (गाँव-कस्बा) छूट चुका है। झपटमार वातावरण में उनका वर्तमान उलझा हुआ है खुशामद और सपने की उधेड़बुन में। जब तक वे इस वातावरण का अंग नहीं बनते, संघर्ष की जिन्दगी जीते हैं या सम्बन्धों-संघर्षों को जीवन मूल्य की तरह बनाए रहते हैं, तब तक उनकी रचनात्मक ऊर्जा सक्रिय रहती है। जैसे-जैसे सम्बन्धों पर सफलता हावी होती जाती है, वैसे-वैसे रचनात्मकता पर अहंकार विजयी होता जाता है। महानगर में दोनों बातों के लिए भरपूर मौके हैं। झोपड़पट्टी की तिलझन भरी कड़वाहट और दूरदर्शन की दमकती हुई खुशखबरी भी। कविता दोनों बातों से प्रभावित होती है लेकिन महानगर से दूर, गाँव-कस्बे के कवि पुराने सम्बन्धों की आत्मीयता से भीगे हुए हैं। महानगरीय होड़ाहोड़ी और सपने वहाँ भी पहुँचे हैं, लेकिन इस झोंके के सामने सम्बन्धों की मजबूत जमीन पर खड़ा कवि कलात्मक परिपक्वता न होने पर भी अत्यन्त सशक्त अनुभवों और संवेदनाओं से कविता को संपृक्त कर रहा है।

बेरोजगारी के ही उदाहरण की बात करें तो कविता में आज के भारतीय युवा मन की अच्छी झलक मिलती है। बसन्त त्रिपाठी ने महानगर से दूर रहकर इस अनुभव का एक और आयाम उद्घाटित किया है। उन्होंने अपेक्षाकृत बड़े परिप्रेक्ष्य में इस मनोदशा का चित्रण किया है, जिसमें रोजगार से असन्तोष और बेरोजगारी से परेशानी के बीच अचानक बातचीत (सपनों) में 'कारों के मॉडल' आने लगते हैं। युवामन की इस सचाई को क्रान्तिकारी बुद्धिजीवियों से ज्यादा भारत का पूँजीपति वर्ग समझता है। इसीलिए जिस बात को युवाओं का उपभोक्तावादी अध:पतन कहकर क्रान्तिकारी बुद्धिजीवी धिक्कारते रहे हैं और अपने को लगातार अलग-थलग करते गए हैं, उसी को लक्ष्य करके भूमंडलीय बाजार में हौसले से कदम रखनेवाले टाटा जैसे उद्योगपति 'सपनों की कार' ले आए हैं। बसन्त न क्रान्तिकारियों में हैं न बाज़ारवादियों में। वे युवाओं की वेदना-यातना को निजी अनुभव की अन्तरंगता से चित्रित करते हैं। असन्तोष और सपनों के फासले का नतीजा यह होता है कि वे युवा एक तरफ अपरिचितों पर गुफामानव की तरह घात लगाकर हमला करते हैं, दूसरी तरफ 'रात को सचमुच जार-जार रोते हैं।'

जिस कविता में बसन्त ने यह वर्णन किया है, उसका शीर्षक है 'नेटवर्क बाजार।' उत्तर आधुनिक बाजारवादी समाज ने असन्तोष की परिस्थिति और सपने का मायालोक इस तरह प्रक्षेपित किया है कि दिशा और आत्मचेतना खो गयी है। युवामन भी इस खाई में फँस गया है। एक ओर गुफामानव की असुरक्षा और

हिंस्रता, दूसरी तरफ अकेले में रोने की दयनीयता, असहायता। अस्मिता के सत्तावादी खेल के समान्तर युवा अनुभव का यह एक ऐसा पक्ष है, जो समझदारों को ठेंगा भी दिखाता है और रास्ता भी। रमण के यहाँ जिस अनुभव को महानगर में आकर देखा गया है, उसी को बसन्त के यहाँ महानगर से दूर रहकर। युवा कवि इस प्रकार के अनुभवों के प्रति करुणा के सौदागर का व्यवहार नहीं करते। उनकी सजगता हरिओम राजोरिया के 'बेकार लड़का' में भी देखी जा सकती है—'दिनों की लड़ाई/सीदी-सादी नहीं होती/समय काटने के लिए/काटना पड़ता है दिन/जहाँ दुश्मन निराकार होता है/और पहला मोर्चा/घर नें ही लगता है।' मानो 'अन्वेषण' में आये हुए अनुभव के अलग-अलग टुकड़े युवा कवियों की छोटी-छोटी कविताओं ने सहेज लिये हैं।

हमारे दौर की जटिलता यही है कि जो दुश्मन है, वह निराकार रहता है; जो आत्मीय है वह शत्रु दिखता है; जिसमें ऊर्जा है, उसे निठल्ली ऊब में पककर गुफामानव बनना पड़ता है। मगर हम बाजार की प्रक्रियाओं को लेकर युवा कविता की समझ और प्रतिरोध की उसकी दृष्टि का विशद विवेचन न भी करें तो भी इन उदाहरणों से स्पष्ट होता है कि अपने अनुभव को अपने सामाजिक संदर्भ में पहचानने के नाते यह कविता आत्मकथा और आत्मविज्ञापन से दूर है। दूसरी तरह की रचना प्रवृत्तियाँ भी हैं, लेकिन वे युवा कविता का प्रतिनिधि स्वर नहीं कही जा सकतीं। अनेक गतिरोधों, अवरोधों को भेदकर अपना विवेक अर्जित करने की इस प्रक्रिया को शब्दों में व्यक्त करते हुए प्रेमचन्द गाँधी ने लिखा है, 'न जाने कितने बीहड़ों को पार कर आया हूँ मैं/जिसे बचपन में मास्टरजी/कप-प्लेट धोने से ज्यादा योग्य नहीं समझते थे।' बाजारवादी समाज में कविता लिखना कप-प्लेट धोने से ज्यादा क्या मूल्य रखता है? लेकिन यही तो कविता की ताकत है। वह बीहड़ों को पार करके गुफामानव बनने से बचा लेती है। अपने स्वार्थ और अहम की गुफा में बन्द उपभोक्तावादी क्रूरता के बदले छोटे-छोटे अनुभवों से 'प्रतिरोध की कवितावली' रचना इस युवा लेखन की विशेषता है। उसने यह उपलब्धि हिंदी सृजनशीलता के महानगर केन्द्रित परिदृश्य को तोड़कर, कलाचतुर-हुनरमन्द रचना का वर्चस्व तोड़कर अर्जित की है, इसीलिए उसकी ऊर्जा प्रतिरोध के सकारात्मक विकल्पों की ओर उन्मुख होती है, जहाँ सोवियत संघ और बाबरी मस्जिद के विध्वंस के बाद की निराशा का निरसन हो रहा है।

साहित्य का विराट और उदात्त

श्री अशोक वाजपेयी से सहमत होने के अवसर कम आते हैं। इसलिए उस पर चुप्पी साध लेना मुनासिब नहीं है। 'साहित्य की राजनीति' शीर्षक टिप्पणी में उन्होंने कुछ विचारणीय बातें कही हैं जिनसे सहमत होना तो आवश्यक है ही, बहस को भी कुछ आगे बढ़ाना उचित है। मसलन, 'राजनीति का जिस तरह से वर्चस्व हमारे जीवन में बढ़ता गया है उसके चलते कोई सिरफिरा ही यह दावा करेगा कि हमारे समय में साहित्य ही राजनीति का असली प्रतिपक्ष है। ऐसा एक सिरफिरा मैं बरसों से रहा हूँ। और,...इस धारणा को बदलने का कोई कारण नहीं देखता कि साहित्य को राजनीति का पिछलग्गू होना तो दूर, उससे प्रेरित होने की भी जरूरत नहीं है; साहित्य अपने आप में राजनीति है' (जनसत्ता, 'कभी कभार', 21 फरवरी, 2010)। बात उतनी नयी नहीं है क्योंकि ख़ुद अशोक जी 'बरसों से' उसका 'दावा' करते रहे हैं। उनसे पहले प्रेमचन्द भी कह चुके हैं कि साहित्य राजनीति का पिछलग्गू नहीं है बल्कि उसके आगे चलनेवाली मशाल है। कुछ सूक्ष्मदर्शी (छिद्रान्वेषी?) कह सकते हैं कि प्रेमचन्द ने राजनीति और साहित्य का महत्त्व-क्रम बदल दिया था, अशोक जी ने तो राजनीति को अपदस्थ कर दिया है। मैं कहूँगा कि प्रेमचन्द आज होते और राजनीति का वर्तमान स्वरूप देखते तो शायद 'मशाल' को इतनी आगे ले गये होते कि राजनीति उसके पीछे भी न चलने पाती, शायद वह कभी चली भी नहीं!

बहरहाल, इस पर विचार करने से पहले दो बातों का उल्लेख जरूरी है। एक तो यह कि 'साहित्य अपने में राजनीति है', यह काफ़ी अर्थपूर्ण और सुविचारित वक्तव्य है। जिन दिनों साहित्य और राजनीति के अन्त:सम्बन्ध पर तीखी बहसें चल रही थीं और 'राज्याश्रय' बनाम 'सेठाश्रय' का द्वित्व खड़ा था, उन दिनों प्रयोगवादी चिन्तक साहित्य को राजनीति-शून्य या राजनीति विमुख सिद्ध करते थे और प्रगतिशील विचारक उसे राजनीति-विरोध की राजनीति कहते थे। मतलब यह कि साहित्य या विशुद्ध साहित्य की बात करना खुद एक प्रकार की राजनीति है। अशोक वाजपेयी के कथन में पहली बार उसकी स्वीकृति का आभास होता

है। इसलिए यह कथन स्वागत-योग्य है। उम्मीद है, प्रगतिशील-जनवादी लेखक पूर्वाग्रहरहित होकर ('पूर्वग्रह' नहीं) इस तथ्य पर विचार करेंगे। यह अलग बात है कि अशोक वाजपेयी का कथन इतने सुनिश्चित आशय से बँधा हुआ नहीं है, उसमें अर्थबहुलता की (यानी अर्थान्तर की) क़ाफ़ी गुंजाइश है। उन्होंने राजनीति के अनुकरण, अनुसरण या प्रेरणा से दूर रहने के सन्दर्भ में कहा है कि ऐसी जरूरत नहीं है क्योंकि साहित्य अपने आप में राजनीति है। इसलिए यहाँ राजनीति का निषेध, राजनीति का विकल्प और समानान्तर राजनीति, तीनों अर्थ ध्वनित होते हैं। बाक़ी अशोकजी ही पूरी तरह स्थिति स्पष्ट कर सकते हैं।

दूसरी बात यह कि अशोक जी अर्थबहुलता तो सावधानीपूर्वक अपनाते हैं, पदावली के उपयोग में कभी-कभी जल्दबाज़ी करते हैं और फिर उस प्रयोग को लेकर आग्रही भी हो जाते हैं। अगर ठीक-ठीक याद है तो 'बरक्स', 'पूर्वग्रह', 'वयस्क समझ' जैसे पदों के आविष्कर्ता वही हैं। इनमें 'बरक्स' तो एक कमी पूरा करता है और सटीक है लेकिन 'पूर्वग्रह' के साथ मानो पूर्वाग्रह जुड़ा हुआ है। संस्कृत व्याकरण के किसी नियम से वह शायद ठीक हो, हिन्दी की दृष्टि से दोषपूर्ण है। किसी जिज्ञासु ने एक बार रामविलासजी से पूछा था। उन्होंने हँसी में टाल दिया, 'कुछ पूर्व के ग्रह होते हैं, कुछ पश्चिम के!' बहरहाल, इसमें दो राय नहीं कि 'वयस्क समझ' बच्चों का खेल नहीं है। अनुमान है कि अशोक जी उसका प्रयोग अँग्रेजी के 'मेच्योर' यानी परिपक्व के अर्थ में करते होंगे, 'एडल्ट' के अर्थ में नहीं। उसमें अब से सुधार कर लेना अनुचित नहीं है।

फिर भी, शब्दों के प्रयोग से अधिक महत्त्व विचारों का है। शुरू में ही कहा गया कि साहित्य और राजनीति को लेकर उनके कुछ विचार न केवल सहमति पैदा करते हैं बल्कि एक बहस के लिए उकसाते भी हैं। अशोकजी ने राजनीति और साहित्य की राजनीति में फ़र्क किया है। राजनीति 'अल्पकालिक' और 'सत्ताकामी' है। इसमें सिद्धान्तहीनता, स्वप्नहीनता, क्रूरता, अवसरवाद और फूटपरस्ती जोड़ दें तो आज की राजनीति का पूरा चेहरा उभर आएगा। ऐसी राजनीति और साहित्य का ज़्यादा बड़ा फ़र्क इस बात में है कि साहित्य अन्तः संगठन का माध्यम है लेकिन राजनीति समाज-संगठन का उपादान है। इसलिए समाज की विषमता और अन्याय से राजनीति का कार्य-कारण सम्बन्ध है। वह उस विषमता और अन्याय से अपने लिए जीवन-रस लेती है, उसे पोषित भी करती है। सत्ता की राजनीति हो या प्रतिपक्ष की, दोनों पर यह बात लागू होती है। यह जानी-मानी बात है कि सत्ता की राजनीति अगर क्रूरता को सैद्धान्तिक औचित्य प्रदान करती है तो प्रतिपक्ष की राजनीति न्यायचेतना का व्यवसाय करती है क्योंकि वह लोगों की पीड़ा को भुनाती है। साहित्य अपनी संवेदनक्षमता के कारण दोनों का प्रतिपक्ष है।

स्वभावत: साहित्य के मूल्य राजनीति से अलग हैं, "समय की राजनीति के बरक्स अनन्त की राजनीति। अल्पकालीन राजनीति के बजाय दीर्घकालीन राजनीति।" तभी वह प्रतिपक्ष या विकल्प बन सकती है। इस कथन में 'अनन्त' से चिन्तित होने की आवश्यकता नहीं है। वह साहित्य की देश-काल व्याप्ति है जिसे कुछ-कुछ रहस्यमय गूँज देकर अशोक वाजपेयी काव्यमयता प्रदान कर देते हैं। राजनीति तात्कालिक दबाव से मुक्त नहीं रह सकती, वह वर्गों के बीच तटस्थ भी नहीं रह सकती, इसलिए 'अनन्त' की सम्भावना वहाँ ज़रा कम ही होती है। लेकिन साहित्य में मनुष्य की आत्मा के उदात्त पक्ष भी व्यक्त होते हैं, वर्गीय सीमाओं का अतिक्रमण भी होता है। राजनीतिक संगठन और समाजसेवी संगठनों की तरह साहित्य में विभिन्न सरोकारों के लिए अलग-अलग प्रकोष्ठ और विभाग नहीं होते। गाँधी जी ने जरूर एक प्रयोग किया था कि राजनीतिक आन्दोलन और रचनात्मक कार्यक्रम के बीच सामंजस्य क़ायम हो लेकिन वह उन्हीं के साथ चुक गया। साहित्य में ऐसा प्रयोग शायद ही करना पड़े और वह इतनी अल्पजीवी शायद ही हो। गाँधी जी की 'राजनीति' में कांग्रेस, चुनाव, आन्दोलन वगैरह आते थे और 'रचनात्मक कार्यक्रम' में हरिजन उत्थान, नारी कल्याण, चरखा-खादी वगैरह आते थे। जिस हद तक उनके जीवन-दर्शन में रचनात्मक कार्यक्रम की भूमिका थी, उस हद तक वह राजनीति का प्रतिपक्ष भी थी। इसीलिए राजनीति में समझौते थे, सामाजिक कार्य में नहीं। कभी-कभी उनके 'रचनात्मक' दृष्टिकोण से राजनीति जरूर प्रभावित होती थी। तब शत्रु के प्रति भी सहयोग का या घृणा न करने का विचार प्रकट होता था, जिसे उस समय भी बहुत स्वीकार नहीं किया गया। विचारधारा और रचनाशीलता साहित्य में भी पर्यायवाची नहीं हैं लेकिन राजनीति की अपेक्षा साहित्य में उनका अन्योन्याश्रय सम्बन्ध अधिक प्रगाढ़ है। इस पर चर्चा आगे चलकर।

अशोक वाजपेयी ने साहित्य और राजनीति को पूरक मानने का विरोध करके समकालीन परिदृश्य में स्वागतयोग्य काम किया है। उनकी यह ज़िद पुरानी है। वह हमेशा ठीक रही हो, इस पर विचार हो सकता है। राजनीति हर समय एक समान पतनशील नहीं होती। साहित्य भी हर समय एक बराबर प्रतिरोधकारी, नव-नवोन्मेषकारी, सर्जनात्मक और मुक्तिदायी नहीं होता। इसलिए साहित्य और राजनीति में सनातन बैर समझना बहसतलब है। क्या राजनीति का कोई दीर्घकालिक लक्ष्य नहीं होता? 'तात्कालिक' दिखनेवाले (और क्षुब्ध करनेवाले) आचरण किसी दूरगामी कार्यक्रम से जुड़े होते हैं या नहीं? अगर ऐसा ही है तो परिवर्तन की कोशिशों को रोकने और वर्तमान (सं-) विधान को बनाये रखने के लिए ऐसे सभी तत्कालिकजीवी राजनीतिज्ञ एकजुट क्यों हो जाते हैं? दूसरी तरफ, साहित्य

क्या तात्कालिक और सामयिक हुए बिना कालातीत और अनन्त हो जाता है? 'स्थायी' भावों पर लिखा गया साहित्य ज्यादा 'अनन्त' रहा है या 'तात्कालिक' अनुभवों को—हमेशा प्रत्यक्ष से उत्पन्न अनुभवों को—भाव संगठन का रूप देनेवाला साहित्य ज्यादा स्थायी हुआ है? जो भी अनन्त, उदात्त या आत्मा प्रवेश करती है, वह इसी प्रत्यक्ष, तत्काल और मर्त्य पर ही अवलम्बित होती है। कबीर-तुलसी-घनानन्द और भारतेन्दु-निराला-प्रेमचन्द यही सीख देते हैं।

इस पर पहले भी बहस होती रही है, आगे भी होती रहेगी। उसके बहुत से कारण हैं। राजनीति को छोड़ दें, साहित्य भी ऐसा कोई पवित्र क्षेत्र नहीं है जहाँ कलुषता और क्षुद्रता का स्पर्श न हो। तात्कालिक और सामयिक परिस्थितियाँ साहित्य के ढाँचे को, उसकी संवेदना और विचारधारा को ही नहीं, अभिव्यक्ति और कला को भी प्रभावित करती हैं। जो साहित्य इन प्रभावों और दबावों को झेलकर उसका अतिक्रमण करता है, वह स्थायी और अनन्त होता है। जो साहित्य उन प्रभावों और दबावों से किनारा कर लेता है, वह चमक दिखाकर बुझ जाता है। स्थायी-भावोंवाला रीतिकाव्य राजनीति के (राज दरबारों के) बीच, उस पर आश्रित रहकर लिखा गया है। जिन सन्तों को सीकरी से काम नहीं था, उनके साहित्य में राजनीति भी है, भूख भी; यातना भी है, विद्रोह भी। उन्हीं का साहित्य भी ज़्यादा मूल्यवान हैं? आधुनिक युग के कई लेखक-कवि राजनीति में धँसे रहे हैं। उस दबाव को रचना से परे रखने पर उन्होंने निर्जीव कृतियाँ दीं। मोहभंग की स्थितियाँ आने पर उन्हें मगध की विचारशून्यता का भास होता था। उनका कौन-सा साहित्य महत्त्वपूर्ण है, कौन-सा नहीं, यह विदित है। ग़ालिब सबसे बड़े उदाहरण हैं। वे हर स्थिति का सामना करते हैं; तात्कालिक वस्तुस्थिति को झुठलाना या दरकिनार करना उनका कवि-स्वभाव नहीं है। 'दुनिया में हूँ, दुनिया का तलबगार नहीं हूँ'; 'बाज़ार से गुज़रा हूँ, खरीददार नहीं हूँ।' वगैरह।

इसलिए विचार करने का ज़्यादा महत्त्वपूर्ण विषय यह नहीं है कि राजनीति तात्कालिक है, साहित्य कालातीत। ज़्यादा महत्त्वपूर्ण विषय यह है कि तात्कालिक और सामयिक दबावों को झेलकर साहित्य किस प्रकार उदात्त और कालातीत बनता है। यह द्वन्द्व केवल बाह्य वस्तुतथ्य के साथ कवि के रचनात्मक मानस का नहीं होता, उसके अन्तःकरण में भी चलता है। मुक्तिबोध जिस 'आत्मसंघर्ष' की बात करते थे, वह केवल नयी कविता की दो धाराओं में नहीं, रचनाकार के दिलोदिमाग़ में, उनके अनुभव और सृजन की प्रक्रिया में भी निहित था, जिसे 'बद्धमूल' कहा है। टॉलस्टॉय ने 'आत्मा की माँग' और 'बाजार की माँग' में जो कशमकश अनुभव की थी, साहित्य के स्वरूप पर उसका असर किन-किन रूपों में पड़ता है, यह पड़ताल का विषय है। आज का लेखक इस कशमकश का अनुभव ज्यादा तीव्रत

से करता है। वह अपनी रचना के उत्स से लेकर प्रसार तक क़दम-क़दम पर अपनी 'आत्मा' पर 'बाज़ार' का दबाव झेलता है। जब केवल मज़ाक से आगे बढ़कर कहा जाने लगा हो कि आनेवाले दिनों में विज्ञापन ही सच्ची कविता होगी और कवि विज्ञापन-लेखक होगा; जब गम्भीर विचारक सिद्धान्त देने लगे हों कि साहित्य में आत्मा का रिप्लेसमेंट आइटम है, तब कोई भी सच्ची रचनात्मक अभिव्यक्ति इन दबावों का प्रतिकार करके ही हो सकती है।

कितने कवि आइटम और आत्मा के बीच उलझन में न पड़ते होंगे? एक तरफ़ समझौता और सफलता है, दूसरी तरफ उपेक्षा और संघर्ष; एक तरफ मंच और मीडिया है, दूसरी तरफ़ एकान्त और सन्तोष! अशोक वाजपेयी की तरह 'अनन्त' को मूल्यवत्ता प्रदान करनेवाले लेखक स्वभावतः बाज़ार के दबाव से रचनात्मकता को बचाने का पक्ष लेंगे। 'अनन्त' का सम्बन्ध आइटम से नहीं, आत्मा से ही जुड़ सकता है। भाषा पर बाज़ार के दबाव को लेकर उन्होंने अपनी चिन्ता कई बार ज़ाहिर की है। इसलिए उनके कथन में यह बात जोड़ी जा सकती है कि साहित्य केवल राजनीति का नहीं, बाज़ारवाद का प्रतिपक्ष भी है। बल्कि सच कहा जाए तो यह प्रतिकार या प्रतिरोध साहित्य की जन्मघुट्टी में ही मिला है। वाल्मीकि ने क्रौंचवध पर जिस क्षोभ से भरकर पहला श्लोक कहा था, वह ख़ुद वस्तुजगत की एक प्रत्यक्ष घटना का प्रतिकार और प्रतिरोध था। सच तो यह है कि संसार के सौन्दर्य पर वही रीझ सकता है, जो संसार की अनीति का विरोध कर सकता है। ब्रह्मा की बनायी दुनिया को अपनी कल्पना के अनुसार ढालकर कवि उस बाह्यसंसार को ज्यों-का-त्यों नहीं छोड़ता। इसीलिए रचनात्मकता स्वयं एक संघर्ष है। कोई भी कला साँचे में ढली-ढलाई नहीं आती; ढलने के बाद वह चाहे जितनी सुघड़ प्रतीत हो। जो कला, 'साँचे' में ढली हुई आती है—रस-छन्द-अलंकार, भाव-विभाव-नायिकाभेद, बिम्ब-प्रतीक-रूपक आदि के निर्धारित साँचों में—वह 'अनन्त' का अधिकार नहीं पाती, वाहवाही चाहे जितनी पाये।

बाज़ारवाद के इस प्रतिकार में साहित्य का हमेशा राजनीति से बैर नहीं होता। वरना बाज़ारवाद ने साहित्य से ज्यादा आक्रमण राजनीति पर न किया होता। पिछले दो दशक में देखा यह गया है कि बाज़ारवाद ने राजनीति को बदनाम और निष्प्रभ करने की तथा साहित्य को अपने मनोनुकूल बनाने की दो समानान्तर प्रक्रियाएँ चलायी हैं। जब 'नोबेल' पुरस्कार से ज्यादा धूम-धड़ाके के साथ 'बुकर' पुरस्कार की चर्चा होने लगी थी तब यह बात कम लोगों को समझ में आयी थी कि भारतीय अँग्रेजी साहित्य के बाद बाज़ारवाद का रुख भारतीय भाषा साहित्य की ओर भी होगा। 'बुकर' के गौरव से दमकनेवालों को जिन्होंने कंठहार बनाया था, वे ही अब साहित्य अकादेमी से सामसुंग के सम्बन्ध को लेकर परेशान हैं।

यह परेशानी वाजिब है। लेकिन उसके पीछे परिप्रेक्ष्य का अभाव है।

देखने की बात यह है कि बाज़ारवाद की रणनीति क्रमशः राजनीति और साहित्य-संस्कृति सभी को अपने अधीन करने की है। राष्ट्रकवि की उक्ति में संशोधन करके कहना चाहिए, "पूँजी का वृत्तान्त स्वयं ही काव्य है, सबकुछ हो व्यापार यही सम्भाव्य है!" स्थिति यह है कि बाज़ारवाद उस राजनीति को त्याज्य बना देता है जो उसके मनोनुकूल नहीं होता। इसलिए बाज़ारवाद का प्रतिरोध करते समय हर प्रकार का साहित्य वरेण्य नहीं हो सकता और हर प्रकार की राजनीति त्याज्य नहीं हो सकती। ठोस राजनीतिक प्रश्नों पर बहस न करके हम इस प्रश्न पर विचार करें कि इतिहास के समकालीन सन्दर्भ में क्या हम विशुद्ध साहित्य के साथ अस्तित्ववान रह सकते हैं? बाज़ार और राजनीति दोनों हमारे ऐतिहासिक वर्तमान का अनिवार्य हिस्सा हैं। उनसे संवाद का माध्यम विकसित किये बिना न हमारा मानवीय अस्तित्व सम्भव है, न उस अस्तित्व को अभिव्यक्त करनेवाला साहित्य।

भारतेन्दु ने जब कहा था कि 'राजनीति समुझहिं सकल, पावहिं तत्त्व विचार; पहिचानैं निज धरम को, जानहिं शिष्टाचार।' तब उन्होंने आधुनिक जीवन में राजनीति की अनिवार्य भूमिका को ही प्रतिष्ठित किया था। आधुनिक युग का तत्त्व विचार अध्यात्म नहीं, राजनीति है; उसी से हम अपना कर्त्तव्याकर्तव्य (धर्म) पहचानते हैं और नागरिक व्यवहार (शिष्टाचार) भी जानते हैं। व्यक्तिगत रूप में वैष्णवों की धार्मिक आस्था रखते हुए भी राजनीति के आधुनिक विवेक को पहचान लेने के कारण ही भारतेन्दु युग-प्रवर्तक कहलाये। लेकिन स्वतन्त्र भारत में ऐसा भी समय आया जब राजनीति सिर पर सवार हो गयी। साठोत्तर विद्रोह के कवि धूमिल ने मनुष्य को एकमात्र राजनीतिक प्राणी बना दिया। इसलिए चुस्त जुमलों और चुभते मुहावरों के बावजूद उनकी कविता इतिहास के अत्यन्त सीमित दौर का प्रतिनिधित्व करती है, उस दौर में भी मनुष्य का सीमित प्रतिनिधित्व करती है।

आज प्रायः हर प्रकार की राजनीति से विचारधारा का क्षरण होता जा रहा है। राजनीति से विचारधारा का क्षरण खुद राजनीति के लिए हानिकर है। वास्तव में विचारधारा राजनीति का उदात्त है। वह निष्ठा, त्याग, समर्पण को जन्म देती है और पाखंड, भ्रष्टाचार, अवसरवाद को नियन्त्रित रखती है। लेकिन बाज़ार ने विचारधाराओं और व्यवस्थाओं का अन्त करके राजनीति को भी व्यापार बना दिया है। बाजारवाद वर्चस्व की रणनीति से चलता है। आर्थिक क्षेत्र में एकाधिकारवाद और अन्तर्राष्ट्रीय सम्बन्धों में साम्राज्यवाद, सामाजिक संगठन में सामुदायिक वर्चस्व और राजनीतिक संगठन में गुटों का वर्चस्व—पूरी सामाजिक-राजनीतिक प्रक्रिया

गिरोहबन्दी का रूप ले लेती है। विचारधारा का यह क्षरण राजनीति के लिए हानिकर हो और साहित्य के लिए लाभकर, ऐसा नहीं हो सकता। सच पूछिए तो राजनीति, साहित्य, समाज सभी के लिए विचारधारा का अस्तित्व प्रेरणादायक है। विचारधारा को मतवाद समझने की भूल नहीं करनी चाहिए। ध्यान दें तो साहित्य में 'मनोरंजन' को, समाज में 'सुखभोग' को और राजनीति में 'सत्ताविमर्श' को सर्वोपरि मूल्य बनाने का श्रेय बाज़ारवाद को है। इसलिए अगर टकराहट कहीं है तो वह विचारधारा और साहित्य में नहीं है; साहित्य, समाज और राजनीति में सक्रिय विचारधाराओं की टकराहट बाज़ारवादी उद्देश्यों से है।

अपने ढंग की पारिभाषिक शब्दावली का उपयोग करते हुए अशोकजी ने काफ़ी हद तक सही बात लिखी है कि ''विराट से जुड़ने, उससे स्पन्दित होने की मनुष्य की आकांक्षा अपने मूल में आध्यात्मिक है। दरअसल विराट की परिकल्पना ही लगता है मानवीय है।...इसी आकांक्षा का एक पक्ष है मनुष्य का नियति-बोध। आज की राजनीति में भारत में ही नहीं, अन्यत्र भी इस आकांक्षा और इस नियतिबोध का देशनिकाला हो चुका है। साहित्य उसका अन्तिम शरण्य है।'' इससे यही प्रतीत होता है कि राजनीति की अपेक्षा साहित्य अब भी कम पतनशील हुआ है। 'अन्तिम शरण्य' कहने में उस विराट के बहिष्करण की व्यापकता प्रकट होती है। साहित्य भी पूरी तरह उस विराट का शरण्य हो, ऐसा प्रतीत नहीं होता।

यहाँ जिसे 'विराट' कहा गया है, उसे 'उदात्त' कहा जाये तो बात ज्यादा सटीक होगी। विराट अस्तित्वगत है, उदात्त मानव निर्मित है। पर्वत, समुद्र, आकाश विराट हैं; गरिमा, सहजता, सहृदयता उदात्त। उदात्त एक गुण या मूल्य है जिसमें विराट का भाव भी है और सामान्य का भी। वह विचार और आचरण की एकता, सत्यता और सहजता से जन्म लेता है। अस्तित्वगत विराट के साथ सामंजस्य का मानव-प्रयत्न उदात्त के ही अन्तर्गत आता है। इस उदात्त या विराट को 'आध्यात्मिक' कहना नाटकीय भले हो, बहुत अनुचित नहीं लगता। 'अध्यात्म' जिस 'स्पिरिचुअल' का अनुवाद है, वह कोई आधिभौतिक अवधारणा नहीं है। वह उदात्त मानवीय भावना का द्योतक है। इसलिए उसका एक पर्याय 'आत्मिक' भी है जिसमें 'स्पिरिचुअल' का लौकिक सन्दर्भ प्रधान है।

'अध्यात्म' कहने से धार्मिकता की गूँज आ सकती है लेकिन उसे लाक्षणिक रूप में लेना चाहिए। उदात्त स्तर पर धर्म और कविता एक ही अनुभव में ढल जाते हैं। धर्म भी आख़िर मनुष्य का लौकिक व्यापार है। जिन चीजों में मनुष्य का वश नहीं चलता, जो चीजें वास्तविक संसार में भी तर्कहीन ढंग से घटित होती हैं, उनके लिए मनुष्य वैयक्तिक स्तर पर धर्म का आश्रय लेता है। इसलिए लौकिक जगत और उसकी आकांक्षाएँ ही धर्म का आधार हैं। यह संयोग की

बात नहीं है कि 'आँखन देखी' धर्म का भी साक्ष्य है और काव्य का भी। इसलिए दोनों मनुष्य के बहुत अन्तरंग धरातल से जुड़े हैं। ऐसा अन्तरंग अनुभव संयोग कहें या विडम्बना, दुखात्मक होता है। धर्म भी 'दुख' में सुमिरन होता है और कविता भी 'शोक' में जन्म लेती है।

धर्म और कविता में एक मौलिक अन्तर है। कविता अनुभव से भाव की तरफ़ जाती है और धर्म अनुभव से विराट की तरफ़ जाता है। इसलिए धर्म सत्य, सनातनता और सार्वभौमता का दावा कर सकता है, करता है। लेकिन साहित्य 'आँखन देखी' के साक्ष्य पर मजबूती से डटा रहता है। वह भाव के औदात्य (विराट) में भी इस आधार को नहीं छोड़ता। इसलिए वह सत्य का—सार्वभौन, सनातन होने का—दावा नहीं करता। वह दावेदारों के सत्य को चुनौती ज़रूर दे सकता है और देता भी है। यही उसे अपनी जन्मघुट्टी में मिला प्रतिरोध का मन्त्र है। इस मन्त्र को भुलाकर वह न उदात्त हो सकता है, न मानवीय। बाज़ारवाद उसकी इसी शक्ति को कुन्द और कुंठित करने का प्रयास करता है।

सत्य का दावा न करने के कारण साहित्य संगठन को नहीं, संस्कार को प्रभावित करता है। वह एक प्रकार के संस्कार का परिणाम है और उसका प्रभाव भी एक प्रकार का संस्कार है। वह जिस संस्कार से उपजता है और जो संस्कार उत्पन्न करता है, वह इकहरा नहीं होता। उसके भीतर इतिहास के प्रसार और समाज के सम्बन्धों का कितना दायरा घनीभूत है, खुद सर्जक भी उसके प्रति हमेशा जागरूक नहीं होता। इस द्वन्द्व या पेचीदगी को साहित्य से अधिक कोई माध्यम व्यक्त नहीं करता। यही बात साहित्य को धर्म और राजनीति दोनों से विशेष बनाती है। रचना की पृष्ठभूमि में, रचनाकार के मानस में निहित इतिहास और समाज के घनीभूत दबाव से वह परिप्रेक्ष्य और संवेदना बनती है जो किसी रचना को उसके घोषित उद्देश्य से अलग, कभी संकुचित और कभी व्यापक रूप दे देती है।

उदाहरण के लिए, भारतेन्दु ने अपना नाटक 'अँधेर नगरी' एक दुष्ट ज़मींदार को सबक सिखाने के लिए लिखा था। अपने आसपास मौजूद व्यक्तियों से अपने राग-द्वेष का हिसाब चुकाने के लिए पिछले दो दशकों में बहुत-सी कहानियाँ लिखी गयी हैं। उनका घोषित उद्देश्य भी प्रायः बहुत सामाजिक और ऐतिहासिक होता है। लेकिन उनके परिप्रेक्ष्य की अनैतिहासिकता और संवेदना का व्यक्तिवाद उस प्रत्यक्ष उद्देश्य को निरस्त कर देता है। पाठक भी ऐसी रचनाओं को मज़ा लेकर पढ़ता है और अपने से दूर कर देता है। इसलिए ऐसी रचनाएँ अंततः अंधकार का नयन करके रह जाती हैं! लेकिन भारतेन्दु की संवेदनात्मक व्याप्ति और ऐतिहासिक परिप्रेक्ष्य ने उस 'प्रतिशोध' भाव को उदात्त बना दिया (विराट नहीं)। परिणामस्वरूप वह एक ऐसा रूपक बन गया कि जब भी नगरी में अँधेर दिखाई

देता है और चौपट राजा अपनी कारगुजारी करता है, तब ही यह नाटक एक नयी अर्थवत्ता से दीप्त होकर अपना व्यंग्य उद्घाटित करता है। पिछले डेढ़ सौ साल में ऐसा दूसरा नाटक संसार की किसी और भाषा में भी शायद ही हो जो इतनी बार, इतने प्रकार से खेला, पढ़ा, दोहराया गया हो और फिर भी उसका प्रभाव फीका न पड़ा हो। ऐसी ही रचनाओं को लोंजाइनस उदात्त कहता था।

तात्कालिक उद्देश्य को निरस्त करके व्यापक अर्थवत्ता प्रदान करना, प्रत्यक्ष की ज़मीन पर टिके रहकर भी उसके बंधन का अतिक्रमण करना साहित्य का उदात्त है। इसी को 'स्व-पर' की भावना से छूटकर लोकसामान्य की भावभूमि पर पहुँचना कहा गया है। उदात्त स्तर पर धर्म और राजनीति भी ऐसा करते हैं। आत्मबद्धता और तात्कालिकता के संकुचित घेरे टूटते हैं, मनुष्य की आत्मा विशद होती है, तब वह 'विराट' या उदात्त मिलता है जो मनुष्य के सभी श्रेष्ठ प्रयत्नों का प्राप्य है। आचार्य भरत ने जब नाट्य (यानी साहित्य) को 'तीनों लोकों का अनुकीर्तन' बताया था तब एक ही साथ 'आँखन देखी' का और उससे ऊपर उदात्त के भाव का बोध व्यक्त किया था। इसीलिए साहित्य यथार्थवाद भी है और अध्यात्म भी, प्रत्यक्ष भी है और अनुमान भी, पुष्टि भी है और प्रतिरोध भी।

समकालीन कविता : बेहतर दुनिया की तलाश

समकालीन का अर्थ किसी भी समय में साथ-साथ चलनेवाली प्रवृत्तियों से होता है। ये प्रवृत्तियाँ एक-दूसरे की समकक्ष भी हो सकती हैं और विरोधी भी, क्योंकि एक ही समय में समाज के भीतर अनेक स्तर, अनेक वर्ग और अनेक शक्तियाँ सक्रिय रहती हैं। उन सभी के अपने विचारधरात्मक दृष्टिकोण होते हैं। इसलिए समय चाहे जो भी हो, संस्कृतियों और कलात्मक अभिव्यक्तियों में विविधता पायी जाती है।

कुछ लोग समझते हैं कि समकालीन होने के लिए समान मूल्यों में विश्वास आवश्यक है। अगर ऐसा हो तो जो लोग प्रगतिशील मूल्यों में विश्वास करते हैं, वे आदिकालीन हों या वर्तमान काल के सभी समकालीन मान लिये जाएँगे। इसलिए मूल्यों की समानता इतिहास की निरन्तरता का बोध तो करा सकती है, उससे समकालीन का बोध नहीं होता। वस्तुतः समकालीन एक समय में उपस्थित भिन्न-भिन्न परस्पर सहयोगी या विरोधी प्रवृत्तियों के सम्बन्ध का नाम है। इसीलिए वह इकहरी प्रक्रिया न होकर जटिल और बहुआयामी वास्तविकता है।

उदाहरण के लिए, भक्ति-साहित्य का समय देखें। केशव, तुलसी, रहीम तीन अलग धाराओं के कवि हैं। रहीम हरगिज भक्त नहीं, लेकिन उन्हें रीतिवादी भी नहीं कह सकते। केशव राम की कथा लिखते हैं, लेकिन वे भक्त नहीं हैं और रहीम की तरह लोक-संस्कृति के गायक भी नहीं हैं।

ठीक उसी तरह आज के समाज में भी हम कई तरह का असर देखते हैं। कुछ प्रवृत्तियाँ मार्क्सवाद का आश्रय लेकर चलती हैं, और यह अच्छा ही है। अनेक प्रवृत्तियाँ बाजारवादी संस्कृति, अगर उसे संस्कृति कहें तो, उसके प्रभाव में दिखाई पड़ती हैं। वे किसी भी तरह की मूल्य चेतना को अस्वीकार करती हैं। इससे हटकर अनेक प्रवृत्तियाँ एकध्रुवीय विश्व के प्रभुत्व को अस्वीकार करती हैं, लेकिन अस्वीकार के लिए वे किसी तरह के संघर्ष में शामिल नहीं होना चाहतीं। वे निजी स्तर पर ही उन्हें अस्वीकार कर देना चाहती हैं। इस रूप में

देखा जाए तो अपनी एक समानान्तर दुनिया बनाकर मन्द स्वर से वे उसके अस्तित्व को अस्वीकार करती हैं।

इन सबके अलावा ऐसी शक्तियाँ भी हैं जो प्रतिरोध के मन्द स्वर से अलग हैं, लेकिन मार्क्सवादी विकल्प के नजरिये को भी अस्वीकार करती हैं। उदाहरण के लिए, दलित रचनाकार और स्त्री। ऐसी सभी शक्तियाँ अपनी पीड़ा को केन्द्र में रखकर समाज व्यवस्था का विरोध करती हैं, लेकिन उस समाज-व्यवस्था को बदलने से अधिक वे अब तक बने हुए पदक्रम में अपनी बनी हुई निम्न स्थिति को अस्वीकार करना चाहती हैं तथा अपने प्रति न्याय की आकांक्षा रखती हैं।

इस प्रकार हमें आज के सामाजिक-सांस्कृतिक वातावरण में अनेक प्रवृत्तियाँ दिखाई पड़ती हैं। कविता के भीतर इन विभिन्न प्रवृत्तियों का सहअस्तित्व स्पष्ट करता है कि हमारा समकालीन जीवन अनेक उलझावों और अनेक अन्तर्विरोधों से निर्मित हुआ है।

इन सबसे हटकर हम देखते हैं कि अभिजातवर्गीय दृष्टि से भी साहित्य लिखा जा रहा है। ऐसा साहित्य वर्तमान व्यवस्था के अन्याय को प्रत्यक्ष नहीं तो परोक्ष समर्थन देता है। लेकिन साथ-ही-साथ वह समाज में उभरनेवाली अनेक अमानवीय प्रवृत्तियों के विरोध में खड़ा होता है। उदाहरण के लिए, कुलीनतावादी धारा के प्रतिनिधि रचनाकार और कवि अशोक वाजपेयी जो शृंगार और अवसान को संसार की सबसे बड़ी समस्या मानते हैं और इन सबसे हटकर संगीत और कलाओं के उदात्त भावबोध को रचना में उतारने का काम भी करते हैं। इनमें किसी चीज का समाज के साधारण जीवन से कोई सम्बन्ध दिखाई नहीं पड़ता। परन्तु वही अशोक वाजपेयी अपनी अनेक कविताओं में साम्प्रदायिकता, क्रूरता, अविवेकपूर्ण हिंसा और युद्ध का विरोध करते हैं। इससे हमारे सामाजिक जीवन और कविता में प्रवृत्तियों की विविधता का एक अद्‌भुत दृश्य उपस्थित होता है।

समकालीन कविता के समय-निर्धारण की समस्या अक्सर उठती रही है। वस्तुतः जिसे 'समकालीन कविता' नाम से अभिहित किया गया है, उसकी काल-सीमा मोटे तौर पर 1970 से मानी गयी है। आपातकाल के बाद उसका स्वर थोड़ा बदला लेकिन 1990 के बाद दुनिया में बहुत बड़े परिवर्तन आये। सोवियत-संघ का विघटन हो गया। पूर्वी यूरोप के नक्शे से समाजवाद गायब हो गया। पूँजीवाद को स्वतः औचित्य प्राप्त हो गया। इस बात का प्रचार करने में सारी प्रभुत्वशाली शक्तियाँ जुट गईं कि समाजवाद अब कम-से-कम मर गया है। अब दुनिया ने अन्तिम व्यवस्था पा ली है और उस व्यवस्था का नाम पूँजीवाद है। दुनिया अब दो ध्रुवों में बँटी नहीं रह गयी, बल्कि एकध्रुवीय हो गयी है। उस एक ध्रुव का मुखिया अमेरिका है, इसलिए अब दुनिया पर अमेरिका का प्रभुत्व

है। इसी प्रभुत्व को आर्थिक शब्दावली में भूमंडलीकरण का नाम दिया गया।

इस पूरी प्रक्रिया से एक बात स्पष्ट होती है कि भूमंडलीकरण सिर्फ आर्थिक गतिविधि का नाम नहीं है। लेकिन उसके पीछे आर्थिक प्रक्रिया निश्चित रूप से है। 1990 में सोवियत संघ के विखंडन और दुनिया की शक्ति के एक तरफ झुक जाने के बाद स्थितियाँ पहले जैसी नहीं रहीं। तब साहित्य में भी उसकी अभिव्यक्ति के रूप बदल गये। इसलिए हम मानेंगे कि 1990 के बाद या इस नयी दुनिया की अभिव्यक्ति जब रचना में होने लगी (यानी मोटे तौर से 1995 के बाद या 2000 के आस-पास), तब साहित्य की समकालीनता का रूप भी बदल गया। यही दौर है जब साहित्य में अस्मिताओं के विमर्श खड़े हुए। यही दौर है जब विकल्प की जगह अथवा संघर्ष की जगह प्रतिरोध अधिक महत्त्वपूर्ण हो गया, जब सत्ता का विमर्श साहित्य को भी निर्णायक रूप से प्रभावित करने लगा और किसी सकारात्मक भविष्य की आशा खो गयी। इसे यूटोपिया का, विचारधारा का अन्त कहा गया है।

उक्त परिस्थिति ने साहित्य की अन्दरूनी दुनिया को भी बदल दिया। इसलिए भूमंडलीकरण के बाद की दुनिया में जो कविता आयी, उसे हम आज की कविता कह सकते हैं। इसके लिए कोई नाम निश्चित नहीं हुआ है। कोई नाम निश्चित करना सम्भव भी नहीं है। जैसा कि हम देखते हैं, इसमें अनेक प्रकार की अस्मिताओं का विमर्श है, इसमें अनेक प्रकार की विचारधाराओं की टकराहट है और इसमें समाज को आगे ले जाने तथा समाज को ज्यों-का-त्यों बनाए रखनेवाले हितों की सक्रियता भी है। इसलिए इसे किसी एक नाम से व्यक्त करना सम्भव नहीं होगा।

अनेक प्रवृत्तियों को अनेक नामों से जाना जा सकता है। आज की समकालीनता की और आज के काव्य परिदृश्य की विशेषता उसकी बहुलता में है। मैं इस परिस्थिति में समाज के और कविता के भविष्य को स्थिर रूप में नहीं देखता, क्योंकि हम पाते हैं कि दुनिया के एकध्रुवीय होने के बाद एक विचित्र किस्म की स्तब्धता सारे संसार के बुद्धिजीवियों में छायी रही। लेकिन बहुत जल्दी ही नये तरह के मंच सामने आये। उदाहरण के लिए, 'विश्व सामाजिक मंच', जिसका नारा ही है—'एक बेहतर दुनिया सम्भव है।'

अगर एक बेहतर दुनिया सम्भव है तो एकध्रुवीय विश्व निर्विकल्प नहीं है। बेहतर दुनिया उस एकध्रुवीयता का विकल्प होगी। यह बेहतर दुनिया कैसी होगी, इसका नक्शा अभी स्पष्ट नहीं है, इसलिए कोई स्वप्न हमारे साहित्य में नहीं है। लेकिन 'एक बेहतर दुनिया सम्भव है'—एक विश्वास के रूप में इसने दुनिया के साहित्य को प्रभावित किया है। इस विश्वास के पीछे संसार की

वास्तविकताएँ हैं। इन्हीं दस वर्षों में लैटिन अमेरिकी देशों में समाजवादी सरकारें बहुदलीय चुनाव-प्रणाली के माध्यम से सफलता प्राप्त करते हुए आयीं। इन्हीं दस वर्षों में एक तरफ आतंकवाद बढ़ा है तो विश्व पर अपना प्रभुत्व कायम करने के लिए अमेरिकी साम्राज्यवाद की युद्धलालसा भी बढ़ी है। परन्तु दूसरी तरफ इन्हीं दस वर्षों में 'खून के बदले तेल का सौदा महँगा' हुआ है। इस चेतना के साथ अमेरिकी साम्राज्यवाद का विरोध करनेवाला विश्व जनमत भी बढ़ा है। भारत ही नहीं, सम्पूर्ण तीसरी दुनिया के साहित्य में अमरीकी वर्चस्व के विरोध का स्वर अत्यन्त मुखर है।

इस परिस्थिति की एक दूसरी विशेषता भी द्रष्टव्य है। खुद विश्व-सामाजिक मंच में एक तरफ कम्युनिस्ट और मार्क्सवादी, दूसरी तरफ स्वयंसेवी संस्थाएँ (एनजीओ), दोनों शामिल हैं, जबकि कम्युनिस्टों का एनजीओ (स्वयंसेवी संस्थाओं) से बहुत तीखा विचारधारात्मक विरोध है। दोनों बहुत दूर तक साथ चलनेवाले नहीं हैं। लेकिन आज की दुनिया की हकीकत ऐसी है जहाँ दो विरोधी दिखने वाली शक्तियाँ एक मंच पर आ रही हैं। उन्हें जोड़नेवाली विचारधारा अगर लैटिन अमेरिका से आ रही है तो हिन्दुस्तान के आदिवासी इलाकों में जो प्रतिरोध की लहर दिखायी पड़ती है, उससे भी। इस अनुभव से प्रेरित एक विश्वास है, जिसे नारा दिया गया—'एक बेहतर दुनिया सम्भव है'! कविता इस विश्वास के बिना लिखी ही नहीं जा सकती।

भूमंडलीकरण की और चाहे जो भी देन हो, इसकी एक सकारात्मक देन यह है कि आज कोई भी साहित्य निहायत अपनी सीमाओं में बन्द नहीं रखा जा सकता। कोई भी साहित्य विश्व की अनेक वास्तविकताओं से प्रभावित हुए बिना नहीं रह सकता। इसलिए हम देखते हैं कि जहाँ क्रान्ति, परिवर्तन और विकल्प की विचारधारा को साहित्य ने छोड़ा है, वहाँ भी निराशावाद साहित्य का मुख्य स्वर नहीं है। स्त्री-साहित्य, दलित-साहित्य, पर्यावरण या आदिवासी अस्मिता के प्रश्न—इनमें कहीं भी निराशावाद नहीं है, जबकि यह समाज की नकारात्मक प्रवृत्तियों से सम्बन्धित है। इनमें निराशावाद का न होना बताता है कि ज्ञात रूप से या अज्ञात रूप से, चेतन रूप से या अचेतन रूप से साहित्य आज की दुनिया की विभिन्न प्रवृत्तियों से प्रभावित हो रहा है। इन विभिन्न प्रवृत्तियों में विकल्प के टूटने और सपने के नष्ट होने की वास्तविकता नहीं है, बल्कि प्रतिरोध के उभरने, छोटी-छोटी वैकल्पिक शक्तियों के उभरने की वास्तविकता भी है। यहाँ जनता का संघर्ष और जनता का असन्तोष मूर्त रूप ले रहा है। लैटिन अमेरिका इसका एक उदाहरण है। खुद वियतनाम और कोरिया लम्बे समय से चर्चा के बाहर रहे हैं। ये एशिया में साम्राज्यवादविरोध के गढ़ रहे हैं और धीरे-

धीरे ये भी सक्रिय होते मालूम पड़ते हैं। इनका प्रभाव भी इन चीजों पर पड़ेगा।

भूमंडलीकरण के बारे में हमें कुछ तथ्य समझ लेने चाहिए। अभी भूमंडलीकरण के एक सकारात्मक परिणाम की बात की गयी, जिसे साहित्य और कविता के वर्तमान स्वरूप में हम देख सकते हैं। लेकिन भूमंडलीकरण अमेरिकी वर्चस्व का भी दूसरा नाम है। यह बात हेनरी किसिंगर ने बहुत पहले कही थी। हेनरी किसिंगर लम्बे समय तक अमेरिका के विदेश मन्त्री रहे हैं। एक लम्बी परियोजना के रूप में उन्होंने दुनिया को एकध्रुवीय बनाया। इस दुनिया पर एक ही सत्ता का प्रभुत्व है, इसी का नाम भूमंडलीकरण है। इसे तीन माध्यमों से उपलब्ध किया गया है। इनमें एक चीज है, बाजार यानी आर्थिक शक्ति, दूसरी चीज है संचार यानि प्रौद्योगिकी (प्रौद्योगिकी यानी इंफोरमेशन टेक्नोलॉजी, सूचना प्रौद्योगिकी) और तीसरी चीज है मिलिट्री (हथियारों की खरीद, हथियारों की बिक्री आदि)। सूचना, बाजार और युद्ध-सामग्री—इनके सम्मिलित इस्तेमाल से अमेरिका ने संसार पर प्रभुत्व स्थापित किया है। इस प्रभुत्व का नाम भूमंडलीकरण है। इसलिए अपने वर्तमान स्वरूप में भूमंडलीकरण किसी भी अर्थ में स्वागत करने की चीज़ नहीं है।

इस बात पर ध्यान जाना स्वाभाविक है कि अमेरिका के प्रभुत्व के बाद भी संसार के राष्ट्र अपना अस्तित्व खोने को तैयार नहीं हैं, भले उनकी हस्ती मिटा दी जाए। इराक में जो कुछ हुआ और ईरान में जिसकी तैयारी की जा रही है—यह इस बात का उदाहरण है कि ये देश अपनी सम्प्रभुता छोड़ने के लिए तैयार नहीं हैं। अफगानिस्तान में जिस आसानी से अमेरिका ने दबदबा कायम कर लिया था, इराक में उस आसानी से नहीं कर पाया। ईरान में उसकी तुलना में और मुश्किलें सामने आएँगी। जिस तरह से अमेरिका को अपने वर्चस्व के रास्ते में चुनौतियाँ मिल रही हैं और कठिनाइयाँ झेलनी पड़ रही हैं, वह इस बात का उदाहरण है कि उनके हर कदम के बाद दुनिया में खास तरह का प्रतिरोध बढ़ता जा रहा है। इसलिए सैनिक ताकत से वे अपना प्रभुत्व बढ़ाएँगे तो राष्ट्रीय चेतना और संघर्ष के आन्दोलन जबर्दस्त रूप में खड़े होंगे। अतः इस ताकत के खेल को बहुत दिनों तक चलाना सम्भव नहीं होगा।

दूसरी तरफ बाजार के जरिए वे दुनिया का शोषण करते हैं। इस शोषण के मुकाबले दुनिया के समाजों में एक नयी चेतना की लहर पैदा हो रही है। आसियान देश अपने बाजार में परस्पर सहयोग करने के लिए समझौते कर रहे हैं। लैटिन अमेरिका के आठ देशों में समाजवादी सरकारें हैं, चार देशों में अभी भी अमेरिका-समर्थक सरकारें हैं, परन्तु उन बाहर देशों ने मिलकर अपने बाजार के लिए अलग नीति बनायी और उन्होंने नारा दिया—'We Are one' (अब हम

एक हैं)। वे बारह देश हैं, लेकिन एक राष्ट्र हैं। यह प्रतिरोध की चेतना का दूसरा उदाहरण है।

तीसरी तरफ अगर विज्ञान और प्रौद्योगिकी के विकास को लें तो विज्ञान और प्रौद्योगिकी पर नियन्त्रण जरूर अमेरिका का हो सकता है, उससे मुनाफा जरूर अमेरिका कमा सकता है, लेकिन विज्ञान और प्रौद्योगिकी की उपलब्धियाँ सारे संसार की होती हैं। उनकी उपलब्धियों को नियन्त्रण में रखना मालिक के बस में भी नहीं है। एस.एम.एस. (S.M.S.), निश्चय ही इससे बिल गेट्स जैसा उद्योगपति और टाटा, रिलायंस-जैसी कम्पनियाँ पैसा कमाती होंगी, मगर एस.एम.एस. में क्या सामग्री भेजी जाएगी, इसे हमेशा वही तय नहीं करते। इंटरनेट के जरिये अमेरिका विरोधी साहित्य भी बड़े पैमाने पर फैलाया जा रहा है, इससे कौन इनकार कर सकता है। वे जरूर इनके जरिये पोर्नोग्राफी (अश्लीलता) को बढ़ावा देना चाहते हैं। धर्म और सेक्स का बाजार दुनिया का सबसे बड़ा बाजार है। लेकिन दूसरी तरफ, कमजोर रूप में ही सही, प्रतिरोध के आन्दोलन भी उठे हैं।

इसी प्रकार 'गूगल' पर आजकल जो ब्लौगिंग चल रही है, उसके जरिये जितनी सामग्री आ रही है, उसमें बहुत थोड़ी ही हिन्दी में है, मगर उस थोड़ी सामग्री को भी आप देखें तो वह सब वर्चस्व का समर्थन करनेवाली सामग्री नहीं है। उसे तो कोई भी तैयार कर सकता है। मेरा एक स्टूडेंट है। अभी पीएच.डी. में आया है। उसने अपना ब्लॉग तैयार कर लिया है। मेरी एक और परिचित मित्र हैं, जिन्होंने रिसर्च शायद अभी खत्म किया है, तथा अध्यापन के लिए प्रयत्न कर रही हैं, उन्होंने भी अपना ब्लाग तैयार किया है। इन सबमें हम देखते हैं कि अपने समाज की चिन्ताएँ, जो सांस्कृतिक भी हैं और जिनके निहितार्थ आर्थिक और राजनीतिक भी हैं, इन ब्लॉग्स के जरिये व्यक्त हो रही हैं। इसलिए स्वामित्व किसी का भी हो, टेक्नोलॉजी किसी की बन्धक बनकर नहीं रह सकती।

दूसरे शब्दों में, बाजार, प्रौद्योगिकी और सेना तीनों अपने-अपने ढंग से प्रतिरोध और विकल्प की सम्भावनाओं को जन्म देती हैं। इस प्रक्रिया को रोका नहीं जा सकता। हम देखें, जैसे-जैसे इस एकध्रुवीय विश्व में इस तरह की वैकल्पिक प्रक्रियाएँ आगे बढ़ी हैं, वैसे-वैसे साहित्य के स्वर और कविता के स्वर में भी परिवर्तन आया है। इसका सबसे अच्छा उदाहरण हम दलित साहित्य में देख सकते हैं। मराठी के दलित-साहित्य में प्रतिक्रियावादी और जनवादी धाराओं के बँटवारे होने में बीस वर्ष लगे थे। हिन्दी दलित-साहित्य अभी दस वर्षों का नहीं हुआ। इतने ही दिनों में एक तरफ दलितों को एक दायरे में बाँधकर रखने और दलित स्त्रियों पर दलित पुरुषों का वर्चस्व बनाए रखनेवाली नीतियाँ सामने आने लगी हैं, दूसरी तरफ इनका विरोध करते हुए समाज में खुलापन और मुक्ति

चाहनेवाली, दलित-समस्या को मजदूर-समस्या से जोड़कर उसका समाधान करनेवाली तथा अम्बेडकरवाद और मार्क्सवाद को मिलाकर नवीन धारा की प्रस्तावना करनेवाली अनेक विचारधाराएँ उभर आयी हैं।

ये अनेक विचारधाराएँ बताती हैं कि दुनिया इतनी सपाट नहीं है। टेलीविजन का स्क्रीन जितना सपाट होता जा रहा है, दुनिया उतनी ही गैरसपाट होती जा रही है। कविता इस वास्तविकता को धारण कर रही है। इस विकास और परिवर्तन को वर्ग-संघर्ष की संज्ञा दी जा सकती है। वह इसलिए कि जो दलित बाकी लोगों को एक दायरे में बाँधकर रखना चाहते हैं और स्त्रियों को अपने प्रभुत्व में रखना चाहते हैं वे वर्चस्व और अधीनता के सम्बन्ध को खत्म करने के पक्ष में नहीं दिखायी पड़ते। लेकिन जो दलित समाज को दलितपन से छुटकारा दिलाने के लिए लड़ रहे है, जो दलितों की मुक्ति को एक बड़े सामाजिक, आर्थिक कार्यक्रम के रूप में परिकल्पित कर रहे हैं, उनकी चेतना इस प्रभुत्व और अधीनता को अस्वीकार करनेवाली है।

हम जानते हैं कि जिन्हें वर्तमान समाज व्यवस्था से लाभ होता है, वे इन आर्थिक सम्बन्धों को बनाये रखना चाहते हैं। जिनके हित वर्तमान समाज-व्यवस्था में बाधित होते हैं, वे उस व्यवस्था और उन सम्बन्धों को बदलना चाहते हैं। दलितों में हमें दो तरह के दृष्टिकोण दिखायी पड़ते हैं। इससे स्पष्ट होता है कि वर्गीय हितों के आधार पर साहित्य में विभाजन दिख रहा है। चाहे दलित साहित्य में देखें, चाहे स्त्री साहित्य में देखें, चाहे अश्वेत अफ्रीकी साहित्य में देखें, दुनिया के सभी अस्मितावादी साहित्यों में विभाजन दिख रहा है। इसे नयी भाषा और नयी शक्ल-सूरत में वर्ग-संघर्ष की ही अभिव्यक्ति कह सकते हैं। वर्ग-संघर्ष का रूप समाज की हर मंजिल पर बदलता रहा है। सामन्ती समाज में वर्ग-संघर्ष का रूप अलग था, जो अनेक विश्वासों से ढँका हुआ था। पूँजीवाद या औद्योगिक पूँजीवाद के समय वर्ग-संघर्ष का रूप अलग था जो अनावृत होते हुए भी बहुत एकताबद्ध नहीं था। इसी तरह भूमंडलीय समाज में वर्ग-संघर्ष का रूप बदल गया है। लेकिन है वह वर्ग-संघर्ष ही, इसमें कोई सन्देह नहीं।

इसके साथ-साथ हमें इस बात पर भी ध्यान देना चाहिए कि, जिसे हम विचार या विचारधारा कहते हैं, सचेतन मनुष्य की सबसे बड़ी उपलब्धि वही है। मनुष्य अपनी सामाजिक स्थिति के अनुरूप दुनिया को देखता है। इससे उसकी दृष्टि में दुनिया का एक रूप बनता है। मैं पुराने उदाहरण से बात करूँ तो तुलसीदास इस बात के सर्वोत्कृष्ट उदाहरण हैं कि दृष्टिकोण किस तरह दुनिया के नक्शे बनाते हैं। तुलसीदास एक भिखारी के घर में पले-बढ़े। भीख माँगकर ही उन्होंने जीवनयापन किया। जब वे इस भिखारी की नजर से दुनिया को देखते थे तो दुनिया

उन्हें एक तरह की दिखती थी, क्योंकि भिखारी समाज-व्यवस्था से बहिष्कृत होता है और बहिष्कृत की दृष्टि से दुनिया एक तरह की दिखती थी। लेकिन इसमें जो उन्हें अपमान प्राप्त होता है, उस अपमान को एक काल्पनिक माध्यम से तुलसीदास दूर करने का प्रयास करते थे। वे आत्माराम दुबे के पुत्र थे। आत्माराम दुबे ब्राह्मण थे। इस प्रकार तुलसीदास जन्म से ब्राह्मण थे। अपने इस अपमान को वे ब्राह्मण होने के गर्व से दूर करने का प्रयास करते थे। वहीं जब इस ब्राह्मण की दृष्टि से दुनिया को देखते थे तो दुनिया उन्हें दूसरी तरह की दिखती थी, क्योंकि ब्राह्मण समाज-व्यवस्था में सर्वोच्च स्थिति में होता है। एक व्यक्ति एक ही समय सर्वोच्च स्थिति से दुनिया को देखता है और उसी समाज के बहिष्कृत की स्थिति से दुनिया को देखता है। तो सोचने की बात है कि उसके साहित्य में, दुनिया की बनाई उसकी तस्वीर में कितने अन्तर्विरोध होंगे। यह अन्तर्विरोध तुलसीदास के सारे साहित्य में और 'रामचरितमानस' में तो सबसे ज्यादा देखे जा सकते हैं।

इसी तरह नागार्जुन एक सुलझे हुए आधुनिक मनुष्य हैं, उन्हें मार्क्सवाद का ज्ञान है। वे आग्रहपूर्वक कहते हैं कि 'हम किसान की आँख से दुनिया को देखते हैं'। वे जब किसान की आँख से दुनिया को देखते हैं तो दुनिया उन्हें एक निश्चित रूप में दिखाई पड़ती है। उनकी कविता को देखें। उनका मूल्यांकन इस मामले में बिल्कुल अविचलित रहता है। गाँधी का वे अपनी तरह से मूल्यांकन करते हैं—'हे धनकुबेर के अतिथि, नहीं, हे जननायक!' गाँधी जहाँ तक 'धन कुबेर के अतिथि' हैं, वहाँ तक नागार्जुन को नापसन्द हैं, जहाँ तक 'जननायक' हैं, वहाँ तक नागार्जुन उनके लिए आँसू बहाते हैं। रवीन्द्रनाथ टैगोर विश्वबन्धुत्व के स्वप्नद्रष्टा हैं, लेकिन वही रवीन्द्रनाथ अभिजात-वर्ग के सदस्य हैं। नागार्जुन उन्हें इन दोनों रूपों में याद करते हैं। भारतेन्दु संघर्ष करते हुए अपनी सम्पत्ति को नष्ट कर लेते हैं, भारतेन्दु के आगे नागार्जुन सिर झुकाते हैं। निराला एक महान व्यक्तित्व हैं, सम्पत्ति से हमेशा वंचित। लेकिन सांस्कृतिक उपलब्धियों में निराला को नागार्जुन ने आदर्श माना। आप देखें कि तुलसीदास के सामने अपनी स्थिति स्पष्ट नहीं थी। वे ब्राह्मण और भिखारी एक साथ बने रहना चाहते थे। इसलिए अन्तर्विरोधों से ग्रस्त थे। नागार्जुन किसान के रूप में दुनिया को देखते हैं। इस आग्रह के कारण उनके साहित्य में दुनिया की एक सुसंगत तस्वीर आती है। इसी तरह अज्ञेय दुनिया को एक अभिजात की नजर से देखते हैं। उनके साहित्य में दुनिया की एक अन्य सुसंगत तस्वीर आती है। कोई रचनाकार अपनी स्थिति को जितना परिभाषित कर लेता है, उसके साहित्य में विचारधारा उतनी निर्भ्रान्त होती है, उतनी स्पष्ट होती है, दुनिया का चित्र उतना सुसंगत होता है।

अब मुश्किल यह है कि बाजारवाद ने इतने तरह के आकर्षण, इतने तरह के प्रलोभन पैदा कर दिये हैं कि हम अपनी स्थिति को न तो समझते हैं, न उसे समझना या स्वीकार करना चाहते हैं, क्योंकि अपनी स्थिति-स्वीकार करते ही हम बहुत से अवसरों से वंचित हो जाते हैं। आज अवसरों से वंचित होने के लिए बहुत लोग शायद तैयार नहीं हैं। सचाई यह है कि लचीलेपन के नाम पर हम अपने को अनेक स्थितियों में ले जाने के लिए प्रस्तुत दिखाई पड़ते हैं। ये सभी स्थितियाँ अनुभवों की विभिन्न स्थितियाँ नहीं हैं, बल्कि अवसरों की विभिन्न स्थितियाँ हैं। जहाँ से लाभ हो सके, वहाँ जा सकते हैं। अगर लेखक संगठन के पास लाभ हो सके, तो लेखक संगठन के पास जा सकते हैं। प्रकाशक देता है तो प्रकाशक के पास जा सकते हैं। सरकारें देती हैं तो सरकारों के पास जा सकते हैं। वे सरकारें वामपन्थी हैं तो और दक्षिणपन्थी हैं तो, कोई फर्क नहीं पड़ता।

इस तरह यह जो अवसरों की दौड़ है, इसने एक तरह की मूल्यान्धता पैदा की है। यह मूल्यान्धता नितान्त विचारविरोधी शक्ति है। कविता में इसका भी असर दिखाई पड़ता है। बिलकुल युवा कविता की समस्या आज यही है। वह महत्त्वाकांक्षा में जितनी प्रबल है, समाज के सम्बन्धों में अपनी स्थिति को लेकर उतनी ही अनिश्चित है। कलाचातुरी के प्रति यह जितनी सजग है, उतनी वास्तविकता की परतों को खोलने के प्रति नहीं है।

इससे हटकर, विचारधारा आपको समाज की विभिन्न शक्तियों के प्रति संवेदनशील बनाती है। तब हम समाज का अधिक सर्वांगीण अनुभव प्राप्त करते हैं, मनुष्य की अनेक जीवन-स्थितियों का अनुभव प्राप्त करते हैं। उससे साहित्य में प्रातिनिधिकता आती है। दूसरे शब्दों में विचारधारा संवेदना का विस्तार करती है और साहित्य को अपने युग का प्रतिनिधि बनाती है। वहीं अवसरवाद अपनी स्थिति को सुरक्षित रखकर समाज के विभिन्न स्तरों को अनुभव से दूर करता है और लाभ की तरफ प्रेरित करता है। इसलिए विचारधारा, साहित्यिक विकास के लिए अनिवार्य है, जिसे बाजार ने सुनियोजित रूप से पृष्ठभूमि में ठेलने का अभियान चलाया है। कोई भी रचनात्मक साहित्य, कोई भी प्रतिरोधी साहित्य, कोई भी न्यायपूर्ण भविष्य के लिए प्रयत्न करनेवाला साहित्य विचारधारा से निरपेक्ष नहीं रह सकता।

एक बात यहाँ और स्पष्ट होनी आवश्यक है कि मनुष्य तथा अन्य प्राणियों का विकास जिस प्रकार हुआ है, उसमें ज्ञान की पहली अवस्था त्वचा के माध्यम से संवेदना प्राप्त करने की थी और उसकी उन्नत अवस्था चिन्तन के माध्यम से। आचार्य रामचन्द्र शुक्ल ने कहा था कि—इन्द्रियज्ञान से विचारात्मक ज्ञान तक विकास करके मनुष्य की चेतना विस्तृत होती गयी है। आज मनुष्य के विचारात्मक

ज्ञान की अवस्था है, जिसे हम बौद्धिकीकरण की अवस्था कहते हैं। शुरू में संवेदनात्मकता की, अर्थात् संवेदना से ज्ञान प्राप्त करने की अवस्था थी और आज बौद्धिकीकरण की अवस्था है। बौद्धिकीकरण के इस युग में विचारों से निर्मित संसार साहित्य को, कर्त्ता को अधिक प्रभावित करता है।

आज जितने विमर्श हैं, इनमें जो अस्मिताएँ हैं, ये सब वैचारिक निर्मित हैं या उसके अलावा कुछ? जो लोग आज भी उन्हीं कामों में लगे हुए हैं, जिनके कारण उन्हें अछूत बना दिया गया, वे विमर्श नहीं करते। जो उन जीवन स्थितियों से बाहर आए और समाज में पद से, आर्थिक साधनों से तथा अन्य रूपों से प्रतिष्ठित-समाहित हो गये हैं, वे विमर्श कर रहे हैं। अपनी अस्मिता उस रूप में वे निर्मित कर रहे हैं। इससे पता चलता है कि यह एक विचारधारात्मक निर्मिति है, जिसमें कुछ पुराने अनुभव, कुछ नयी स्थितियाँ और कुछ आगे निर्धारित किये जानेवाले लक्ष्य समाहित हैं।

इस तरह अनेक उपादानों को लेकर एक अन्य विचारधारात्मक निर्मिति अस्मिता के रूप में हमारे सामने आती है। कविता इस निर्मिति का वहन करती है, तो बौद्धिकता, विचारधारात्मकता साहित्य से बहिष्कृत नहीं हुई है। समस्या यह है कि विचार को अस्मिता के रूप में तो स्वीकार किया जाएगा, लेकिन विचारधारा के रूप में स्वीकार नहीं किया जाएगा, क्योंकि विचारधारा होते ही वह समाज के अन्तर्विरोधों की व्याख्या करेगी। इन अन्तर्विरोधों की व्याख्या करते ही अवसरों से दूर, संघर्षों की तरफ प्रयाण करेगी और ये संघर्ष बाजारवादी व्यवस्था में बहुत अच्छे नहीं लगते। कविता के सामने आज एक बड़ा संकट यही दोराहा है। हमें दोनों तरफ बढ़ते हुए साहित्य का पूरा आनन्द प्राप्त होता है।

इकहरे सपनों के दिनों में कविता

बीजिंग ओलम्पिक का नारा है : एक विश्व एक स्वप्न।

कविता के लिए यह कठिन समय है। एक विश्व होने के कारण तो शायद उतना नहीं; हाँ, एक स्वप्न होने के कारण जरूर।

फिर भी कविता बहुत लिखी जा रही है। एक स्वप्न वाली एक दुनिया में रहनेवाले विभिन्न प्रकार के जनसमुदाय अपनी अस्मिता को सबसे बढ़कर कविता में ही अभिव्यक्त कर रहे हैं।

यह अद्भुत विडम्बना है कि सबसे कठिन समय में सबसे ज्यादा लिखी जा रही है कविता। क्या इसी में कविता की ताकत और उसकी सम्भावना नहीं झलकती?

जीवन को जिस आँख से कविता देखती है, वह कवि की निजी होती है। इसलिए उसमें दृश्य का अनोखापन और स्वप्न की अन्तरंगता एक साथ पायी जाती है। दोनों मिलकर उसकी अभिव्यक्ति को विशेष बनाती हैं। सब जिस दृश्य को देखते हैं, कवि उसी को सबकी तरह नहीं देखता। वह 'परिचित जगहों के अपरिचित कोने' भी देख सकता है और परिचित दृश्यों के अपरिचित मर्म भी पहचान सकता है (अपरिचित जगहों में ही यात्रा करनेवाले विलक्षणता-प्रेमियों की बात यहाँ नहीं की जा रही है)। कोई भी कवि इनमें कौन-सा काम करता है, यह उसकी क्षमता, रुचि और प्रवृत्ति पर निर्भर करता है।

विशेषता का अर्थ वि-शेषता है, अद्वितीयता नहीं। अद्वितीय होने पर दूसरों से अपनी निजता का साझा नहीं रह जाता। तब संवाद और सम्प्रेषण की गुंजाइश नहीं बचती। अभिव्यक्ति पर्याप्त होती है। बल्कि और आगे बढ़ने पर अनुभूति ही पर्याप्त होती है क्योंकि उसे गूँगे के गुड़ की तरह 'अद्वितीय' व्यक्ति तक ही बँधे रहना है। इसी बात को सिद्धान्त का रूप देते हुए कहा गया है कि 'मौन भी अभिव्यंजना है!'

बेचारे भक्त कवि इतने अद्वितीय नहीं थे, न अद्वितीयता के फेर में पड़ते थे। वे जानते थे कि उनकी अनुभूति हर कोई नहीं समझ सकता। लेकिन जिसका दर्द मिलता-जुलता है, वह तो समझ ही सकता है। 'जेहिके पाँव न फाट बेवाईं

सोइ का जानै पीर पराई।' पीड़ा तब तक परायी है जब तक उसे अपनी पीड़ा की तरह अनुभव नहीं करते। अपनी पीड़ा की तरह तभी अनुभव करेंगे जब अपने पैर में भी बिवाई फटी होंगी।

भक्तों के यहाँ यह अनुभूति बार-बार आती है। 'घायल की गति घायल जाण्याँ और न जाण्याँ कोय।' लेकिन यह आग्रह कहीं नहीं है कि मेरे अलावा कोई घायल नहीं है, किसी दूसरे के पैर में बिवाई नहीं फटी है! बात इतनी ही है कि हर कोई मेरी तरह घायल नहीं है। लेकिन जो घायल होगा, वह मेरा दर्द समझेगा। दर्द विशेष है, अद्वितीय नहीं। विशेषता एक जैसे लोगों की साझेदारी कायम करती है, अद्वितीयता एक को दूसरे से विच्छिन्न करती है। दिलचस्प है कि अद्वितीय होने का दावा दरबारी कवि पेश करते थे जिन्हें प्रतिद्वन्द्वियों पर विजय पाकर अपना स्थान सुरक्षित करना होता था। विशेषता और अद्वितीयता का यह फ़र्क़ उत्तर-आधुनिक समय तक चला आया है।

हिन्दी की गति न्यारी है। यह बात हम जानते हैं। उसे फिर-फिर जानने का मौका भी पाते हैं। एक बार ऐसा हुआ कि कविता रूठकर कहीं चली गयी थी। शायद राजनीतिक मुहावरों के बीहड़ में खो गयी थी! उसे बड़े परिश्रम से 'वापस' लाना पड़ा। वह काफी ठसक से वापस आयी। जिस ठसक से मुकुट बिहारी सरोज ने कहा था कि 'भीड़भाड़ में क्या करना, कुछ हट-के हट-के चलो!' तो कविता भी भीड़-भाड़ वाले इलाके से हटकर फूल-पत्ती वाले सुरम्य वातावरण में 'वापस' आयी!

कविता को वापस लानेवाले समझते थे और उनके प्रभाव से कई नामी-गिरामी प्रगतिशील और जनवादी कवि भी समझने लगे थे कि गोला-बारूद, संघर्ष-हड़ताल, ख़ून-पसीना जैसी बुरी-बुरी चीज़ों में रहकर कविता का बनाव-सिंगार ही नहीं, रूप-रंग भी बिगड़ जायेगा। लेकिन कई 'क्रान्तिकारी' कवि, जो मुझे व्यक्तिगत रूप से नापसन्द हैं, वे इन समझदारों से ज्यादा विश्वसनीय हैं। लगभग निषेधवाद की सीमा तक चले जानेवाले एक 'क्रान्तिकारी' कवि ने जब कविता पर विचार किया तो वस्तुस्थिति के काफी करीब आकर अनुभव किया कि कविता 'भीड़ में अकेले आदमी का एकालाप' है।

बेशक यह कवि भीड़-भाड़ के बीच में है, चौरासी बंगले और बसन्त कुंज का वासी नहीं! उसकी आत्मा इतनी परिष्कृत नहीं हुई है कि उसे 'भीड़ में मैलखोरी गंध' के सिवा अपनी गन्ध न मिले! लेकिन उसमें भी इतनी समझ है कि 'कविता अकेले ही काम करने का तकाजा करती है।' इसीलिए भीड़ में भी कविता का क्षण 'अकेले' हो जाने का और एकालाप का क्षण होता है।

'भीड़' और 'अकेले' में जो द्वन्द्वात्मकता है, वह वस्तुस्थिति का सही बयान

है। बिल्कुल अकेला होना अद्वितीय होना है और भीड़ में गर्क हो जाना विशेषता खो देना है। रचना के सन्दर्भ में पहली स्थिति अपारदर्शिता पैदा करती है, दूसरी स्थिति नारेबाज़ी।

यहाँ एक बात कह देना मुनासिब है। बिलकुल अपारदर्शी-अद्वितीय रचना शिल्प के हुनर में बदल जाती है। उसमें निजता, विशेषता का इस कदर लोप हो जाता है कि एक से दूसरे की अभिव्यक्ति में अन्तर पहचानना भी मुश्किल हो जाता है।

दूसरी तरफ, कोई अच्छा नारा भीड़ नहीं देती, भीड़ से तादात्म्य स्थापित करनेवाला कवि देता है। 'हर जोर-जुलुम की टक्कर में, हड़ताल (संघर्ष) हमारा नारा है'—ऐसा एक नारा दने के लिए शंकर शैलेन्द्र की जरूरत पड़ती है। हर कवि नारा नहीं देता, हर नारेबाज़ कवि नहीं होता, लेकिन ऐतिहासिक नारा एक कवि ही देता है जो अपनी सर्जनात्मकता को सामूहिक आकांक्षा से अभिन्न कर लेता है।

भीड़ से अकेले आदमी का रिश्ता बदलता रहता है लेकिन टूटता नहीं। जब जनता भीड़ बन जाती है और कवि अकेला हो जाता है, तब दोनों के बीच सम्बन्ध के सूत्र बिखर जाते हैं। वह कविता के लिए कठिन समय होता है। आज कुछ-कुछ ऐसा ही समय है। एक हैरान करनेवाली बात यह है कि भीड़ जितनी एक-सी होती है, अकेले-अद्वितीय लोगों का समुदाय भी उतना ही एक-सा होता है। भीड़ और अद्वितीयता, दोनों विशेषताओं का लोप करते हैं। विशेषता की पहचान ही 'शेष' के सन्दर्भ में होती है इसलिए विशेषता सम्बन्ध की धारणा है। जो शेष से अलग है, उसकी पहचान की कोई कसौटी नहीं है और जो शेष से अलग है, उसकी पहचान का प्रश्न ही नहीं है।

'एक विश्व एक स्वप्न' की व्यापक स्वीकृति ने कविता की कठिनाइयाँ बढ़ायी हैं। 'रावण रथी विरथ रघुवीरा' से लेकर 'इस दुनिया में दो दुनिया हैं, जिनके नाम गरीब-अमीर' तक हिन्दी काव्य-परम्परा में जो लोग विश्व के अन्तर्विरोध के बारे में लिखते आये थे, वे सहसा झूठे पड़ गये। उनका खयाल भी झूठा पड़ गया जो कहते थे कि दो दुनियाओं की दो अर्थव्यवस्थाओं में प्रतिस्पर्धा है। वे भी झूठे सिद्ध हुए जो मानते थे एक विकासशील 'तीसरी दुनिया' है, जिसकी अपनी विरासत और चुनौतियाँ हैं। अब 'एक' ही दुनिया है और एक ही 'स्वप्न' है। इसलिए विविधता-बहुलता-भिन्नता का कोई वास्तविक अर्थ नहीं रहा।

'एक' और 'एकता' में फर्क है। एकता विभिन्न लोगों को बाँधती है। इसलिए वह एकरूपता को अस्वीकार करती है और विशेषता (विभिन्नता) को सुरक्षित रखती है। 'एक विश्व का स्वप्न' उन विभिन्नताओं को बाँधने के बजाय

उनके निषेध का सिद्धान्त है। यह एकध्रुवीय दुनिया के औचित्य का नारा है। यह चक्रवर्ती महाशक्ति के वर्चस्व की घोषणा है। चीन और अमरीका की अर्थव्यवस्थाएँ अगर 'एक' हैं तो यह नारा प्रतिरोध और विकल्प की सम्भावना का निषेध है। यह एक लम्बी रणनीति की वर्तमान परिणति है। इस रणनीति का बीजारोपण 1944 में, दूसरा विश्वयुद्ध खत्म होने से पहले, व्रतों-वुड्स समझौते से हुआ था; उसका वटवृक्ष 1991 में सोवियत संघ के टूटने के साथ फैला और उसके विजय की अन्तिम घोषणा 2008 में बीजिंग ओलम्पिक में गूँजी।

अन्यथा न लिया जाय तो यह बात भी ध्यान खींचती है कि झूठे वे ही नहीं सिद्ध हुए जो दुनिया के अन्तर्विरोध की बात करते थे। झूठे वे भी सिद्ध हुए जो कहने लगे थे कि इतिहास का अन्त हो गया है, सपनों का अन्त हो गया है! अब वे ही कह रहे हैं कि एक ही विश्व है और उसमें एक ही 'स्वप्न' है!! एक विश्व का अर्थ है एकध्रुवीय विश्व; विजयी शक्ति का विश्व पर वर्चस्व। और अगर यह सच है तो न विजयी अकेला हो सकता है, न विश्व एक हो सकता है। उसमें वर्चस्व और अधीनता का सम्बन्ध होगा। और तो और, अगर 'स्वप्न' है तो यह निरा खामख्याली है कि उसे बाँधकर 'एक' बनाये रखा जा सकता है। इस 'एक' विश्व के एक 'स्वप्न' में हौसला ज्यादा है, यथार्थ कम; हालाँकि अभी वही एकमात्र सचाई जान पड़ती है।

इस 'एक' यथार्थ को लागू करने का संकल्प भारत में भी कम नहीं है। कविता के 'वापस' आने पर उसे क्रान्ति की तपती हुई भूमि से हटाकर प्रकृति के जिस स्वप्निल वातावरण में बसाने का प्रयास किया गया था, वह इसी दिशा में एक सांस्कृतिक प्रयत्न था। आज राजनीतिक स्तर पर परमाणु ऊर्जा के बहाने पूरे देश को 'एक विश्व' के सपने से बाँध देने की कोशिश रंग लाती दिख रही है। राजनीति की तो नहीं कहते लेकिन साहित्य में यह मुश्किल जरूर थी कि न तो 'वापसी' के दौर में कोई एक अकेला स्वर था, न 'एक विश्व' के वर्तमान दौर में है। साहित्य के इस प्रसंग पर थोड़ा विचार करें।

आठवें दशक के अन्त में 'वापस' आने के बाद कविता का चेहरा-मोहरा कैसा था, इसे तथ्यों से पहचाना जायेगा। कुछ उत्साही क्रान्तिकारी उसे छायावाद की वापसी भी कहते थे। लेकिन उसकी पृष्ठभूमि केवल गुरिल्ला कविता नहीं थी, जिसके बारूद-जंगल-खून-छापामारी की प्रतिक्रिया में फूल-पत्ती-बादल-चिड़िया की दुनिया आबाद हुई थी। उसे आपातकाल के सत्तावादी एकतन्त्र की प्रतिक्रिया भी कहा गया था, जिसमें प्रकृति की कोमल-स्वच्छन्द इकाइयाँ मुक्ति का सार व्यंजित करती थीं।

इन दो बातों के अलावा एक बात की चर्चा और होती रही है कि समान

दिखनेवाले उपमानों में भिन्न-भिन्न जीवन-स्थितियों और परस्पर विरोधी सांस्कृतिक-वैचारिक रुझानों की अभिव्यक्ति हुई है। इसीलिए 'वापस' आनेवाली कविता के भीतर कुलीनतावादी और जनवादी प्रवृत्तियों का विकास अलग-अलग दिशाओं में हुआ। एक धारा 'संस्कृति' के प्रकृतिवादी आग्रह में जीवन के प्रश्नों को भुला रही थी, दूसरी धारा संस्कृति के प्रश्नों को सामाजिक-राजनीतिक विषयवस्तु से सम्पन्न कर रही थी। इस तरह कविता का परिदृश्य तत्कालीन भारतीय जीवन के अन्तर्विरोधों को वहन कर रहा था।

'एक विश्व एक स्वप्न' के नारे से इतना तो स्पष्ट हो जाता है कि सांस्कृतिक विकास को केवल लोकतान्त्रिक शक्तियाँ नहीं प्रभावित करतीं। उसे प्रभुत्वशाली शक्तियाँ भी प्रभावित करती हैं। आज का समय इस मायने में 'एक विश्व एक स्वप्न' को अवश्य चरितार्थ करता है कि प्रत्येक देश के प्रभुत्वशाली तबके भूमंडलीय प्रभुत्व की शक्तियों के साथ साझेदारी (तावेदारी) करने के लिए व्यग्र दिखायी देते हैं।

इस प्रक्रिया की शुरुआत दो स्तरों पर हुई। विश्व को 'एक' स्वप्न में ढालनेवाले पृष्ठभूमि में रहकर सूत्र-संचालन करते रहे और 'दूसरी' एवं 'तीसरी' दुनिया के शासक उस सूत्र से संचालित होने लगे। यह संयोग की बात नहीं है कि भारत में रामजन्मभूमि का अभियान और सोवियत संघ में 'पेरेस्त्रोइका' (पुनर्गटन) का अभियान लगभग साथ-साथ चलना शुरू हुआ; भारत में बाबरी मस्जिद का विध्वंस और सोवियत संघ में समाजवाद का विध्वंस भी लगभग साथ-साथ हुआ।

जब यह सारी उथल-पुथल शुरू हुई, उस समय 'वापस' आने के वाद समकालीन कविता अपने अन्तर्द्वन्द्व के भीतर से रास्ते बना रही थी और इन रास्तों की अलग-अलग पहचान कायम होने लगी थी। स्वाभाविक था कि इन परिस्थितियों में साहित्यिक विकास की गति अवरुद्ध या परिवर्तित होती। इस उथल-पुथल के समय जो नयी कविता पीढ़ी उभर रही थी, उसके सामने साम्प्रदायिक उन्माद और 'पेरेस्त्रोइका' का जुनून एक आकस्मिक त्रिस्फोट की तरह आये। इस अप्रत्याशित वास्तविकता का सामना करने के लिए उसके पास पहले से उपकरण मौजूद नहीं थे। जो थे, वे अपर्याप्त थे। परिवर्तनकारी राजनीति हतप्रभ थी और अग्रज पीढ़ी अस्त-व्यस्त हो गयी थी। इस पीढ़ी का संघर्ष काफी जटिल था। उसके पास बने-बनाये उत्तर नहीं थे। उसे किसी से वैचारिक सहायता नहीं मिल रही थी।

एक तरफ समकालीन कविता का अनेक अन्तर्धाराओं में विखंडन, दूसरी तरफ नयी उभरनेवाली पीढ़ी का आत्मसंघर्ष, हिन्दी कविता के विकास की दिशा काफी बदल गयी। जैसे 1857 के बाद भारत का इतिहास पहले जैसा नहीं रहा, वैसे ही 1991 के बाद दुनिया का नक्शा पहले जैसा नहीं रहा। कवि की संवेदना

पर परिस्थितियों का अक्स सीधा नहीं पड़ता। कविता की 'वापसी' वाली समूची पीढ़ी को ले लें, उसमें मौजूद धाराओं-अन्तर्धाराओं से हटकर एक समय की पूरी काव्य-संवेदना पर ध्यान दें तो आपातकाल के बाद महत्त्व पानेवाले राजेश जोशी, मंगलेश डबराल, उदयप्रकाश, सोमदत्त, विनोदकुमार शुक्ल, अरुण कमल, प्रभात त्रिपाठी, अशोक वाजपेयी इत्यादि के मुकाबले एकान्त श्रीवास्तव, लीलाधर मंडलोई, बद्रीनारायण, नवल शुक्ल, कुमार अम्बुज, केशव तिवारी, माँझी अनन्त इत्यादि की पीढ़ी बिलकुल भिन्न तरीके से प्रतिक्रिया करती है।

पिछली पीढ़ी की पहचान अगर प्रकृति के परिदृश्य से हुई तो अगली पीढ़ी ने उस प्रकृति को लोकसंस्कृति से जोड़ दिया। इसमें सन्देह नहीं कि लोकसंस्कृति के प्रति कहीं-कहीं भावुक, अतिसंरचनापूर्ण रुझान प्रकट हुआ, लेकिन उस दौर के उल्लेखनीय कवियों ने 'लोक' को शरणस्थली बनाने के बजाय स्रोत बनाया। बिलकुल अप्रत्याशित नयी दुनिया का सामना करने के लिए उन्होंने यहाँ से ऊर्जा और उपकरण लिये। बेशक, उसमें विचलन है, आत्मरक्षा की हद तक पहुँचने वाला आग्रह है, प्रकटतः वह राजनीति से विमुख है, संवेदना के लिए बौद्धिकता को छोड़ने का आभास भी है; लेकिन वह जिस बदली हुई दुनिया का सामना कर रही थी, उससे निपटने का तरीका राजनीति ने भी तब तक नहीं खोजा था। अगर कविता में दिशा की अस्पष्टता और संवेदना की अतिशयता थी तो समझ में आता है।

अकस्मात सामाजिक-राजनीतिक परिदृश्य पर प्रतिक्रान्ति का विस्फोट तथा साहित्यिक-सांस्कृतिक परिदृश्य पर लोकसंवेदना का विस्फोट, दोनों के बीच कार्य-कारण सम्बन्ध को अब तक अनदेखा किया गया है और इस संवेदनशीलता को विचारशून्यता के रूप में देखने की कोशिश की गयी है। सच तो यह है कि राजेश जोशी-मंगलेश डबराल-अशोक वाजपेयी की पीढ़ी भी 1991 के बाद की दुनिया के लिए तुरन्त और आसानी से रास्ता नहीं खोज सकी। लेकिन इस पीढ़ी का सौभाग्य था कि उसे ढेरों आलोचक नसीब हुए। एकान्त-मंडलोई-बद्री की पीढ़ी को यह नसीब नहीं हुआ। बल्कि हुआ यह कि वरिष्ठ हो चले आलोचकों ने प्रतिशोधपूर्ण व्यवहार किया और कहने-सुनने लायक नये आलोचक आये नहीं।

देर से ही सही, उसके सही सन्दर्भ को समझा जाना आवश्यक है। यहाँ यह बात कही जानी चाहिए कि उस कविता में प्रकृति, जीवन, राजनीति और मानव-सम्बन्धों के इतने अछूते प्रसंग मौजूद हैं कि उन्हें एकत्र करने पर एक भरा-पूरा रंगारंग जीवित संसार सामने आ जायेगा। प्रगतिशील धारा को छोड़ दें तो पूरी नयी कविता उसका मुकाबला नहीं कर सकती। इस वैविध्य और सजीवता में ही उसके प्रयोग की सार्थकता है।

साहित्य में आज हम अस्मिताओं की जो राजनीति देख रहे हैं, उसका सम्बन्ध बदली हुई दुनिया से है। अस्मिता की यह राजनीति उस एकध्रुवीय दुनिया का प्रतिफलन भी है और प्रतिरोध भी। इसलिए वह 'एक विश्व एक स्वप्न' के बदले छोटे-छोटे नाना ब्रह्मांडों का दृश्य निर्मित करती है। 'वापसी' वाली कविता और 'अस्मिता' वाली कविता के बीच 'लोकसंवेदना' वाली जो कविता मौजूद है, उसकी चुनौतियाँ ज्यादा गम्भीर थीं। पुरानी दुनिया नष्ट हो गयी थी, नयी दुनिया बनी नहीं थी; पुराने सपने जीवित थे, नयी आशा दिखती नहीं थी; ऐसे में अस्पष्टता, दिशाहीनता का आना उतना आश्चर्यजनक नहीं है, जितना अपने नये औज़ारों से प्रतिरोध का प्रयत्न करना। फूल-पत्ती उनके यहाँ भी हैं लेकिन सब्जियों के फूल हैं जिन्हें भावुक संवेदनाओं ने उपयोगिता का क्षेत्र समझकर छोड़ दिया है। इसलिए अपनी मानवीय संवेदनशीलता के सहारे उसने 'प्रतिरोध की कवितावली' रची और 'वापसी' वाले अग्रज़ों से अपनी शर्त पर नाता जोड़ने और तोड़ने का उपक्रम किया। उसने हिम्मत नहीं हारी।

परवर्ती कविता 'एक विश्व' से इतनी आक्रान्त है कि वह अस्मिता की राजनीति चाहे जितनी करे, प्रतिरोध की राजनीति में अपने भरसक नहीं उलझती। वह 'एक विश्व' के विजय का उत्सव मनाती है, उसमें भागीदारी माँगती है। उसे परिवर्तन में विश्वास नहीं रह गया है। इसलिए वह पाना तो सबकुछ चाहती है, खोने के लिए कुछ भी तैयार नहीं है। इस बाज़ारवादी प्रभाव से भूमंडलीय दौर का सृजनकर्म अछूता नहीं है।

यह प्रतिरोध करे या न करे, लेकिन वह बाज़ार का नियन्ता नहीं, हिस्सेदार है, इसलिए उसमें उत्पीड़ित होने का भाव और उत्पीड़न के प्रति असन्तोष है। यही बात कविता को बाज़ार से अलग करती है। बाज़ार का उसूल है : पैसा आना चाहिए, शरम तो आनी-जानी है। लेकिन इतने बेशर्म वे भी नहीं थे जो अपने को 'सौदागर कवि' कहते थे, दरबारों के आश्रय में ही जीविका पाते थे! इसलिए 'सौदागर' होने और 'कवि' होने में एक द्वित्व है। 'अस्मिता' अगर बाज़ार के 'ब्रांड' की तरह विशेष पहचान है तो वह त्रिषमतापूर्ण सम्बन्धों की प्रतिक्रिया भी है। यह चीज़ उसे 'एक विश्व एक स्वप्न' की दमघोंटू एकरूपता से अलग खड़ा करती है। कविता का अपने इस रूप में बने रहना आश्वस्त करता है।

स्मृति में बसा देश

ऋग्वेद की संस्कृति और कविता

श्री गोविन्द चन्द्र पांडे की पुस्तक 'वैदिक संस्कृति' (लोकभारती प्रकाशन, इलाहाबाद, 2001) का अध्ययन बेहद रोचक और उत्तेजक अनुभव था। हाल ही में पांडे जी के अनुभवी हाथों से अनुदित होकर 'ऋग्वेद : तीसरा, चौथा एवं पाँचवाँ मंडल' (लोकभारती पुस्तक विक्रेता एवं वितरक, इलाहाबाद, 2008) सामने आया तो उसने मन्त्रमुग्ध कर दिया। एक इतिहासकार की संवेदनशीलता अगर 'वैदिक संस्कृति' में मिलती है तो एक मनस्वी अध्येता की सौंदर्याभिरुचि 'ऋग्वेद' में मिलती है। पहली कृति ज्ञान और चिन्तन के नये क्षितिज खोलती है, दूसरी कृति चेतना को विशद और उदात्त बनाती है।

इस सम्बन्ध में बहिर्साक्ष्य की अपेक्षा अन्त:साक्ष्य भी पांडेजी की सजग भावना के द्योतक हैं। 'वैदिक संस्कृति' का अन्त करते हुए उन्होंने सिन्धु-सरस्वती सभ्यता में यज्ञ वेदियों के प्रमाण, अश्व सम्बन्धी खोज, मानव एवं अश्व सम्बन्धी शरीर-रचनाशास्त्र का संक्षिप्त विश्लेषण करने के बाद लिखा है, 'यदि ये अनुसंधान प्रमाणित हैं, तो आर्यों के भारत में आक्रमण की कल्पना, एक भारोपीय प्रजाति की कल्पना, आर्य-द्रविड़, प्रजाति-भेद की कल्पना तीनों ही ध्वस्त हो जाती हैं।' (पृ. 433)

इस प्रकार, प्राचीनतम सभ्यता के बारे में औपनिवेशिक विमर्श ध्वस्त हो सकता है तथा वर्तमान राष्ट्रीयता के विकास में प्राचीन अध्ययन मददगार हो सकता है। 'ऋग्वेद' भी इतिहास के साथ एक संवाद स्थापित करता है लेकिन बिलकुल भिन्न धरातल पर, "वेद का अध्येता प्राचीन मानव के साथ जैसा हृदय-संवाद स्थापित कर सकता है वैसा अन्यत्र सम्भव नहीं है" (पृ. 7)। प्राचीन मानव से हृदय-संवाद स्थापित करके हम केवल अपनी आत्मा का विस्तार नहीं करते बल्कि अतीत को गुह्य बना देनेवाले रूढ़िवादी मन्तव्यों को भी अपदस्थ करते हैं।

दूसरे शब्दों में, आस्था या तिरस्कार के भावुक अतिवादों से हटकर श्री गोविन्द चन्द्र पांडे ने 'वैदिक संस्कृति' के पुनर्निर्माण में और 'ऋग्वेद' के अनुवाद में एक जैसी तार्किक दृष्टि और मननशील कल्पना का सहयोग लिया है। दोनों

ग्रन्थों की परस्पर-पूरकता के अनेक बिन्दु उद्घाटित किये जा सकते हैं। एक संकेत पर्याप्त है। "सैन्धव या वैदिक सभ्यता को", जिसे पांडे जी एक ही सभ्यता के दो पक्ष मानते हैं, 'मोनोलिथिक या एकरस मानना अयुक्त है, वे भी नाना प्रजातियों, जनों और संस्कृतियों के संगम की पृष्ठभूमि में ही लक्षित होते हैं।' (वैदिक संस्कृति, पृ. 24) इस नानात्व से उपासना-पद्धति में विभिन्न भेद परिलक्षित होते हैं, यद्यपि इस भेद से 'सभ्यताओं का आत्यन्तिक भेद नहीं निश्चित होता।' (उप.)

सिन्धु या वैदिक सभ्यता अनेक प्रजातियों, जनों और संस्कृतियों का संगम है इसलिए उसमें उपासना-पद्धति (और भाषा आदि) के भेद मौजूद हैं लेकिन ये भेद एक ही सभ्यता के भीतर हैं, उन्हें आत्यन्तिक नहीं माना जा सकता। यही बात वेदों की संस्कृति के बारे में भी कही जा सकती है,"...समूची परम्परा एक अखंड वाक्य न होकर अनेक अवान्तर परम्पराओं का समूह है।" (उप., पृ. 9)

सभ्यता अनेक संस्कृतियों का संगम है, संस्कृति अनेक परम्पराओं का समूह है। अनादि काल से ही विविधता, बहुलता भारत के इतिहास और आत्मा के मूल में विद्यमान हैं। विभिन्न प्रजातियों का मिश्रण, फिर विभिन्न जनों का मिश्रण यह बताने के लिए काफी है कि आक्रमण-विजय-शत्रुता पर आधारित औपनिवेशिक सिद्धान्त हो या एकमुखता (एकरसता) पर आधारित संकीर्ण साम्प्रदायिक विचार, दोनों अतिवादों को निरस्त करते हुए भारत की सांस्कृतिक धारा ऋग्वेद (सिंधु घाटी) से अब तक अविरल प्रवाहित है। गोविन्द चन्द्र पांडे के वैदिक अध्ययन और अनुवाद से हमें यह तथ्य भली-भाँति स्पष्ट हो जाता है। उनके कार्य की अन्तस्सूत्रता को देखते हुए आचार्य शुक्ल की पदावली लेकर कहा जा सकता है कि 'ऋग्वेद' का अनुवाद 'हृदय की मुक्तावस्था' का द्योतक है और 'वैदिक संस्कृति' का अध्ययन 'बुद्धि की मुक्तावस्था' का।

पांडेजी का दृष्टिकोण अध्यात्मवादी न होकर विकासवादी है। वे ऋग्वेद की भाषा को 'मानवभाषा' मानते हैं इसलिए काव्य और भाषण दोनों 'मनुष्यकृत' हैं। (पृ. 6) ऋग्वेद की ऋचाओं में भावावेशपूर्ण काव्य और 'सुदीर्घ युग की ज्ञानसाधना' का सामंजस्य है। (पृ. 7) इस काव्य और दर्शन पर सातवलेकर , रामविलास शर्मा, गोविन्द चन्द्र पांडे, सभी को उचित गर्व है। यह गर्व नस्लदम्भ और अतीतपूजा नहीं है। स्वयं पांडेजी स्पष्ट शब्दों में कहते हैं कि "भारत के राष्ट्रीय स्वाभिमान का आधार आर्य जाति नहीं है, बल्कि भारतीय भाषाएँ, धर्म और संस्कृतियाँ हैं।" (वैदिक संस्कृति, फुटनोट, पृ. 30) लार्ड कर्जन, नीरव चौधरी और कुछ प्रगतिशील इतिहासकारों से भिन्न गोविन्द चन्द्र पांडे 'भारतीय प्रकृति में एक सहज जड़ता' का स्रोत 'भारतीय जलवायु' में न खोजकर निर्भ्रांत स्वर में कहते हैं, "जहाँ तक भारतीय जन-प्रवृत्ति में जड़ता प्रमाणित है, उसका

मूल उत्पीड़नात्मक समाज-व्यवस्था में खोजना चाहिए।'' (पृ. 17)

मनुष्य का स्वभाव परिस्थितियों का कारण नहीं है, परिस्थितियाँ उस स्वभाव का कारण हैं और उत्पीड़नकारी समाज-व्यवस्था मनुष्य की प्रकृति में जड़ता उत्पन्न करती है, ये दोनों विचार अत्यन्त मूलगामी हैं।

यह दृष्टिकोण 'ऋग्वेद' के अनूदित अंशों से प्रमाणित ही नहीं होता, इस दृष्टिकोण के कारण अनुवाद और टीका का महत्त्व भी प्रमाणित होता है। मूलतः यथार्थपरक और विकासमूलक दृष्टिकोण के नाते ही पांडेजी ने 'ऋग्वेद' के अनुवाद की (या कम-से-कम अनुवादों के प्रकाशन की) विशेष योजना अपनायी है। सबसे पहले तीसरे, चौथे और पाँचवें मंडल का अनुवाद, फिर छठे, सातवें और आठवें मंडल का अनुवाद, इस क्रम से पाँच जिल्दों में दस मंडलों के अनुवाद प्रकाशित होंगे। यह न सिर्फ एक बृहद योजना है बल्कि इस योजना में यह तथ्य भी निहित है कि कौन से अंश प्राथमिक और प्रामाणिक हैं, कौन से प्रक्षिप्त या परवर्ती। यह बात पांडेजी के सामने स्पष्ट है।

इसके अनेक कारणों में एक यह है कि मन्त्र-प्रकाशन पहले हुआ था, मन्त्र-संग्रह काफी बाद को हुआ। जिन ऋषियों से (अर्थात कवियों से) मन्त्रों का सम्बन्ध है, वे 'मन्त्र-द्रष्टा' हैं, 'मन्त्र-प्रणेता' नहीं। पहले मन्त्रों का निर्माण, फिर संकलन; वैदिक (प्राकृत) भाषा का लोप, फिर संस्कृत का विकास; कई हज़ार साल बाद उन मन्त्रों के अर्थ-निर्धारण की कोशिश और अर्थों में अनिश्चय की भरमार—किसी भी अनुवादक की कठिनाई समझी जा सकती है। पांडेजी का वैशिष्ट्य यह है कि उन्होंने अर्थ-निर्धारण और काव्यात्मकता की रक्षा, इस दोहरी चुनौती का काफी कुछ सफलतापूर्वक सामना किया है।

विस्तार से चर्चा न की जाय तो भी यह देखना सहज और रोचक है कि अनुवाद और व्याख्या के बीच ही पांडेजी विकासमान (ऐतिहासिक) दृष्टि से पठन के सूत्र देते चलते हैं। तीसरे मंडल के एक मन्त्र में 'मात्रोरम्भवत्पुत्र' (3.2.2) का प्रयोग हुआ है। इसका अनुवाद है : 'माता-पिता का हुआ पूजनीय पुत्र'। (पृ.22-23) इसकी व्याख्या में पांडेजी ने लिखा, ''लौकिक संस्कृत के पित्रोः के स्थान पर मात्रोः का प्रयोग अवधेय है।'' (पृ. 25) इसलिए अवधेय है कि वैदिक संस्कृति में मातृसत्तात्मक समाज का प्रभाव गहरा है, लौकिक संस्कृत पितृसत्तात्मक समाज का रूप व्यक्त करती है।

इसी प्रकार, सूर्य और अग्नि का अतिशय महत्त्व ऋग्वेद की एक सांस्कृतिक विशेषता है। प्राचीन व्यवस्था में अग्नि का महत्त्व स्वयंसिद्ध है। वैदिक संस्कृति मातृसत्तात्मकता के प्रभावों की तरह अग्नि के महत्त्व का प्रभाव भी लिए हुए है। यज्ञ-हवन में कर्मकांड का विकास भी है और अग्नि का संरक्षण-आह्वान भी।

अनेक मन्त्रों और ऋचाओं में देवता अग्नि के मित्र और मुक्तिदाता हैं। जो अग्नि को मुक्त करते हैं, उन्हें देवत्व प्राप्त होता है। इन्द्र इसका उदाहरण हैं—

वज्रपाणि इन्द्र ने हमें काटकर निकाला
नदियों को घेरे हुए वृत्र को मारा। (3.33.6, पृ. 213)

इन्द्र ने वृत्र को नष्ट करके जलधाराओं को मुक्त किया जिससे अग्नि मनुष्य के पास आयी। अग्नि या जलधाराओं को रोकनेवाला राक्षस या दस्यु हुआ, उन्हें मुक्त करनेवाला देवता हुआ। दूसरे शब्दों में, नदियों को पहाड़ या असुर (वृत्र) से मुक्त करनेवाला इन्द्र है। इसी प्रकार ऋभु हैं—

जब ऋभुओं ने बछड़े के साथ गाय की रक्षा की
सारे साल उन्होंने उसे मांस से सजाया
सारे साल उसकी चमक-दमक को बढ़ाया
इन अद्‌भुत कार्यों से देवत्व प्राप्त किया। (4.33.4, पृ. 557)

'गो' और 'मांस' को लेकर जो भी अर्थभेद हो, उसमें पांडेजी का अपना जो भी पक्ष हो, वे भले ही 'गो' को पृथ्वी मानकर 'मांस से सजाने' का अर्थ 'मृत या अनुर्वर भूमि की रक्षा' करना या 'उपजाऊ मिट्टी' से भरकर 'फिर उसे उर्वर' बनाना मानते हों, (पृ. 559) यह उतना महत्त्वपूर्ण नहीं है, जितना यह कि ऋभुओं ने अलौकिक देवत्व लौकिक (उपयोगी) कार्यकलाप के माध्यम से प्राप्त किया!

कृषि और व्यापार की उन्नत सभ्यता के पहले कबाइली संघर्षों का दौर बीता होगा। क्रमशः सम्पत्ति का चलन होने पर शत्रु को दास बनाने और उसकी सम्पत्ति छीन लेने का उपक्रम भी हुआ होगा। 'अविभव' (3.16.2) का अर्थ शत्रु की सम्पत्ति छीन लेना है—'संघर्षों में जो दुरभिसन्धिमुक्त का करते हैं अविभव।' कृषि के विकास के बाद एक तरफ प्राकृतिक बाधाओं का तीव्र बोध और दूसरी तरफ कबाइली लुटेरों का भय, ऋग्वेद में इन दोनों बातों का परिचय मिलता है—

गोपति, हमारे लिए वृत्र के गोष्ठ को तोड़ डालो, गायों को खोजो
बल सम्पदाएँ हमारे पास चली आएँ। (3.30.21)

यहाँ मन्त्रदृष्टा ऋषि स्वयं गोपति से प्रार्थना कर रहा है कि वह वृत्र के गोष्ठ को तोड़कर गाय और बल सम्पदा हमारे पास पहुँचा दे!

कृषि के साथ व्यापार भी है, गाय के साथ धन-सम्पदा भी है। 'वणिक्' का अच्छे अर्थ में प्रयोग है—

सहचरो आइए साथ घी को उत्पन्न करें
जो माता वज्र गो को खोलती।
जिससे मनु ने विश-शिप्र को जीता
जिससे शुभेच्छु वणिक पूर्ति को प्राप्त करते। (5.45.6)

वणिक 'शुभेच्छु' हैं, ऋषियों की तरह वे भी 'पूर्ति को प्राप्त' करते हैं। भौतिक संस्कृति के प्रति अस्वीकार का भाव नहीं है। लेकिन सम्पत्ति के चलन से शक्ति-सम्पन्नता और अधिकार-वंचना का जन्म भी होता है. उसके वृहद सामाजिक परिणामों का चित्रण इन मंडलों में नहीं है। फिर भी, 'चोर' आ गये हैं, जो यह स्पष्ट करते हैं कि विषमता के साथ अपराध और दंड की व्यवस्था भी उभरने लगी है—

सोम को लाते समय लोग हल्ला करते हैं
जैसे कपड़े उठाते चोर को देखकर। (4.38.5)

दूसरी तरफ, धन-सम्पदा का महत्त्व बढ़ने के साथ स्त्री-पुरुष का दाम्पत्य भी विकसित होता है। 'दम्पति समनसा कृणोषि', अग्नि के कामों में एक यह भी है कि 'दम्पतियों के तुम मन मिलाते'। (5.3.2) पति-पत्नी के सम्बन्धों का विकास और उनके मन-मिलाने में अग्नि का साक्ष्य स्पष्ट है।

मातृसत्तात्मक समाज से दाम्पत्य के स्थायी सम्बन्ध तक विकास की पूरी रूपरेखा ऋग्वेद से स्पष्ट होती है। हिन्दी में अनुवाद के प्रकाशन का यह लाभ होगा कि भाष्यकारों के मन्तव्य से अलग, अपने प्रत्यक्ष अध्ययन से साधारण पाठक अपने सांस्कृतिक इतिहास को समझने का प्रयत्न कर सकेंगे। यह प्रयत्न इसलिए भी महत्त्वपूर्ण है कि वैदिक युग की सजीव संस्कृति आगे चलकर मुट्ठीभर लोगों का निहित स्वार्थ बन गयी थी। वैदिक (भाषा) पाणिनि और यास्क के पहले ही अप्रचलित हो चुकी थी। (ऋग्वेद, पृ. 13) और वेदान्त के अनुयायी सायण के "समय तक वेद यज्ञोपयोगी एक विशिष्ट वर्ग के अध्ययन की सामग्री रह गये थे।" (उप.16) एक जीवन्त संस्कृति ऐतिहासिक भूमिका अदा कर लेने पर विशिष्ट वर्ग तक सीमित हो जाती है, अपनी सम्भावना खोकर निर्जीव और पतनशील रूप ले लेती है। ऋग्वेद को उन भाष्यों के प्रभाव से मुक्त करके सीधे-सीधे जानना आवश्यक है।

वैदिक भाषा के अप्रचलित हो जाने और परवर्ती व्याख्याकारों के अपने मताग्रहों के कारण ऋग्वेद के पाठ में अनेक अर्थ विवादास्पद, अनिश्चित, सन्दिग्ध हैं।

पांडेयजी ने अनुवाद के साथ विभिन्न भाष्यकारों के अभिमत दिये हैं, उनके

मतों की समीक्षा की है, अपना मन्तव्य और अर्थ भी दिया है। इससे किसी भी अध्येता को एक तर्कसंगत निष्कर्ष निकालने की न्यूनतम सामग्री मिलेगी। यह निष्कर्ष सदैव गोविन्द चन्द्र पांडे के मन्तव्य से मेल खाये, यह आवश्यक नहीं है।

स्मृति में बसा राष्ट्र

स्मृतियाँ सिर्फ़ मनोवैज्ञानिक स्थिति नहीं, जीवन्त प्रक्रिया होती हैं, इसका अनुभव हुआ 15–16 जनवरी, 2007 को, इलाहाबाद में। एक तरफ़ अर्धकुम्भ में मकर संक्रान्ति का स्नान, जिसमें अनाहूत डेढ़ करोड़ लोग शामिल हुए, दूसरी तरफ़ झूँसी के गोविन्द बल्लभ पन्त समाज विज्ञान संस्थान में 'बिदेसिया अन्तर्राष्ट्रीय कार्यशाला', जिसमें हिन्दी कवि बद्रीनारायण ने हॉलैंड (नीदरलैंड), सुरीनाम और भारत के कुछ बुद्धिजीवियों और कलाकारों को आमन्त्रित किया था। अर्धकुम्भ की शब्दातीत रहस्यमय स्मृति पर हिन्दी के कई कलाकार लिख चुके हैं। प्रवासी भारतवंशी अपनी स्मृतियाँ ख़ुद लिख रहे हैं। उसे अभी 'अस्मिता-विमर्श' का रूप नहीं मिला है लेकिन आज नहीं, कल उसे अपने सांस्कृतिक अनुभव-कोष में शामिल करने के लिए हिन्दी समाज विवश होगा, इसमें सन्देह नहीं।

अर्धकुम्भ की स्मृति और प्रवासी भारतवंशियों की स्मृति का रूप इतना अलग था कि उस पर ध्यान जाये बिना नहीं रह सकता था। एक जगह परम्पराएँ सामूहिक अवचेतना में ढलकर आस्था बन गयी हैं, जिसके असर में लाखों-करोड़ों इंसान अपनी यातना भुलाये रहते हैं। शायद इसी से 'आस्था' की राजनीति पैदा होती है। दूसरी जगह तीन-चार पीढ़ी पहले ज़बर्दस्ती अपने देश से दूर ले जाये जाने की यातना के बोध को जीवित रखने का सचेतन प्रयास है, जिसके सहारे प्रवासी समुदाय अपनी पहचान (अस्मिता) बनाये रखता है। इसी से 'प्रतिरोध' की बुद्धि पैदा होती है। इसमें सन्देह नहीं कि 'आस्था' हमें एक ढंग से जोड़ती और बाँटती है, 'प्रतिरोध' दूसरे ढंग से जोड़ता और बाँटता है। इसलिए स्मृतियाँ, चाहे जैसी हों, वे हमारे वर्तमान की चेतना गठित करती हैं, हमारे जीवन-व्यवहार और भावी दिशा का निर्धारण भी करती हैं।

मानव-बुद्धि की कार्यप्रणाली ऐसी है कि जीवन्त प्रक्रियाएँ भी मूर्त उपकरणों के सहारे ही चलती हैं। जैसे 'निर्गुण' ब्रह्म हमारी धारणा में तभी रहता है जब वह नाम, रूप, गुण, सम्बन्ध अपना लेता है—'पिय कौ रूप कहाँ लगि बरनौं...' (कबीर)। उसी प्रकार प्रवासी भारतवंशियों की स्मृति के ठोस उपादान हैं—जिन्हें

चाहें तो 'प्रतीक' कह लें—लालारुख (जहाज़), चम्पा राजगुरु (पहला गिरमिटिया) और 1873, जो सिर्फ़ 'एक बरस' नहीं, उनके अतीत से वर्तमान को काटकर अलग कर देनेवाला मोड़ है, जैसा अपने एक शास्त्रीय (गम्भीर) गीत 'चतरंग' में हालैंड के गायक द्रू ननकू ने कहा। यह संयोग महत्त्वपूर्ण है कि जिस वर्ष, बकौल भारतेन्दु, 'हिन्दी नयी चाल में ढली', उसी वर्ष लालारुख नाम के जहाज़ पर बिठाकर भोजपुरी और अवधी क्षेत्र के श्रमिकों की पहली खेप सुरीनाम के लिए रवाना हुई। इन 'प्रवासियों' में पहला नाम चम्पा राजगुरु का था, जो 'अनिवासी' भारतीयों की तरह स्वेच्छा से नहीं, अँग्रेज़ सरकार के ठेकेदारों के द्वारा ज़बर्दस्ती और धोखाधड़ी से भेजे गये थे; जो पैसा कमाने नहीं, ग़ुलामी करने गये थे। न्यायप्रिय अँग्रेज़ सरकार उन्हें जबरन ग़ुलाम बनाकर नहीं भेजती थी, इसलिए उन निरक्षर लोगों से वह लिखित कानूनी समझौता (एग्रीमेंट) करती थी। इसी 'एग्रीमेंट' को अपनी बोली में ढालकर उन श्रमिकों ने फ़रेब, ग़ुलामी, ज़ब्र और प्रवास का मिला-जुला नया अर्थ देनेवाला 'गिरमिटिया' शब्द बनाया।

इस तरह, 'गिरमिटिया' सिर्फ शब्द नहीं रहा। वह अविस्मरणीय यातना की स्मृति बन गया, छूटे हुए समाज का प्रतीक बन गया और एक पूरी संस्कृति का वाहक बन गया। उनकी यातना, स्मृति और संस्कृति उनके गीतों में व्यक्त होती है। गीत शायद इसीलिए अन्तरंगता के सबसे सघन स्रोतों से फूटते हैं। सुरीनामी कलाकार वाज़िद हुसैन ने प्रवासी समाज के इस सम्पूर्ण अनुभव को सँजोकर अपनी कव्वाली में सुनाया—'हम छोड़ा हिन्दुस्तान, बहुत दुख पाइके!' वाज़िद हुसैन के पितामह ने हिन्दुस्तान छोड़ा था। तीन पीढ़ियों का दुख उनकी अस्मिता 'हम' का निर्माण कर रही है। स्मृति यहाँ आस्था का नहीं, अनुभव का विषय है। इसीलिए यह टीस अब भी बनी हुई है कि 'बाप छोड़े माइ छोड़े, छोड़े कुटुम कबेला।' सवा सौ साल बाद, तीसरी पीढ़ी के भारत आने पर यह दु:ख शब्दों में ही नहीं, आवाज़ में भी छलक उठा।

द्रू ननकू के पुरखे हिन्दू रहे होंगे, वाज़िद हुसैन के पुरखे मुसलमान। आज दोनों ही 'सरनामी' हैं। जी हाँ, प्रवासी भारतवंशी अपने को 'सुरीनामी' नहीं, 'सरनामी' कहते हैं। इंग्लैंड में 1863 में दासप्रथा प्रतिबन्धित हुई। अपने उपनिवेशों में खेतिहर मजदूरों के रूप में इंग्लैंड को नये ग़ुलामों की ज़रूरत थी। यह कमी भारत के मुफलिसों ने पूरी की, जिन्हें सवा सौ साल के अँग्रेजी शासन ने भुखमरी की हालत में पहुँचा दिया था। फिर भी ये ग़रीब स्वेच्छा से देश छोड़कर नहीं गये। ठेकेदारों ने समझाया कि 'सुरधाम' जाना है, फिर भी वे बहकावे में नहीं आये। तब उन्हें 'गिरमिटिया' बनाकर भेजा गया। वे बहुत दुख उठाकर जिस देश से गये थे, उसकी याद में बाबा जगेसर 'भजन' गाते हैं—'आज हम भारत के

गुन गाई/जहाँ से आये बाप औ माई/कलकत्ता में हलचल मच गयी/सिरीनाम एक टापू भाई!' यह भजन गाते समय 75 साल के बाबा जगेसर में तीस वर्षीय अरुणा (हॉलैंड) जैसा उत्साह छलकने लगता है।

कुछ हिन्दीवालों को शिकायत है कि प्रवासी भारतीय खड़ी बोली और नागरी लिपि का प्रयोग नहीं करते। धार्मिक लापरवाही भी बरतते हैं। लेकिन जो लोग 'गोरा के मैला के संग' बहा दिये गये थे, जिसकी पीड़ा जीत नारायण (नीदरलैंड) ने व्यक्त की है, उन्हें समझने की कोशिश ज्यादा जरूरी है। जीत नारायण के पुरखे हों या वाज़िद हुसैन के, सबके सब अनपढ़ थे, भोजपुरी और अवधी बोलनेवाले मजदूर थे। उन्होंने अवधी-भोजपुरी मिश्रित 'सरनामी' भाषा विकसित की और उनकी अगली पीढ़ियों ने रोमन लिपि में अक्षरज्ञान पाने के बाद उसी में सरनामी लिखना शुरू किया। उनके पास अपनी धरोहर के रूप में देश और भाषा के अलावा 1873 की यातना, रामकथा, तुलसीदास, सोहर, बिरहा, गारी, ध्रुपद, कव्वाली, चतरंग आदि भरी-पूरी सांस्कृतिक विरासत है। प्रवासियों की इस सजीव 'स्मृति' के सामने आकर ख़ुद अपने को और अपनी संस्कृति को पहचानना एक बेहद उत्तेजक अनुभव है।

समृद्धि की आशा में जानेवाले 'अनिवासियों' को देश और पुरखों की याद किस तरह आती होगी? 'प्रवासी' तो जीत नारायण की तरह 'कथा के चरणामृत' से अपना समाज बाँध लेते हैं। उनकी कथा 'लालारुख जहजवा के नाम' से शुरू होती है और मानो उनके अस्तित्व में पुरखों की अनुभूति समा जाती है—'दिन के हम काम करीं, रात के देखीं सपना।' अवसर लूटनेवाले अनिवासियों वाला अपराधबोध यहाँ नहीं है, श्रम करनेवाले का आत्मविश्वास है—'काहे ऊ भारत छोड़िस, ई तो हम समझीला। भारत ओ के नाहीं छोड़िस, ऊ तो हम सहीला।' यह मार्मिकता हमारे गिरिमिटिया बन्धुओं के वंशजों की मनोरचना का सही परिचय दे देती है। यह मनोरचना अपवाद नहीं है। मॉरीशस के यशस्वी लेखक अभिमन्यु अनत ने 'वह अनजान अप्रवासी' कविता में लिखा है।

> *'इतिहास की राख में छुपी/गन्ने के खेतों की वे आहें याद आ गयीं/ जिन्हें सुना बार-बार/द्वीप का प्रहरी मुड़िया पहाड़/दहलकर काँपा बार-बार... /न तो गूँगे इतिहास ने/कभी सुनायी उसकी पूरी कहानी हमें/न ही बहरे इतिहास ने सुना था उसकी चीत्कारों को/जिसकी इस माटी पर/बही थी पहली बूँद पसीने की/जिसने चट्टानों के बीच हरियाली उगायी थी/नंगी पीठों पर रखकर बाँसों की बौछार/बहा-बहाकर लाल पसीना/वह पहला गिरमिटिया इस माटी का बेटा/जो मेरा भी अपना था, तेरा भी अपना।' (वर्तमान साहित्य, जनवरी-फरवरी, 2006, प्रवासी साहित्य-1)।*

क्या ऐसा नहीं है कि अतीत का जो अंश हमारे भीतर जीवित रहता है, वही स्मृति बन जाता है और छूटे हुए अतीत से जब हम स्मृति का निर्माण करते हैं, तब वह प्रतीक या रूढ़ि बनता है? प्रवासी और अनिवासी भारतीयों की राष्ट्रीय स्मृति में शायद ऐसा ही अन्तर है। यातना की स्मृति इतिहास के विजेता का प्रतिकार करती है। जीत नारायण या अभिमन्यु अनत श्रम और सपने का प्रगाढ़ नाता खोजकर 'मुझे' और 'तुझे' जोड़ते हैं। जैसे गाँधी जी ने दक्षिण अफ्रीका के सत्याग्रह का इतिहास लिखकर गिरिमिटियों की यातना को अहिंसात्मक ही सही, प्रतिरोध में बदल दिया था।

क्या प्रवासी और अनिवासी भारतवंशी हमारे सामने दो तरह का आईना पेश नहीं करते? एक के सामने हम हीनताबोध अनुभव करते हैं (जिसे 'आरएनआई' या निवासी अभारतीय भी कहा जाता है) और दूसरे के सामने आत्मीयता से (क्योंकि तीसरी-चौथी पीढ़ी में भारत आकर वह नयी आत्मीयता और अनुराग से भरा दिखाई देता है)। एक का सम्पर्क जातिदंश और धार्मिक अलगाव की प्रेरणा देता है (सहायता भी), दूसरे का सम्पर्क इन भेदों से परे एक नयी संस्कृति का अनुभव देता है। जो श्रमिक 1873 के बाद ले जाये गये थे, उनमें बड़ी संख्या दलितों अछूतों की थी। कुछ सवर्ण भी रहे होंगे, जैसा फिसाइ दुबे के नाम से ज़ाहिर है, जिन्हें आदर से आजी कहा जाता है। आजी यानी दादी। मोती म्हारे, फिसाइ दुबे, वाज़िद हुसैन में किसी स्तर पर कोई सामाजिक-सांस्कृतिक भेद-भाव नहीं है।

ऐसा नहीं है कि प्रवासियों के जीवन में केवल यातना की स्मृतियाँ हैं। वे अब गिरमिटिया नहीं रहे। समृद्ध हो गये हैं। भरा-पूरा जीवन जीते हैं। भारत उनका अतीत है, सरनाम वर्तमान। वाज़िद हुसैन से अलग, वागिद हुसैन ने फिजी का एक हास्यगीत सुनाया, नयी बहू ससुर को क्या देती है और सास को क्या देती है? 'ससुर को दे झूरा रोटी, सास के बैंगन में सुरवा डार के।' सुरवा यानी शोरबा। यह ज़िन्दादिली भी उनकी संस्कृति का अंग है।

कोई समाज बिना स्मृति के नहीं जीता। अपने मूल से विच्छिन्न हो जानेवाले समुदाय की स्मृतियाँ वेदना का अनुभव समेटे रहती हैं। लेकिन स्वेच्छा से अलग होनेवाली 'स्मृति' की वेदना में अपराध-बोध के कारण एक तरह की आक्रामकता होती है। विवशता में अलग होनेवाली स्मृति में आत्मीयता होती है। आक्रामकता विखंडित करती है, आत्मीयता जोड़ती है। लाल पसीना बहानेवाला 'पहला गिरमिटिया' मेरा भी अपना था, तेरा भी अपना! श्रम और उत्पीड़न, यातना और आत्मीयता, छूटने की पीड़ा और प्रेम की अनुभूति के गहरे तनाव से बनी इस 'स्मृति' में राष्ट्र का एक अस्तित्व है जो फिजी, मॉरीशस, गयाना, सरनाम जैसे

देशों के भारतवंशियों की हक़ीक़त है। वह कुम्भ-स्नान की सामूहिक आस्था और विजातीय परिवेश में ढली प्रतीकवादी भारतीयता से अलग, यातना की साझेदारी से उत्पन्न स्मृति है। इसलिए वह अनुभव की सामूहिकता में अपने पुरखों को और छूटे हुए देश को खोजती है। ऐसी स्मृति और राष्ट्रीयता धन, दौलत, शक्ति से नहीं मिलती—पाइय नाहिं झूँठ हठ कीन्हे। यह यातना और आत्मीयता के बोध से अपने आप मिलती है—जेहि पाये तेहि अपुहि चीन्हे। बार-बार यह पंक्ति कौंधती है कि 'हम छोड़ा हिन्दुस्तान बहुत दुख पाइके।'

जन्नत की हक़ीक़त लेकिन...

भूमंडलीकरण ने साहित्य-संस्कृति का पुनर्गठन भी ज़रूरी बना दिया है। आर्थिक और सांस्कृतिक सम्बन्धों की परस्पर-निर्भरता आज पहले से ज्यादा दिखाई देती है। दक्षिण एशियाई देशों में आर्थिक सहयोग के संगठन बने हैं तो सांस्कृतिक आदान-प्रदान के संगठन भी बने हैं; अनिवासी भारतीय पूँजी को अर्थव्यवस्था में जगह मिल रही है तो अनिवासी भारतीय लेखन को साहित्य से अलग रखना न सम्भव है, न उचित। इन अनिवासी भारतीयों में अँग्रेज़ी लेखक हैं, भारतीय भाषाओं के लेखक भी हैं। अँग्रेज़ी लेखकों का प्रचार-मूल्य ज्यादा है, उन्हें संस्थाओं और प्रकाशकों द्वारा नये भूमंडलीय मध्यवर्ग की सांस्कृतिक भूख मिटाने के लिए नये 'आइकान' में बदला जा रहा है। भारतीय भाषाओं में लिखनेवाले 'ग्लैमर' की दृष्टि से कहीं नहीं ठहरते लेकिन अनुभव-सम्पदा की दृष्टि से वे अपनी भाषा और साहित्य में कुछ जोड़ते हैं इसलिए उनका सांस्कृतिक मूल्य कहीं बढ़कर है। उदाहरण के लिए, अमरीका में बसे हिन्दी लेखक उमेश अग्निहोत्री की कहानियाँ देखें तो कह सकते हैं कि उन्होंने हिन्दी समाज की आन्तरिकता का विस्तार किया है। पूँजी का निवेश मुनाफे के रूप में कुछ ले भी जाता है, भले अनिवासी भारतीयों के पास ही ले जाता हो, लेकिन साहित्य के रूप में अनुभव का निवेश थोड़े-बहुत यश के सिवा कुछ ले नहीं जाता।

उमेश अग्निहोत्री की कहानियाँ बेहद सरल हैं। अक्सर किसी अनुभव या घटना का वृत्तान्त भर लगती हैं। उदारीकरण के बाद हिन्दी कहानी में जैसी कलाचातुरी और वर्णनचातुरी छा गयी है, उसे देखते हुए इन कहानियों का शिल्प बहुत मामूली है। लेकिन तड़क-भड़क का शिल्प चमत्कृत करता है, सीधे-सादे वर्णन की शैली में आनेवाला अनुभव पाठक की संवेदना पर आघात करता है। इसलिए उमेश अग्निहोत्री की कहानियाँ बाद तक अपना काम करती रहती हैं। पाठ के समय चमत्कृत करनेवाली कहानियाँ जल्दी साथ छोड़ देती हैं और वे एक जैसे लेखकों का फर्क भी धुँधला कर देती हैं। उमेश के बारे में यह बात नहीं कही जा सकती। उन्हें अपने अनुभव पर विश्वास है इसलिए वे 'शॉक' देने या सम्मोहित करने के बजाय बेहद मामूली, रोजाना के जीवन-प्रसंगों को

उतने ही मामूली, सीधे-सादे वर्णन की शैली में प्रस्तुत कर देना पर्याप्त समझते हैं। फिर भी वे अपनी पहचान बना लेते हैं।

अपने अनुभव पर विश्वास और पाठक के साथ संवाद—उमेश की कला का स्वरूप निर्धारित करनेवाली यही दो बातें हैं। वे शिल्प-चातुरी से अनभिज्ञ या चमत्कृत करने की कला में असमर्थ नहीं हैं। लेकिन हिन्दी के कुछ लेखकों की तरह उमेश न तो अनुभव के स्तर पर विलक्षण की खोज करते हैं, न शिल्प के स्तर पर। वे जीवन-स्थितियों के साक्षात्कार की कथा कहते हुए जीवन-बोध के निर्माण की प्रक्रिया चित्रित करते हैं। उनकी कला का यह स्वरूप दो बातों से तय होता है। एक तो भारतीय मूल के अमरीका निवासी होने की वास्तविकता जो उमेश की रचना-दृष्टि है; दूसरे अमरीकी समाज के अनुभव की कथा भारत के, विशेषत:-हिन्दी के, पाठक के लिए कहने का संकल्प, जो उनका शिल्प निर्मित करता है। रचना-दृष्टि और अभीष्ट पाठक को लेकर किसी भी लेखक का दिमाग जितना साफ होता है, उसकी कला का स्वरूप उतना ही स्पष्ट होता है।

ऐसा नहीं है कि उमेश को यह पता न हो कि मामूली घटना, बल्कि घटना भी नहीं, प्रसंग, और सहज वर्णन देखकर विलक्षण-प्रेमी समाज कुछ-न-कुछ मुँह जरूर बिचकाएगा। इसीलिए अपनी कहानियों में अक्सर वे जाने-माने दृश्य या अनुभव के नये मर्म को पाने की प्रक्रिया का वर्णन करते हैं और इसी को अपनी 'कला' के रूप में परिभाषित भी करते हैं। मसलन, 'हैप्पी न्यू ईयर' कहानी सुना लेने के बाद विलक्षण-प्रेमी संस्कार को सम्बोधित करते हुए बड़े नपे-तुले शब्दों में उमेश लिखते हैं, "आप कहेंगे, यह भी कोई घटना हुई। इतनी मामूली-सी घटना? इस पर कहानी लिख दी। हमारा समय बरबाद किया। इस तरह की घटनाएँ तो जगह-जगह बिखरी पड़ी हैं। रोज़ होती हैं। हम इससे भी अधिक दर्दनाक घटनाएँ सुना सकते हैं। ऐसी घटना जिसमें आदमी ठंड से मर ही गया हो।"

जिस घटना या जीवन-खंड को उमेश ने चित्रित किया है वह 'इतनी मामूली' है कि बहुत-से लोग कहेंगे 'हमारा समय बरबाद किया।' जो लोग ज्यादा 'दर्दनाक' घटनाएँ सुना सकते हैं (और ज्यादा दर्दनाक ढंग से सुना सकते हैं), जरूरी नहीं कि वे ज्यादा संवेदनात्मक प्रभाव भी जगाएँ। अनुभव के स्तर पर विशेषज्ञ बनकर और कला के स्तर पर चतुर बनकर जीवन का वर्णन करना विलक्षणता और चमत्कार पैदा कर सकता है लेकिन यह रीतिवादी कला है, भले ही उसकी वर्ण्य-वस्तु 'प्रगतिशील' हो। ऐसा वर्णन वास्तव में 'दर्दनाक' को और 'दर्दनाक' बनाने की व्याकुलता है ताकि पाठक स्तब्ध रह जाये। उमेश को पता है कि उनके अनुभव का मर्म इतना नया है कि उसे सादगी ही ज्यादा समर्थ ढंग से सम्प्रेषित कर सकती है। वे जीवन-स्थितियों के तनाव, उलझाव, दबाव के

भीतर से संवेदना का मर्म प्राप्त करते हैं। जब तक विभिन्न स्थितियाँ स्वतन्त्र अस्तित्व में रहती हैं, तब तक वे तथ्य जरूर होती हैं, लेकिन एक-दूसरे से सम्बन्ध की स्थिति में आकर वे नया मर्म, नया मानवीय आशय ग्रहण करना शुरू करती हैं।

उमेश अग्निहोत्री की कहानियों में नयापन अनिवासी भारतीय की आँख से अमरीकी जीवन को देखने में है। अनिवासी भारतीयों का अँग्रेज-लेखन अमरीकी आँख से भारत को देखता है। भूमंडलीय 'बाजार' की जरूरतों को उमेश आग्रहपूर्वक ठुकराते हैं। इसीलिए डॉ. विश्वनाथ त्रिपाठी जिन्हें 'बाराती आलोचक' कहते हैं, वे उमेश जैसे कथाकारों की उपेक्षा करते हैं। घटना की सहजता को बनाये रखना और फिर भी अपना अभीष्ट प्रभाव अर्जित करना थोड़ा कठिन होता है लेकिन उमेश ने सचेत रूप में यह रास्ता चुना है। वे 'मामूली' घटनाओं को अर्थवान बनाते हैं दो तरीकों से। एक जिसका उल्लेख किया गया, विभिन्न जीवन स्थितियों को, भिन्न-भिन्न प्रकार का स्वायत्त जीवन बितानेवाले मनुष्यों को, एक-दूसरे के सम्बन्ध में उपस्थित करना और इसी प्रक्रिया में तनाव, दबाव, उलझाव के भीतर से संवेदना को गतिशील कर देना; दूसरा, उस घटना के प्रसंगों को, अर्थात कार्य-कारण शृंखला को, उद्घाटित करना और इस प्रकार किसी स्थिति को उसके परिवेश या प्रक्रिया में पहचानना।

यह तभी सम्भव है जब हम आत्मबद्धता की सीमाओं को ढीला करें, दूसरे मनुष्य को दूर-दूर से देखकर हमदर्दी का फर्ज़ न अदा करें बल्कि उसकी अनुभूतियों को समझें, उसके अस्तित्व के वास्तविक पहलुओं को जानें। पाकिस्तान से आनेवाला अमरीकी उन्हीं परिस्थितियों में आया होगा और उसी तरह मनुष्य है, जैसे हम हैं। (लकीर) सेनेगल (अफ्रीका) से आकर बसने वाला अश्वेत उतना ही अ-हिंसक और निरीह है, जितना एशियाई भूरा। (एक काली तस्वीर) सड़क पर रात बितानेवाला बेरोज़गार अमरीकी गोरा युवक उतना ही मनुष्य है, जितने हम हैं। (हैप्पी न्यू ईयर) ऐसे सभी जीवन-प्रसंगों में एक बात समान है। इन सभी से भय का सम्बन्ध है। पाकिस्तानी के साथ हिन्दुस्तानी का भय धार्मिक अलगाव और ऐतिहासिक अलगाव (विभाजन) से उपजे संस्कार का नतीजा है। अश्वेत अमरीकियों से एशियाइयों का भय गोरों की नस्लवादी और अलगाववादी नीतियों का परिणाम है, जिसने बद्धमूल संस्कार या मनोरचना का रूप ले लिया है। बेघर-बेकार नागरिकों से गृहस्थों का भय सम्पत्तिहीनों के प्रति घृणा के आम संस्कार की उपज है, जिसने मध्यवर्ग को बहुत दूर तक ग्रस लिया है। उमेश अग्निहोत्री ऐसी विभिन्न स्थितियों को आमने-सामने रख देते हैं और जमे हुए संस्कारों में धीरे-धीरे हलचल शुरू हो जाती है।

देखने की बात यह है कि अमरीकी समाज में भय के कितने रूप हैं। दूर

से, प्रचार के जरिये बननेवाली छवि के अनुसार खुशहाल और समृद्ध अमरीका से बहुत अलग किस्म का अमरीका हमें उमेश की कहानियों में दिखता है। वे अमरीका का विज्ञापन करनेवाले लेखक नहीं हैं, बल्कि जीवन-दृश्यों को उपस्थित करके (बिना किसी प्रकट सन्देश के) अपना मन्तव्य प्रस्तुत करनेवाले लेखक हैं। यों, एक बात और भी कहने की है। उमेश अग्निहोत्री प्रकटतः एक सकारात्मक उद्देश्य लेकर चलते हैं, जिसे कहा नहीं जाता, लेकिन वह उद्देश्य होता है जीवन-स्थितियों के साक्षात्कार के माध्यम से बद्ध संस्कारों को तोड़कर मनुष्य को अधिक संवेदनशीलता के साथ समझना। जीवन-स्थितियाँ ऐसी हैं जो एक और प्रभाव व्यक्त करती हैं, जो अनेक कहानियों के भीतर से उठती गूँज की तरह सुनाई पड़ता है और वह है अमरीकी समाज में व्याप्त भय और उस भय के विभिन्न रूप। संस्कारों की जड़ता से लड़ना भय के इन रूपों से लड़ना है।

उदाहरण के लिए, 'लकीर' कहानी में दिनेश और अनवर एक ऑफिस में साथ काम करते हैं। अनवर काफी ज़िद करके दिनेश को अपने घर खाने पर ले जाता है। कढ़ी, मटर-पनीर, रायता, खीर—हिन्दुस्तानी खाना है या पाकिस्तानी? अनवर की बेटी पोपी कहती है, 'पाकिस्तानी खाने जैसा खाना दुनिया में कोई है ही नहीं।' वह अमरीका के अलावा एक ही देश जानती है, पाकिस्तान। इसी तरह दिनेश की बेटी भी एक ही देश जानती है, हिन्दुस्तान। वह पूछती है कि अनवर अंकल 'हिन्दुस्तान में कहाँ रहते हैं?' दिनेश उसे बताते हैं कि वे पाकिस्तान के हैं, लेकिन न वह समझ पाती है, न दिनेश समझा पाते हैं।

अनवर और दिनेश में इतनी समानता है कि वे बिलकुल एक-जैसे लगते हैं—यह उनके बीवी-बच्चे तक कहते हैं। एक जैसे दो मनुष्य 'हिन्दुस्तानी' और 'पाकिस्तानी' के रूप में एक-दूसरे से डरे-सहमे रहते हैं। पर अमरीका में वे अपने बीच की समानता का बोध प्राप्त करते हैं। बेटी को समझाते-समझाते खुद दिनेश अनुभव करते हैं, कि उनका अपना मन 'वह सीमा रेखा नहीं खींच पा रहा है जो नक्शे में दिखाई देती है। उसे समझ नहीं आ रहा था कि बच्ची की सहज बुद्धि में वह यह लकीर किस तरह डाले?' भारत और पाकिस्तान में ऐतिहासिक और साम्प्रदायिक कारणों से जो भय का मनोविज्ञान है, उसकी निरर्थकता का चित्रण करते समय उमेश अपने अनजाने यह बता देते हैं कि अनिवासी भारतीय या पाकिस्तानी इस भय के कारण अमरीका में रहते हुए भी अपने मूल देश के कट्टरपंथियों का उपजीव्य क्यों बनते हैं। बेशक, उमेश का नजरिया सकारात्मक है। अनवर और दिनेश की सन्तानों में वह 'लकीर' नहीं है।

इसी तरह, 'एक काली तस्वीर' का वाचक भारतीय है जो अपने बेटे अमित के बचपन के सहपाठी हबीब के घरवालों से मिलने बाल्टीमूर जाता है। हबीब

के पिता सेनेगल से भागकर आये थे। अमरीका में रहते हुए दोनों अपने को भारतीय और अफ्रीकी ही मानते हैं। वर्तमान को अस्वीकार करने और अतीत में जीने की मानसिकता खुद उनके लिए जड़ता, विषमता, अलगाव पैदा करती है। दावत के समय बातचीत में एक अश्वेत युवक बड़ी सटीक बात कहता है, 'इस बहस में आप (अमित के पिता) एक तरफ हैं और इदरीसिया (हबीब के पिता) दूसरी तरफ। लेकिन दोनों ही अपनी संस्कृतियों से कटे हुए हैं।' फिर भी जिद करते हैं कि अपने मूल से जुड़े हैं। इस जुड़ाव के बारे में युवक कहता है, 'एक तो अमरीका के एक समृद्ध इलाके में रहता है और अपने बेटे को अपनी संस्कृति से जोड़े रखने के लिए संग्रहालयों में भारतीय चीज़ें दिखाता घूमता है। और दूसरा रहता है यहाँ कालों के इलाके में—अफ्रीका में जो कुछ भी उत्कृष्ट है, उससे कटा हुआ—जहाँ उसका बेटा अपनी संस्कृति से जुड़े रहने के नाम पर आये दिन देखता है तरह-तरह के अपराध!''

एक तरफ समृद्ध इलाके और दूसरी तरफ कालों के इलाके, वर्गभेद और रंगभेद के संस्कार मिल-जुलकर असर करते हैं। अफ्रीकी अमरीकियों की तरह भारतीय मूल के अमरीकी अपनी अलग बस्ती नहीं बसाते। गोरों के इलाके में ही रहते हैं। अश्वेतों का दोहरा अलगाव है। समृद्ध गोरों से अपने रंग के कारण और दूसरे अनिवासियों से अपनी आर्थिक स्थिति के कारण। अलगाव और अपमान की इन्हीं परिस्थितियों में अपराध पलता है। भेदभाव और अलगाव के माध्यम से एक पूरी आबादी को अपराधी बनाने की यह प्रक्रिया अमरीकी समाज में भय का एक बहुत बड़ा स्रोत है। दूसरी तरफ, अपने मूल से हटकर 'संग्रहालयों, मन्दिरों और पुस्तकालयों' के जरिये या वेश-भूषा और तस्वीरों के जरिये अपनी 'संस्कृति' से केवल प्रतीकात्मक सम्बन्ध जोड़ा जा सकता है, जीवन्त सम्बन्ध नहीं क्योंकि जीवन्त सम्बन्ध तो जीवन-प्रवाह में ही होता है। लेखक के बिना कहे भी यह समझा जा सकता है कि ऐसा प्रतीकात्मक सम्बन्ध क्रमशः धार्मिक कट्टरता और उत्तेजना का रूप लेता जाता है।

हालाँकि भय के इन स्रोतों को और उनके जटिल पेंचों को उभारना उमेश का प्रमुख मन्तव्य नहीं है। उनका मन्तव्य है यह अनुभव कराना कि अश्वेतों में भी वैसी ही संवेदना और मनुष्यता है, जैसी दूसरों में। अश्वेतों को अधिकतर चपरासी या सफाई-धुलाई के छोटे काम मिलते हैं। उस 'व्यावसायिक परिवेश' से हटकर 'उन्हीं के परिवेश में' उनसे मिलना संस्कार की दोहरी जड़ता को तोड़ने का उपक्रम है। यह जड़ता टूटती है और वाचक अनुभव करता है, 'दूर-दूर बने मकान, दरवाज़े बन्द, बन्द ही नहीं, सिक्यूरिटी सिस्टम से सुरक्षित। हर घर एक-दूसरे से अलग और अपरिचित। किसी का किसी से मिलना-जुलना नहीं। जबकि

यहाँ के लोग किस तरह साथ रहते हैं...उनके घरों के दरवाज़े किस तरह खुले रहते हैं...दिलों के दरवाजे भी...'

क्या ऐसा ही फर्क भारत के किसी महानगर में उच्च मध्यवर्ग और निम्न-मध्यवर्ग की बस्तियों में नहीं है? समृद्ध और निर्धन बस्तियों में तो यह फर्क और भी ज्यादा होता है। समृद्धि के साथ दिलों के दरवाजे बन्द होते जाते हैं—भूमंडलीय बाज़ार-व्यवस्था ऐसी ही संस्कृति उत्पन्न कर रही है। भारत से ज्यादा अमरीकी भद्रलोक पर उसकी जकड़न है। उसे अब उदारपन्थी अमरीकी अर्थशास्त्री ही 'अजीर्ण' रोग (एंफ्लुएंज़ा) की संज्ञा देने लगे हैं। उमेश उसके मानवीय पक्षों पर ध्यान केन्द्रित करते हैं। बिना शब्दाडम्बर के, अत्यन्त स्वाभाविक रूप में, अनुभव-प्रक्रिया की साझेदारी के माध्यम से उमेश अपना अभिप्राय व्यक्त कर देते हैं। यह अभिप्राय 'क्रान्तिकारी' आशय से सम्पन्न न होकर भी (बल्कि शायद इसीलिए) अधिक गहन स्तरों को उद्घाटित करता है। 'एक काली तस्वीर' में उनका अभिप्राय वर्गभेद और रंगभेद की संश्लिष्टता के साथ-साथ आबसैयों (आप्रवासियों) की विडम्बना प्रकट करना भी है। भारतवंशी और अफ्रीकी एक समान उपेक्षित हैं। लेकिन वे आपस में घुलते-मिलते नहीं, घृणा और आशंका से परिचालित होते हैं। बाल्टीमूर की यात्रा के समय और हबीब के अपार्टमेंट में पहुँचने के बाद इस आशंका और भय का अत्यन्त सूक्ष्म चित्रण कहानीकार ने किया है। इसीलिए उस भय और आशंका की व्यर्थता भी अच्छी तरह उजागर हुई है और तभी आप्रवासियों की समान नियति का प्रभाव व्यंजित हुआ है।

उल्लेखनीय यह है कि 'लकीर' की तरह 'एक काली तस्वीर' में भी उमेश अग्निहोत्री विशेषज्ञ या उपदेशक बनकर नहीं पेश आते, बल्कि वास्तविकता को देखने, समझने और अनुभव करने की विनम्र भंगिमा में अपनी बात कहते हैं। इसीलिए उनकी शैली संवाद स्थापित करने की है। उन्होंने इसी भंगिमा और शैली को अपना कला-सिद्धान्त बनाया है। 'हैप्पी न्यू ईयर' में दर्दनाक घटनाओं को किनारे करके 'मामूली सी घटना' के वर्णन को कहानी बनाने के लिए उमेश का तर्क है :

> 'आप ठीक कहते हैं। इस तरह के समाचार मैं भी आये दिन अखबारों में पढ़ता हूँ और बड़े तटस्थ स्वर में पढ़कर श्रोताओं को भी सुनाता रहा हूँ। (इस कहानी का वाचक रेडियो-उद्घोषक है।—अ.ति.) उस दिन भी सुनाये थे जिस दिन की यह घटना है। उस दिन भी खबर दी थी कि लगभग दो सौ व्यक्ति ठंड में मर गये। लेकिन समाचार पढ़ना किसी आकाश-छूती इमारत के पास या किसी खुले मैदान में समतल बिछी लोहे की जाली पर किसी व्यक्ति को उकड़ूँ बैठे या सोते रात काटते *देखना* और उससे

बातें करना, दो अलग अमल हैं। बात करने के बाद वह व्यक्ति किसी दूसरे ग्रह का, किसी और देशकाल का मानव नहीं रह जाता और आप सोचने लगते हैं कि इंसान से जुड़ने के लिए किसी बहुत बड़ी घटना, किसी महाविपदा, किसी ऐटमबम के गिरने, किसी महान दर्शन, किसी मजहब की जरूरत नहीं है। उसके लिए दूसरे के *दिल की धड़कन* सुनने की जरूरत है—*एक इंसान की तरह।*" (ज़ोर हमारा)

'देखना' और 'बातें करना' दो अलग व्यवहार हैं। दो सौ लोगों के ठंड के मर जाने की 'खबर' मन को नहीं छूती लेकिन पास से 'दिल की धड़कन' सुनने के बाद कोई घटना मन को छू लेती है। कारण यह कि जब घटना दृश्य के बजाय अनुभव बनती है तब हम मनुष्य को भीड़ या पराये की तरह नहीं 'इंसान की तरह' पहचान लेते हैं। इसके लिए किसी महान धर्म, दर्शन या प्राकृतिक विपदा की नहीं, सिर्फ़ अपने स्वार्थ के बन्धन ढीले करने की जरूरत है। ऐसा करते ही हम अपनी 'तटस्थता' छोड़कर सम्बन्ध में प्रवेश करते हैं और सम्बन्ध ही किसी निर्जीव घटना (तथ्य) को सजीव अनुभव में बदलता है। सम्बन्ध में परिभाषित होते ही कोई घटना मानवीय प्रसंग बन जाती है। मार्मिकता इस मानवीय प्रसंग में होती है, घटना के 'दर्दनाक' या 'शर्मनाक' या 'हर्षनाक' होने में नहीं। जिन्हें हम 'इंसान की तरह' पहचानने लगते हैं, उनसे हमारी संवेदनात्मक दूरी कम हो जाती है, उनके जीवन की स्थितियाँ मूर्त हो जाती हैं, उन जीवन-स्थितियों के अन्तर्विरोध और अन्तस्सम्बन्ध उभर आते हैं। इस प्रकार हम किसी घटना को सामाजिक और संवेदनात्मक सम्बन्धों की अन्तर्बाह्य व्यवस्था में पहचान पाने में सक्षम होते हैं। फलस्वरूप, न केवल हमारी कला जानदार बनती है, बल्कि हमारी आन्तरिकता भी रूपान्तरित होती है। तभी उसका कलात्मक प्रभाव भी संक्रमणकारी बनता है—जिन्हें पाठक के रूप में हम नहीं जानते, दूर देश के उन मनुष्यों की पीड़ा भी हमारी अपनी हो जाती है। ऐसी ही कला अपनी साधारणता में असाधारण होती है।

सादगी का यह सौन्दर्यशास्त्र दूसरे रास्तों की व्यर्थता समझकर अपनाया गया है। इसीलिए उमेश की कहानियाँ जीवन के इतने नजदीक लगती हैं मानो उससे अभिन्न हों लेकिन वे अपने पाठक से संवाद के क्रम में अपना प्रभाव अर्जित करती हैं। ऊपर हमने जो लम्बा अंश पढ़ा, उसमें आकाश छूती इमारत के पास या खुले मैदान में समतल बिछी लोहे की जाली पर किसी व्यक्ति को उकड़ूँ बैठे या सोते हुए देखने का जिक्र है। इन्हें दृश्य की तरह देखकर गुजर जानेवालों की कमी नहीं है। वे यह समझते हैं कि ये बेघरबार और बेरोजगार लोग हैं। लेकिन वे यह नहीं समझ सकते कि आकाश छूती इमारत तेज़ हवाओं को रोकती है और

मैदान में समतल बिछी जाली भूमिगत रेल की सुरंगों से गर्म हवा फेंकती है, मानो 'किसी दैत्य की भाप बनती साँस' हो। दैत्य की उपमा बेहद सार्थक है क्योंकि बेघर-बेकारों को 'मनुष्य' का समाज तो अपनाता नहीं, उन्हें अप्रत्याशित स्रोतों से जीवन-सामग्री मिलती है।

घटना और जीवन की समान्तरता में 'कला' कहाँ आती है, इसका परिचय भी 'हैप्पी न्यू ईयर' से मिल सकता है। मुख्य कथा में दो पात्र हैं। कहानी का वाचक जो रेडियो उद्घोषक है और लिफ्ट माँगनेवाला बेरोजगार युवक। दोनों चरित्रों को हम उनके नाम से नहीं जानते। पीछे की घटनाओं के उल्लेख में कुछ नामों का जिक्र होता है लेकिन मुख्य कथा के पात्रों में वाचक अपना नाम खुद नहीं लेता और जिस युवक से मिलने की 'कहानी' है, उसका नाम भी नहीं पता चलता, 'मैंने उसका नाम पूछना चाहा लेकिन पूछते-पूछते रह गया।' एक गृहस्थ और एक बेघर में परिचय कैसा? नामहीनता इसी अपरिचय की व्यंजना है। लेकिन नामहीनता के बावजूद, या शायद इसी कारण, वह युवक पाठक के मन पर अंकित हो जाता है।

विदा होते समय वह युवक अन्तिम शब्द बोलता है, 'हैप्पी न्यू ईयर।' वाचक अपना रेडियो उद्घोष इसी शब्द से शुरू करता है, 'हैप्पी न्यू ईयर'। बेरोजगारों की दुनिया जहाँ खत्म होती है, भलेमानुसों का जीवन वहाँ शुरू होता है। दोनों के बीच कुछ औपचारिकताओं का सम्बन्ध रह गया है। वह भी जरूरी नहीं, संयोग आ जाने पर। इसीलिए एक ही शब्द दोनों के लिए अलग-अलग अर्थ रखता है। और उनके बीच बहुत जटिल सम्बन्ध का संकेत करता है। वह युवक सुबह का इन्तजार कर रहा था ताकि रेस्त्राँ में आकर गर्म कॉफी पी सके; वाचक सुबह उठने पर अपने को 'लानत' भेजता है क्योंकि दूसरे सुनें-न सुनें, उसे समय पर रेडियो-प्रसारण शुरू करना है! दोनों की विवशताओं के प्रसंग कितने विपरीत हैं!

'इस दुनिया में दो दुनिया हैं'—नरेन्द्र शर्मा के इस सत्य को अनुभव के स्तर पर अर्जित करके उमेश अग्निहोत्री ने संस्कार की जड़ता को तोड़ा है। उन्होंने यह बोध भी उत्पन्न किया है कि हम अपने से अलग दुनिया को अपनी ही तरह मनुष्य की दुनिया मानें। यह काम जितना कठिन है, उतना जरूरी भी है क्योंकि जीवन-स्थितियों का अलगाव सन्देह, अपरिचय, भय, यातना, हिंसा की मनोभावनाएँ उत्पन्न करना है। इस प्रकार, उमेश अनुभव अर्जित करने की प्रक्रिया का वर्णन करते हुए हमारे जड़ (होते) संस्कारों को झकझोरते हैं। वाचक और युवक की दो दुनियाएँ नये साल की ठंड के प्रसंग में और उभरती हैं। ठंड ऐसी थी कि शहर की नदी जम गयी थी, घर में कार के शीशे, पहिये, मडगार्ड पर

बर्फ 'पत्थर-सी चिपकी' थी, दो सौ लोगों की मृत्यु हो गयी थी, वे अवश्य बाहर सोए होंगे! सड़क के किनारे काले रंग का ढेर देखकर वाचक पहले सोचता है कि किसी सफाई पसन्द नागरिक के घर का 'कूड़ा-करकट' या भालू जैसा कोई 'जानवर' है। लेकिन वह 'इन्सान' था इसलिए 'जानवर से भी अधिक खतरनाक' था। शरीफ लोग भूलकर उन्हें अपने नजदीक नहीं आने देते। विज्ञान में 'मैटर' और 'एंटीमैटर' की कल्पना है। समाज में मनुष्य और प्रति-मनुष्य साथ-साथ मौजूद हैं!

मनुष्य की आँख से प्रति-मनुष्य को देखने और उन्हें भी अपने जैसा समझने का अनुभव वास्तव में हमारे मनुष्य बनने की प्रक्रिया है। ऐसी कहानियाँ हिन्दी में पहले लिखी गयी हैं। 'पिकनिक' (भीष्म साहनी) या 'मूस' (अमरकान्त) जैसी कहानियों से 'हैप्पी न्यू ईयर' का अन्तर यह है कि भीष्म साहनी और अमरकान्त अपने ही समाज के प्रति-मनुष्यों को देख रहे थे जबकि उमेश अग्निहोत्री एक काले भारतीय 'मनुष्य' और गोरे अमरीकी 'प्रति-मनुष्य' का फासला मिटा रहे हैं। इस बात का महत्त्व तब और ज्यादा समझ में आयेगा जब हम यह ध्यान रखें कि ज्यादातर गोरे अमरीकी बाहर से आकर बसनेवाले एशियाई और अफ्रीकी लोगों को मनुष्य नहीं समझते। उमेश इसकी प्रतिक्रिया जताने के बजाय उत्पीड़ितों की आपसी हमदर्दी का संस्कार जगाते हैं, भले ही वे भारतीय और अफ्रीकी हों (जैसा 'एक काली तस्वीर' में है), भारतीय और पाकिस्तानी हों (जैसा 'लकीर' में है) या भारतीय और अमरीका हों (जैसा 'हैप्पी न्यू ईयर' में है)।

सड़क पर रात बितानेवालों का दृश्य अमरीका के लिए उतना ही आम है जितना भारत के लिए। लेकिन अमेरिका में हजारों बेघरबार-बेरोजगार लोग खुले आकाश के नीचे ठंड में रात बिताते हैं—एक अनिवासी भारतीय के इस चित्रण से बहुत-से निवासी अभारतीयों के सपने नहीं तो दिल ज़रूर टूट जायेंगे।

आमतौर पर वाचक भी दूसरे भलेमानुसों की तरह ऐसे लिफ्ट माँगनेवालों के लिए कार नहीं रोकता। पर नये साल के पहले दिन वह रुक गया। बातचीत में पता चला कि उसके माँ-बाप भी उसी की तरह 'घर में नहीं हैं। और उनकी भी अपनी जिन्दगी है।' उन्होंने पाल-पोसकर खड़ा कर दिया, उनका फर्ज पूरा हुआ; 'अब अगर कुछ फर्ज हैं तो उनके प्रति मेरे फर्ज बचते हैं।' इसके बाद कुछ भी कहने-सुनने की 'हिम्मत' वाचक को नहीं हुई।

अलगाव और बेगानेपन के संस्कार पूरी जीवन-पद्धति में हैं। व्यक्ति की स्वतन्त्रता पूरी तरह सुरक्षित है!

अगले चौराहे पर पहुँचकर वाचक पूछता है, 'कहाँ जाओगे?' युवक रेस्त्राँ की तरफ इशारा करता है, 'गर्म कॉफी पिऊँगा।' वाचक कहता है, रेस्त्राँ तो बन्द

है। युवक बताता है, 'आठ बजे तक खुल जायेगा, तब तक बाहर बैठूँगा।' लेकिन नये साल की छुट्टी थी। 'शाम पाँच बजे तक सब दुकानें बन्द थीं...और रेस्त्राँ भी...'

यह कहानी का अन्त है।

उस युवक के पास न काम था, न घर था, न परिवार था, सिर्फ समय था, जो दूसरों के पास नहीं था।

बड़े होकर जिस तरह माँ-बाप से अलग रहने की अमरीकी जीवन-शैली है, उसी तरह किसी से उसका रोजगार न पूछने का शिष्टाचार भी है। रात नये साल की पार्टी में वाचक अपने जिन समकक्ष लोगों के साथ था, 'उनसे परिचय केवल नाम तक था। वे क्या काम करते थे उनसे कभी पूछा न था। ऐसी बातें पूछना अशिष्टता समझा जाता था।' यह शिष्टाचार अमरीकी समाज का अनिवार्य अंग है। 'एक काली तस्वीर' में अमित के पिता की तरह हबीब के पिता भी 'इस अमरीकी संस्कृति का अंग बन चुके थे, जिसमें कोई किसी से यह नहीं पूछता कि आपका रोजगार क्या है? बात यह सोचकर की जाती है कि तुम व्यक्ति से मिल रहे हो, उसके रोजगार से नहीं।'

बेशक, इससे व्यक्ति की गरिमा सुरक्षित रहती है। लेकिन 'व्यक्ति' वही है जिसके पास रोजगार है। जिसके पास रोजगार नहीं है, वह 'व्यक्ति' भी नहीं है। उसकी कोई पहचान नहीं है। नाम हो भी तो कोई मतलब नहीं है। 'नाम' और 'रोजगार' के इस अलगाव से अमरीकी समाज का भीतरी चेहरा उजागर होता है। बेघर, बेकार, बेनाम मनुष्यों को 'इत्यादि' बना दिये जाने की विडम्बना कवि राजेश जोशी स्पष्ट करते हैं और उन्हीं 'इत्यादियों' के मनुष्य होने की संवेदना कहानीकार उमेश अग्निहोत्री जाग्रत करते हैं। वे जीवन के परस्पर-विरोधी परिपार्श्वों को एक-दूसरे से उलझते, उन्हें दबाते-काटते और बदलते हुए देखते हैं। यह भावात्मक गति उनकी अनुभव-प्रक्रिया में है, कहानी के जीवन-चित्र में है और रचनात्मक प्रभाव में भी है। इसलिए उनकी रचना का प्रकटत: कोई क्रान्तिकारी आशय नहीं होता क्योंकि वह इस जीवन-खंड में भी नहीं होता, फिर भी उनमें एक गहरा मानवीय आशय होता है जो भेदभाव और विषमता के संस्कारों से लड़नेवाली ऊर्जा का संचार करता है।

प्रवासी जीवन का एक यथार्थ वापस लौटने के स्वप्न और न लौटने की बाध्यता के बीच दुचित्तेपन की मानसिकता है। इस मानसिकता पर 'एक काली तस्वीर' के युवक ने बड़ी सटीक टिप्पणी की थी। उसमें यह सुझाव निहित था कि अतीतानुराग की भावुकता से छुटकारा पाकर अपने वर्तमान सत्य को स्वीकार करना जरूरी है ताकि व्यक्ति स्वयं आत्मछल का शिकार न हो और अपने समाज

को भी ठीक दिशा में प्रभावित करने योग्य बने। इस दुचित्तेपन की समस्या के और भी पहलू हैं, जिनपर उमेश अग्निहोत्री ध्यान देते हैं। एक पहलू है स्वाधीनता आन्दोलन के मूल्य और आदर्श तथा स्वतन्त्र भारत के शिक्षा और स्वप्न का फासला जो समाज की विषमता के साथ-साथ बढ़ता जा रहा है। दूसरा पहलू है पिछड़े हुए देश से समृद्ध समाज में पहुँचकर मिलनेवाले साधन, जो अलग-अलग स्तर के लोगों को अलग-अलग शर्तों पर उपलब्ध होते हैं। कुशल श्रमिक के रूप में व्यावसायिक अनुबन्ध (कांट्रैक्ट) पर जानेवाले भारतीयों को अलग परिस्थितियाँ मिलती हैं। (भारत के वंशज), और अकुशल श्रमिक के रूप में किसी परिचित के अनुमोदन (स्पांसरशिप) पर जानेवाले भारतीयों को बिलकुल अलग परिस्थितियाँ मिलती हैं। (जागो मोहन प्यारे)

अमरीका में रहने का अनुभव दोनों का एक जैसा नहीं है। 'भारत के वंशज' का नायक अमरीकी नागरिकता लेने के प्रश्न पर द्वन्द्व झेलता है, हालाँकि उसे पता है कि वापस वह जा नहीं सकता और अपने माँ-बाप, भाई-बहन के पूरे कुनबे को बुला नहीं सकता। 'जागो मोहन प्यारे' का नायक वापस जाना नहीं चाहता क्योंकि यहाँ उसे घर मिल गया है, भारत में वह बेघर था लेकिन उसे सम्मान का जीवन नहीं मिला क्योंकि वह डे-नाइट स्टोर में सेल्समन की बेहद मामूली और थकाउ नौकरी करता है। दुचित्तापन दोनों स्थितियों में है क्योंकि वह अपने मूल से कटने और उन्नति की सीढ़ियाँ चढ़नेवाले मध्यवर्ग की मानसिकता है, जो अनिवासी (प्रवासी) बनने के बाद नयी उलझनों से घिर जाती है।

उमेश अग्निहोत्री की कहानियाँ पहली बार अनिवासी मनोभूमि से जीवन के उन पक्षों को देखती हैं, जिन्हें हिन्दी कहानी में नहीं देखा गया है। अमरीकी जीवन के इन रूपों से आम हिन्दुस्तानी का वैसा परिचय नहीं था। उमेश न तो अमरीकी चकाचौंध से ग्रस्त हैं, न भारत के सम्मोहन से व्याकुल। बिना किसी आग्रह के वे जीवन को उसके वस्तुगत और मानसिक पेंचों के साथ ठीक-ठीक समझने का प्रयास करते हैं।

जिस बात के लिए उमेश अग्निहोत्री की सबसे अधिक प्रशंसा होनी चाहिए, वह यह है कि उन्होंने दूसरे अनिवासियों की तरह यूरोपीय या अमरीकी आँख से भारत को नहीं देखा है, भारतीय की आँख से अमरीका को देखा है। भारत पर लिखनेवाले अनिवासी भारत को नहीं जानते, उमेश अमरीका में रहते हुए जितना उसे जानते हैं उसका चित्रण करते हैं। सबसे बड़ी बात यह कि अमरीकी या यूरोपीय पाठक के लिए अँग्रेजी में लिखकर ग्लोबल इमेज बनाने की चाह रखने के बजाय उमेश भारतीय पाठक के लिए हिन्दी में लिखते हैं। ऐसा निर्णय क्षमता और निष्ठा के बिना सम्भव नहीं है।

विजयी विश्व धर्मध्वज प्यारा

'मनुष्य धर्म बनाता है, धर्म मनुष्य को नहीं बनाता।'
कार्लमार्क्स, 'हीगेल के अधिकार सम्बन्धी दर्शन की आलोचना में योगदान,'
(मार्क्स-एंगेल, **धर्म**, इंडिया पब्लिशर्स,
लखनऊ, 1974 अनुवाद : रमेश सिन्हा, पृ. 40)

तूफानों के बीच

अभी जयपुर के ग़ुलाबी शहर में नौ धमाके करके 'हूजी' (हरक़त-उल-जेहाद-ए-इस्लामी) के आतंकवादियों ने पूरे देश को दहला दिया। कुछ दिन पहले अमरीका के दिलचस्प राष्ट्रपति जार्ज बुश जूनियर ने पूरी दुनिया का मनोरंजन किया था कि इराक़ पर हमला ईश्वर का आदेश था। हिन्दुओं के बजरंग दल ने ग्राहम स्टेंस और उनके दो बच्चों को कार में ज़िन्दा जलाकर उत्सव मनाया था। पंजाब के सिख आतंकवाद को अभी लोग भूले नहीं थे कि वहाँ फिर उग्रवाद संगठित होने लगा है।

आखिर पिछले दो-ढाई दशकों में ऐसा क्या हो गया कि दुनिया के प्रमुख धर्म हिंसा, रक्तपात, आतंक का सहारा लेने लगे हैं? कभी 'हिन्दू-मुस्लिम-सिक्ख-ईसाई' आपस में भाईचारा रखते थे। तब शायद लोग भी कहते थे कि 'मज़हब नहीं सिखाता आपस में बैर रखना।' अब यह भाईचारा भूलकर लोग अपनी ही दिमाग़ी उत्तेजना में क्यों घिर गये हैं? धर्म अगर श्रेष्ठतर मूल्यों का विधान है तो उसके अनुयायी निकृष्टतर गतिविधियों में क्यों संलग्न हो जाते हैं? क्या धर्म के स्वरूप में ही ऐसी कोई बात है कि एक समय में यह नैतिक-मानवीय भूमिका अदा करता है (भक्ति आन्दोलन और स्वतन्त्रता संघर्ष) तथा दूसरे समय वह उपद्रव और उत्पात करने के लिए बाध्य हो जाता है। (नाज़ीवाद, भारत विभाजन और आतंकवाद)? अगर धर्म की सिर्फ़ उत्पाती भूमिका होती तो इन धर्मों के इतने अनुयायी कैसे बनते? तलवार-राइफल-बम के बल पर न कभी धर्मान्तरण हुआ है, न लोगों की सहानुभूति मिली है। तब आखिर आज सभी धर्म आतंक के रास्ते पर क्यों चल पड़े हैं? जिसकी जितनी ताक़त है, उसकी

लीलाभूमि उतनी ही विस्तृत है।

पिछले दो-ढाई दशकों में यह समस्या काफ़ी विडम्बनापूर्ण ढंग से उभरी है। इन्हीं दिनों कुछ परिघटनाएँ और भी हुई हैं। एक है संचार क्रान्ति, जिसके पीछे विज्ञान-प्रौद्योगिकी का अप्रत्याशित विकास मौजूद है। दूसरी है भूमंडलीकरण, जिसके पीछे बहुराष्ट्रीय पूँजी की प्रसारवादी भूमिका मौजूद है। तीसरी है लोकतान्त्रिक प्रणाली, जिसने प्राय: सभी देशों में धार्मिक तानाशाही और राजशाही सत्ताओं का अन्त कर दिया है। सऊदी अरब जैसे अपवाद रह गये हैं।

ऊपर से देखने पर तीनों परिघटनाएँ धार्मिक कट्टरपन और नृशंस आतंकवाद का आधार ख़त्म करती हैं। पहली परिघटना मनुष्य को ब्रह्मांड के विस्तार और परमाणु के अन्तरंग में एक साथ प्रवेश दिलाती है। पुराने दर्शन की भाषा में इसे 'अणोरणीयान महती महीयान' कहकर ब्रह्म का स्वरूप निर्दिष्ट किया जाता था। आज ब्रह्मांड में 'लुप्त पदार्थ' की खोज से लेकर परमाणु के भीतर नाभिकीय आन्तरिक संरचना तक ज्ञान का प्रवेश हो रहा है। कल के रहस्य आज ज्ञात यथार्थ बन गये हैं और नये रहस्यों का भेदन मनुष्य का लक्ष्य बन गया है। दूसरी परिघटना संसार को आपस में इस तरह जोड़ रही है कि पूरा भूमंडल सेंसेक्स की एक ही हलचल से नियन्त्रित होता है, तेल की कीमत हो या अनाज की, सभी देशों में उनका उतार-चढ़ाव एक साथ होता है। समृद्ध देश हो या विकासशील, हर कोई यही कहता है कि अलग रहना सम्भव नहीं है। ज़ाहिर है कि परस्पर सम्बन्ध और सभ्य बर्ताव अनिवार्य बन गये हैं। तीसरी परिघटना राजनीतिक है जो आर्थिक, सामाजिक और वैज्ञानिक विकास का निर्धारण करती है। उसकी चर्चा आगे चलकर।

ज्ञान, उदारता, खुलेपन के समसामयिक वातावरण में धर्म की जैसी नकारात्मक भूमिका उभरी है, वह आश्चर्य में डालती है। धार्मिक तत्त्ववाद (रूढ़िवाद), उग्रवाद और आतंकवाद से दुनिया का कोई समाज अछूता नहीं है, वह चाहे उन्नत हो या पिछड़ा। कल का उपनिवेश भारत (पाकिस्तान-बांग्लादेश) हो या उसका शासक ब्रिटेन; 'दुष्ट-साम्राज्य' इराक़ (और ईरान) हो या उसे सन्मार्ग पर लानेवाला धर्म-धुरीण अमरीका; दाना-पानी के लिए लड़ता-मरता पूर्वी अफ्रीका हो या सात-सयानों में शुमार फ्रांस-कनाडा, आतंकवाद की चपेट से कौन बचा है? हाँ, उसकी हवा अगर नहीं लगी है तो कोरिया-वियतनाम जैसे छोटे-मोटे देशों में जिन पर ध्यान ही नहीं जाता; या फिर लैटिन अमरीका के उन देशों में जिन पर ध्यान तो बहुत जाता है लेकिन यहाँ की जनता सामाजिक परिवर्तन के लिए कसमसा रही है और अमरीका विरोधी सत्ताएँ क़ायम कर रही हैं।

तो क्या ऐसा भी सोचा जा सकता है कि अमरीका और उसके प्रभाव क्षेत्र के देशों में ही यह समस्या ज़्यादा है? लेकिन ऐसा भी होता है कि जिन देशों या

शासकों को अमरीका पसन्द नहीं करता, उन्हें भी आतंकवादी कहता है। नेपाल में जनता ने राजशाही सत्ता को अपदस्थ करके लोकतान्त्रिक बहुदलीय चुनाव प्रणाली के ज़रिये माओवादी कम्युनिस्ट पार्टी को बहुमत प्रदान किया है। अमरीका उस पार्टी को और उसके नेता प्रचंड को आतंकवादी मानता है। मानो बाबरी मस्जिद तोड़नेवाले लोकतान्त्रिक हैं और जनमत का प्रतिनिधित्व करनेवाले आतंकवादी! नेपाल जब आतंकवादी नहीं था, राजशाही सत्ता जनमत के ऊपर क़ायम थी, तब वह हिन्दू राष्ट्र था और उसे भारत के हिन्दुत्ववादियों और अमरीकी सत्ताधारियों का समर्थन मिला हुआ था। यही स्थिति क्यूबा, बेनेजुएला, ब्राज़ील की है। फ़ीदेल कास्त्रो को अमरीका आतंकवादी मानता है। कास्त्रो को रास्ते से हटाने के लिए उसने (सीआईए) ने जितने और जैसे प्रयास किये, सब किसी हास्य फ़िल्म की पटकथा बनकर रह गये। कास्त्रो हटे, लेकिन स्वेच्छा से; पहली बार एक कम्युनिस्ट शासक जीवनकाल में सत्ता से हटा और फिर भी सम्मानपूर्वक रह रहा है। उसकी हालत ख्रुश्चेव जैसी नहीं हुई। इसी कास्त्रो को लैटिनी अमरीकी क्रान्ति का प्रतीक बना देनेवाले ह्यूगो शावेज़ अमरीका और पश्चिमी यूरोप में भी जार्ज बुश से ज़्यादा लोकप्रिय हैं।

तब, क्या आतंकवाद की दो परिभाषाएँ हैं? एक, जिसे जनता आतंकवादी समझती है और दूसरा, जिसे अमरीका आतंकवादी समझता है? अक्सर दिखायी देता है कि जनता की नज़र में आतंकवादियों का सम्बन्ध धर्म के नाम पर बने संगठनों से है और अमरीका की नज़र में आतंकवादियों का सम्बन्ध लोकप्रिय आन्दोलनों से है। म्याँमार की जेल में पड़ी हुई आन सान सू की हों या छत्तीसगढ़ की जेल में पड़े डॉ. विनायक सेन, उन्हें भी आतंकवादी ही माना जाता है! क्या इससे आतंकवाद और धार्मिकता का सम्बन्ध धुँधला नहीं पड़ता? आतंकवाद किसे कहा जाय? जिससे निर्दोष लोग भयभीत हों या जिस पर आततायी सत्ता कुपित हो? क्या धर्म के नाम पर संगठन बनाकर जनता को आतंकित करनेवाले गिरोहों को ही धार्मिकता का चेहरा मान लिया जाए? क्या आधुनिक संसार में धर्म की कोई रचनात्मक भूमिका नहीं बची है?

लैटिन अमरीका इस बात का उदाहरण भी है कि अमरीकी प्रभुत्व के खिलाफ़ जनता के संघर्ष में कम्युनिस्ट छापामारों के साथ चर्च भी आ मिला था। जब भारत आपातकाल से गुज़र रहा था, तब अफ्रीकी देश 'मस्तिष्क के निरुपनिवेशीकरण' (डी-कॉलोनाइजिंग द माइंड) की अवधारणा प्रस्तुत कर रहे थे और लैटिन अमरीकी देश (निकारागुआ आदि) 'मुक्ति के धर्मशास्त्र' (लिबरेशन थियॉलॉजी) की अवधारणा। इज़राइल की यहूदीवादी सरकार, पाकिस्तान की इस्लामवादी हुक़ूमतें, नेपाल की हिन्दूवादी राजशाही, चिली में पिनोशे की ईसाई तानाशाही, पंजाब में खालिस्तान के सिक्ख अलगाववादी—सभी दमनकारी-

आतंककारी सत्ताओं और संगठनों को अमरीकी समर्थन मिलता रहा है। दुनियाभर में जैसे-जैसे धर्मवादी सत्ताओं का बने रहना कठिन होता गया है, उनके विरुद्ध लोकप्रिय आन्दोलन तेज़ हुए हैं, वैसे-वैसे धर्मवादी आतंक का सूत्रपात हुआ है। आख़िर, अमरीका समर्थित धर्म तानाशाही और आतंकवाद का रूप क्यों ले लेता है, जबकि अमरीकाविरोधी (बल्कि साम्राज्यविरोधी) धर्म राष्ट्रीय चेतना और मुक्ति की सैद्धान्तिकी बन जाता है?

गुज़रा हुआ ज़माना

डॉ. रामविलास शर्मा ने एक बातचीत में कहा था, "धर्म का मूल अर्थ है चलना। रीत। तो जिस रीत पर लोग चलते हैं वही उसका धर्म है। सूर्य सवेरे निकलता है वही उसका धर्म है, शाम को डूबता है वही उसका धर्म है। मनुष्य पैरों से चलता है, यह उसका धर्म है। साँप पेट के बल रेंगता है, यह उसका धर्म है। धर्म का मूल व्यापक अर्थ यह है।" (श्याम सुशील और बसन्त पांडेय से बातचीत, *आज के सवाल और मार्क्सवाद*, सं. अजय तिवारी, स्वराज प्रकाशन, दिल्ली, 2001, पृ. 229) लेकिन आज धर्म का अर्थ हो गया है घृणा, हिंसा, उन्माद। अयोध्या में बाबरी विध्वंस, बनारस के संकटमोचन मन्दिर में बम विस्फोट, हैदराबाद की मक्का मस्जिद में बम विस्फोट, दिल्ली में संसद पर हमला—ऐसी घटनाओं को याद करें तो पता चलेगा कि उग्रवादी दूसरे धर्म और धर्मनिरपेक्ष लोकतन्त्र को अपना निशाना बनाते हैं।

क्या घृणा, हिंसा, उन्माद को ही उग्रवादियों का 'धर्म' मानें? धर्म का मूल आधार विश्वास है। असहिष्णुता जब विश्वास को अपदस्थ करे तो किसी गहरे संकट का पता चलता है। धर्मोन्माद के समान्तर केवल विज्ञान और लोकतन्त्र नहीं, समृद्धि और अपराध भी बढ़े हैं। धर्म अक्सर विज्ञान और लोकतन्त्र के विरुद्ध, समृद्धि और अपराध के साथ दिखाई देता है। उसकी यह भूमिका सदा से नहीं रही है। भक्ति कभी नैतिक आग्रह हुआ करती थी। 'सबै भूमि गोपाल की' एक उदात्त बोध था। उसके साथ अपरिग्रह का आदर्श था। वह व्यावहारिक नहीं था। उपभोग का आदर्श बाज़ारवादी समय का आचरण है। आवश्यकता को अतिरंजित करके चरमबिन्दु तक पहुँचा दिया गया है। जितना उपभोग, उतनी अतृप्ति। 'चाहिए उन्हें भी और-और!' और-और की चाह में नैतिकता वग़ैरह का क्या मतलब? 'मेरी सात लाख की लाटरी लगवा दे शेराँवाली..., सोने की चेन पड़ी हो, दरवज्जे कार खड़ी हो...' यह आज की भक्ति का प्रॉपर्टी-डीलर चेहरा है।

जब 'सबै भूमि गोपाल की' होती थी, तब 'सभी मनुष्य एक ही ईश्वर की सन्तान' होते थे। आगे चलकर जनतान्त्रिक समाज ने इसी के आधार पर सभी

नागरिकों की समानता का आदर्श अपनाया। उनमें राजनीतिक स्तर पर समानता अवश्य आयी। यह धार्मिक चेतना का लौकिक चेतना में रूपान्तरण था। लेकिन वास्तव में सम्पत्ति पर सभी का समान अधिकार नहीं था। इसलिए समाज में भी कुछ लोगों को विशेष अधिकार प्राप्त थे। सामाजिक-आर्थिक विशेषाधिकारों से राजनीति अछूती नहीं रह सकती थी। विशेषाधिकारियों और अधिकारहीनों का समुदाय अतीत के समाज से आधुनिक समाज में भी चला आया था। उन दोनों के धर्म न पहले एक थे, न आज हैं।

इस बात पर बहस करने की जरूरत तो यहाँ नहीं है कि अपनी सीमित कर्मशक्ति के कारण आदिम मनुष्य प्रकृति के आगे परवश था और प्रकृति उसकी चेतना पर एक समर्थ, विरोधी शक्ति की तरह हावी थी। तब वह प्रकृति के उपादानों को ही पूजता था। इसे जड़पूजा अथवा अन्धविश्वास का काल कहा जाता है। कृषि के विकास के साथ, प्रकृति में हस्तक्षेप के रचनात्मक स्वरूप में एक नयी मंजिल प्राप्त करके, मनुष्य ने जड़-चेतन का अन्तर पहचाना, तब उसने संसार के किसी और सृजनकर्ता की अवधारणा विकसित की। यह धर्म का युग था, जिसमें मनुष्य के अपने हित भी ज़्यादा परिभाषित हैं और मानवरूपी देवताओं का अस्तित्व भी ज़्यादा सुनिश्चित है। संसार की विभिन्न जातियों में प्राकृतिक शक्तियों के मानवीय रूप ग्रहण करने के प्रसंग में फ्रेडेरिक एंगेल्स ने लिखा है, "इस अध्ययन से पता चलता है कि कम-से-कम जहाँ तक इंडो-यूरोपियन कौमों का सम्बन्ध है, इस क्रिया का स्रोत भारतीय वेदों में है।" (मार्क्स-एंगेल्स, धर्म, पूर्वोक्त, पृ.142)

लेकिन यहाँ तक आते-आते सामाजिक जटिलताएँ और विविधताएँ भी उभर आयी थीं। धर्म की चेतना संस्थाबद्ध भी होने लगी थी। अब वह जड़पूजा वाला सीधा-सादा (अन्ध) विश्वास नहीं रहा। उसके अनेक पक्ष हुए। विश्वास और नैतिकता, मठ (मन्दिर-गिरजे वग़ैरह) और कर्मकांड, उन कर्मकांडों को सम्पन्न करनेवाला तथा इस संसार को उस संसार से मिलानेवाला पुरोहित (पादरी-मुल्ला वग़ैरह) जिसे धार्मिक तन्त्र में उसी तरह विशेषाधिकार प्राप्त थे जिस तरह गोपाल की भूमि और गौओं की रखवाली करनेवाले सामन्त वर्ग को समाज में प्राप्त थे! अब अगर समाज के विशेषाधिकारी और धर्म के विशेषाधिकारी मिल-जुलकर काम करते थे तो कौन-सा आश्चर्य! इसी को धर्म और राज्यसत्ता का गटबन्धन कहते हैं।

सामन्तयुग में यह गठबन्धन ऐसा था कि निरंकुश राजसत्ता का समर्थन धर्म करता था, आधुनिक युग में उसका रूप बदल गया, धार्मिक तानाशाहियों का समर्थन राजनीति करने लगी।

इसी प्रकार कहीं यह गठबन्धन ज़्यादा मजबूत होता है, जैसे यूरोप में; इंग्लैंड में तो आज भी अमेरिकन चर्च 'ऑफिशियल रिलिजन' है। कहीं यह गठबन्धन ढीला-ढाला रहता है, जैसे भारतीय समाज में—बल्कि जापान को छोड़कर अधिकांश एशियाई समाजों में, जहाँ राज्य का अधिकृत धर्म या लगभग पूरे समाज का एक ही धर्म शायद ही कभी रहा है। जैसे-जैसे विज्ञान और बाज़ार (और हथियार) की ताक़त से पश्चिमी समाज सभ्यता का केन्द्र बना, वैसे-वैसे वह संस्कृति का केन्द्र भी बना। पिछड़े और विकासशील समाजों में अक्सर पश्चिमी नकल को लेकर चिन्ता दिखती है; बहुत से उन्नत चेतना के लोग उसे अनुकरणीय भी बताते हैं; आर्थिक उन्माद की वृद्धि का पश्चिमी प्रभाव से सम्बन्ध है, भले वह स्वेच्छा से अपनाया गया हो या अनिच्छा से सहा गया हो। पैसा, हथियार, योजना, यह सब कहीं-न-कहीं से मिलता ही है। जयपुर के बमकांड से पहले जो ई-मेल भेजा गया, उसमें 'पर्यटक ढाँचे को तहस-नहस करने' और 'राम-सीता-हनुमान के नाम पर कीचड़ सने विश्वास को ध्वस्त करने' का उद्देश्य बताया गया है! (परवीन स्वामी, द हिन्दू, 17 मई 2008)

ज़ाहिर है, आर्थिक लड़ाई के लिए धार्मिक लड़ाई का इस्तेमाल किया जा रहा है। आतंकवादियों का विश्वास उन्मादी होता है, उस उन्माद का स्रोत जीवन की परिस्थितियों से उपजी हताशा होती है और उस उन्माद का इस्तेमाल निहित स्वार्थ अपने लिए करता है। इससे अलग, जनसाधारण की वास्तविक भावनाएँ रचनात्मक स्वरूप में अभिव्यक्त होती हैं। मार्क्स ने हीगेल के अधिकार-दर्शन की आलोचना करते हुए 1524-25 के जर्मन किसान-युद्ध के बारे में कहा था, "हम मानते हैं कि लूथर ने भक्ति की दासता का अन्त विश्वास से उत्पन्न दासता को उसके स्थान पर रखकर किया था। सत्ता के प्रति श्रद्धा का उसने ध्वंस कर दिया था क्योंकि उसने श्रद्धा की सत्ता स्थापित कर दी थी। उसने पादरियों को दुनियादार बना दिया था क्योंकि दुनियादारों को उसने पादरियों में बदल दिया था। बाहरी धार्मिकता से उसने मनुष्य को मुक्त कर दिया था क्योंकि उसने धार्मिकता को ही मनुष्य का अन्तर बना दिया था।" (धर्म, पूर्वोक्त, पृ. 49)

यह टिप्पणी मानो भारत के भक्ति आन्दोलन पर की गयी है!

एक तरफ़ जनता को आतंकित करनेवाला धर्म है, दूसरी तरफ़ राजा और पादरी की सत्ता को संदिग्ध बनानेवाला धर्म। यह केवल दो युगों का अन्तर नहीं है। आज भी, निकारागुआ के पादरी या म्याँमार के बौद्ध, वे राष्ट्रीय मुक्ति और जनतान्त्रिक समाज के लिए संघर्षों में खुले तौर पर सक्रिय हैं। जहाँ भी धर्म आततायी सत्ता के विरुद्ध जनसंघर्ष के साथ है, वहाँ मानो पुनर्जागरण (लोकजागरण) की विरासत जाग उठती है। इससे यह पता चलता है कि धर्म कितना भी सांसारिक

मामलों से दूर, ईश्वर और मनुष्य के सम्बन्ध तक सीमित हो, रहता वह इसी संसार में है, इसलिए संसार के माहौल से प्रभावित होता है और उस माहौल को बनाने में अच्छी-बुरी दोनों तरह की भूमिका अदा करता है। सच तो यह है कि धर्म की सारी कल्पनाएँ लौकिक हैं, सारी प्रेरणाएँ लौकिक हैं, भक्तों-पुरोहितों की सारी इच्छाएँ लौकिक हैं, सारे पवित्र कर्मकांड भी लौकिक ही हैं। धर्म इसी लौकिकता का मानसिक प्रत्यावर्तन है।

अतीत पर बहस की जरूरत नहीं है, लेकिन यह सभी को पता है कि आरम्भिक ईसाइयत एक क्रान्तिकारी आन्दोलन था लेकिन मध्यकाल में उसी ईसाई धर्म की सत्ता यूरोप का 'अन्धकार युग' कहलायी। इस्लाम का उदय अर्धसभ्य कबीलाई समाज के प्रगतिशील विकास का प्रेरक था लेकिन मध्यकाल के जेहादियों से वर्तमान काल के आतंकवादियों तक इस्लाम का मौलिक स्वरूप नहीं दिखता। शैव, वैष्णव, जैन, बौद्ध, सिक्ख—सभी धर्म अपने अभ्युदय काल में मुक्तिदायी भूमिका लेकर आये हैं। ऋग्वेद की तरह भारत के धर्म भी यूरोप से अधिक प्राचीन हैं। शैव और वैष्णव परम्पराएँ उत्तर-वैदिक काल में प्रतिष्ठित हो चुकी थीं; जैन और बौद्ध धर्म भी ढाई हज़ार साल पुराने हैं। इनमें सगुण-निर्गुण दोनों परम्पराएँ हैं और दोनों के स्रोत वेद में हैं, उनका दार्शनिक स्वरूप उपनिषदों में है। भारत और यूरोप के प्रायः सभी धर्म सत्ता का संरक्षण पाते ही अपनी मुक्तिदायी भूमिका छोड़कर दमनकारी रूप ले लेते हैं क्योंकि उन्हें सत्ता का अनुमोदन करना होता है।

यहाँ तीन अलग-अलग बातों की ओर ध्यान जाता है। पहली बात यह कि धार्मिक विकास को आधार मानें तो विश्व-इतिहास में कुछ विलक्षण समानताएँ दिखती हैं। ईसा पूर्व छठी शताब्दी से ईसवी सन् की पहली शताब्दी तक बुद्ध और महावीर (भारत), कन्फ्यूशियस (वास्तव में कंगफुत्सु, चीन), सुकरात-प्लेटो-अरस्तू (यूनान) आदि के माध्यम से मानो आदिकालीन संसार अपनी सबसे मेधावी दार्शनिक खोजें कर रहा था। गणित, खगोल, दर्शन, योग मिलकर मानो शरीर, मन, ब्रह्मांड के सारे रहस्यों का भेदन कर लेना चाहते हों। एक देश में ज्ञान की अनेक शाखाओं का विकास, अनेक देशों में ज्ञान-विज्ञान का साथ-साथ विकास, यह प्राचीन संसार की आश्चर्यजनक अन्तःसम्बद्धता का दृश्य है! यही बात 12-13वीं सदी से 16-17वीं सदी तक फिर दिखाई देती है, जिसे कहीं पुनर्जागरण, कहीं लोकजागरण कहा जाता है। पुनर्जागरण की यूरोपीय संस्कृति पर एशिया का कर्ज़ अब प्रायः सभी विद्वान मानने लगे हैं। उपनिवेशों की स्थापना के बाद मानव-संस्कृति की सार्वभौमता खंडित होती है। दोबारा वह 19वीं सदी के उत्तरार्ध में दिखती है, जब यूरोप में सर्वहारा वर्ग का आन्दोलन उभरता है और उपनिवेशों में मुक्ति संघर्ष का सूत्रपात (1857) होता है। इतिहास की यह

समान्तरता धर्म से पृथक है। धर्म इस इतिहास से नियन्त्रित होता है।

दूसरी बात यह कि भारत में जैन और बौद्ध धर्मों के आने पर शैव और वैष्णव धर्मों से संघर्ष चाहे हुआ हो, पुराने धर्मों का लोप नहीं हुआ। सभी साथ-साथ कायम रहे। यूरोप में ईसाइयत के अभ्युदय के बाद मिस्र, यूनान, रोम के पुराने देवता कूच कर गये। मध्येशिया में इस्लाम के आने के बाद कबाइली धर्मों की भी यही परिणति हुई। ऐसा नहीं है कि इस्लाम और ईसाइयत निर्गुणपन्थी हैं और यूरोप-मध्येशिया के पुराने धर्म मूर्तिपूजक थे इसलिए उनका लोप हो गया। भारत में भी शैव-वैष्णव सगुणपन्थी थे, बौद्ध निर्गुणपन्थी; जैनी पुराने देवताओं के स्थान पर तीर्थंकर को स्थापित करते हैं। बात यह है कि सगुण-निर्गुण विवाद यहाँ जितना शस्त्रास्त्र के रूप में हुआ, उससे कहीं ज्यादा शास्त्रार्थ के रूप में हुआ।

तीसरी बात यह कि शिव, विष्णु, इन्द्र आदि की तरह ज़्यूस (द्यौस), पैलास, म्यूज़ आदि प्राचीन देवी-देवता पश्चिम यूरोप में भी थे। उनके अस्तित्व के विरुद्ध निर्गुणपन्थी दार्शनिक सुकरात-प्लेटो-अरस्तू ने संघर्ष किया। ईसाइयत ने पुराने देवतन्त्र और उसकी विरोधी दर्शन-परम्परा, दोनों पर चोट की। शास्त्रार्थ की अपेक्षा शस्त्रास्त्र पर यूरोप का अधिक विश्वास प्रकट होता है। सत्ता, चर्च, पादरी, पैगम्बर—पूरा ताना-बाना धर्म को विश्वास के साथ-साथ आडम्बर का रूप भी देता है। पूँजीवादी समाज में आडम्बर की संस्कृति जब अधिक फूलती-फलती है तब धर्म का कर्मकांडी पक्ष और भी हावी हो जाता है।

बाज़ार से गुज़रा हूँ

अगर ऐतिहासिक-सामाजिक परिस्थितियों के साथ धर्म का विकास होता है, अपने-अपने हितों के अनुसार मानव-समुदाय धर्म का अर्थ करता है तो मानना चाहिए कि धर्म अलौकिक वस्तु नहीं, ऐतिहासिक और व्याख्यापेक्ष तथ्य है। वह अपनी संरचना में भी विभाजित है। हर धर्म विश्वास, कर्मकांडी और पुरोहित वर्ग की एक साथ मौजूदगी से बनता है। उसका आधार जितना विश्वास में है, उतना ही प्रतिष्ठान में। इसीलिए मठ और मतान्धता में धर्म की परिणति सम्भावित होती है। ऐसी परिणति अन्ततः सांस्थानिक हितों के लिए मनुष्य की बलि चढ़ा देती है। सांस्थानिकता विश्वास से निरपेक्ष नहीं होती। बल्कि विश्वास जब कर्मकांड, विधि-विधान से एक हो जाते हैं, तब सांस्थानिकता जन्म लेती है। इसका सबसे ज्वलन्त उदाहरण है सम्प्रदाय, जो प्रायः एक ही धर्म के भीतर पैदा होते हैं। ईसाइयों में कैथोलिक-प्रोटेस्टेन्ट, मुसलमानों में शिया-सुन्नी, बौद्धों में हीनयान-महायान, जैनियों में श्वेताम्बर-दिगम्बर, सनातनियों में वैष्णव और शाक्त, आर्यसमाजियों में वैदिक और वितंडावादी, सिक्खों में खालसा और निंहग, ऐसा

कौन-सा धर्म है जो सम्प्रदायबद्ध नहीं हुआ? मूल शिक्षाओं की व्याख्या सदैव ऐतिहासिक परिस्थिति और सामाजिक हित पर निर्भर होती है।

समस्या यह है कि धार्मिक आस्थावान प्राणी न अपनी स्थिति को समझता है, न धर्म की उत्पत्ति और विकास की जटिलताओं को। अगर पूछा जाए कि जिस समय सारे 'ऑफ़िशियल' ईसाई पन्थ में यह बहस छिड़ी हुई है कि धर्म को ग़रीबों का पक्ष लेना चाहिए या नहीं, यानी राजनीति में हिस्सा लेना चाहिए या नहीं, उसी समय अमरीका और इंग्लैंड में अश्वेत चर्च पर सर्वाधिक हमले हो रहे हैं। पाकिस्तान के जिस विस्फोट में बेनज़ीर मरीं या हैदराबाद, मालेगाँव, दिल्ली और अजमेर शरीफ़ की मस्जिदों-दरगाहों में जो विस्फोट हुए, वे किसी और मतावलम्बी की कारस्तानी न थे। राममन्दिर आन्दोलन के बाद जिस ब्राह्मण वृद्धा ने पड़ोसी मुसलमानों को घर में छिपाया था और कारसेवकों को 'आतंकवादी' कहकर टेलीविज़न कैमरे के सामने अपना क्रोध प्रकट किया था, राम के प्रति उसकी आस्था ज़्यादा ही रही होगी। सच बात यह है कि आतंकवाद, धर्मोन्माद, कट्टरपन के समानान्तर प्रत्येक धर्म के भीतर सुधार, मानवतावाद, करुणा की एक सशक्त आवाज़ उठ रही है।

इतना ही नहीं, धर्म को 'जनता की अफ़ीम' मानने के लिए बदनाम मार्क्सवादी भी रोज़ी-रोटी की माँग करनेवाले साधारण लोगों के पूजा-पाठ और सड़क घेरकर शराब, शोरशराबे और आडम्बर के साथ किये जानेवाले 'विशाल' धार्मिक आयोजनों में फ़र्क़ करने लगे हैं। सम्पन्न और शिक्षित बुद्धिजीवियों में धर्मवाद के साथ-साथ कहीं नस्लवादी, कहीं जातिवादी, कहीं लिंगवादी घृणा भी काम करती है। इसका सबसे त्रासद उदाहरण 1962 में नोबेल पुरस्कार पानेवाले अमरीकी वैज्ञानिक जेम्स वाटसन हैं, जिन्होंने सारे सभ्य संसार को चकित करते हुए फ़रमाया कि अश्वेत अपनी प्रजाति के ही कारण 'कम बुद्धिमान' (स्टुपिड) होते हैं! यही घृणा जब कम पढ़े-लिखे और साधनहीन लोगों में आती है, तब वह हिंसक उन्माद का रूप ले लेती है। सामाजिक विषमता बढ़ने पर ऐसी घृणा भी बढ़ती है, बल्कि हर प्रकार की विवेकहीनता बढ़ती है और उचित ठहरानेवाले सिद्धान्त और संगठन भी बढ़ते हैं। यह कहने की जरूरत नहीं है कि बाज़ारवादी भूमंडलीकरण के साथ प्रत्येक समाज में और विभिन्न देशों में ऐसी विषमता तेज़ी से बढ़ी है।

अगर सूत्ररूप में कहें तो इन मनोवृत्तियों के विकास की समकालीन पृष्ठभूमि बड़ी विचित्र है। एक तरफ़ बिना श्रम और उत्पादन किये, शेयर, प्रॉपर्टी, हवाला वग़ैरह से अकस्मात उतरनेवाली छप्पर-फाड़ समृद्धि है जिसके साथ कभी भी तबाह होने का डर बना रहता है। दूसरी तरफ़ जिसकी जेब में माल नहीं है, जो इस समृद्धि के खेल से बाहर है, जिसकी दुनिया भूमंडलीय नहीं, कूपमंडूकीय

होती गयी है, उसे हर रोज़ जीने से ही डर लगता रहता है। यह डर अपनी स्थितियों के कारण जीवन की प्रक्रियाओं का ऐसा मानसिक प्रतिबिम्ब बनाता है जो दो अलग-अलग रूपों में धर्म की ओर ठेलते हैं।

शेयर बाज़ार की उथल-पुथल पर अपना वश नहीं है और उस उथल-पुथल पर अपनी हैसियत टँगी है। ऐसी हालत में, अज्ञात आर्थिक शक्तियों को अज्ञात दैवीशक्तियों से क़ाबू में करने का प्रयत्न चलता है। उसी के साथ, उस धार्मिक उपाय में अपनी समृद्धि की झलक भी जरूरी होती है! लेकिन जो इस स्वर्गिक समृद्धि से बाहर है, जिसे रोज़गार नहीं मिला है, या मनचाहा काम नहीं मिला है, उसका भय दिशाहीन क्रोध बनकर आता है। आतंकवादी ऐसे ही दिशाहीन क्रोध से बने धर्मोन्मादी होते हैं जिनका क्रोध व्यवस्था की असंगतियों से पैदा होता है लेकिन उसका शिकार उन्हीं की तरह के निर्दोष लोग बनते हैं।

बाज़ारवादी व्यवस्था मध्यवर्ग का विस्तार करती है। सारे मानव-सम्बन्ध पैसे-कौड़ी के सम्बन्ध बन जाते हैं। दिल्ली में ही पिछले छः महीने के अपराधों पर ध्यान दें तो पता चलेगा कि कालकाजी में पैतृक सम्पत्ति हथियाने के लिए भाड़े के क़ातिल बुलाकर बहन-बहनोई की हत्या, छः लाख हथियाने के लिए लाजपत नगर में साली और सास की हत्या; फिरौती, लूट जैसे उद्देश्यों से लगातार होनेवाली हत्याएँ साबित करती हैं कि मानव-सम्बन्ध पहले जैसे नहीं रहे; मनुष्य से ज़्यादा बली पैसा हो गया है। जब मानव सम्बन्ध वस्तुओं और पैसों से परिभाषित होने लगते हैं, तब आत्मिक रिक्तता जन्म लेती है। इस आत्मिक रिक्तता को और शहरी जीवन से उपजे अकेलेपन को भरने में धर्म बड़ा उपयोगी सिद्ध होता है। वह मानसिक व्यस्तता प्रदान करता है, सामुदायिक सम्पर्क जोड़ता है और काम के लोगों में सम्पर्क-सूत्र स्थापित करता है। इस मध्यवर्ग का बड़ा हिस्सा नवसमृद्ध वर्ग का गठन करता है। उसकी भी समृद्धि अनुत्पादक पूँजी पर टिकी है।

यह अनुत्पादक पूँजी जिस उथल-पुथल से बढ़ती है, उसी उथल-पुथल से टूटती भी है। इसलिए अस्थिरता, अनिश्चय और उसके साथ अपराध, अन्धविश्वास उसका चरित्र है। तथाकथित नयी विश्व-व्यवस्था के यही सटोरिया संचालक अन्धविश्वास और धर्मोन्माद का बहुत बड़ा स्रोत ठहरते हैं। यही वर्ग उदारीकृत-भूमंडलीय संसार में आर्थिक प्रतिमान बनाता है, सांस्कृतिक प्रतिमान बनाता है। उसकी समृद्धि और कर्मकांडी आचरण दोनों आदर्श बनते हैं। बाज़ारतन्त्र में हिस्सा लेनेवाले या हिस्सेदारी के उत्सुक निचले पायदान के मध्यवर्गीय लोग उन आकांक्षाओं, मूल्यों और व्यवहार प्रणालियों को आत्मसात कर लेते हैं।

यह बात बार-बार कही जानी चाहिए कि जैसे बाज़ारवाद का मनुष्य की जरूरत से सम्बन्ध नहीं है, उसी तरह धर्मवाद का भी नहीं है। लेकिन बाज़ारवाद

ही मनुष्यों की जरूरतें निर्धारित कर रहा है; धर्मवाद भी मनुष्य की आस्था का निर्धारण करने की चेष्टा कर रहा है। विज्ञान और प्रौद्योगिकी का सहज स्वभाव मनुष्य के सामर्थ्य को बढ़ानेवाला तथा अन्धविश्वास और धर्म के प्रभाव को घटानेवाला है। लेकिन बाज़ार के नियन्त्रण में विज्ञान और प्रौद्योगिकी का उपयोग भी धार्मिक अन्धविश्वासों के लिए होता है। प्रौद्योगिकी ने दृश्यता को इतना प्रभावशाली बना दिया है कि मनुष्य अपनी आश्चर्यजनक कल्पनाओं को भी दृश्यमान बना सकता है। अमेरिकन टेलीविज़न से लेकर भारतीय टेलीविज़न तक चमत्कार कथाओं ने लोकप्रिय माध्यमों पर काफ़ी जगह घेर रखी है। इन माध्यमों की अन्तर्वस्तु यानी कार्यक्रम और उनका चरित्र विज्ञापनदाता तय करते हैं। अन्धविश्वासपूर्ण कार्यक्रमों की अन्तर्वस्तु का बाज़ार की प्रभुत्वशाली शक्तियों से सीधा सम्बन्ध दिखायी देता है।

इसका राजनीतिक प्रतिफलन अपनी जगह, उसका एक विशुद्ध आर्थिक परिणाम है। छठ, नवरात्र, हनुमान जयन्ती, शिवरात्रि वग़ैरह-वग़ैरह, न केवल धार्मिक तिथियों का सार्वजनिक महत्त्व बढ़ गया है, बल्कि काफ़ी प्रदर्शन-आडम्बर के साथ उनका आयोजन भी बढ़ गया है। एस.एम.एस. से लेकर कैसेट-कार्ड वग़ैरह तक खरबों रुपये का कारोबार हो जाता है। धर्म ख़ुद एक बहुत बड़ा उद्योग बन गया है। इस प्रकार, विज्ञान और उस पर बाज़ार के प्रभुत्व ने ऐसी प्रक्रियाएँ शुरू की हैं जिसमें धर्म भी मुनाफ़े का साधन बन गया है। इस मुनाफ़े का सम्बन्ध बाजारवादी शक्तियों से है, अर्न्तराष्ट्रीय वित्त संस्थाओं और उनके संरक्षकों से है।

सबसे रोचक चीज़ यह है कि धर्मरक्षक या धर्मोन्मादी किसी 'विधर्मी' की सदाशयता तक को सहन नहीं कर सकते लेकिन बाज़ार के उद्धत रूप को भी सहज स्वीकार कर लेते हैं। बाज़ार हर सम्बन्ध की पवित्रता नष्ट करके उसे आनन्द की वस्तु बनाता है। सम्बन्धों को भी सुखोपभोग की आकांक्षा के आगे तुच्छ बनाता है। इसका एक बिलकुल यान्त्रिक उदाहरण लोकप्रिय संस्कृति से लें तो उसे 'रिमिक्सिंग' कह सकते हैं। दिलचस्प बात यह है कि धर्म भी उस रिमिक्सिंग का उदाहरण है। मसलन, रीति, कर्मकांड, चमत्कार और प्रदर्शनकारिता को मिलाकर जो नये क़िस्म का धार्मिक ब्रांड तैयार हुआ है, वह बाज़ारवाद का सजीव उदाहरण है। आस्था के ब्रांड हैं (प्रतीक); शत्रु के ब्रांड हैं (विधर्मी); उपासना का ब्रांड है (पर्यटन, भगवती जागरण); आप इस ब्रांड को मानते हैं तो वही धर्म है। इसलिए हम देखते हैं कि संगठित धर्मों का अभूतपूर्व प्रचार आज फिर हो रहा है। यानी, जब सारे प्रचलित संगठन (राष्ट्र, वर्ग, मजदूर संघ, राजनीतिक दल वग़ैरह) टूट रहे हैं तब बाज़ार के संगठन (बहुराष्ट्रीय कम्पनियों के परिसंघ) और धर्म के संगठन जन्म ले रहे हैं, मज़बूत हो रहे हैं।

भारतीय मुसलमान और साम्प्रदायिक प्रश्न

"धर्मान्तरण सिर्फ़ तलवार के बूते पर नहीं हुआ... ज़मींदारों और पुरोहितों के चंगुल से मुक्त होने के लिए लोग मुसलमान बने।"

—विवेकानन्द (**सेलेक्टेड वर्क्स,** खंड-3,
12वाँ संस्करण, 1979, पृ. 291)

भारत में साम्प्रदायिक प्रश्न का बहुत गहरा सम्बन्ध मुसलमानों की ऐतिहासिक भूमिका और वर्तमान अवस्था को लेकर प्रचलित धारणाओं से है। इन धारणाओं में मुख्य हैं—तलवार के ज़ोर पर धर्मान्तरण, मुसलमानों का तुष्टीकरण और वोट बैंक, हिन्दू-मुसलमान आबादी की वृद्धि-दर का असन्तुलन। इन धारणाओं की सत्यता-असत्यता पर विचार किये बिना सहज भाव से मान लेना यह बताता है कि अब ये मिथक बन चुके हैं। इन मिथकों का प्रचार साम्प्रदायिकता का अमोघ अस्त्र रहा है और उनमें छिपी वास्तविकता की खोज धर्मनिरपेक्ष विचार के लिए ज़रूरी है।

दोनों ही दृष्टिकोण एक शताब्दी से ज़्यादा पुराने हैं। विवेकानन्द के देहान्त को सौ साल से ज्यादा हो चुके हैं। उन्होंने 'तलवार के ज़ोर से धर्मान्तरण' पर विश्वास नहीं किया, बल्कि इसके लिए भारतीय सामन्तवाद की उत्पीड़नकारी व्यवस्था को जिम्मेदार माना। साधारण गृहस्थ और श्रमिक 'ज़मींदारों और पुरोहितों' के चंगुल में फँसकर तभी छुटकारा पा सकते थे जब मृत्यु हो जाय। धर्मान्तरण इसकी अपेक्षा सरल उपाय था। मनुष्य धर्म को भी जीवन जीने के लिए मानता है। विवेकानन्द ने इस बात को समझकर ही पीड़ित जनता के कार्यकलाप की व्याख्या की थी। इतिहास को साम्प्रदायिक दृष्टि से देखने की जगह उन्होंने साम्प्रदायिक धारणाओं का खंडन किया। फिर भी यह प्रचार निरस्त नहीं हुआ। राष्ट्रीय आन्दोलन के साथ राष्ट्रवादी इतिहास-लेखन में तुर्कों के 'इस्लामी' हमलों के अध्ययन से इस मिथक को निरन्तर जीवनी शक्ति मिलती रही है। विवेकानन्द के सौ साल बाद, राष्ट्रीय परिदृश्य को सामने रखकर, वेदान्त की जगह मार्क्सवादी

दृष्टिकोण से, डॉ. रामविलास शर्मा ने इस भ्रान्ति का निराकरण किया :

"महमूद गज़नवी का नाम लेते ही गुजरात (सोमनाथ) की लूटपाट का स्मरण हो आता है। लेकिन आश्चर्य की बात है, गुजरात में जितने मुसलमान हैं, उनसे कहीं ज़्यादा संख्या सिन्ध में मुसलमानों की है। सिन्ध में आबादी का बहुसंख्यक भाग मुसलमान हो गया। गुजरात में मुसलमान अल्पसंख्यक पहले भी थे और अब भी हैं। इसी तरह कश्मीर, उत्तर-पश्चिमी पंजाब और सुदूर पूर्वी बंगाल, यहाँ की जनता ने बड़े पैमाने पर इस्लाम स्वीकार किया। तुर्कों की राजधानी दिल्ली थी। पूरे हिन्दी प्रदेश को न लें, केवल उसके उत्तर-पश्चिमी भाग को लें, तो भी यह दिखाई देगा कि उत्तर-पश्चिमी पंजाब की अपेक्षा वहाँ मुसलमानों की संख्या बहुत कम है। जहाँ मुसलमानों का राजनीतिक गढ़ था, वहीं इस्लाम का प्रसार सबसे कम हुआ। पूरे भारत को देखें तो पता चलेगा कि इस्लाम का प्रसार बहुत ही विषम गति से हुआ है। तलवार के बल पर इस्लाम फैलानेवाली बात पर फिर से विचार करना आवश्यक है।" (भारतीय संस्कृति और हिन्दी प्रदेश, भाग-2, प्रथम संस्करण, 1999, पृ. 24)।

जहाँ मुसलमानों का राजनीतिक गढ़ था, वहीं इस्लाम का प्रसार सबसे कम हुआ—इस बात का सामना किये बिना 'तलवार के ज़ोर' से इस्लाम फैलाने के मिथक का खंडन नहीं किया जा सकता। मुसलमानी शासन के केन्द्र दिल्ली, लखनऊ, हैदराबाद में थे। यहाँ और आसपास के इलाक़ों में इतना धर्मान्तरण नहीं हुआ कि बहुसंख्यक आबादी मुसलमान बन जाती। शासकों और आक्रान्ताओं के प्रति सहज घृणा के नाते न पहले लोगों ने बड़े पैमाने पर इस्लाम स्वीकार किया, न बाद में ईसाई धर्म स्वीकार किया। अँग्रेजों ने धर्मप्रचार को राजनीतिक और सांस्कृतिक प्रभुत्व की नीति के रूप में लागू किया था। उसके साथ तलवार से भी आगे, तोप का ज़ोर लगाकर वे अपनी नींव मज़बूत कर रहे थे। अगर ताकत से धर्मान्तरण होता तो देश में ईसाई बहुमत हो जाना चाहिए था। लेकिन ईसाइयों की संख्या और भी कम रही। 19वीं शताब्दी के पूर्वार्ध में और बीसवीं शताब्दी के उत्तरार्ध में ज़्यादा लोग ईसाई बने।

इसी प्रकार, राजसत्ता के आस-पांस के क्षेत्रों में लोगों ने इस्लाम भी उतने बड़े पैमाने पर नहीं अपनाया। उत्तर-प्रदेश, दिल्ली, आन्ध्र-कर्नाटक-गुजरात-केरल में मुसलमान अल्पसंख्यक ही रहे। राजसत्ता से दूर, पूर्वी बंगाल और पश्चिमी पंजाब से सिन्ध तक धर्मान्तरण इतना व्यापक था कि वहाँ बहुसंख्यक आबादी मुसलमान हो गयी। आज़ादी के समय भारत के विभाजन के लिए इसी बात को आधार बनाया गया। वरना दो अलग-अलग भू-भागों को, जिनकी सीमा कहीं एक-दूसरे को नहीं छूती, एक देश—पाकिस्तान—मानने का कोई औचित्य नहीं

था। आगे चलकर पूर्वी पाकिस्तान ने बांग्लादेश के रूप में अपना स्वतन्त्र अस्तित्व प्राप्त कर लिया, धर्म उन्हें बाँधकर नहीं रख सका। मुस्लिम बहुसंख्या वाले इन क्षेत्रों में सूफ़ी सन्तों का 'ज़ोर' अधिक दिखाई देता है जिनके 'प्रेममार्ग' से जनता आकर्षित होती थी। धर्मान्तरण के लिए 'तलवार' की जगह 'प्रेम' की भूमिका पर विचार करना चाहिए।

मुसलमानों को लेकर दूसरा मिथक है तुष्टीकरण का। धर्मनिरपेक्ष भारत की राष्ट्रीयता, संस्कृति और राजनीति के लिए यह एक गम्भीर प्रश्न है। तुष्टीकरण की धारणा तब पैदा होती है जब हम यह मानकर चलते हैं कि मुसलमान एक 'अलग' समुदाय हैं और उन्होंने 'समुदाय' के रूप में अपने को इतना संगठित कर लिया है कि सौदेबाज़ी कर सकें, यानी अपने वोट के बदले लाभ बटोर सकें। इस प्रकार, तुष्टीकरण की धारणा एक 'मुस्लिम वोट बैंक' तक जाती है। इस प्रचार का नकारात्मक पहलू यह है कि इससे साम्प्रदायिक उद्देश्यों को बल मिलता है। लेकिन उसका एक सकारात्मक परिणाम यह है कि धर्मनिरपेक्षता और लोकतन्त्र का आपसी सम्बन्ध यहाँ ख़ूब स्पष्ट होता है। साम्प्रदायिक शक्तियाँ इस प्रचार के द्वारा धर्मनिरपेक्षता को 'छद्‌म' सिद्ध करती हैं और लोकतन्त्र की आत्मा को भी सन्दिग्ध बनाती हैं। बदले में 'सच्ची' धर्मनिरपेक्षता और 'सच्चे' लोकतन्त्र का आदर्श लागू करने के लिए बहुसंख्यक समुदाय का राजनीतिक वर्चस्व क़ायम करने का प्रयत्न करती हैं। इसके लिए 'जरूरी' होने पर 'छद्‌म' धर्मनिरपेक्षतावादियों द्वारा सिर चढ़ाये गये अल्पसंख्यकों को ज़मीन पर लाती हैं। गोधरा-कांड के बाद गुजरात में लोकतन्त्र और धर्मनिरपेक्षता का यही 'सच्चा' प्रयोग हुआ था।

अवधारणा के स्तर पर लोकतन्त्र में 'बहुमत' को 'बहुसंख्यक' बनाने की प्रक्रिया आर्थिक भेदभाव और विषमता का परिणाम है। व्यावहारिक स्तर पर दो समुदायों को शत्रु के रूप में खड़ा कर देना सामाजिक असुरक्षा और आक्रोश का परिणाम है। दोनों चीज़ों में कार्य-कारण का सम्बन्ध है। आर्थिक विषमता और भेदभाव के रहने पर सभी समाजों में असुरक्षा और आक्रोश का जन्म होता है। वह भावना सामाजिक परिवर्तन से जुड़ती है या पाशविक हिंसा से, यह तो राजनीतिक शक्तियों के सन्तुलन पर निर्भर है। समाज में अगर पहले से साम्प्रदायिक विभाजन मौजूद हो और विभिन्न समुदायों का आपसी मेल-जोल कम हो तो सन्देह, अविश्वास और हिंसा के लिए उर्वर भूमि प्राप्त होती है। देश के विभाजन के नाते आज़ादी के बाद से ही साम्प्रदायिक स्थिति में कई तरह की जटिलताएँ दिखाई देती हैं। हिन्दुओं-मुसलमानों का सामुदायिक जीवन एक-दूसरे से इतना अलग होता गया है कि हिन्दी साहित्य में भी मिले-जुले समाज का चित्रण विरल हो गया है। शानी, इब्राहीम शरीफ, मंजूर एहतेशाम ने अगर मुसलमानों में व्याप्त

भय, असुरक्षा, अलगाव और यातना का चित्रण किया तो रवीन्द्र कालिया, अखिलेश, भगवानदास मोरवाल ने कस्बाई जीवन का सझापन जरूर उजागर किया, हालाँकि यह धारा अपवाद ही बनी रही।

सच्चर आयोग ने, किसी भी सरकारी समिति ने, इतने बड़े पैमाने पर पहली बार मुसलमानों से भेदभाव और अलगाव को सार्वजनिक विषय बनाया है। हिन्दी लेखक जो बात लगातार कहते आये थे, उसे अधिकृत माध्यम से सामने लाकर सकारात्मक पहलक़दमी के संकेत तब दिये गये जब स्थिति विस्फोटक बिन्दु पर पहुँच गयी। तस्वीर का एक पहलू यह है कि जिन उद्योगों-व्यवसायों में उत्पादन और वितरण की प्रक्रिया में हिन्दू-मुसलमान दोनों सम्मिलित हैं, वहाँ भी यह आर्थिक हिस्सेदारी सामाजिक और मानवीय रिश्तों की आपसदारी में प्रतिफलित नहीं होती। लगातार बढ़ता साम्प्रदायिक तनाव और लगातार घटता आपसी सद्‌भाव इसका परिणाम है। तस्वीर का दूसरा पहलू यह है कि शिक्षा, रोजगार, व्यवसाय, कहीं भी मुसलमानों की भागीदारी अपनी आबादी के अनुपात में नहीं है, दूसरे समुदायों के मुक़ाबले और भी दयनीय है। 'तुष्टीकरण' का हाल यह है कि मुसलमान लगातार शिक्षा से बाहर किये जाने रहे, रोज़गार से बाहर किये जाते रहे, सेना और खुफ़िया विभागों से बाहर किये जाते रहे, लेकिन न उनके 'आरक्षण' की बात उठी, न उनकी 'अस्मिता' का विमर्श चला!

वास्तविकता यह है कि केन्द्र सरकार की सेवाओं में मुस्लिम अधिकारियों और कर्मचारियों की संख्या तीन प्रतिशत से भी कम है। (जबकि दलित-अनुसूचित जाति—की संख्या तेरह प्रतिशत से ज्यादा); राज्य सरकार की सेवाओं में जम्मू-कश्मीर, आन्ध्र प्रदेश, केरल और पश्चिम बंगाल के कारण मुस्लिम कर्मचारियों की तादात 6 प्रतिशत के क़रीब है (दलित चौदह प्रतिशत हैं); सार्वजनिक क्षेत्र और निजी क्षेत्र में भी मुसलमान दस प्रतिशत के आसपास हैं जबकि अनेक मुस्लिम उद्योगपति काफ़ी ताक़तवर हैं। लघु उद्योग और दस्तकारी में मुसलमानों की स्थिति बेहतर है हालाँकि कितने दिन यह स्थिति रहेगी, कहा नहीं जा सकता क्योंकि भूमंडलीकरण का सीधा असर परम्परागत कारीगरी पर पड़ रहा है। आर्थिक गतिविधियों से बाहर रहने पर शिक्षा से भी दूरी बढ़ती है। मदरसों के बाहर की संस्थाओं में मुसलमान विद्यार्थी आते ही कम हैं और जो आते हैं, उनमें भी उच्चशिक्षा तक तीन प्रतिशत से ज्यादा नहीं पहुँचते। इनमें भी आधे ही विश्वविद्यालय और व्यावसायिक पाठ्यक्रमों से शिक्षा पूरी करके निकलते हैं। सामाजिक-आर्थिक स्थितियाँ किस प्रकार योग्यता और प्रतिभा का निर्धारण करती हैं, इसका उदाहरण दलितों-आदिवासियों की तरह भारतीय मुसलमानों का जीवन है।

सभ्य समाज की सारी गतिविधियों से बहिष्कृत करके बहुत बड़ी मुस्लिम

आबादी को कठमुल्लों के भरोसे छोड़ दिया गया है। इससे आतंकवाद को खुराक मिलती है और इस प्रचार को आधार मिलता है कि मुसलमान आतंकवादी होते हैं। आज की विश्व-परिस्थितियों में 'जेहाद' और 'आतंकवाद' का रिश्ता सरलता से जुड़ जाता है जिसके निहितार्थ काफ़ी दूरगामी हैं। अलगाव और भेदभाव की इस प्रक्रिया को रोकना कठिन होता जाता है क्योंकि विकास की नीतियों के चलते आम बेरोज़गारी, असमानता और असन्तुलन इतने बढ़ गये हैं कि किसी एक वंचित समुदाय से न्याय करने के लिए दूसरे समुदाय को वंचित करना पड़ेगा जिससे अशान्ति बढ़ेगी।

कुछ विद्वान पूछते हैं : क्या धर्मनिरपेक्षता भारतीय परम्परा है? आध्यात्मिक चिन्तन और देवभूमि के धार्मिक गौरव को झुठलानेवाली 'धर्मनिरपेक्षता' पश्चिम की देन है, जिसे ईसाइयों और कम्युनिस्टों ने बढ़ावा दिया है! चूँकि भारत में धर्म और राजसत्ता का गठबन्धन कभी नहीं रहा इसलिए यूरोप जैसी धर्मनिरपेक्षता भी जरूरी नहीं रही!

इस सन्दर्भ में सही प्रश्न है : क्या साम्प्रदायिकता भारतीय परम्परा है? क्या हड़प्पा काल से लेकर मुग़लकाल तक भारत की व्यापार-आधारित सभ्यता 'कृषिप्रधान भारत' और 'धर्मप्राण भारत' का ही चेहरा प्रस्तुत करती है? विज्ञान-ज्योतिष-गणित-व्याकरण-दर्शन आदि अनेक क्षेत्रों में जो उपलब्धियाँ हैं, वे किसी सामाजिक-आर्थिक आधार के बिना क्या सिर्फ़ चमत्कार से अर्जित कर ली गयीं? तब महमूद गज़नवी, नादिरशाह और ईस्ट इंडिया कम्पनी जैसे क्रूर लुटेरों के आगे वह चमत्कार कहाँ लुप्त हो गया? लुटेरों को छोड़कर शेष जितनी जातियाँ आयीं, उनमें मुसलमान भी शामिल हैं जो मुख्यतः तुर्क, पठान और ईरानी हैं, वे सभी क्या बिना किसी ठोस आर्थिक संरचना के यहाँ सामाजिक जीवन में घुल-मिलकर एक हो गये?

सामाजिक जीवन, आर्थिक विकास, सांस्कृतिक उपलब्धियाँ और मानवीय सौमनस्यता आपस में सम्बन्धित हैं। ब्रिटिशपूर्व भारत की वास्तविकताएँ बाद के भारत से काफी अलग हैं। अँग्रेज़ी शासन ने केवल भौगोलिक दृष्टि से नहीं, ऐतिहासिक दृष्टि से भी भारत को बाँट दिया। उसका यह चरित्र दक्षिणी अमरीका में और विकराल रूप में सामने आया जहाँ माया, इंका, अज़्तेक जैसी कई उन्नत सभ्यताओं को यूरोप के साम्राज्यवादी लुटेरों ने समूल नष्ट कर डाला। नोबेल विजेता पाब्लो नेरुदा की महान कविता 'माच्चू पिच्चू के शिखर' माया सभ्यता के विनाश का शोकगीत ही है। भारत में साम्प्रदायिक समस्या के साथ ब्रिटिश भारत का चोली-दामन का साथ है। इस बारे में बहुत-से इतिहासकारों और शोधार्थियों ने इतने तथ्य प्रस्तुत किये हैं कि कोई भ्रम नहीं रह सकता।

इन्हीं तथ्यों में एक बात जोड़ी जा सकती है। सन् 1931 में, भगत सिंह

की फाँसी के अगले दिन, 24 मार्च को कानपुर में भीषण साम्प्रदायिक दंगा हुआ। महान पत्रकार गणेश शंकर विद्यार्थी इसी दंगे में मारे गये। दंगों की जाँच के लिए काँग्रेस के कराची अधिवेशन ने एक समिति बनायी। उसके अध्यक्ष भगवानदास थे और सचिव सुन्दरलाल। पुरुषोत्तमदास टंडन, मंजर अली सोख्ता, अब्दुल लतीफ़ बिजनौरी और जफरुल मुल्क सदस्य थे। रिपोर्ट ने विस्तारपूर्वक दिखाया कि इतिहास की दूषित दृष्टि, मुसलमानों का विदेशी मूल और ब्रिटिश शासन की फूटपरस्त नीतियाँ दंगों की जड़ में हैं। अँग्रेज 1857 के बाद साम्प्रदायिक अलगाव की जिस नीति पर सुसंगत रूप में चले, उसे उन्होंने पहले ही खोजा था। मई 1821 में 'एशियाटिक जर्नल' में किसी ब्रिटिश अधिकारी ने फ़र्जी नाम से लिखा था—

"चाहे राजनीतिक, नागरिक या सैन्य हो, हमारे भारतीय प्रशासन का आदर्श वाक्य 'बाँटो और राज करो' होना चाहिए।" (उद्धृत, साम्प्रदायिक समस्या, कानपुर दंगा जाँच समिति रिपोर्ट, 1933; अनुवाद-दिवाकर, नेशनल बुक ट्रस्ट, प्रथम संस्करण, 2006, पृ. 81)

सन् सत्तावन के बाद मानो यह सचमुच ब्रिटिश प्रशासन का मूलमन्त्र हो गया।

संक्षेप में कहें तो साम्प्रदायिक समस्या औपनिवेशिक सत्ता की देन है। उपनिवेश-पूर्व संसार को धर्मविजेताओं का पता था, राजनीतिक अस्त्र के रूप में साम्प्रदायिक दंगों का नहीं। इससे यह भी स्पष्ट होता है कि साम्प्रदायिकता की समस्या धर्म से नहीं, राजनीति से उत्पन्न हुई है। राजनीतिक उद्देश्यों के लिए धर्म का उपयोग और धार्मिक उद्देश्यों के लिए राजसत्ता का उपयोग साम्प्रदायिकता की जड़ में है। सत्ता केवल राजनीति को नहीं, धर्म को भी विकृत करती है। इस बात का उदाहरण इस्लाम, बौद्ध, ईसाइयत, सभी धर्मों में मिलता है। ब्राह्मणों और बौद्धों के बीच राजसत्ता पर वर्चस्व पाने का संघर्ष भी दिखाई देता है। लेकिन धर्म के नाम पर उत्पीड़न, एक ही धर्म के भीतर दूसरे सम्प्रदाय के साथ ख़ूनी संघर्ष और धार्मिक उद्देश्य के लिए सशस्त्र सैनिकों और संगठित राजसत्ताओं का उपयोग करने में ईसाइयों की बराबरी कोई नहीं कर सकता। इससे यह भी स्पष्ट होता है कि साम्प्रदायिकता का सम्बन्ध जनता की धार्मिक आस्था से नहीं, धर्म और सत्ता के गठबन्धन से है। अन्धविश्वास के तत्त्व जनता के धर्म में भी होते हैं, इसलिए धार्मिक भावनाएँ भड़काना सम्भव होता है। लेकिन भड़काने का काम सत्ताप्रेरित धर्म करता है।

सत्ता अपने धर्मानुयायियों को एकरूप और संगठित समुदायों में बदलने का उपक्रम करती है। इसलिए वह धर्म को विश्वास और नैतिक आदर्श से नहीं,

निश्चित और विशिष्ट प्रतीकों से परिभाषित करती है। पतनशील सामन्ती समाज की तरह उपभोक्तावादी बाज़ार-व्यवस्था में भी प्रतीकों (ब्रांडों) का बहुत निर्णायक महत्त्व है। आदर्श गतिशील होते हैं, प्रतीक स्थिर। आज की साम्प्रदायिकता को कल के इतिहास में उन्हीं घटनाओं से जीवनशक्ति मिलती है, जिनमें बौद्धों, ब्राह्मणों या मुसलमानों द्वारा सत्ता का उपयोग हुआ है। लेकिन भारतीय इतिहास में ऐसे मौक़े बहुत गिने-चुने हैं। इसके विपरीत, सत्ता और जनता अपने-अपने ढंग से धार्मिक उदारता और मेल-जोल की नीति पर चलने का प्रयत्न करते रहे हैं।

उदाहरण के लिए, सल्तनत की स्थापना के बाद ब्राह्मण अभिजात वर्ग ने जल्दी ही नये 'विधर्मी' शासकों के साथ नाता जोड़ लिया। दिल्ली के सुल्तान जिस अलाउद्दीन को (अलादीन दिल्ली सुल्तानू) मलिक मुहम्मद जायसी ने शैतान का प्रतीक बनाकर 'पद्मावत' लिखा था, उसी को ख़ुदा के समकक्ष पहुँचाकर पंडितराज जगन्नाथ ने शिलालेख खुदवाया था—'दिल्लीश्वरो वा जगदीश्वरो'! हिन्दुओं-मुसलमानों का एक मिला-जुला कुलीन वर्ग बन रहा था जो सत्ता में भागीदारी करता था। साम्प्रदायिक आधार पर एक-दूसरे से टकराना उसके हितों के विरुद्ध था। मुसलमान भारत में पहले से थे और वे यहाँ के सामाजिक-आर्थिक ताने-बाने में रच-बस गये थे। सल्तनत के रूप में एक विजातीय और विधर्मी समुदाय शासक बन गया था। उसके साथ जनता का जो भी विरोध रहा हो, हिन्दू और ब्राह्मण कुलीनतन्त्र का विरोध ज़्यादा नहीं दिखा।

भक्ति केवल साहित्यिक दृष्टि से नहीं, धर्मनिरपेक्षता की दृष्टि से भी भारतीय संस्कृति का उत्कर्ष है। वह धार्मिक आवरण में लौकिक चिन्ताओं की अभिव्यक्ति है। उसका विरोध 'विधर्मी' सन्तों से नहीं, अपने ही धर्म के पुरोहितों-मौलवियों और शासकों से था। दक्षिण के शैवों ने वसवन्ना के नेतृत्व में सत्ता के लिए हिन्दू शासक से ही संघर्ष किया था। उत्तर भारत में सूफ़ी सरमद की हत्या कट्टर इस्लामवादी (?) औरंगज़ेब ने करायी थी और मीरा की हत्या उन्हीं के परिजन राणाओं ने! कबीर की तरह जायसी भी हिन्दू-मुसलमानों की मूलभूत एकता पर बल देते थे—

मातु के रकत पिता के बिन्दू।
अपने दुवौ तुरुक औ हिन्दू॥

कबीर की तरह जायसी के लिए भी भक्त और भगवान के बीच ही नहीं, मनुष्य और मनुष्य के बीच भी एक ही भाषा थी, 'प्रेम' की—

अरबी-संस्कृत हिन्दुई भाषा जेती आहि।

जेहिमा मारग प्रेम का सबै सराहै ताहि॥

भक्तों-सन्तों से दूर, सीकरी में बैठकर अकबर भी दीन-ए-इलाही का प्रयोग कर रहा था। दोनों दुनियाओं में इतना फ़ासला था कि सन्तों को सीकरी जाने से चिढ़ थी, पैर का जूता घिस जाता था और 'जेहिका मुख देखे घिन उपजै, तेहिका करिबे परी सलाम!' यह विरोध शासक वर्ग और निम्नजन के बीच का फ़र्क़ स्पष्ट करता है। लेकिन शासन के स्तर पर अकबर भी सन्तों की तरह धार्मिक सद्भाव और मेल-मिलाप का आधार खोज रहा था। फतेहपुर सीकरी में विभिन्न धर्मों के अनुयायी और व्याख्याकार तथा विभिन्न दार्शनिक परम्पराओं के ज्ञाता विचार-विमर्श करते थे। शासक वर्ग के स्तर पर दीन-ए-इलाही, जनसाधारण के स्तर पर भक्ति आन्दोलन, एक ही समय में धर्मनिरपेक्षता की दो समान्तर परम्पराएँ और पद्धतियाँ विद्यमान थीं। ब्रिटिशपूर्व भारत के सांस्कृतिक इतिहास का यह प्रतिनिधि स्वरूप है।

आज के साम्प्रदायिक सन्दर्भ में दो बातें और हैं जिन्हें बार-बार दोहराना जरूरी है। पहली साम्प्रदायिकता के स्वरूप से सम्बन्धित है, दूसरी साहित्य-संस्कृति और साम्प्रदायिकता की प्रवृत्ति से सम्बन्धित है।

अक्सर हम 'बहुसंख्यक साम्प्रदायिकता' और 'अल्पसंख्यक साम्प्रदायिकता' की चर्चा करते हैं। यह अवधारणां मूलतः भ्रामक है। सचाई यह है कि अँग्रेज़ी कूटनीति, देश के विभाजन और हिन्दू-मुस्लिम धर्मोन्माद के बावजूद न बहुसंख्यक हिन्दू साम्प्रदायिक हुए हैं, न बहुसंख्यक मुसलमान। दोनों समुदायों के बहुसंख्यक लोग असाम्प्रदायिक और उदार हैं, वे ख़ून-खरबे के विरुद्ध हैं, चाहे यह ख़ून-ख़राबा दंगों के रूप में हो या आतंकवादी कार्रवाइयों के रूप में। इसलिए ज़ोर देकर कहना चाहिए कि साम्प्रदायिकता स्वयं एक अल्पसंख्यक प्रवृत्ति है जो अपने धर्म के प्रति अन्धे गर्व और दूसरे धर्म के प्रति घृणा से जीवन खींचती है। सामाजिक संकट के साथ कट्टरता और घृणा की यह प्रवृत्ति बढ़ती है, हमें यह समझना चाहिए।

दूसरी बात यह कि साहित्य और साम्प्रदायिकता की प्रवृत्ति एक-दूसरे के विपरीत है। साम्प्रदायिकता घृणा से जीवन लेती है लेकिन साहित्य संवेदना पर आधारित है। घृणा बाँटनेवाली भावना है, संवेदना जोड़नेवाली। सम-वेदना एक के अनुभव से दूसरे के अनुभव की साझेदारी पर निर्भर है। अपनी इस अन्तःप्रकृति के कारण साहित्य की परम्परा मूलतः असाम्प्रदायिक होती है। हिन्दी भाषा और साहित्य के लिए यह बात और भी दावे से कही जा सकती है। गिल क्राइस्ट की भाषानीति और उस परम्परा में शिवप्रसाद सितारेहिन्द के पाठ्यक्रम निर्माण के बावजूद यह दावा किया जा सकता है। खड़ी बोली हिन्दी के पहले कवि

अमीर खुसरो थे और पहले कहानीकार रेवरेंड जे. न्यूटन। दोनों में से कोई हिन्दू नहीं था! आप चाहें तो नागरीलिपि और हिंदी भाषा में हिंदी का पहला शोध-प्रबन्ध प्रस्तुत करने वाले फ़ादर कामिल बुलके को भी जोड़ लें। इससे हिंदी की असाम्प्रदायिक-धर्मनिरपेक्ष छवि और निखरेगी।

जिस तरह हिन्दी का अनिवार्य सम्बन्ध हिन्दुओं से नहीं है, उसी तरह उर्दू का अनिवार्य सम्बन्ध मुसलमानों से नहीं है। यह बात रामविलास शर्मा ने नहीं, इम्तियाज़ अहमद ने कही है कि उर्दू का प्रश्न 'अल्पसंख्यक अधिकार' का प्रश्न नहीं है क्योंकि "उर्दू अभिजात वर्ग के मुसलमानों की भाषा है, सब मुसलमानों की नहीं।" (भारतीय मुसलमान : मिथक और यथार्थ, सं. राजकिशोर, वाणी, प्रथम संस्करण 1993, पृ. 26)। हिन्दी में मुसलमान लेखकों की (शानी, इब्राहीम शरीफ, अब्दुल बिस्मिल्ला, मंजूर एहतेशाम, असगर वजाहत इत्यादि) और उर्दू में हिन्दू लेखकों की (फिराक गोरखपुरी, मुल्कराज आनन्द, बलराज साहनी, बलवन्त गार्गी, गोपीचन्द नारंग इत्यादि) बड़ी संख्या में मौजूदगी भाषा के साथ धर्म को जोड़ने का भ्रम तो दूर ही कर देती है। पूछना तो यह चाहिए कि लेखक क्या सचमुच किसी धर्म से बँधा रह सकता है? सचाई यह है कि उर्दू सारे देश के मुसलमानों की भाषा भी नहीं है, वह केवल हिन्दी भाषी प्रदेश के शिक्षित समुदाय के एक हिस्से की भाषा है जो दुर्भाग्य से अब अभिजातवर्गीय मुसलमानों तक सिमट कर रह गया है।

उर्दू लेखकों के एक हिस्से पर 1990 के बाद जमाते इस्लामी का थोड़ा-बहुत असर चाहे पड़ा हो लेकिन दकनी के वली गुजराती से लेकर आगरे की बोली के नजीर अकबरबादी तक और उर्दू के आदिकवि मीर तक़ी मीर से लेकर उनके साहित्यिक वारिस मिर्ज़ा ग़ालिब तक कोई भी ऐसा नहीं है जिस पर साम्प्रदायिक रंग चढ़ा हो। ग़ालिब अँग्रेज़ों के प्रशंसक थे और 'ग़दर' (बलवे) के विरोधी। फिर भी उनमें साम्प्रदायिकता की बू तक नहीं थी। इसके उल्टे, वे मुस्लिम रिवाज़ों से बाहर जाने में झिझकते नहीं थे—

जला है जिस्म जहाँ, दिल भी जल गया होगा,

दिलजले तो मुसलमानों में भी बहुत होंगे, जिस्म को जलाने का प्रचलन इस्लाम के अनुकूल नहीं है! कहीं-कहीं तो वे और आगे बढ़कर सन्देहवादियों की भाषा में बात करते थे—

दोनों जहान दे के वो समझा य'खुश रहा।
याँ आ पड़ी ये शर्म कि तकरार क्या करें!

ख़ुदा की इज़्ज़त आदमी की शर्म ने बचा ली!

साम्प्रदायिकता का प्रचार करनेवाले चाहे जिस पन्थ के हों, वे इन सचाइयों को अस्वीकार करते हैं। वे इस बात को भी नज़रअन्दाज करते हैं कि 1857 से 1946 तक साम्राज्यविरोधी संघर्ष में साम्प्रदायिक प्रश्न पृष्ठभूमि में रहा है और साम्राज्यवादी प्रत्याक्रमण के साथ साम्प्रदायिक ध्रुवीकरण तेज हुआ है। इसीलिए साम्प्रदायिकता आज भी साम्राज्यवादी हितों की सेवा का औज़ार है। आज ज्ञान के साधन और मेल-जोल की परिस्थितियाँ अधिक हैं। राजनीतिक कार्रवाई, सांस्कृतिक जागृति और ऐतिहासिक चेतना का सामाजिक एकीकरण के लिए ज़्यादा समर्थ उपयोग सम्भव है। इसके लिए ज़रूरी है कि जनता का आर्थिक जीवन सुधारा जाए और धर्मनिरपेक्षता को कुलीन, अँग्रेज़ीपरस्त और सम्पन्न वर्ग के दायरे से निकालकर जनता की रोज़ी-रोटी से जोड़ा जय। लोकतन्त्र को सुदृढ़ बनाये बिना धर्मनिरपेक्षता को भी बचाया नहीं जा सकता और इन दोनों के बिना भारत के मुसलमानों को सम्मानपूर्ण मानवीय दर्जा नहीं दिया जा सकता।

बाजारवाद के दिनों में सन् सत्तावन की याद

बाज़ारवाद के दिनों में सन् '57 की याद करना काफ़ी चुनौती भरा काम है। वह केवल ऐतिहासिक बोध का प्रसंग नहीं है, विचारधारात्मक संघर्ष का क्षेत्र भी है। इसका कारण है—

"इस संग्राम की आत्मा थी, विदेशी पूँजी का बहिष्कार।"

यह कथन रामविलास शर्मा का नहीं है, जो हर जगह या तो मार्क्सवाद 'खोज' लेते थे या 'जातीयता' और 'स्वदेशी' का अपना एजेंडा थोप देते थे। यह कथन 'वसुधा' पत्रिका के '1857 के महासंग्राम पर केन्द्रित' विशेषांक के अतिथि सम्पादक अरुण कुमार का है। (अंक 76, भोपाल, पृ. 12)।

आज की परिस्थितियों से सन '57 के संघर्ष की विरासत को जोड़नेवाले अरुण कुमार अकेले नहीं हैं। अन्तर्राष्ट्रीय वित्त संस्थाओं के दबाव में विभिन्न 'राष्ट्रीय' सरकारें आर्थिक सत्ता की प्रत्यक्ष बागडोर बहुराष्ट्रीय कम्पनियों को सौंप देने के रास्ते पर चल रही हैं। उदारीकरण के इस वातावरण में पचास साल पहले, सन् '57 के शताब्दी वर्ष में कहे गये पी.सी. जोशी के ये शब्द और भी अर्थवान हो गये हैं कि—"1857 का विद्रोह ब्रिटिश शासन को समाप्त करने में विफल रहा, पर उसने कम्पनी के शासन का अन्त कर दिया।" (वसुधा-76, पृ. 18)

सन् '57 का उद्देश्य था ब्रिटिश शासन का अन्त, उसमें वह नाकाम रहा, लेकिन कम्पनी का शासन ख़त्म हो गया, लुटेरे जमींदारों-व्यापारियों के स्थान पर सीधे महारानी का, ब्रिटिश राजसत्ता का शासन स्थापित हुआ। आज फिर उपनिवेशवाद के दौर में कम्पनियों का शासन क़ायम हो रहा है। राजसत्ताएँ उनकी सेवक बनकर रह गयी हैं। राजनीति को तो जनता का समर्थन लेना पड़ता है इसलिए वह तटस्थता का अभिनय करती है, कुछ-न-कुछ लोकहितकारी काम भी करती है। व्यापारिक कम्पनियों का कोई सामाजिक उत्तरदायित्व नहीं होता। उन्हें जनता से केवल मुनाफ़ा बटोरना होता है। व्यापारियों और राजनीतिज्ञों के शासन में यह अन्तर है, भले ही राजनीतिज्ञ व्यापारियों के ही ताबेदार हों।

कम्पनी की जगह महारानी की सत्ता का आना ब्रिटिश राजनीति में परिवर्तन

का भी सूचक है। ब्रिटेन में ईस्ट इंडिया कम्पनी की साख़ कम हुई, उपनिवेशों में ब्रिटेन को सुधार की नीति अपनानी पड़ी, मध्यवर्गीय ब्रिटिश नागरिकों को अपने साम्राज्य के न्यायोचित होने पर सन्देह हुआ। जिसे 'विक्टोरिया युग' कहते हैं, उसका सम्बन्ध बहुत कुछ इन्हीं परिस्थितियों से है। ब्रिटिश जनमानस पर इस 'महाविद्रोह' का प्रभाव कैसा पड़ा, इसे जाँचने का स्रोत वहाँ का साहित्य है। अर्नेस्ट जोंस आदि ने जो कुछ लिखा, उससे तो हिन्दी पाठक भली-भाँति परिचित हो गये हैं। उसके बाद, अगर गौतम चक्रवर्ती की बात मानें तो, 'अठारहवीं शताब्दी के उत्तरार्ध से लेकर उपनिवेशोत्तर काल तक' भारत के बारे में जितना ब्रिटिश साहित्य लिखा गया है, उसमें सबसे ज्यादा ध्यान इसी घटना ने आकर्षित किया है—'1857 से आज तक इस महाविद्रोह पर लिखे गये लगभग सत्तर उपन्यासों' से यह ज़ाहिर होता है। *(द इंडियन म्यूटिनी ऐंड द ब्रिटिश इमैजिनेशन, कैम्ब्रिज, 2005, पृ.3)*

ब्रिटिश कल्पना में भारतीय विद्रोह की कैसी द्वन्द्वपूर्ण छवियाँ उभरीं, इस पर हमें चर्चा करनी है क्योंकि उन छवियों में एक शासक देश के न्यायप्रेमी रचनाकारों के उलझनभरे चित्त की अभिव्यक्तियाँ मिलती हैं। गौतम ने विस्तारपूर्वक दिखाया है कि सभ्यता सिखानेवालों को अचानक जो यह नया पाठ पढ़ना पड़ा, उसकी कैसी प्रतिक्रियाएँ हुईं; खुद अपने स्वच्छन्द आदर्शों के ढाँचे में मैट्रोपॉलिटन और एंग्लो-इंडियन ब्रिटिश लेखकों ने संसार के सबसे बड़े उपनिवेशविरोधी संघर्ष के कारण भारतवसियों के बारे में क्या परिवर्तन किये, इत्यादि। सबसे रोचक तो यह है कि जिन दिनों, 1856 के आरम्भ में, लॉर्ड डलहौजी भरोसा दिला रहे थे कि अँग्रेजी राज में 'प्रा भारत आमतौर पर शान्त' है, उन्हीं दिनों बंगाल में प्रेसीडेंसी के प्रधान न्यायाधीश सर हेनरी रसेल चेतावनी दे रहे थे कि हमें भारत पर अपनी सेना की ताक़त से या उस ताक़त के भय से शासन करना चाहिए, वरना हमारे लिए डरने का सबसे बड़ा कारग यह है कि हमारी देशी सेना में भयानक असन्तोष है; "जिस दिन वह फूट पड़ेगा, और वह फूटेगा ज़रूर...वह उन्हीं के बीच से किसी हिम्मती, सक्षम व्यक्ति का काम होगा।...अभी तक ऐसा व्यक्ति सामने नहीं आया है...लेकिन हमारे लिए यह सोचना आत्मछल होगा कि ऐसा व्यक्ति आएगा भी नहीं।...यह घटना, अगर कभी आयी तो, आकस्मिक होगी, वह एक विस्फोट होगी। वह कोई चेतावनी नहीं देगी, बल्कि इससे पहले कि हम उसे रोक सकें वह हम पर सवार होगी।" (उद्धृत, गौतम चक्रवर्ती, उपर्युक्त, पृ. 36 और 168)।

डलहौज़ी और रसेल एक ही समय में भारत की दशा का दो तरह से आकलन कर रहे थे। दोनों शासक वर्ग के सदस्य थे। ब्रिटेन के बुद्धिजीवी 1857

के बाद इन विरोधाभासों के प्रति सचेत हुए। उन्होंने अतीत और वर्तमान की, साम्राज्य और उपनिवेश की, शासक और प्रजा की निराली छवियाँ अंकित कीं। उन पर चर्चा फिर कभी की जाएगी। यहाँ 'वसुधा' के अंक पर थोड़ी बातचीत ज़रूरी है। इस अंक से पहले तो यह स्पष्ट होता है कि अब तक सन् 57 के बारे में जितनी सामग्री का शोध, संग्रह, संकलन और प्रकाशन हुआ है, वह अपर्याप्त है; फिर भी यह बात निर्णायक रूप से सिद्ध हो चुकी है कि सन् '57 के विद्रोह को 'ग़दर' (बलवा), 'सामन्ती उपद्रव', 'प्रतिक्रान्ति' वग़ैरह कहनेवालों के दिन लद गये; कुछ अपवादों और दुराग्रही मतों को छोड़ दें तो आमतौर पर नज़रिया बदल चुका है। इस स्थिति में 'वसुधा' को भी 'महाविद्रोह' जैसा विचार-निरपेक्ष पद इस्तेमाल नहीं करना चाहिए था। 'वसुधा' प्रगतिशील लेखक संघ का औपचारिक मंच है। महाविद्रोह के दिनों में मार्क्स ने ही उसे 'स्वाधीनता संग्राम' कहा था, हालाँकि उनके पास सारे साधन 'सिपाही विद्रोह' और 'ग़दर' बतानेवाले अँग्रेज़ी शासन के ही स्रोत थे। सौ साल बाद पी.सी. जोशी ने 'विद्रोह' (रिवेलियन) कहकर उसकी अन्तर्वस्तु का विश्लेषण करके निष्कर्ष निकाला कि वह साम्राज्यवाद-विरोधी स्वाधीनता संग्राम था। फिर भी 'वसुधा' उसे 'स्वाधीनता संघर्ष' न कहकर 'महाविद्रोह' मानती है।

'वसुधा' की दुविधा और गौतम चक्रवर्ती के शोध को देखें तो इस विडम्बना पर ध्यान जाता है कि ब्रिटिश लेखकों ने सन् '57 को उतना प्रतिक्रियावादी कभी नहीं माना जितना भारतीय बुद्धिजीवियों के एक वर्ग ने माना। शासकों का यथार्थवाद, भारतीय जनमानस को अधिक गहराई से समझ रहा था, शासितों की स्वामिभक्ति विदेशी सत्ता के बारे में ग़फ़लत से भरी हुई थी।

ऐसी ग़फ़लत पहले भी थी, आज भी है। हालाँकि अब उसका औचित्य समझ में नहीं आता। इतने तथ्य आ गये हैं कि सन् '57 के क्रान्तिकारी संघर्ष को सामन्ती-सवर्णवादी विद्रोह कहना एक ही बात साबित करता है कि तत्कालीन साम्राज्य के बहाने आज के साम्राज्यवाद की हिमायत की जा रही है। अफ़सोस की बात है कि हिन्दी बुद्धिजीवियों का एक सम्प्रदाय अस्मितावादी राजनीति के नाम पर यह काम बख़ूबी कर रहा है। इरफ़ान हबीब ने सन् '57 को उन्नीसवीं सदी के संसार में सबसे बड़ा उपनिवेशवाद विरोधी संघर्ष कहा है। लेकिन इस सम्प्रदाय के विचारक उसे तुच्छ ठहराने के लिए द्रविड़-प्राणायाम करने में भी हिचक नहीं दिखाते। वे 'अस्मिता-निर्माण' और 'खलनायक-निर्माण' की 'द्वन्द्वात्मक' पद्धति अपनाकर उन विचारकों का अवमूल्यन करते हैं जिन्होंने सुसंगत साम्राज्यवाद-विरोधी सांस्कृतिक चिन्तन विकसित किया है और इसी क्रम में सन् '57 की राज्यक्रान्ति को आधुनिक भारतीय जागरण का प्रस्थान बताया है।

इस सम्प्रदाय के विचारकों की दो विशेषताएँ हैं। पहली यह कि 'अस्मिता' की राजनीति में मुद्दई सुस्त गवाह चुस्त की कहावत चरितार्थ करते हुए वे अपने को समाज के दलितों-वंचितों का अकेला प्रवक्ता मान बैठते हैं। बेचारे दलित बुद्धिजीवी लाख कहें कि प्रथम स्वाधीनता संग्राम में हमारी भी भूमिका थी, हमारे इन नायकों ने अपने उज्ज्वल बलिदान से देश के विकास में मूल्यवान योगदान किया है, लेकिन ये विद्वान हर हालत में दलितों को साम्राज्यविरोधी संघर्ष से बाहर खदेड़कर उसे सामन्ती-सवर्णवादी सिद्ध कर देते हैं। इस बात पर ध्यान नहीं देते (या शायद जानते हैं) कि अपने इस कार्य से वे दलितों को कहाँ खड़ा कर देते हैं। अस्मितावादी राजनीति के अनुसार देखने पर दलितों की आत्मछवि पर अधिक विश्वास किया जाएगा, दलितों-हितैषियों द्वारा प्रदत्त छवि पर कम।

इन विचारकों की दूसरी विशेषता यह है कि वे साम्राज्यवाद-विरोधी चिन्तकों को लांछित करते समय धीरज, संयम, विवेक का पूर्ण परित्याग कर देते हैं। साम्राज्यवाद-विरोधी चिन्तक के रूप में अगर रामविलास शर्मा सामने हों तो (और न भी हों तो उन्हें खींचकर) वे अपना पूरा जौहर दिखाते हैं। उनके लेखे रामविलास-विरोधियों की हर बात स्वतः प्रमाण है, निर्विवाद सत्य है, भले वह 'काल्पनिक नायक का आदर्शीकरण' ही क्यों न हो! (वसुधा-76, पृ. 195) दूसरी तरफ़ रामविलास शर्मा इस बात के लिए भी गुनहगार ठहरते हैं कि वे 'न तो इन अनुपस्थितियों को लक्ष्य कर पाते हैं और न सामन्ती नेतृत्व के हितों की निशानदेही कर पाते हैं।' (उपर्युक्त, पृ. 190)

इन कुतर्कों से न बहस हो सकती है, न इतिहास की खोज। एक तो इसलिए कि रामविलास शर्मा 'ग़ल्प' नहीं रच रहे थे जहाँ 'अनुपस्थितों' को कल्पन से उपस्थित करके आदर्श बनाते और न ही वे खुर्दबीन लेकर 1857 की घोषणाओं में सिर्फ़ सामन्ती हितों की अभिव्यक्ति खोज रहे थे। सारे तथ्यों को दरकिनार करके पहले से बने-बनाये निष्कर्षों के अनुसार तथ्य 'खोजना' या गढ़ना और मनमाफ़िक 'तथ्य' न मिलने पर 'अनुपस्थिति' के लिए ही दोषारोपण कर देना सामान्य अकादमिक अनुशासन नहीं है। खलनायक-निर्माण की यह प्रवृत्ति एक मनोरोग की तरह हिन्दी में बढ़ रही है, जिसका सम्बन्ध 'उदारीकरण' की प्रदर्शनप्रिय और आत्मकेन्द्रित अर्थव्यवस्था से है।

दूसरे इसलिए कि इन 'हितैषियों' के काल्पनिक आदर्शवाद से अलग, दलितों की अपनी खोज इतिहास का नया अध्याय खोलती है। जिन नायकों की कतार दलित बुद्धिजीवियों ने खड़ी की है, उसकी पुष्टि ऐतिहासिक प्रमाणों और सरकारी दस्तावेजों से भी होती है। पंकज राग ने मध्यप्रदेश के सन्दर्भ में '1857 सरकारी दस्तावेज़ और लोकगीतों का साक्ष्य' पर तुलनात्मक दृष्टि डालते हुए

बताया कि "मुख्यधारा के इतिहास लेखन में 1857 में मध्यप्रदेश के आदिवासियों का ब्रिटिश राज्य के विरुद्ध खड़े हो जाने की घटना जिस तरह सम्पूर्ण रूप से अनुपस्थित है, वह आश्चर्य में डाल देती है।" (वसुधा-76, पृ. 353) पंकज राग ने 'हितैषियों' की तरह इतिहास-लेखन में अनुपस्थिति को इतिहास में अनुपस्थिति नहीं मान लिया है। उनके लिए 1857 में आदिवासियों का 'ब्रिटिश राज्य के विरुद्ध' संघर्ष आश्चर्य का विषय नहीं है। आश्चर्य का विषय है मुख्यधारा के इतिहास-लेखन में उस संघर्ष की अनदेखी।

इतिहास की घटनाओं पर इतिहास के लेखन में यह अन्तर वास्तविकता के प्रति विचारधारात्मक रवैये का उदाहरण है। 'मुख्यधारा' में अनुपस्थित चरित्रों में आदिवासी हैं, दलित भी हैं। बद्रीनारायण ने 'विगत पुनरुत्प्रेरण: 1857 के दलित और यादें' लिखते हुए आज़मगढ़ के शाहिद बाबा, आरा के रजित राम से लेकर 'माऊ बक्षी, पूरन कोरी, झलकारी बाई, अवन्ती बाई, पन्ना धाय, उमा देवी और महावीर देवी जैसी दलित जाति की स्त्री शहीदों के नाम' स्मरण किये हैं। (वसुधा-76, पृ. 197-200) यह एक सुसंगत रणनीति है कि 'मुख्यधारा' के इतिहास-लेखन में दलितों, आदिवासियों, श्रमिकों को अनुपस्थित रखा गया है। इतिहास-लेखन वर्गीय पूर्वाग्रहों का हिस्सा है। जनता के संघर्ष को प्रभुत्वशाली वर्ग अपने हितों के अनुसार ढालते हैं। 1857 का इतिहास-लेखन इसका ज्वलंत प्रमाण है। 'हितैषियों' की दुविधा यह है कि एक तरफ़ वे इतिहास-लेखन के इस अन्याय को तर्क बनाते हैं, तब संघर्ष में दलितों की भूमिका स्वीकार करनी पड़ती है, दूसरी तरफ संघर्ष को सामन्ती हितों से जोड़ते समय इस बात का 'काल्पनिक' आदर्शीकरण करना पड़ता है कि दलितों को तो आने की अनुमति ही नहीं मिली थी! उन्हें गम्भीरता से लेनेवाला पाठक यह समझ ही नहीं पाएगा कि 1857 में दलित-आदिवासी अँग्रेज़ों के पक्ष में थे या उनसे लड़ रहे थे?

बद्रीनारायण के लेख की विशेषता यह है कि उन्होंने दलितों द्वारा गढ़े गये इतिहास को प्रामाणिक मानने के बजाय उसकी राजनीतिक प्रेरणा और निहितार्थ को सामने रखा है। साथ ही डी.टी. डिंकर के हवाले से दलित योद्धाओं के विशेषत: झलकारी बाई के गौरवमंडन का और पूर्व प्रतिष्ठित चरित नायकों, विशेषत: रानी लक्ष्मीबाई की प्रतिमा-भंजन का प्रयत्न सामने रखा है। (दे. विमेन हीरोज़ ऐंड दलित एसर्शन इन नॉर्थ इंडिया, कल्चर आइडेंटिटी एंट पॉलिटिक्स, 2006, सेज पब्लिकेशन्स, नयी दिल्ली, केलिफोर्निया, लन्दन, पृ. 124) इससे सन् '57 में दलितों की भूमिका का और उसके प्रति उनकी सजगता का पता चलता है। पंकज राग का लेख अपेक्षाकृत अधिक नये क्षेत्र में जाता है। वह भी अनेक नये संकेत करता है। उन्होंने लोकस्मृति की क्रियाशीलता के बारे में लिखा

है, "रानी अवन्ती बाई 1857 की नायिका की तरह लोकस्मृति में सम्माननीय है।" (वसुधा, पृ. 354) अवन्ती बाई न 'अनुपस्थित' हैं, न 'कल्पना'! वे सचमुच थीं और लड़ी थीं। लोकस्मृति ने उन्हें नायिका के रूप में सम्मानित और सुरक्षित रखा। जो अँग्रेज़ों से लड़े, वे सामन्त थे तो भी लोकस्मृति में नायक बने; जो नहीं लड़े उन्हें जनता की घृणा मिली। यह नियम आज भी लागू है। लोकस्मृति के ठेकेदार बनकर 'हितैषियों' की फ़ौज इन नायकों की स्मृति को अपमानित करके भविष्य का रास्ता बना रही है।

सन् '57 ने जाति, धर्म, क्षेत्र, लिंग की सीमाएँ तोड़ी थीं; इन सीमाओं की मानसिक जकड़न से मुक्त होकर ही हम उसका महत्त्व या चरित्र समझ सकते हैं। जिस तरह बद्रीनारायण ने लोकचेतना की निर्मितियों से वर्णित इतिहास की तुलना करके कई निष्कर्ष प्रस्तावित किये हैं, उसी तरह पंकज राग ने अलक्षित तथ्यों के आधार पर कई महत्त्वपूर्ण संकेत किये हैं। कोई चाहे तो उनके द्वारा प्रस्तुत इस विवरण से अपने दुराग्रह शिथिल कर सकता है : "रामगढ़, मंडला और आसपास के इलाक़ों में फूट पड़े 1857 के विद्रोह पर वाडिंगटन द्वारा एरस्किन को लिखे पत्र एक तरह से कई विस्मयकारी और विविधवर्णी झलकियाँ दिखाते हैं। इन इलाकों में लोधी पिपरिया के मालगुज़ार बहादुर शाह, देवरी के मालगुजार आसी जाट, शाहपुरा के ठाकुर विजयसिंह, रामगढ़ राजा के पुत्र अमान सिंह, रानी अवन्ती बाई और उनके दो भाई लक्ष्मण सिंह और मूरत सिंह, नारायणपुर के चैन सिंह, बसूरा (गोसलपुर परगना) के राजा नन्दलाल तिवारी (विजयसिंह के विश्वस्त साथी), खैरी (सोहागपुर) का दुर्गा दीवान, विजय सिंह का भाई बलभद्र सिंह, भैरवदास (विजय सिंह का अनुचर), सोहागपुर के तहसीलदार और ठाकुर सभी बड़ी संख्या में गोंड, लोधी और अन्य लोग न सिर्फ़ एकजुट हो रहे थे बल्कि अपने-अपने इलाक़ों से बाहर निकलकर जबलपुर से शहडोल और उत्तर में रीवा तक हलचल मचा रहे थे। जाति और कबीले के सम्बन्ध, भाईचारा इसकी एक वजह जरूर थे पर फिरंगी विरोध का मुद्दा ही प्रमुख था।" (उप. पृ. 358)

यह ब्योरा कई दृष्टियों से महत्त्वपूर्ण है। सबसे पहले तो इसलिए कि ठाकुर, ब्राह्मण, दलित, पिछड़े और आदिवासी अपने-अपने 'जाति और कबीले के सम्बन्ध, भाईचारे' से बँधे हुए जरूर थे लेकिन उन सबका उद्देश्य एक था—'फिरंगी विरोध'। उद्देश्य की एकता उनके पारम्परिक अलगाव और विभाजन को तोड़ती थी, उनमें राष्ट्रीयता का सूत्रपात करती थी। दूसरे इसलिए कि एक बहुत छोटे-से इलाक़े की 'हलचल' से भी यह पता चलता है कि विद्रोह कितना गहरा था। उसने परम्परागत सामाजिक बँटवारे को बहुत हद तक तोड़ दिया था। इसका परिणाम भविष्य में दिखाई देता। यदि संघर्ष सफल होता तो जनता की यह नयी जागृति

और एकता किसी भी क़ीमत पर पुरानी जीवन-प्रणाली लागू नहीं होने दे सकती थी। तीसरे इसलिए कि राष्ट्रीय परिप्रेक्ष्य के नाते विभिन्न क्षेत्रीय योद्धा 'अपने-अपने इलाक़ों से बाहर निकलकर' दूर-दूर तक संघर्ष पहुँचाने की और विभिन्न इलाक़ों के संघर्ष को आपस में जोड़ने की कोशिश कर रहे थे। सबसे बड़ी यह बात थी कि "गोंडों ने रामगढ़ के पतन के बाद भी अपना प्रतिरोध जारी रखा।" (पृ. 359) अवश्य ये गोंड जनजाति के लोग थे, कल्पना के आदर्श चरित-नायक न थे।

दलितों की तरह आदिवासियों में भी विद्रोह निचले स्तर तक पहुँच गया था। फ़ौज में शामिल या व्यापार से सम्बद्ध दलित ही नहीं, गाँव के मामूली दलित भी अँग्रेजों से लड़ रहे थे। इसी प्रकार, "गोंड शासकों और सरदारों के अलावा सामान्य आदिवासियों ने भी अपने शासकों के अनुगमन मात्र में नहीं, स्वतन्त्र रूप से भी ब्रिटिश सत्ता के विरुद्ध विद्रोह में हिस्सा लिया था।" (पृ. 366) पंकज राग ने ऐसे सामान्य आदिवासियों के शौर्य के उदाहरण भी दिये हैं।

सन् '57 को तिरस्कृत करनेवाले यह पढ़कर दुःखी होंगे कि जुलाई 1857 से अगस्त 1859 तक मुम्बई-आगरा मार्ग पर आदिवासियों के हमले से अँग्रेज़ बिलकुल पस्त थे और उन अँग्रेज़ों की मदद ज़मींदार-साहूकार करते थे। पंकज ने विद्रोह की तीव्रता और आदिवासियों की चेतना का परिचय देते हुए लिखा है : "भीलों की राजनीतिक चेतना का प्रमाण जुलाई 1857 में सरकारी डाक सेवाओं के ऊपर खरगौन से गुज़रती बम्बई रोड पर हमले और सितम्बर 1858 में चौकी की लूट से मिलता है। विद्रोह की तीव्रता यह थी कि अक्तूबर 1857 में होल्कर द्वारा तैनात गोविन्द राव के नेतृत्व में फ़ौजी टुकड़ी को सेंधवा में असफलता ही मिली और बम्बई मार्ग पर (अगस्त 1859 तक) हमले जारी रहे. दूसरी जगहों की तरह ही यहाँ भी औपनिवेशिक शासन के मददगार और साथी साहूकार महाजन थे।" (पृ. 368)

अँग्रेज़ों से लड़नेवालों में सिपाही, किसान, श्रमिक, आदिवासी और दलित (स्त्री-पुरुष) थे; अँग्रेज़ों की मदद करनेवालों में होल्कर-सिन्धिया से लेकर सिख सामन्तों तक ज़मींदार और महाजन-साहूकार थे। इसलिए उसमें क्रमशः वर्गीय चेतना का समावेश भी दिखाई देता है। अन्य वर्ग श्रमिक-किसानों के अनुरूप ढल रहे थे। उसे स्वाधीनता आन्दोलन के साथ-साथ राज्यक्रान्ति कहना उचित है। नामवर सिंह ने 'शवसाधक' वाली भावना हटाकर निष्कुंठ भाव से कहा है कि "पहले लोग रिवेलियन कहते थे। रिवोल्यूशन कहने के लिए श्रेय देना चाहिए डॉ. रामविलास को। इसको राज्यक्रान्ति कहा है, जो उनकी पुस्तक '1857 की राज्यक्रान्ति' है।" (पृ. 71)

सन् '57 के मूल्यांकन का आज की परिस्थितियों से घनिष्ठ सम्बन्ध है, इसका परिचय दो उदाहरणों से मिल जाएगा। 19वीं शताब्दी के पूर्वार्ध में अँग्रेज़ी शासन के प्रति भारतवासियों की दोहरी प्रतिक्रिया का जो उल्लेख हितेन्द्र पटेल ने किया है, वह मानो बहुराष्ट्रीय कम्पनियों वाले उदारीकृत संसार पर अक्षरशः लागू होता है, "...अँग्रेज़ी राज्य भारत में दो तरह की प्रतिक्रिया पैदा कर रहा था—साधारण लोगों के बीच अत्याचार और दमन के फलस्वरूप वितृष्णा का भाव और नवशिक्षित आधुनिक लोगों के बीच आशा का भाव।" (पृ. 104) हितेन्द्र ने किसी अँग्रेज़ प्रशासक के हवाले से लिखा है कि "इस देश में दो देश हैं—बहुसंख्यक लोग ब्रिटिशों से घृणा करते हैं और उन्हें भगाने के लिए किसी भी हद तक जा सकते हैं और दूसरा—अल्पसंख्यकों का जो ब्रिटिश कम्पनी शासन को एक सुयोग के रूप में देखता है।" (उप.)

आज भी ऐसे अल्पसंख्यक हैं, हालाँकि वे अत्यन्त मुखर हैं, जो ब्रिटिश ही नहीं, अमरीकी कम्पनी-शासन को सुयोग के रूप में देखते हैं और बहुसंख्यक लोग उनसे घृणा करते हैं, उन्हें भगाने के लिए किसी भी हद तक जा सकते हैं। अल्पसंख्यक और बहुसंख्यक की यह अवधारणा सम्प्रदाय का नहीं, सामाजिक-आर्थिक हितों का परिचय देती है। इन हितों के साथ राजनीतिक चेतना का सम्बन्ध है। पाकिस्तानी इतिहासकार मुबारक अली ने 1857 को गौरवपूर्ण मानते हुए कहा है कि :

(1) वास्तविक सत्ता बहादुर शाह जफर के पास नहीं, सैनिक परिषदों के पास थी और "विद्रोही सेना और इसके नेता आधुनिक दृष्टि रखते थे और वे भारत में जनतान्त्रिक संस्थाएँ स्थापित करना चाहते थे।"

(2) "विद्रोही सिपाही उत्तर भारत के किसान वर्ग से थे" और अँग्रेज़ों की लूट के विरुद्ध "जब विद्रोह फूटा तो किसानों को विश्वास हो गया कि यह अँग्रेज़ी राज का अन्त है।"

(3) इस समझदारी के नाते "वे एक विश्वास के साथ विद्रोह में शामिल हुए।" यह 'एक विश्वास' उनकी विभिन्नता का दमन नहीं करता था लेकिन उनकी विच्छिन्नता को नियन्त्रित करता था।

(4) "किसान विद्रोहों का सिलसिला यह बताता है कि ये अपने उद्देश्यों से पूरी तरह वाक़िफ थे : उन्होंने साहूकारों के दस्तावेज़ जला दिये और उन ज़मींदारों के घर लूट लिये जिन्होंने पुराने ज़मींदारों को उनकी ज़मीन से महरूम करके नीलामी में उनकी सम्पत्ति ख़रीद ली थी।" (उप.पृ. 112-13)

किसी संघर्ष को आधुनिक, लोकतान्त्रिक जनक्रान्ति बनाने के लिए और कौन-सी चीज़ रह जाती है?

इससे एक बात समझ में आती है। वर्तमान केवल इतिहास का निर्माण नहीं करता, बल्कि वह इतिहास के ज़रिए संघर्ष भी करता है। इसलिए अतीत का निर्माण वास्तव में भविष्य के निर्माण का परिप्रेक्ष्य है। इतिहास इसीलिए विचारधारात्मक संघर्ष का, बल्कि राजनीतिक और सांस्कृतिक संघर्ष का विषय बनता है। बाज़ारवादी-उदारीकृत विश्व में सन् '57 के साम्राज्यवाद-विरोधी संघर्ष की स्मृति भी अपना राजनीतिक और सांस्कृतिक आशय रखती है।

सन् सत्तावन और अस्मितावादी नज़रिया

अतीत को हम अपने समय के लिए प्रासंगिक भी बनाते हैं और उससे प्रतिशोध भी लेते हैं। हमारा व्यवहार हमारे वर्तमान-बोध से निर्धारित होता है जिसमें हमारे हित की चेतना और विचारधारा भी शामिल है। सन् सत्तावन की डेढ़ सौवीं जयन्ती पर हमें प्रासंगिकता और प्रतिशोध दोनों तरह का रुख दिखायी देता है। अस्मिता-मूलक व्याख्याओं में यह विरोधाभास और भी ज्यादा है क्योंकि वहाँ तथ्यों और उनके अन्तरसम्बन्धों को खोजने के बजाय शक्ति अर्जित करने की रणनीति नियामक भूमिका अदा करती है। अक्सर देखा जाता है कि सन् सतावन के सन्दर्भ में 'अस्मिता' विमर्श का प्रश्न उठते ही हमारा ध्यान दलित पाठ की ओर चला जाता है जबकि इस प्रकार का सन्देह मूलतः दलित-विरोधी पूर्वाग्रह की देन है और वह न केवल इतिहास के प्रति, बल्कि समसामयिक दलित चिन्तन के प्रति भी अन्याय है।

सचाई यह है कि दलित समुदायों ने सन् 57 में अत्यन्त महत्त्वपूर्ण भूमिका निभायी थी और समकालीन दलित विमर्श भी आमतौर पर उसका सकारात्मक मूल्यांकन करता है। अगर थोड़े से कुलीन्तावादी दलित विचारक अँग्रेज़ी और अमरीकी साम्राज्यवाद को दलित हितों के लिए श्रेयस्कर मानकर स्वाधीनता संघर्ष का विरोध करते हैं तो इससे समूचे दलित समाज को साम्राज्यवादपरस्त नहीं कहा जा सकता। अक्सर देखा गया है कि साम्राज्यवाद-समर्थक दलित विचारक खुद अपने समाज में भी दमनकारी, स्त्री-विरोधी और प्रतिक्रियावादी भूमिका अदा करते हैं।

दलित विमर्श के मूल स्रोतों में महात्मा गाँधी और डॉ. अम्बेडकर का दृष्टिकोण भी एक-सा नहीं है। फुले के लिए भारतीय समाज के भीतरी अन्तर्विरोध इतने निर्णायक थे कि उसके मुकाबले वे अँग्रेजों को विश्वसनीय मानते थे। इसके लिए जातिप्रथा के रक्षक और समर्थक हिन्दू भी कम उत्तरदायी न थे। यह बात भूलकर हम इतिहास के प्रति सही रुख नहीं अपना सकते। लेकिन डॉ. अम्बेडकर दलितों का श्रमिक रूप पहचानते थे और दलित प्रश्न के समाधान के लिए भारतीय

समाज के रूपान्तरण की आवश्यकता समझते थे। यह रूपान्तरण जनवादी क्रान्ति की दिशा में था, भले अम्बेडकर ने उसे यह नाम न दिया हो। वे इस बात को भी पूरी स्पष्टता से समझते थे कि अँग्रेज़ी राज यह काम नहीं कर सकता। क्योंकि उसके साम्राज्यवादी हित भारत को लूटने और दरिद्र बनाने में हैं, विकास और रूपान्तरण में नहीं।

पिछले दिनों सन् 57 को लेकर काफ़ी सामग्री सामने आयी है। उसमें अस्मितामूलक पहलू भी उभरा है। उसमें हिन्दी समाज का नया चिन्तन भी झलकता है और सांस्कृतिक पिछड़ापन भी। अक्सर इस पिछड़ेपन का सम्बन्ध पिछड़ी अस्मिताओं से दिखायी देता है। अगर अस्मिता-विमर्श की जातिसूचक पदावली में कहें तो ब्राह्मणों, ठाकुरों, दलितों, आदिवासियों और मुसलमानों का रुख़ मोटे तौर पर सकारात्मक है, वहीं 'पिछड़ी' जाति के विशेषतः यादव नाम से अभिहित, चिन्तकों का रुख पर्याप्त नकारात्मक है। वे सर सैयद अहमद खाँ या माधवराव सदाशिवराव गोलवलकर की तरह सीधे-सीधे अँग्रेज़ी की हिमायत और विद्रोह की भर्त्सना नहीं करते। आज शायद यह सम्भव भी नहीं है।

इस विषय पर आगे बात करने से पहले यहाँ स्पष्ट कर देना आवश्यक है कि सम्पूर्ण यादव समाज या सभी पिछड़ी जातियाँ ऐसा रुख़ नहीं रखतीं। न सभी पिछड़ों ने सन् 57 में ऐसा रुख अपनाया था। जिस हरियाणा में स्वाधीनता आन्दोलन कभी सशक्त नहीं रहा, वहाँ भी राव तुलाराम यादव ने सन् 57 के विद्रोह में अँग्रेज़ों के दाँत खट्टे किये थे। इसलिए सम्पूर्ण समुदाय या जातिविशेष पर आक्षेप का प्रश्न ही नहीं है। प्रश्न है उन बुद्धिजीवियों का, जो अस्मिता-विमर्श के प्रवक्ता हैं और 'पिछड़ों' की ओर से हस्तक्षेप करते दिखायी देते हैं।

एक विचारक ने 'तद्भव-15' में अपने मौलिक शोध में बार-बार दोहराया गया यह निष्कर्ष फिर दोहरा दिया है कि बेगम हजरत महल, रानी लक्ष्मीबाई, नाना साहब, मौलवी अब्दुल्ला शाह और वीर कुँवर सिंह वग़ैरह जितने सामन्त थे, वे अँग्रेज़ों के खिलाफ़ 'स्वेच्छा' से नहीं, 'विवशता' से लड़े, वे चाहते तो यह थे कि देसी जनता को दबाकर रखने में अँग्रेज़ों का साथ दें लेकिन अँग्रेज उनकी ही रियासतें हड़पने लगे, अँग्रेज़ों से लड़ते समय न उनका परिप्रेक्ष्य राष्ट्रीय था, न उनकी विचारधारा जनतान्त्रिक थी, वे सिर्फ अपनी जागीरें (या पेंशन-वज़ीफ़े) वापस पाने और धर्म के आधार पर शासन करने के सपने देखा करते थे। यही सन् 57 का 'नेतृत्वकारी वर्ग' था। (यहाँ 'समुदाय' भूल गया!)। स्वभावतः पूरा गदर प्रतिक्रियावादी सिद्ध हुआ।

इस 'पिछड़ा' दृष्टि का समसामयिक सन्दर्भ क्या है? दलित राजनीति अपनी 'सोशल इंजीनियरिंग' के ज़रिये उत्तर प्रदेश में नया अध्याय रच रही है। उसी

के साथ वह देश के राजनीतिक नक्शे में प्रगतिशील और वामपन्थी शक्तियों के साथ अपनी हिस्सेदारी अदा कर रही है। हंस-ध्वनि विमर्शकों को अप्रासंगिक सिद्ध करते हुए दलित विचारक अपने वास्तविक नायक खोजकर इतिहास में भी (सन् 57 के संग्राम में भी) अपनी देशभक्तिपूर्ण दावेदारी पेश कर रहे हैं। दूसरी तरफ 'पिछड़ा' राजनीति कहीं खुले तौर पर, कहीं छिपे तौर पर साम्प्रदायिक शक्तियों से मेल-जोल बढ़ा रही है। उसी के साथ उनका सामाजिक रुख़ भी पतनशीलता को बढ़ावा देनेवाला है। स्वभावत: 'पिछड़ा' वर्ग के अस्मितावादी विचारक भी हमारे इतिहास के गौरवशाली पक्षों को तिरस्कृत और कलंकित कर रहे हैं।

विडम्बना यह है कि जिस ब्राह्मणवादी व्यवस्था के खिलाफ़ दलित समुदाय लड़ रहा है, उसके सबसे प्रबल रक्षक इसी 'पिछड़ा' वर्ग के सशक्त लोग हैं। उन्हें 'क्रीमी लेयर' कहा जाता है। इस सम्पन्न-सम्भ्रान्त 'पिछड़ा' वर्ग के नेता और बुद्धिजीवी अपने सामाजिक-आर्थिक हितों के अनुरूप व्यवहार करते हैं। उनका टकराव एक तरफ़ सवर्ण जातियों से है जिनका सत्ता के तन्त्र पर मजबूत असर है, दूसरी तरफ़ दलित जातियों से है जिससे श्रमिक के रूप में दैनन्दिन टकराव होता है। इस सामाजिक-आर्थिक वस्तुस्थिति से ही उनका सांस्कृतिक और ऐतिहासिक दृष्टिकोण भी निर्धारित होता है। इसीलिए उक्त विचारक ने बड़ी 'गहरी सोच' का परिचय देते हुए प्रश्न उठाया है कि सामन्ती नेतृत्व, देशी व्यापारियों की लूट-खसोट करनेवाले सिपाहियों और धार्मिक रूढ़िवादियों के बावजूद 'क्या 1857 को जन विद्रोह कहा जा सकता है?' उत्तर प्रश्न में ही निहित है। उसे जनविद्रोह नहीं कहा जा सकता। सारांश यह कि व्यक्तिगत रूप से 'कुलीन सामन्ती सवर्ण नेतृत्व' भले पराजित हुआ हो, लेकिन इसके वर्गीय हितों की विजय हुई। सिद्ध हुआ कि 1857 न अपने स्वरूप में जनविद्रोह था, न अपने परिणाम में।

इस प्रकार के तर्कों का खंडन भी बारम्बार होता रहा है। सर्वप्रथम उनका सुसंगत और विस्तृत प्रतिवाद रामविलास शर्मा ने किया था, जिसका महत्त्व उनके विरोधी भी स्वीकार करते हैं और जितना ही सन् 57 को लेकर विचार-विमर्श आगे बढ़ रहा है, उसका ऐतिहासिक योगदान अधिक स्पष्ट हो रहा है। यहाँ उन कुतर्कियों की बात नहीं की जा रही है जो बिना रामविलास जी को पढ़े अपनी पूर्वनिश्चित धारणाओं के आधार पर उनका खंडन करते हैं। ऐसे कुछ प्रयत्न 'नया पथ' नामक जनवादी पत्रिका के विशेषांक में भी दिखायी दिये हैं। बहरहाल, पिछड़ा विचारकों से क्या यह प्रश्न किया जा सकता है कि 'जनविद्रोह' का निर्णय करने के लिए केवल 'नायकों' और 'नेतृत्वकारी वर्गों' की भूमिका देखनी चाहिए

या जनता की भूमिका भी? यह जनता गाँव-गाँव में लड़ रही थी, हर नगर-हर कस्बे में लड़ रही थी, और तो और वह नौकर-चाकर के रूप में अँग्रेज़ों के घर में भी थी जो विद्रोह से पहले अपने-अपने घर बैठ गयी थी।

बेशक, 'कुलीन सामन्ती सवर्ण नेतृत्व' के प्रति आक्रोश होना चाहिए, लेकिन श्रमजीवी दलित अवर्ण आदिवासी योद्धाओं की सक्रियता को जनता की भूमिका माना जायेगा या नहीं? मंगल पांडे को उकसानेवाले मातादीन हेला (भंगी), जो कारतूस बनाने के कारखाने में काम करते थे, अपनी जान पर खेलकर राना बेनीमाधव सिंह को अँग्रेज़ी जेल से निकालनेवाले उनके अंगरक्षक सेवा सावर वीणा (पासी), कानपुर में सत्ती चौरा के लोचन मल्लाह, जौनपुर के बाँके चमार आदि अनगिनत शूरवीर उन समुदायों से आये थे जिन्हें हम 'कुलीन सामन्ती सवर्ण' तो किसी कीमत पर नहीं कह सकते। चन्द कुलीन सवर्ण सामन्ती नेताओं को छोड़कर श्रमजीवी दलित अवर्ण समुदायों से आनेवाले योद्धाओं की गिनती करना असम्भव है। पहले दौर के राष्ट्रवादी इतिहास-लेखन में जनविद्रोह या सिपाही विद्रोह की बहस के बावजूद नायकों की प्रतिष्ठा के सवाल पर गहरी एकता दिखायी देती है। उससे हटकर विभिन्न समुदायों की सक्रियता और उनके नायकों की भूमिका खोजने का काम समकालीन इतिहास-लेखन के जिम्मे है। 'दलित' विचारक हों या 'पिछड़ा', जो भी इस शौर्य, बलिदान और संघर्ष की अवहेलना करता है, वह अन्तत: मनुवादी प्रेरणाओं से ग्रस्त है।

क्या दलित श्रमिकों और आदिवासियों की हिस्सेदारी भी 1857 को 'जनविद्रोह' बनाने में असमर्थ है? अब तक यह माना जाता रहा है कि विद्रोह की असफलता के बाद अँग्रेज़ी दमनचक्र में लगभग 50 लाख लोगों को मौत के घाट उतारा गया था। अब यह अनुमान लगाया जा रहा है कि फाँसी पानेवालों की संख्या एक करोड़ से ऊपर थी। दिल्ली से पटना तक कोई शहर, कोई क़स्बा, कोई गाँव, कोई पेड़, कोई ठीहा नहीं जहाँ दस-बीस-पचास को फाँसी न दी गयी हो। इतनी बड़ी आबादी का संहार क्या महज सामन्ती विद्रोह होने के नाते था? या सामन्तों के निहित स्वार्थ के अलावा यह विशाल जनसमुदाय बराबर लड़ रहा था? सामन्ती नेता तो 58 के मई-जून तक पूरी तरह नेस्तनाबूद कर दिये गये थे, नेतृत्व के विनाश के बाद विद्रोह बिखरने लगा था, लेकिन फ्रेडरिक एंगेल्स का कहना है कि तब विद्रोह 'ज़्यादा ख़तरनाक' हो गया था क्योंकि डेढ़ लाख से ज़्यादा सशस्त्र नागरिक (सैनिक नहीं, नागरिक) मैदान में थे और बिना हथियारवाली इस आबादी से अँग्रेज़ों को कोई सूचना नहीं मिलती थी। इसलिए 'पिछड़ा' चिन्तन के विपरीत, एंगेल्स ने उसे 'लोकप्रिय विद्रोह' की संज्ञा दी है।

सन् 57 के महासमर के प्रारम्भिक चरण 1857-58 में और उसके परवर्ती

चरण 58–59 में जो विशाल जनसमुदाय लड़ रहा था, उसकी कई विशेषताएँ थीं। जिस तरह 'पिछड़ों' में कुलीनतावादी चिन्तक 1857 का अवमूल्यन कर रहे हैं, उसी प्रकार दलित जातियों में एक पासी समुदाय के लोगों का पराक्रम विशेष उल्लेखनीय है। उन्होंने अँग्रेज़ों को इतना पस्त किया कि मार्टिन गुविन्स को (एनकाउन्टर ऑफ म्यूटिनी इन अवध में) कहना पड़ा, "1857 के संग्राम में पासी लोगों के अलावा किसी अन्य जाति ने वैसी महत्त्वपूर्ण भूमिका नहीं निभायी। इन पासियों को भविष्य में बड़ी क्रूरता से कुचलने की आवश्यकता है।" बात अतिरंजित है लेकिन निराधार नहीं। 1857 के बाद पासियों को इतनी क्रूरता से कुचला गया कि मुगलों के समय की सैनिक जाति अब 'दलित' हो गयी, जिसका कोई निश्चित पेशा नहीं था इसलिए वह अपराध की ओर ठेली जाने लगी। अँग्रेज़ी राज ने इस प्रकार दलितों की सेवा की।

गूजर अब भी 'पिछड़ी' जाति में गिने जाते हैं। इसीलिए मैंने कहा था कि न सभी यादव साम्राज्यपरस्त हैं, न केवल यादव पिछड़ी जाति के अकेले प्रतिनिधि हैं। मंगल पांडे ने 29 मार्च 1857 को अँग्रेज़ अफ़सर पर गोली चलायी थी। 8 अप्रैल को जब बैरकपुर में उन्हें फाँसी दी जा रही थी, तब अरावली क्षेत्र के सूर्यकुंड (आनन्दपुर) में अँग्रेज़ों को देश से खदेड़ देने की तैयारी के लिए लखमत सिंह की अध्यक्षता में गूजरों की सर्वखाप पंचायत हो रही थी। ब्राह्मण, दलित, पिछड़ा—सभी एक उद्देश्य से प्रेरित थे—अँग्रेज़ों को खदेड़ बाहर करना। इनमें राव तुलाराम जैसे यादव देशभक्तों को जोड़ दें तो पिछड़ी अस्मिता की पिछड़ी चेतना सामने आ जायेगी।

बात यह है कि यादव, गूजर, मौर्य इत्यादि अनेक पिछड़ी जातियों के लोग देशभक्तिपूर्ण संघर्ष में बढ़-चढ़कर लड़े। लेकिन अस्मिता-विमर्श के पिछड़ावादी-चिन्तक इस इतिहास को भी अपमानित करते हैं। पिछड़ों की ऐतिहासिक भूमिका और पिछड़ों के (क्रीमी लेयर के) अस्मिता-विमर्श में यह अन्तर है।

ज़ाहिर है, न किसी जाति का व्यवहार सर्वत्र एक जैसा था, न सभी जातियों का व्यवहार एक जैसा था। बिहार में पलामू और जगदीशपुर का उदाहरण लें। पलामू का जागीरदार-चीरू जनजाति का (आदिवासी) था। उसे निचले स्तर के श्रमिक बुग्ताओं का समर्थन प्राप्त था। इसका कारण यह था कि आदिवासी जागीरदार अँग्रेज़ों के सहयोगी ठाकुरों से संघर्ष कर रहा था और अँग्रेज़ों से लड़नेवाले बर्गी सिपाहियों की मदद भी कर रहा था। इनमें केवल ठाकुर ऐसे थे जिन्हें कुलीन सवर्ण कहा जा सकता है और वे अँग्रेज़ों के सहयोगी थे। बर्गी और बुग्ता भी चीरुओं की तरह आदिवासी समुदाय का ही अंग थे और उनमें बर्गी सिपाही थे, बुग्ता खेत मेजदूर थे, चीरू जागीरदार थे।

दूसरी तरफ़ जगदीशपुर में कुँअर सिंह क्षत्रिय थे। उनके नेतृत्व में विद्रोही सिपाहियों और किसानों की एकता कायम हुई, यहाँ सबसे ज़्यादा भागीदारी ठाकुरों ने की। पलामू के अँग्रेज़ समर्थक राजपूतों को जनता से टक्कर मिली, जगदीशपुर के अँग्रेज़ विरोधी राजपूतों को जनता से समर्थन मिला। जनता के सहयोग का आधार अँग्रेज़ों का समर्थक या विरोधी होना था। अँग्रेज़ों का समर्थन या विरोध करने के मामले में जातियों का कोई संगठित और एकीकृत व्यवहार न था। यों भी, वह अस्मिता-विमर्श का नहीं, साम्राज्यविरोधी स्वाधीनता संघर्ष का समय था। जातियों की अन्दरूनी एकता टूट रही थी, जातियों के बीच नया भाईचारा क़ायम हो रहा था। जहाँ जो भी अँग्रेज़ों से लड़ता था, उसे जनता का समर्थन मिलता था।

पलामू के बुग्ता ठाकुरों को दुश्मन मानते थे क्योंकि वे अँग्रेज़ों के मददगार और शोषक थे। कुँअर सिंह क्षत्रिय जागीरदार थे, पर उन्हें सभी का समर्थन प्राप्त था क्योंकि वे तबाह होने के बाद विद्रोह के दिनों में अँग्रेज़विरोधी संघर्ष का नेतृत्व कर रहे थे। जागीरदार की हैसियत से चीरू सीधे शोषण करते थे और ठाकुरों के एजेंट थे। लेकिन वे मुख्य दुश्मन नहीं बने। अँग्रेज़-राजपूत-चीरू-बुग्ता, इनमें पहले दो प्रमुख उत्पीड़क थे। सामाजिक ताने-बाने में चारों के बीच अन्योन्यता और परस्परता थी लेकिन संकट के समय निर्णायक बिन्दु बना अँग्रेज़ों के साथ सम्बन्ध का चरित्र। उसी प्रकार, दमन के बाद जागीरदारों के प्रतिनिधि (जागीरदार वर्ग के सदस्य) सत्ता से जुड़ गये। जगदीशपुर के राजपूत और पलामू के चीरू बेहतर स्थिति में थे। अलग-अलग क्षेत्रों में अलग-अलग समुदायों ने संघर्ष और पराजय के समय अलग-अलग भूमिकाएँ निभायीं। अस्मिता-विमर्श इन विभिन्नताओं को झुठलाकर ही अपना लक्ष्य सिद्ध कर सकता है। जिस तरह वह 'अपनों' और परायों की वास्तविक स्थिति को अनदेखा करके अवधारणात्मक स्तर पर 'अपनों' और 'परायों' को परिभाषित करता है। 'अपनों' के बीच की मित्रता और 'परायों' के साथ की समानता का बहिष्कार करके ही 'अस्मिता' निर्मित होती है इसलिए वह यथार्थ नहीं, रणनीति है, विचारधारा है।

कुँअर सिंह की स्मृति में एक लोकगीत है—'अब छोड़ दे फिरंगिया हमार देसवा।' जब यह गीत लिखा गया था, तब यह बात लोगों को पता थी कि—

बन के लुटेरा उतरल फौज फिरंगिया।
सहर गाँव लूटि फूँकि दिहलस फिरंगिया।

अँग्रेज़ों की लूट के खिलाफ़ आज़ादी का लक्ष्य सामन्ती नेताओं के सामने रहा हो या न रहा हो लेकिन अँग्रेज़ों से लड़नेवालों का गौरवगान करते समय

जनता के सामने अवश्य था। यह बात आजकल के विमर्शवादी भले न समझते हों, उस समय के अँग्रेज़ अच्छी तरह समझते थे। रामविलासजी ने पादरी मार्टिन का यह कथन उद्धृत किया है कि जनता अँग्रेज़ों को अन्यायपूर्वक देश में घुस आनेवाला समझती थी इसलिए उनसे घृणा करती थी और मौक़ा मिलते ही हर स्तर पर संघर्ष करती थी। अँग्रेज़ पादरी जो बात कह रहा था, लोकगीत में वही भावना हिलोरें ले रही थी।

इतिहासकार विश्वमय पाती ने किसानों की भूमिका का विश्लेषण करते हुए टिप्पणी की है कि ख़ुद किसानों ने अपना इतिहास लिखा नहीं। इसलिए उनकी भूमिका का सही आकलन नहीं हो पाया है। रामविलासजी ने अवश्य किसानों की भूमिका को उचित परिप्रेक्ष्य में उपस्थित किया है। लेकिन उस दिशा में और भी शोध आवश्यक है। मुश्किल यह है कि किसान कोई समुदाय नहीं है, अनेक जातियों-धर्मों से बना वर्ग है इसलिए अस्मिता-विमर्श के लिए उसका योगदान विचारणीय नहीं हो पाता। पाती ने 1852 के भील विद्रोह से शुरू हुई कड़ी को 1857 में पर्यवसित होते देखा और 1859 में शुरू हुए नील विद्रोह को 1857 की परम्परा का प्रवाह बताया है। इस प्रक्रिया में उन्होंने 1857 की किसान पृष्ठभूमि को उभार कर रखा है। लेकिन 1856-57 के शबर विद्रोह से 1859 में शुरू हुए नील विद्रोह तक किसानों के संघर्ष की निरन्तरता में ही इस महासमर को देखा जा सकता है। नील विद्रोह का महत्त्व इसलिए भी है कि वह बंगाल में शुरू हुआ था जिसे अँग्रेज़ों का समर्थक माना जाता रहा है। यहाँ यह भी जोड़ देना अनुचित न होगा कि किसानों को औपनिवेशिक शासन और तात्कालिक उत्पीड़क (ज़मींदार-साहूकार) से दोहरी लड़ाई लड़नी पड़ रही थी। इसलिए उन्होंने अतीत के तत्त्वों को अपने साथ जोड़ा।

शशिभूषण चौधरी ने ('सिविल रिबेलियन इन दि इंडियन म्यूटिनीज़ 1857-1859' में) 'पिछड़ा' चिन्तकों से अलग उसे 'लोकविद्रोह' की संज्ञा दी है क्योंकि प्रथम मराठा युद्ध के समय अवध के चैतसिंह के विद्रोह से लेकर बंगाल में हेस्टिंग्स के मारे जाने की खबर के बाद उपजे हड़कम्प तक और मैसूर में उभरनेवाली नयी हलचल तक जो भी घटनाचक्र है, वह इस विद्रोह में 'राष्ट्रीय चेतना' की उपस्थिति का प्रमाण है, 'अभाव' का नहीं तथा वह असन्तोष की गहराई और प्रसार का द्योतक है, उसके अभिजातवर्गीय संकीर्ण चरित्र का नहीं। उसका प्रसार कश्मीर से तमिलनाडु तक था, उसकी व्याप्ति सामन्त वर्ग के प्रगतिशील हिस्से से लेकर दलितों और आदिवासियों के सबसे निचले हिस्से तक थी; इसीलिए मार्क्स ने उसे 'स्वतन्त्रता संग्राम' कहा था। उसका उद्देश्य अँग्रेज़ी राज को अपदस्थ करके चुने हुए प्रतिनिधियों की जनतान्त्रिक सत्ता स्थापित करना था, राजा उस सत्ता

का प्रतीक मात्र था, इसलिए उसे रामविलासजी के शब्दों में 'राज्यक्रान्ति' कहना उचित है।

अस्मिता-विमर्श की 'पिछड़ा' चेतना वर्ग की अवधारणा का यान्त्रिक उपयोग करके मीन-मेख निकालने से ज़्यादा कुछ नहीं कर सकती, ऊपरी तथ्यों के आडम्बर से विद्वता की धाक चाहे जमा ले। उन्नीसवीं सदी के आरम्भ तक आते-आते "टीपू सुल्तान, महादजी सिंधिया, सिख सरदार—सुदूर दक्षिण से लेकर उत्तर तक—भारत में ऐसे देशभक्त सामन्त थे जो अँग्रेज़ों को निकालना और उसके लिए सम्मिलित प्रयत्न करना आवश्यक समझते थे।" (रामविलास शर्मा, सन् सत्तावन की राज्यक्रान्ति और मार्क्सवाद)। सन् 57 में ऐसे देशभक्त सामन्तों की संख्या और ज़्यादा थी। वे अपने स्वत्व का संघर्ष कर रहे थे। बेशक वे अपना अधिकार छिनने पर लड़े। लेकिन अधिकार छिनने पर भी न लड़नेवाले सामन्तों को क्या कहेंगे? कोई वर्ग अकारण नहीं लड़ता। कारण होने पर न लड़नेवाले वर्ग या हिस्से को कायर कहा जायेगा।

अँग्रेज़ी लूट से कोई नहीं बचा था। सबसे पहले किसान तबाह हुए। उसके बाद उद्योग-धन्धे चौपट हुए, व्यापारी और कारीगर तबाह हुए। सामन्तों की (ताल्लुकेदार, रियासतदार, नवाब, राजा-महाराजाओं की) बारी उसके बाद आयी। इसलिए भारतीय समाज के सभी हिस्सों में असन्तोष व्याप्त था और विद्रोह होने पर उसने इतना सघन रूप ले लिया। अँग्रेज़ विरोधी सामन्तों की वर्गीय भूमिका को बहाना बनाकर सन् 57 का तिरस्कार करनेवाले विचारक अँग्रेज़परस्त सामन्तों की प्रगतिशीलता का बखान करना भूल जाते हैं। ऐसे कुछ सामन्तों को याद कर लेना अनुचित न होगा। मसलन, हैदराबाद के निजाम, कश्मीर के गुलाब सिंह, नेपाल के राणा जंगबहादुर, ग्वालियर के सिंधिया आदि। जो विद्वान कुँअर सिंह और गुलाब सिंह में, अब्दुल्लाह शाह और निजाम में, लक्ष्मीबाई और सिंधिया में, हज़रत महल और जंग बहादुर में फ़र्क़ नहीं कर सकते, उनका निर्णय केवल सन्देह पैदा करेगा। 'अस्मिता' की राजनीति कहीं इस उद्देश्य को छिपाने का साधन तो नहीं है?

सन् 57 का महासमर लोक विद्रोह था, वह अँग्रेज़ी लूट के खिलाफ़ समूची भारतीय जनता का एकताबद्ध संघर्ष था, वह हमारा राष्ट्रीय मुक्ति संग्राम था, वह औपनिवेशिक सत्ता को मिटाकर एक लोकतान्त्रिक जातीय सत्ता स्थापित करने का प्रयत्न था। उसने आगामी घटनाओं को दिशा दी। गाँधी जी का राष्ट्रीय आन्दोलन भारतीय समाज के सभी स्तरों को एकजुट करने की नीति पर चला, यह सन् 57 की देन थी। लाला हरदयाल की गदर पार्टी से भगतसिंह की सोशलिस्ट-रिपब्लिकन पार्टी तक क्रान्तिकारी आन्दोलन पर उसकी छाप स्पष्ट है। अँग्रेज़ों

ने अपना राज फिर से कायम होने पर नृशंस दमन और अपहरण–उन्मूलन का जो चक्र चलाया, उसके बाद भारत का सामाजिक–आर्थिक जीवन पहले जैसा नहीं रहा। सन् 57 के बाद के भारत से पहले के भारत की तस्वीर नहीं बनायी जा सकती। विद्रोह की गहराई, व्यापकता और प्रदीर्घता ने अँग्रेज़ी मानस में सदा के लिए एक दुःस्वप्न पैदा कर दिया, जिससे उन्हें 1946 के नौसैनिक विद्रोह तक कभी छुटकारा नहीं मिला। इस विद्रोह के बाद ख़ुद ब्रिटेन में ईस्ट इंडिया कम्पनी के सामन्ती शासन का अन्त हुआ, लम्बे समय से संघर्षरत औद्योगिक वर्ग सत्तासीन हुआ। अस्मिताविमर्श की सूक्ष्मग्राही चेतना न अन्तर्राष्ट्रीय परिप्रेक्ष्य को महत्त्व देती है, न ऐतिहासिक प्रक्रिया को। उसकी दयनीयता जिन घटनाओं के मूल्यांकन में सबसे अधिक उजागर होती है, 1857 उनमें प्रमुख है।

आज का कथा-समय

सच पूछा जाय तो नयी के आरम्भ से, पिछले पाँच-छः वर्षों में, जो नयी कथा-प्रवृत्ति उभरी है, उस पर बात करना बेहद चुनौती भरा है। यह बात बार-बार कही भी जाती है। लेकिन अक्सर उसके शिल्प-चमत्कार के कारण समीक्षक या तो सम्मोहित हो जाते हैं या उसकी छानबीन करने से कतरा जाते हैं। यों भी, अब 'आलोचना' का काम 'समीक्षा' या 'व्याख्या' से हटकर 'विमर्श' भर रह गया है। 'विमर्श' और जो कुछ करे, मूल्यांकन की प्रक्रिया को तो रोकता ही है। बहरहाल, इतनी बात आसानी से मानी जा सकती है कि रचना का नया दौर तब शुरू होता है जब सिर्फ़ कहने का ढंग नहीं बल्कि कही गयी वस्तु भी बदलती है और उस नयी वस्तु का विश्लेषण-मूल्यांकन करने में पुराने आधार अपर्याप्त हो जाते हैं। इस दृष्टि से हम पाते हैं कि उदय प्रकाश, असगर वजाहत, संजीव, शशांक, अखिलेश के बाद की एक पीढ़ी मंच पर आ गयी है। उसने उत्तर-सोवियत अथवा भूमंडलीकृत वास्तविकताओं को आँकने में (चित्रित ही नहीं, आकलित करने में भी) सजग रुचि प्रदर्शित की है। ख़ास बात यह है कि इस दौर में विचारधारा के प्रति जैसी उदासीनता आयी है, उसके प्रभाव से अछूती न रहने पर भी यह कथा-पीढ़ी मूल्यहीनता और मन्दस्वरता को स्वीकार नहीं करती।

युवा रचना की शक्ति, सीमाओं और सम्भावनाओं पर विचार करते समय जो बात पहले देखी जानी चाहिए, वह हिन्दी की सामाजिकता का विस्तार है। आदिवासी और ग्रामीण पृष्ठभूमि से लेकर अनिवासी और महानगरीय परिवेश तक इतने वैविध्यपूर्ण अनुभव वर्तमान कहानी में सिमट आये हैं कि कोई एक रचनाकार पूरे परिदृश्य का प्रतिनिधित्व नहीं कर सकता, एक रचना-प्रवृत्ति को 'मुख्य' स्वर नहीं कहा जा सकता, एक आलोचक के ज्ञान और अभिरुचि की सीमाओं से पूरी वर्तमान रचनाशीलता के मूल्यांकन की माँग नहीं की जा सकती। गुण-दोष विवेचन बाद की बात है, पहले यह तथ्य सामने रखना जरूरी है कि अधिकांशतः कस्बों या कस्बाई शहरों से आनेवाले इन कथाकारों की दुनिया एक तरफ़ 19वीं सदी में ठहरे हुए जीवन-सम्बन्धों में धँसी है, दूसरी तरफ़ 22वीं सदी की ओर भागते

हुए समय के प्रसंगों में खोल रही है। इन दो भिन्न-भिन्न दिशाओं, जीवन-स्थितियों और प्रसंगों से बननेवाला भारतीय यथार्थ जितने जटिल पेंचों और परिवर्तनों का साक्षी है, उसे कथा में रूपान्तरित करने के लिए आवश्यक सजगता और लचीलापन रचनाकारों में है। इसलिए, मैं जोर देकर कहूँगा कि इस पीढ़ी की शक्ति, सीमाएँ और सम्भावनाएँ केवल 'शिल्प' में नहीं, अनुभव की 'प्रक्रिया' में हैं।

सुरेन्द्र चौधरी ने माना था कि आधुनिक कहानी का विकास 'आख्यान को कथा में बदलकर' हुआ था। आज की कहानी में हम कथा को आख्यान में बदलता हुआ देखते हैं। यह प्रवृत्ति हिन्दी तक सीमित नहीं है। बल्कि साहित्य तक सीमित नहीं है। पाल दे मान ने संरचनावादी 'रूपक' की जगह आख्यान को श्रेयस्कर माना है। आख्यान जीवन-स्थितियों को संरचना में स्थिर नहीं करता। वह उन्हें काल में परिभाषित करता है। इसलिए रूपक स्थापत्य है, आख्यान प्रक्रिया। आख्यान उन्मुक्त (ओपेन ऐंडिंग) है और उन्मुक्तकारी भी। हम इस बात को ऐसे भी समझ सकते हैं कि यथार्थवाद 'क्यों' से सम्बन्धित था, आधुनिकता 'क्या' से, आख्यान की निर्भरता 'कैसे' पर है। उसमें कारण-कार्य—अगर, तब, काश, हालाँकि जैसे सारे तार्किक क्रम और तर्कातीत ऊहापोह शामिल हैं। तर्क और तर्कहीनता का 'आख्यान' वास्तव में उत्तर-आधुनिक संसार का ही प्रतिरूप है, जहाँ लोकतान्त्रिक प्रेरणाएँ और दमनकारी सत्ताएँ, स्थानीय आग्रह और भूमंडलीय दबाव, नागरिक अधिकार और एकध्रुवीय तानाशाही, उपलब्धियों की चकाचौंध और वंचना का अन्धकूप, जीवन का अधिकार और मृत्यु की परिस्थितियाँ, सब इस तरह एक-दूसरे में उलझे हुए हैं कि परम्परागत तर्क और विवेक से उनकी व्याख्या नहीं की जा सकती। इसलिए चाहे नीलाक्षी सिंह की 'एक था बुझवन' देखें या कुणाल सिंह की 'इति गोंगेश पाल वृत्तान्त', पंकज मित्र की 'क्विज़मास्टर' देखें या शशिभूषण द्विवेदी की 'ब्रह्महत्या', मो. आरिफ़ की 'फूलों का बाड़ा' देखें या दीपक श्रीवास्तव की 'कमरा, साँप और आदमी', चन्दन पांडेय की 'परिन्दगी है कि नाकामयाब है' देखें, या मनीषा कुलश्रेष्ठ की 'स्वाँग' (उदाहरण और भी लिये जा सकते हैं), इन सबमें हमें तार्किक और तर्कहीन जीवन-स्थितियों तथा जटिल होते सम्बन्धों से निर्मित ताना-बाना मिलता है।

यह सही है कि उत्तर-सोवियत परिदृश्य में विचारधारा के प्रति ही नहीं, किसी भी तरह के प्रकट या गुप्त सन्देश के प्रति जो उदासीनता दिखाई देती है, वह आज की प्रतिनिधि रचनाशीलता में आम बात है। कथाकार की संवेदनशीलता जीवन-प्रक्रिया के चित्रण के प्रति है। इस मायने में, युवा-रचना प्रतिबद्ध नहीं है तो कलावादी भी नहीं है। यथार्थ को गतिशीलता, चंचलता, उलझाव के साथ

चित्रित करना एक नये तरह की वस्तुपरकता है, जिसे युवा रचना ने अर्जित किया है। उसकी दिलचस्पी जीवन की आत्मपरक या दार्शनिक, किसी भी तरह की व्याख्या में नहीं है।

हिन्दी की युवा कहानी 'कथा' के प्रचलित ढाँचे को अस्त-व्यस्त कर रही है। वह वर्णन की प्रचलित शैलियाँ छोड़कर अपना वृत्तान्त बना रही है, जिसमें आत्मगत और वस्तुगत के बीच, तथ्य और विश्वास के बीच, सम्बन्ध और भाव के बीच, बल्कि जीवन के सूत्र और वर्णन की शैली के बीच भी किसी तरह का बँटवारा नहीं दिखता। वह भाववादी और यथार्थवादी, दोनों तरह की सरणियाँ छोड़कर हर प्रकार के द्वैत और द्वित्व (डुऐलिटी और डाइकॉटॅमी) को अस्वीकार करती है—परस्पर-विरोधी समझे जानेवाले तत्त्वों के बीच बौद्धिक (श्रम) विभाजन को अस्वीकार करती है। यही उसका अपना मिज़ाज है। इसीलिए, जिस तरह रामविलास शर्मा ने भारतेन्दुयुगीन कहानी में निबन्ध और कथा का मिश्रण देखा था, आज की कहानी भी संस्मरण और इतिहास, निबन्ध और स्वप्न, कथा और समाज-विज्ञान, सिद्धान्त और पैरोडी आदि विभिन्न विधाओं और विद्याओं को मिलाकर अपना वृत्तान्त बनाती है। यह आख्यान न तटस्थ है, न आत्मबद्ध। वह प्रक्रियाधर्मी है। इसलिए उसमें गति, काल और अर्थ की नयी धारणा है।

सम्भव है, कहानी के पात्र न इस प्रक्रिया (संक्रमणशील यथार्थ) को समझ पा रहे हों, न गति, काल और अर्थ की संकल्पना को। स्वभावतः जीवन-प्रक्रिया में फँसकर अपनी दुर्दमनीय परिणति को भी वे नहीं समझते। इस मायने में नीलाक्षी के 'बुझवन' हों या पंकज मित्र के 'बिलौती महतो', सहसा उन चरित्रों और स्थितियों की भरमार दिखाई देती है जो मिट रहे हैं; जो मानवीय हैं पर करुण हैं। मिटते हुए की ममता-आत्मीयता को रेणु या शिवमूर्ति का अनुगमन नहीं माना जा सकता क्योंकि एक तो इन रचनाकारों की दृष्टि आंचलिक नहीं है, दूसरे वे अपने पात्रों के भोलेपन को आदर्शीकृत नहीं करते। युवा रचनाकार ख़ुद अपने पात्रों से अपना अलगाव बनाये रहते हैं इसलिए उनके वर्णन में पात्रों के भोलेपन से उत्पन्न होनेवाली सादगी लगभग नहीं दिखाई देती। सच पूछें तो उनकी वर्णन-कला ज्ञानरंजन और रवीन्द्र कालिया या उदयप्रकाश और अखिलेश को मिलाकर बनती है।

उदाहरण के लिए, 'बिलौती महतो की उधारफिकिर' पर ध्यान दें। जींस-टीशर्ट, मोटरसाइकिल, एटीएम, लोन, कैश-क्रॉप, 'दोगला बीज'—इन सबसे बने वातावरण में एक तरफ़ उधार न लेने का बिलौती महतो का परम्परागत विश्वास है, दूसरी तरफ़ ज़मीन गिरवी रखकर हीरो होंडा लेने की उसके पुत्र बिरजू की ज़िद है। समाज में परिवर्तन का असर गाँव-गाँव तक पहुँच गया है। इन आर्थिक

और प्रौद्योगिकीय परिवर्तनों ने बिलौती और बिरजू जैसे मामूली लोगों को ज़िन्दगी बदलने का सपना दिया है, मौक़ा नहीं। इन परिवर्तनों का असर केवल बाहरी जीवन पर नहीं पड़ता। बाज़ारवादी व्यवस्था एक नशा पैदा करती है। बिलौती को एटीएम से 'घिर्र-घिर्र' रुपया निकालने का नशा है और बिरजू को 'घिर्र-घिर्र' हीरो होंडा पर चढ़ने का। बिलौती खेती करता है। बिरजू काम नहीं करता। वह दलाली करना चाहता है, जिसमें दिखावा जरूरी है। पिता की सारी जमापूँजी चोरी से निकालकर हीरो होंडा ख़रीदता है और ट्रक से होड़ लेते हुए मारा जाता है। सीधे-सादे वर्णन में भी बड़े पेंच हैं जो न केवल सारी जटिलता उभार देते हैं बल्कि घटनाओं को प्रतीकार्थ भी दे देते हैं। एटीएम और हीरो होंडा उपभोक्तावाद के प्रतीक हैं तो ट्रक और हीरो होंडा बाज़ार में ताक़त के प्रतीक हैं।

यह बात ध्यातव्य है कि एक तो जीवन की जटिलताओं और परिवर्तनों को युवा रचनाकार मनुष्य के स्वभाव और सम्बन्ध के स्तर पर देखते हैं, दूसरे उन परिवर्तनों को जाँचने के लिए वे अपने चरित्र बहुत मामूली लोगों में से चुनते हैं। इस लिहाज़ से यह कहानी 'प्रतिबद्ध' न होकर भी उत्तरदायी है और हिन्दी कथा-परम्परा से जुड़ी हुई है। जिन कहानियों में कुलीन वर्ग का चित्रण है, जैसे 'सिंटी पब्लिक स्कूल, वाराणसी' (चन्दन पांडेय) उनमें भी यही दृष्टिकोण है। नयी कहानी के मध्यवर्गकेन्द्रित संसार को देखते हुए वह अधिक लोकतान्त्रिक है। सही अर्थ में वह 'सबाल्टर्न' है। चाहे 'कमरा, साँप और आदमी' (दीपक श्रीवास्तव) का मजदूर हो जो मिल से पन्द्रह कि.मी. दूर गाँव की सीमा पर रहता है या 'शहतूत' (मनोज कुमार पाण्डेय) के बितानू और ओमप्रकाश हों जो दलित होने के नाते भेदभाव के शिकार हैं, चाहे 'ब्रह्महत्या' (शशिभूषण द्विवेदी) के फटेहाल पं. धर्मराज हों जो कम्प्यूटर क्रान्ति के युग में अवध के एक बहुत पिछड़े गाँव में रहकर एक चमाइन से प्रेम करते हैं या 'डूब' (कुणाल सिंह) के सन्ता सिंह और रविन्दर (वाचक) हों जो पुलिस और आतंकियों के दोहरे ख़ौफ से जूझते पंजाब के एक कस्बे में रहते हैं और मेहनत-मजूरी करके जीने नहीं पाते।

इन सबसे युवा रचना की संवेदना का रूप स्पष्ट होता है। उसकी समस्याएँ साधारण लोगों के जीवन की सामान्य समस्याएँ हैं जिनसे समाज का वर्तमान बना है। इस रचना में ऐसे चरित्रों और उनकी समस्याओं को गहराई से समझने की संवेदनशीलता है। इसके पीछे उसके अनुभव की ज़मीन तो है ही, वर्तमान की समझ भी है। संयोग नहीं है कि युवा रचना की यह सजगता केवल वर्तमान जीवन-सन्दर्भ के प्रति नहीं है—जिसके स्वागत में मूल्यान्ध होकर राजनीतिज्ञ-अर्थशास्त्री और विचारक एक साथ कोहराम मचाये हुए हैं। परिवर्तन की आँधी में जीवन के बहुत से क्षण और पेशे मिट रहे हैं। उन्हें लेकर एकाएक बहुत लिखा

जा रहा है। 'नया ज्ञानोदय' के युवा पीढ़ी विशेषांक (मई, 2007) में ही देखें तो 'स्वाँग' (मनीषा कुलश्रेष्ठ) में मरती हुई बहुरूपिया कला को लेकर, 'सौ किलो का साँप' (गीत चतुर्वेदी) और 'गुणा भाग' (तरुण भटनागर) में सँपेरों के ख़त्म होते पेशे को लेकर ऐसी अनेक कहानियाँ हैं जिनमें परम्परागत जीवन और परिवर्तित सन्दर्भ की टकराहट बड़े मार्मिक ढंग से चित्रित की गयी है। विस्तार में न जाकर भी यह कहना आवश्यक है कि युवा रचना में न तो परिवर्तन को किसी एक स्तर पर या एक रूप में देखा गया है, न हर प्रकार के परिवर्तन के बारे में एक ही दृष्टिकोण अपनाया गया है। मुख्य बात यह है कि दुर्दमनीय विकास तथा अप्रासंगिक होते पेशों और मनुष्यों के बीच की टकराहट से युवा रचना अपने समय को पहचानने का संघर्ष करती दिखती है। यह उसके इतिहास-बोध की दिशा है, जो उत्तर आधुनिकता की सारी युक्तियों के बावजूद उसकी चेतना का निर्माण करती है। यह चेतना कहानी में व्याप्त रहती है, आरोपित नहीं। इसीलिए गफ्फार खाँ ('स्वाँग' के बहुरूपिया कलाकार) की तबाही का एकमात्र कारण केवल सामन्ती दरबारों की जगह सरकारी प्रशासन (नये कलेक्टर) को नहीं माना जा सकता। युवा रचना अपने समय की त्रासदी को, यातना और अपरिहार्यता के जटिल सम्बन्ध को, भली-भाँति उभारती है लेकिन उसके प्रति रेणु जैसी ममता के बजाय निस्संगता से काम लेती है। इसमें ही उसकी कला का रूप ढलता है।

उत्तर-आधुनिकता ने 'महावृत्तान्त' (मेटानरेटिव) को सन्दिग्ध बनाया था और 'छोटे-छोटे देवताओं' को प्रतिष्ठित किया था। इसीलिए वर्ग और राष्ट्र के टुकड़े सामुदायिक अस्मिताओं में बिखर गये जिनकी रणनीति राजनीति से साहित्य तक हर तरफ़ सक्रिय हो गयी। सत्ता और वर्चस्व की धारणा ने समता और न्याय को पृष्ठभूमि में ठेल दिया। लेकिन हिन्दी की युवा रचनाशीलता इस 'लघुवृत्तान्त' (माइक्रोनरेटिव) को भी अधूरा और अपर्याप्त मानती है। वह अपने आख्यान में 'सूक्ष्म' और 'वृहत्' के बीच, 'क्षण' और 'काल' के बीच, 'स्थिति' और 'इतिहास' के बीच अनिवार्य सम्बन्ध खोजती है। इसीलिए वह प्रक्रियाधर्मी है। वह मर्म के घटित होने के क्षण को भूत-भविष्य और सामाजिक सम्बन्धों के सारे जंजाल में फैला देती है। प्रकटत: वह 'इतिहास' को अस्वीकार करती है, "...भारत के भावी बूढ़े अपना पिछला भूलकर ही सुखी रहेंगे।" (नीलाक्षी सिंह, एक था बुझवन) अथवा, "इतिहास की कोई भी शक्ति अब मेरे साथ नहीं है।" (शशिभूषण द्विवेदी, ब्रह्महत्या) यह इतिहास के निषेध के बजाय वर्तमान की विडम्बना है, जहाँ कमज़ोर का अतीत और स्मृति भी दमन या पीड़ा का ही सबब है। इन कहानीकारों के बूढ़े या उत्पीड़ित अतीतजीवी नहीं हैं क्योंकि वे श्रम की, सकर्मकता की प्रक्रिया में ही अपना मानवीय सार खोते या पाते हैं। दूसरी तरफ़, जो ताकतवर

है, उसके पास चाहे आर्थिक ताक़त हो या प्राविधिक, राजनीतिक ताक़त हो या सांस्कृतिक, वह अपना अतीत भी गढ़ लेता है, "...कम्प्यूटर पर अब मैंने अपना इतिहास बदल लिया है।" (ब्रह्महत्या) सच यह है कि ताक़तवर केवल वर्तमान और भविष्य का नहीं, अतीत का स्वामी भी है। इस विडम्बना के प्रति जागरूकता ने ही युवा रचना को नयी वस्तुदृष्टि और नया इतिहास-बोध दिया है।

इस सचाई को परखने और उभारने के लिए न केवल कहानी की विषयवस्तु के संगठन में बल्कि चित्रण और विश्लेषण में भी अप्रत्याशित तौर-तरीक़े जरूरी हो गये हैं। युवा रचना 1990 के बाद की कहानी की तरह कहीं अतीत के भय से (छप्पन तोले का करधन) और कहीं भविष्य के भय से (अगले अँधेरे तक) आक्रान्त नहीं है। उसके लिए वर्तमान इतना भयंकर नहीं है कि वह अतीत और भविष्य पर प्रक्षिप्त हो जाए और मनुष्य की चेतना को स्तब्ध कर दे। वह सम्भ्रान्त वर्ग के दायरे से बाहर निकलकर सचमुच उपेक्षित और पीड़ित की नज़र से वर्तमान को देखती है इसलिए भय और उम्मीद, विध्वंस और निर्माण की द्वन्द्वात्मकता में वास्तविकता को ग्रहण करती है। अल्पना मिश्र की 'मुक्ति प्रसंग' हो या मो. आरिफ़ की 'फूलों का बाड़ा', हम इस बात का आग्रह पाते हैं कि दुनिया को बदलने से पहले स्वत्व अर्जित करना और सम्बन्धों को बदलना जरूरी है। आर्थिक सम्बन्धों की विषमता से मानवीय (स्त्री-पुरुष) सम्बन्धों की विषमता का गहरा सम्बन्ध है। सुन्दरता के कारण 'महारानी' कही जानेवाली सेतिया 'फूलों का बाड़ा' में कभी पति (आनन्द प्रताप) द्वारा और कभी प्रेमी (शान्तनु मेहरोत्रा) द्वारा यातना का शिकार बनायी जाती है। दोनों यौनिकता को—यौन-सम्बन्ध को—दमन का अस्त्र बनाते हैं। स्त्री शरीर पुरुष का विजय-स्मारक है इसलिए शारीरिकता को ही दंड देकर पुरुष अपना सत्ता क़ायम करता है। लेकिन मो. आरिफ़ वर्णन का विस्तार बाह्य तथ्य में नहीं करते। स्त्री का मूल अन्तर्द्वन्द्व शारीरिकता और आन्तरिकता के साथ-साथ (अवांछित) गर्भ को 'जन्म देने के प्रश्न' और (शान्तनु द्वारा) अपने विरुद्ध हुए ताक़त के इस्तेमाल के बीच है यही अन्तर्द्वन्द्व सजीव होकर गर्भ की बच्ची के संवाद में बदल जाता है। वह एक तरफ़ जीने की गुहार लगाती है और भरसक बाहर आने का प्रयास करती है, दूसरी तरफ माँ को धमकाती है कि मैं नहीं बची तो तुम्हें भी नहीं जीने दूँगी।

सम्बन्धों की, विशेषत: स्त्री-पुरुष सम्बन्धों की विषमता अनेक रचनाकारों की समस्या है। 'सौ किलो का साँप' (गीत चतुर्वेदी) में स्वार्थ और विश्वासघात के लिए स्त्री शरीर का शिकार हो या 'छावनी से बेघर' (अल्पना मिश्र) में कारगिल के मोर्चे पर लड़ते और मरते सैनिकों की पत्नियों के साथ फ़ौज में होनेवाला भेदभाव हो, समाज की हर छोटी-बड़ी संस्था में क्रूरता का साक्षात्कार होता

है। युवा कहानीकार इसके उत्तर में, व्यक्तिपरक ढंग से ही सही, एक सकारात्मक विकल्प प्रस्तावित करता है। वह सामाजिक विकल्पहीनता से हतप्रभ नहीं है। उसने उत्तर-सोवियत यथार्थ को सहज रूप में लिया है इसलिए अपने भीतर हो या पारस्परिक सम्बन्धों में हो, उसने शक्ति के नये स्रोत खोजे हैं। वह वैकल्पिक दृष्टि सामाजिक क्रान्तिकारिता से परिभाषित न होकर भी सकारात्मक है।

विमर्शों के जिस दौर में 'व्यक्तिगत ही राजनीतिक' है, उसमें युवा रचनाकार ने व्यक्तिपरकता को परस्परता से परिभाषित करना सीख लिया है। यह मामूली तथ्य नहीं है। इस परस्परता के बिना सामाजिक या वैयक्तिक सम्बन्धों की असंगति पहचानी नहीं जा सकती। 'फूलों का बाड़ा' में पति-पत्नी का तनाव जिस घटना से उभर आया, वह पुरुष के स्वामी-भाव से जुड़ी है। पत्नी के वक्ष की ओर बढ़ता हाथ रोककर पति कहता है, "उफ अगर यह किसी दूसरे का होता तो आज तो मेरी चाँदी हो जाती।" पत्नी उसी के अन्दाज़ में जवाब देती है, "अगर यही हाथ किसी दूसरे के होते तो आज तो मेरा सोना हो जाता।" इसके बाद सम्भव नहीं रहा कि पति वापस आये। पति-पत्नी के लिए एक ही मर्यादा लागू नहीं होती। यह विषमता का एक रूप है।

विषमता का दूसरा रूप सामाजिक क्षेत्र में है। कुणाल सिंह की 'इति गोंगेश पाल वृत्तान्त' या 'डूब' इसका उदाहरण है। सीधी-सादी दुनिया का बाशिन्दा गोंगेश अपनी परिस्थितियों से असन्तुष्ट है। वह मामूली कबाड़ी होकर एक बड़ा जादूगर बनना चाहता है। लेकिन दुनिया में परिवर्तन का हाल ऐसा है कि हुनर को व्यवसाय बना लेने या व्यवसाय के मातहत होते जानेवालों का ही जीवन बदल रहा है। गोंगेश के पास एक ही कमी है—पूँजी की। "हर युग में लोग किसी चमत्कार की प्रतीक्षा में रहते हैं।" ऐसा चमत्कार पूँजी की ताक़त से होता है। जो इस ताक़त से जुड़ता है वह 'करोड़पति' बन जाता है, जो नहीं जुड़ता वह गोंगेश की तरह मृत्यु की शरण में चला जाता है। आज के सारे ताम-झाम इसी वर्ग-विरोध का परिणाम हैं, भले ही यह विरोध सतह पर, संघर्ष के रूप में न दिखे। उसे अदृश्य करने में पूँजी के साथ संचार की शक्ति भी लगी हुई है। संयोग नहीं है कि गोंगेश जिस दिन आत्महत्या करता है, गणेश जी उसी दिन दूध पीते हैं।

वास्तविक संघर्ष और छद्‍म विश्वास से बनी यह जीवन-स्थिति 'उदार' भारतवर्ष की सचाई है। कुणाल सिंह अगर इस सचाई के आर्थिक और सामाजिक पहलुओं की पड़ताल करते हैं (मसलन 'डूब' में पंजाब के आतंकवाद को लेकर), तो नीलाक्षी सिंह उसके मानवीय-सामाजिक पहलू को आधार बनाती हैं। 'परिन्दे का इन्तज़ार-सा कुछ' बाबरी आन्दोलन को लेकर उभरे साम्प्रदायिक विद्वेष का

विश्लेषण करती है। इंजीनियरिंग में पढ़नेवाले सात लड़के-लड़कियाँ माहौल का शिकार बनते हैं। नसरीन सोचती है, "क्या वज्ह है कि मैं अपनी मर्जी के रास्ते पर नहीं चलने पा रही...कभी मेरा जेंडर मुझे पीछे खींचता था, तो कभी मेरा मज़हब।" सभ्य समाज की आकांक्षा और पीछे खींचनेवाली शक्तियों के संघर्ष में भय और आशंका का जन्म होता है। कभी अम्मी 'गड़बड़ाती' हैं और बिने हुए चावल की थाली गिर जाती है, कभी नसर 'हड़बड़ाती' है और हाथ की किताब गिर जाती है। माहौल ऐसा है कि "मज़हब की बात आते ही इनसान वहशी बन जाता है...।" वहशीपन का आलम यह है कि अनन्या ने जिस लड़के को ख़ून दिया था, उसने "दो मुसलमान दोस्तों को मार डाला।" और हर्ष ने नसर को संरक्षण दिया था, नसर के मामू ने उसके घर में आग लगा दी। फिर भी नसर मामू के साथ नहीं जाती, न उसके दोस्त उसे छोड़ते हैं, "हम सब तुम्हें बहुत चाहते हैं।...हम तुम्हें कभी नहीं गँवा सकते।" नसर सोचती है, "ये लम्हा कितना सुकून देनेवाला था। आह! अल्लाह मरने की सही घड़ी चुनने को कहता तो शायद मैं इसे ही चुनती।" भय, पराजय, वहशीपन को निरस्त करती हुई यह संवेदनशीलता मानवीय स्थितियों और सम्भावनाओं की उम्मीद जीवित रखती है। भय और अमानवीयता के ख़त्म होने का इन्तज़ार मनुष्य को लाचार और स्तब्ध नहीं होने देता। इस मायने में हम कह सकते हैं कि 'टूटना' या 'परिन्दे' की दुनिया का विकल्प है 'परिन्दे का इन्तज़ार-सा कुछ', जहाँ न केवल दुःस्वप्न है, न सुखस्वप्न क्योंकि यहाँ मानव-सम्बन्धों में भरोसा है।

जहाँ गणेश जी के दूध पीने से 'सूचना क्रान्ति' का पता चलता हो, वहाँ कोई लेखक पारम्परिक शिल्प में 'कहानी' कैसे लिख सकता है? यह ऐसा समय है जहाँ अप्रत्याशित घटनाएँ तथ्यों को गडमड कर देती हैं, "हिरोशिमा पर बम 6 अगस्त था कि 6 दिसम्बर...नहीं वो तो बाबरी मस्जिद...।" (क्विज़ मास्टर) यथार्थ की अस्थिरता से आख्यान की अस्थिरता जन्म लेती है। बाज़ार देश और समाज की सीमाएँ तोड़ रहा है, राजनीतिक विचारधारा और नैतिकता की सीमाएँ तोड़ रहा है, कहानी भी विधा की सीमाएँ तोड़ रही है। समाज में ढाँचागत पुनर्गठन उच्च वर्ग के पक्ष में हो रहा है, कहानी नें संरचनागत पुनर्गठन साधारणजन के पक्ष में हो रहा है। बेशक, प्रतिबद्धता और सामाजिक परिवर्तन की नयी संकल्पना उभरी है। इसलिए कहानी का निष्कर्षात्मक ढाँचा छिन्न-भिन्न हो गया है, आख्यान का खुलापन और बहुलतापरक सम्भावनाएँ सामने आयी हैं। कहने को अपनी कहानी को युवा रचनाकार 'शिल्पहीन' (शशिभूषण द्विवेदी) कहता है क्योंकि उसका उद्देश्य उदय प्रकाश की तरह शिल्प में उलझाना या चमत्कृत करना नहीं है। लेकिन यह कला-चतुर पीढ़ी है। जीवन की बहुस्तरीय जटिलता को अभिव्यक्त

करने के लिए वह शिल्प का गीतात्मक नहीं, संगीतात्मक उपयोग करती है। मामूली लगनेवाली घटना, संवेदना या समस्या को विभिन्न संवादी और विसंवादी सन्दर्भों से बुनकर वह अप्रत्याशित आख्यान निर्मित करती है। मसलन, गोंगेश पाल की कथा परिवार नियोजन के विज्ञापन और टाइपराइटर के दिनों से शुरू होती है और 'पेपरलेस ऑफ़िस', आस्था-संस्कार चैनल होते हुए 'ब्रेक के बाद की कहानी' तक पहुँचती है। यह सिर्फ़ काल की धारणा नहीं, शिल्प की युक्ति भी है।

शिल्प के साथ ही वर्णन की शैली भी है। "हमें बतलाया गया था कि अवसर-फल दिल्ली पेड़ पर फलते हैं। अच्छा ऐसा!...सच में अवसरफल यहाँ था भी। बस हमसे इतना छिपा लिया गया था कि उसके डंठल लोहे के हैं।" (एलबम, राजीव कुमार) यह आलंकारिता जीवन की जटिलताओं और विडम्बनाओं के उद्‌घाटन के लिए इस्तेमाल की जाती है, "तीनों लड़कियाँ ग़रीब थीं और शायद ग़रीबी के कारण ही तीनों अलग-अलग रंग की थीं। अमीर होतीं तो फिर एक ही रंग की होतीं, अमीरी के रंग की। फिर उनके रंगों को लेकर शोध भी नहीं होता। अमीरी कभी भी शोध का विषय नहीं होती, शोध का विषय तो ग़रीबी ही होती है। ऐसा इसलिए क्योंकि अमीरी के शोधपत्रों से लेकर अमीरी की कहानियों तक किसी को कोई पुरस्कार नहीं मिलता। जबकि ग़रीबी पुरस्कार की सम्भावनाओं से हमेशा भरी रहती है।" (एक सीप में तीन लड़कियाँ रहती थीं, हरी, नीली, पीली—पंकज सुबीर) वर्णन की सीधी-सादी शैली में इतनी व्यंजना सरल नहीं थी।

शिल्प और भाषा के प्रति अत्यन्त सजग और आग्रहशील युवा कथाकारों को इन प्रयोगों के बेड़ी बन जाने के ख़तरे से सावधान भी रहना चाहिए। अधिकांश लेखक मर्म की सचाई के अतिरिक्त वर्णनशैली की विलक्षणता के प्रति आकृष्ट हैं। इससे भाषा की एकरसता आती है, जिसमें रचनात्मक उद्देश्य और व्यक्तिगत विशेषता खो जाती है। पहचान रह जाती है केवल कम या ज़्यादा चमत्कार पैदा करनेवाले की। मसलन, "बंडू काका उस रात को कभी नहीं भूल पायेगा, क्योंकि वह उसके जीवन की सबसे गर्म रात थी। इतना पसीना उसे कभी उस बुखार में भी नहीं आया था, जिसका वह खुले दिल से स्वागत करता था। वह बाहर अपने 'लॉन' में खटिया बिछाकर सोया था और ऊपर चमकता हुआ चाँद, सूरज की तरह नज़र आ रहा था। चाँदनी, जिसकी शीतलता की तारीफ़ लिख-लिख बहुत मेहनत से तैयार होनेवाले काग़ज़ों को बर्बाद कर दिया गया था, आज की रात सिर्फ़ एक अफ़वाह लग रही थी। या हो सकता है कि धरती पर गिरने से पहले चाँदनी को उबाल दिया गया हो।" (सौ किलो का साँप, गीत चतुर्वेदी)

इत्यादि। इस तरह का अतिकथन 'फूलों का बाड़ा' में भी दो-तीन स्थलों पर अखरता है।

यह सम्भव है कि वर्णन को संवेदना से अलग करके आनन्द और आस्वाद का विषय बनाया गया हो। वर्णन ख़ुद उद्देश्य हो। अगर ऐसा है तो आनन्द और आस्वाद को सौन्दर्य-मूल्य बना देना समकालीन उपभोक्तावाद का ही साहित्यिक शिल्प है। इसमें भाषा अपना सर्जनात्मक रूप खोकर चमत्कार में सीमित हो जाती है। अक्सर, यथार्थ की दारुणता वर्णनशैली के कारण सहनीय और पठनीय बन जाती है। लेकिन कभी-कभी वर्णन के कौतुक में कलाकार का संवेदनात्मक आधार छिन्न-भिन्न हो जाता है। कोई भी रचना-पीढ़ी अपने प्रयोगों के प्रति जागरूक और विचलनों के प्रति सावधान रहकर ही विकास और उपलब्धि के रास्ते पर चलती है।

पहाड़ जैसी सादगी

विद्यासागर नौटियाल टिहरी के कथाकार हैं। पहाड़ के। उन पहाड़ियों के नहीं जो शहर में आ बसे हैं। उन लोगों के जो पहाड़ में ही रहते हैं। उनके साथ उन्हीं का अंग बनकर वे रहते हैं और उसी जीवन की कथा कहते हैं। लगभग लोककथा की सादगी के साथ। वहाँ की गरीबी, वहाँ की ज़िन्दादिली, वहाँ के संघर्ष, वहाँ के स्वप्न सब मिलकर एक ऐसी संवेदना का निर्माण करते हैं कि पढ़ते समय लगता है जीवन के छोटे-छोटे खंड हैं जिनमें हम थोड़ी देर के लिए रम गये हैं। पहाड़ की जिन्दगी में जिस तरह विद्यासागर नौटियाल एकलय हैं, उसी तरह कहानी के जीवन-खंड से पाठक एकलय हो जाता है। ऐसी सहजता उन्हें 'कलाकार' नहीं बना देती। शायद वे बनना भी नहीं चाहते। वे बनने-बनाने की संस्कृति से ही दूर हैं।

पहाड़—ज़िन्दगी जितनी मुश्किल, लोग उतने सरल। नौटियालजी की कहानियाँ भी उतनी ही सरल। जिनकी कहानी है, उनकी ज़िन्दगी (की सरलता) को शिल्प में उतार देना साधारण कला नही है। नौटियाल जी अपनी इस रचना-प्रक्रिया के प्रति सजग हैं। वे कहानी लिखते नहीं, कहानियाँ उनसे अपने को लिखवा लेती हैं! (टिहरी की कहानियाँ, लेखक का वक्तव्य—'इन कहानियों के बारे में', राजकमल, नयी दिल्ली, 1985) ऐसा निरायास वर्णन और बरबस अभिव्यक्त हो जानेवाला कथ्य—विद्यासागर नौटियाल की कथा रचना का यही ढंग उन्हें इतना विशिष्ट बना देता है कि दूसरे से उनकी तुलना सम्भव नहीं जान पड़ती। हालाँकि सादगी और सहजता का गुण उनके व्यक्तित्व और रचना को सबमें घुल-मिल जाने की क्षमता प्रदान करता है। चाहें तो इसे रोचक विरोधाभास कहें कि जो सबमें घुल-मिल जाता है, वह बाकियों से तुलनीय नहीं है!

नौटियालजी की सादगी और सहजता एक कठिन चीज़ तो है ही, वह धोखे में डालनेवाली भी है। 'देवी की नथ अब नहीं' कहानी को ही देखिए। एक-दूसरे से लिपटी इतनी परतें हैं कि एकबारगी उनपर ध्यान ही नहीं जाता। लेकिन कहानी का गठन इस तरह का है कि सभी परतें कथा के मुख्य संकेत—

नाक की नथ—के माध्यम से संगठित होकर जीवन-दृश्य, बल्कि परिदृश्य बन जाती हैं। आकार में छोटी होने पर भी आन्तरिकता में बड़ी। सुरकोट गाँव में एक विवाह होनेवाला है और वह गाँव टिहरी बाँध में डूबनेवाला है। उत्सव और विनाश के सूत्रों से यह कहानी बुनी गयी है। बहुत-सी 'नई' कहानियाँ, नई कविता की तरह, तनाव को बहुत बड़ा रचनात्मक मूल्य मानती थीं। विरोधी उपकरणों से शिल्प (और कथानक) का निर्माण करना, फिर भी सहजता-निरायासता बनाये रखना मामूली कौशल नहीं है।

यह तनाव रचनाविधि में व्याप्त है। भीमसिंह उर्फ भीमा अपने बेटे छँछरू का विवाह कर रहा है। बहू को ससुराल की नथ में विदा करना पड़ता है। यह रिवाज़ है। उसमें व्यक्तिगत प्रतिष्ठा नहीं, गाँव की सामूहिक प्रतिष्ठा भी जुड़ी है। लेकिन गाँव में किसी की हैसियत चाँदी की नथ बनवाने की भी नहीं है। ग्राम देवी के मन्दिर में सोने की एक नथ है जो सबके काम आती है। लेकिन 'कड़ी मेहनत करने के बाद भी जिन्हें ठीक तरह से दो बार की रोटी भी मयस्सर नहीं हो पाती, उनके परिवार की महिलाएँ नथ बनवाने के सपने देखती हैं।' यह सपना सोने के नथ का है! इन ग़रीबों को यह सपना कितना भारी पड़ता है, इसका वर्णन 'सोना' कहानी में है। एक तरफ मेहनत और भुखमरी, दूसरी तरफ नथ बनवाने का सपना! 'देवी की नथ अब नहीं' की शुरुआत में स्वप्न, ख्वाब, कल्पना की आवृत्ति है। ग़रीबी की भयावहता और स्वप्न की प्रबलता में तनाव से इस कहानी में प्रवेश होता है।

नौटियाल जी व्यावसायिक फ़िल्मों की तरह इन सपनों से नहीं बहलाते। वे कथा के मुख्य संकेतक के इर्द-गिर्द जीवन-स्थितियों को उद्घाटित करते हुए आगे बढ़ते हैं। भीमा जब देवी की मूर्ति के पुजारी महेशानन्द के पास नथ के लिए गया तो पता चला कि श्यामू अपने बेटे लाटू की शादी में नथ ले गया था, फिर लाटू नथ के साथ ही अपनी पत्नी को लेकर मुंबई चला गया। हालाँकि लाटू ने किसी के हाथ से नथ वापस भिजवा दी है लेकिन छँछरू तय करता है कि वह झूठी शान नहीं दिखायेगा इसलिए नथ लेकर शादी में नहीं जायेगा। वह पंडित जी से कहता है कि नथ पहनाने की प्रथा निबाह कर भी उनके पुरखों के जीवन में या नई दुलहनों के जीवन में आज तक कोई बदलाव नहीं आया; उल्टे ''हमारा सबकुछ डूब रहा है। हम विस्थापित हो गये हैं। जो देवता पुरखों के ज़माने से हमारी रक्षा करता आया अब वह खुद भी डोलायमान हो उठा है। उसका पवित्र स्थान भी डुबाया जा रहा है।''

यह टिहरी का दारुण यथार्थ है। पीड़ा में डूबा हुआ। पहाड़, बस्ती, मनुष्य, देवता सब डूब रहे हैं। नौटियाल जी की टिहरी अब कहानी ही रह जायेगी!

शुरू में ख्वाब, स्वप्न, कल्पना; अन्त में यथार्थ, दु:ख, विस्थापन। वास्तविकता के अनुभव की यह प्रक्रिया नौटियालजी की रचना-प्रक्रिया में निहित उद्देश्य है। कहा जा सकता है कि शहर आ बसे पहाड़ियों के जीवन पर लिखनेवाले शेखर जोशी वर्गचेतना को प्राथमिकता देते हैं, पहाड़ के जीवन पर लिखने के नाते नौटियाल जी यथार्थचेतना को। चेतना की मंजिल जीवन-स्थितियों से तय होती है। छँछरू तो पढ़ा-लिखा है। वह नयी यथार्थचेतना अपनाये, समझ में आता है। लेकिन परिस्थितियाँ इतनी विवशकारी हैं कि ''छँछरू की काफी कुछ बातें खुद भी विस्थापित हो रहे देवमन्दिर के परम्परागत पुजारी पंडित महेशानंद की समझ में भी आने लगी हैं।'' यह समझ जीवन के यथार्थ का बोध है और वह मिथ्या चेतना का, स्वप्न का, विकल्प है। संघर्ष और वर्गचेतना इसके बाद आते हैं। लेखक वहाँ कह सकता है कि 'उत्तर बौया है'!

इस यथार्थ-चेतना का एक पहलू यह है कि मनुष्य देवता की इच्छा से नहीं रहते, देवता मनुष्य की हैसियत से रहते हैं। पहाड़ी गरीब हैं तो उनका देवता भी अमीर नहीं है। सोने की इकलौती नथ 'देवता की अकेली जायदाद' है। बाँध का बनना अपरिहार्य है। नौटियाल जी उसे लेकर भावुक नहीं हैं। वह एक तथ्य है, चाहे जितना दारुण है। इस अपरिहार्य सच के आगे काल्पनिक उपाय मनुष्य की रक्षा नहीं करते, ''देवी की नथ अब हमारी रक्षा नहीं कर पायेगी।'' बल्कि देवी, देवता, उनके स्थान, सब डूब रहे हैं, ''हम भी विस्थापित, हमारा देवता भी विस्थापित।'' उजड़नेवालों के साथ उनके जीवन का हर कोना उजड़ रहा है, घर, रोज़गार, विश्वास। लेकिन सभी नहीं उजड़ रहे हैं। छँछरू जानता है कि ''हमें उखाड़कर, हमारी जिन्दगी की कीमत पर चन्द लोग मालामाल होते जायेंगे। यह ज़माना ही ऐसा है।'' अकेले यह एक वाक्य नर्मदा बाँध परियोजना और नर्मदा-विरोधी आंदोलन की पूरी समीक्षा है। ठेकेदार, अफसर, राजनीतिज्ञ और दलाल जो इस कहानी का विषय नहीं है लेकिन जो इस विस्थापन से मालमाल हो रहे हैं, उनके बिना यथार्थ का बोध पूरा नहीं होता। एक तरफ विस्थापित होनेवाले बहुत-से लोग, दूसरी तरफ उन्हें उजाड़कर मालामाल होनेवाले थोड़े-से लोग, इन दोनों से मिलकर भारत का यथार्थ बनता है। टिहरी का यथार्थ इस भारत के यथार्थ का हिस्सा है। प्रकटत: स्वतन्त्र, वस्तुत: सम्बद्ध। इसी द्वन्द्वात्मकता में नौटियाल जी की कथासृष्टि का मर्म निहित है।

गाँव के डूबने से पहले गाँव में आखिरी विवाह का फैसला काफी साहसपूर्ण है। मृत्यु और विनाश को एक तरह की चुनौती। आखिरी विवाह भी प्रतीकात्मक है, गाँव का डूबना भी। तनाव जीवन-स्थितियों में है, कथा की संरचना में भी। लेकिन लोग-बाग बेहद सरल हैं। उनके व्यवहार में और कथा के वर्णन में सहजता

है। विवाह अभी हुआ नहीं है, गाँव अभी डूबा नहीं है। संभावनाएँ विकल्प की गुंजाइश छोड़ती हैं। यहाँ विकल्प नहीं है। नियति की अवश्यंभाविता है। फिर भी लेखक हाहाकार नहीं करता। मृत्यु के सामने खड़े होकर जीवन की अन्तिम घड़ियों को सार्थक बनाने की चेतना प्रदर्शित करता है। एक उपमा से वह सारी वस्तुस्थिति व्यंजित कर देता है, "इस गाँव की जिन्दगी में यह आखिरी विवाह है पंडितजी।....मैंने सोचा किसी नयी जगह पर जाने के बाद पता नहीं कैसे दिन भोगने पड़ेंगे। आज के बाद गाँव के लोग पता नहीं कहाँ-कहाँ छिटक जाएँगे। जैसे सेमल के फूलों की कपास बिखर कर हवा में उड़ जाती है।" दारुण यथार्थ के भावुकतारहित चित्रण की यह अनूठी मिसाल है। ऐसी उपमाएँ नौटियाल जी के समकालीनों में अमरकान्त के सिवा शायद ही कहीं मिलें।

भावुक न होने का कारण है। लाटू अपनी नववधू के साथ मजदूरी करने मुम्बई चला जाता है। कोई दुल्हन अब सास-ससुर की सेवा के लिए पहाड़ पर नहीं रहती। पति के साथ शहर चली जाती है। पहाड़ खाली हो गये हैं। शहर में भी उनका जीवन कठिन है। शिक्षा और साधन के अभाव में अधिकांश पहाड़ी असंगठित श्रमिकों का जीवन जीते हैं। थोड़े-से पहाड़ी सम्पन्न हो जाते हैं तो अपने गरीब 'दाज्यू' को पहचानते भी नहीं! कभी-कभी लालटेन लेकर छूटे और भूले हुए घर का रास्ता जरूर खोजते हैं! पहाड़ पहले ही खाली हो चुके हैं। विकास के बिना रोजी-रोटी का साधन नहीं जुट सकता, रोजी-रोटी के बिना जीवन-हरा-भरा नहीं हो सकता। जो लोग रहते हैं, उनका जीवन कितने अभावों से बना है, इसका पता 'दूध का स्वाद' कहानी में मिलता है। जिस परिवार का जीवन भैंस का दूध बेचकर चलता है, उसके किसी भी सदस्य ने—पति, पत्नी या उनकी सन्तानों ने—कभी दूध का स्वाद नहीं चखा है! दूध सूख जाने के बाद भैंस को पिलाना असम्भव हो गया है; उसे कसाई के हाथ बेचने का फैसला होता है; छोटा बेटा दीनू अपनी माँ देवकी से कहता है, "माँ, एक बार इसके दूध का स्वाद मुझे चखा दे।" इस गरीबी, अभाव, ललक का कोई समाधान नहीं है।

दीनू को पता नहीं कि उसे माँ से यह बात कहनी चाहिए थी या नहीं। लेकिन नौटियाल जी को पता है कि उन्हें क्या बात कहनी चाहिए, क्या नहीं। दीनू की ललक को साधारण भाषा में लालच कहा जायेगा। लेकिन यह लालच घृणास्पद नहीं है। दयनीय है, कारुणिक है। उसकी जीवन-स्थितियों को जानकर ही हम उसके प्रति ममता या सहानुभूति अनुभव करते हैं। ज्ञान हमारी आत्मीयता का विस्तार करता है। शहर के अनेक सम्भ्रान्त पहाड़ियों से अलग टिहरी के सीधे-सादे देहाती पहाड़ियों के जीवन से हमारा आत्मीय परिचय नौटियाल जी की

कहानियाँ कराती हैं। वे दिखाते हैं कि यह गरीबी पीढ़ी-दर-पीढ़ी चलती है। भीमा के पिता उसकी शादी में कोई गहना नहीं बनवा सके थे। लेकिन धीमा का लड़का छँछरु पढ़ा-लिखा है। उसमें साहस है कि वह अपनी गरीबी को स्वीकार करे, 'झूठी शान' से इनकार कर सके। इस चेतना से उसकी 'परम्परागत' गरीबी नहीं मिटती। लेकिन इस चेतना के बिना आगे भी कोई सम्भावना नहीं थी। 'स्वप्न' का विकल्प है यह चेतना।

पहाड़ के जीवन में केवल गरीबी नहीं है। सामूहिक मूल्य भी हैं। गरीबी में भी स्वाभिमान, सम्मान की भावना है। भीमा की समस्या केवल अपनी या परिवार की इज्जत ढँकना या झूठी शान दिखाना नहीं है। "मैं अपने छँछरू के ब्याह में गाँव की गरीबी कैसे ढँकूँगा।" सचाई सब जानते हैं। फिर भी उसे सब ढँकते हैं। 'घर की इज्जत' कहानी में अकाल के दौरान औरतें घर की इज्जत ढँकती हैं। मेहमान के आ जाने पर माँग-जाँचकर उसे कुछ-न-कुछ ज़रूर खिलाती हैं, खुद चाहे भूखी रहती हैं। घर की गरीबी ढँकना या गाँव की गरीबी ढँकना वास्तविकता का सोद्देश्य चित्रण है। यहाँ पाखंड नहीं है, आत्मस्मान की भावना है। गरीबी 'गरबीली' नहीं है; उस पर यहाँ गर्व नहीं है। गरीबी विज्ञापन की चीज़ नहीं है। विज्ञापन अमीरी का होता है। सामन्ती सम्बन्धों में जकड़े हुए पहाड़ियों के जीवन के मर्म को पहली बार इस सचाई और गहराई से नौटियाल जी ने हिन्दी पाठकों के सामने रखा है। इसीलिए उनकी कहानियाँ अपने तरह की हैं।

सहजता का कथा-शिल्प

सम्भव है, आजकल के माहौल में इसे प्रशंसा न माना जाए। बात यह है कि सहजता जीवन से ही नहीं, कला से भी बाहर होती जा रही है। अब तो यह कहना भी मुश्किल है कि कला प्रकृति और जीवन के मूल रागों को वापस लाती है, इसलिए सभ्यता के आवरण (समाज की जटिलता-कुटिलता) जैसे-जैसे बढ़ते हैं वैसे-वैसे कला की जरूरत बढ़ती जाती है। बल्कि आजकल, चाहे जिस कारण से हो, चमत्कार की प्रवृत्ति ऐसी बढ़ रही है कि कथा-रचना में व्यक्तिगत पहचान धुँधली पड़ती जा रही है और कथा-रस भी नदारद होता जा रहा है। महान बनने की ऐसी आपाधापी मची है कि रचना अगर तत्काल सबका (यानी आलोचकों और पुरस्कारदाताओं का) ध्यान आकर्षित नहीं कर पाती तो जन्म अकारथ हो जाता है। ऐसे में कोई लेखक अगर नम्रता के साथ जीवन का चित्र आँकता है तो वह पाठक के विश्वास का भाजन बन जाता है। सिद्ध कथाकार ममता कालिया ने अपने नए उपन्यास 'दुक्खम सुक्खम' (भारतीय ज्ञानपीठ, नयी दिल्ली, 2009) से यही किया है। पुरस्कारों को निशाना बनाकर लिखे गये उपन्यासों से तुलना करने पर प्रगल्भता और सहजता का अन्तर स्पष्ट हो जाता है।

उपन्यास का कथानक मथुरा निवासी लाला नत्थीमल के परिवार पर आधरित है, जिसकी तीन पीढ़ियों के माध्यम से लेखिका ने बीसवीं सदी के भारतीय समाज की हलचलों और परिवर्तनों का संकेत किया है। कथानक प्रकटत: सरल है और शैली सादगी लिए हुए। लेकिन तीन पीढ़ी का कथा विस्तार अपने भीतर देश और काल का ही नहीं, कथा के सूत्रों और प्रसंगों का विस्तार भी छिपाए हुए है। इसलिए इसमें पर्याप्त जटिलता है। यह जटिलता राजनीति, सामाजिक-आर्थिक जीवन और स्त्री-प्रश्न जैसे अनेक पहलुओं को कथानक में धारण करने के नाते आई है। लेखिका में इस विस्तार को समेटने का धैर्य भी है और मूल कथा से ज्यादा दूर न भटकने का संयम भी है। उसकी कथा-शैली की सहजता यही है कि इस जटिल ताने-बाने को वह पाठक के सामने बिना आडम्बर के प्रस्तुत कर देती है।

उपन्यास की शुरुआत इस तरह होती है, ''उसके जन्म में ऐसी कोई असाधारण बात नहीं थी कि उसका जिक्र इतिहास या समाज-विज्ञान की पुस्तकों में पाया जाता।'' यह कथन लाला नत्थीमल की इकलौती बहू इन्दू की दूसरी बेटी मनीषा के जन्म के बारे मे कही गयी है। एक बार को तो लगा कि वही स्त्री-वेदना का फार्मूला है। इसलिए थोड़ा मीन-मेख के साथ पढ़ना शुरू किया। लेकिन जल्दी ही समझ में आ गया कि इसमें फार्मूला नहीं, जीवन-प्रसंगों का संघात है। प्रेमचन्द के उपन्यास 'सेवासदन' या 'रंगभूमि' की शुरुआत याद कीजिए, जहाँ पहले वाक्य में मूल घटना या संघर्ष का बीज मौजूद होता है। यह आसान काम नहीं है। ममता कालिया संघर्ष की रचनाकार तो नहीं हैं, लेकिन ज़ीवन के अनिवार्य अनुभव की रचनाकार अवश्य हैं।

उपन्यास के आरम्भ में जिस मनीषा के जन्म पर उसकी दादी विद्यावती ने अपनी बहू को ताने-उलाहने-यातनाएँ दी थीं, उपन्यास के अन्त में दीदी की मृत्यु के बाद वही मनीषा सोचती है कि ''उसकी दीदी अपनी तरह की अलबेली स्वाधीनता सेनानी थीं, कभी देश की आजादी के लिए लड़ीं, कभी अपनी। अपनी शिक्षा आप ग्रहण की। सारे बन्धनों के बीच रास्ता निकाला। जैसी जिन्दगी मिली, उससे बेहतर जिन्दगी का सपना उन्होंने देखा। मनीषा जानती है कि दादी की याद में कहीं कोई स्मारक खड़ा नहीं किया जायेगा। न अचल, न सचल। उसके हाथ में यह कलम है। वही लिखेगी अपनी दादी की कहानी।''

कथानक का मुख्य घटना-प्रसंग मनीषा के पिता कविमोहन के इर्द-गिर्द घूमता है, लेकिन उपन्यास का नायक कवि नहीं, बल्कि उसकी माँ विद्यावती हैं। उनके नाम का कोई स्मारक नहीं बनेगा। मनीषा का नाम भी इतिहास में दर्ज नहीं होगा। मामूली औरतों के मामूली जीवन में संघर्ष की जो गैरमामूली ऊर्जा छिपी है, उसे संवेदनशीलता के बिना नहीं पाया जा सकता। ममता जी आजादी के पहले विद्यावती और आजादी के बाद मनीषा के जीवन संघर्ष में अन्तर्निहित सम्बन्ध पहचानती हैं।

लगता है, मनीषा में लेखिका का प्रतिरूप भी है क्योंकि उसी के हाथ में 'यह कलम' है। एक प्रसंग में रचनाकार और चरित्र का ऐसा एकीकरण हो गया है कि स्कूल के लिए 'लेडीज वाली बनियान' खरीदने रामलाल के ठेले पर जाते समय ''कान्ता ने मुझे साथ लिया।'' एक पात्र से तादात्म्य के बावजूद ममता जी एक रचनाकार की तटस्थता बनाए रख पाई हैं; दूसरे पात्रों से, खासकर प्रतिस्पर्धी हो सकनेवाले पात्रों से, जैसे अपनी बड़ी बहन प्रतिभा से पक्षपातरहित दृष्टिकोण अपनाए रही हैं, यह उनकी खूबी है। मनीषा में अगर लेखिका का प्रतिरूप है तो यह कथा सम्भवत: उसके विवाहपूर्व परिवार की पृष्ठभूमि से सम्बद्ध है। मनीषा

के पिता कविमोहन अंशत: लेखिका के चाचा भारत भूषण अग्रवाल हो सकते हैं, जो कविताओं, पैरोडियों और डायरियों से जाहिर होता है।

फिर भी, यह उपन्यास एक परिवार का वृत्तान्त न होकर समाज में सम्बन्धों और स्थितियों के बदलाव की कथा कहता है उसका आरम्भ तब होता है जब घरों में स्टोव और बाथरूम भी नहीं होता था, उसका अन्त तब होता है जब रेडियो और टेलीविजन में श्रेष्ठता की जंग छिड़ी है। यह भौतिक परिवर्तन है। संस्कारों में भी आमूल बदलाव हुआ है। गाँधी जी के प्रभाव से विद्यावती घर के बाहर निकलकर चरखा समिति में जाने लगती हैं, उनकी बड़ी पोती अनिन्द्य सुन्दरी प्रतिभा तबलावादक निसार खाँ की प्रेरणा से घर छोड़कर विज्ञापन में मॉडलिंग करने बम्बई चली जाती है। इस तरह, परिवार की कथा भारतीय समाज में आये व्यापक परिवर्तनों की कथा बन जाती है। उपन्यास की समस्या परिवार नहीं, पारिवारिकता है जो पहले सामन्ती दमन के कारण समस्याग्रस्त थी, अब बाजारवादी अराजकता के कारण है। एक प्रसंग में कविमोहन सोचता है कि, "घर-परिवार में अगर इतनी जकड़बन्दी रही तो वह दिन दूर नहीं जब घर-परिवार समाप्त हो जाएँगे।" इस दृष्टि से ममता कालिया को कृष्णा सोबती और मन्नू भंडारी की पाँत में देखा जा सकता है, जिनके लिए स्त्री-प्रश्न मानवीय समता और मुक्ति का प्रश्न है, मात्र देह का विमर्श नहीं।

पारिवारिकता की स्थिति व्यक्तिगत सम्बन्धों और सामाजिक संरचनाओं के बीच दोहरी क्रियाशीलता में होती है। समाज के बाहरी सम्बन्धों और व्यक्ति के भीतरी मनोभावों में जो कुछ घटित होता है, उसे हम परिवार के धरातल पर देख सकते हैं। सारे परिवर्तनों के पीछे जो मूल संघर्ष है, उसे लेखिका ने बड़े सटीक रूप में पेश कर दिया है, "बीसवीं सदी के प्रथमार्ध में हर मनुष्य के अन्दर जड़ता और जागरूकता का घमासान मचा रहा था।" यह बीसवीं सदी का प्रथमार्ध ही उपन्यास का मुख्य कथा-भाग है और जड़ता और जागरूकता का घमासान उसका मुख्य संघर्ष है। इसलिए उपन्यास का पहला भाग लेखिका ने पूरे मनोयोग से लिखा है। उसमें परिवार, मनोविज्ञान, आपसी सम्बन्ध, राष्ट्रीय आन्दोलन और नये-पुराने बाजार के बीच घात-प्रतिघात के अनेक जटिल संस्तर उद्घाटित होते हैं। लेकिन उपन्यास का दूसरा भाग एक तरह की हड़बड़ी में समेटा हुआ लगता है, जहाँ सर्राटे से कथा पूरी करने की कोशिश में बहुस्तरीय जीवन का संश्लिष्ट रूप छूट गया है।

बहरहाल, जड़ता और जागरूकता का यह घमासान राजनीतिक जीवन से लेकर व्यक्ति के अन्तर्मन तक व्याप्त था, इसका एक उदाहरण देखना उचित होगा। नत्थीमल उस जड़ता के एक प्रतीक-पात्र हैं। कंजूस, आत्मकेन्द्रित और तानाशाह।

बेटे से खुराकी माँग लेने या दहेज बचाने के लिए वृद्ध तिहाजू पति से तरुणी कन्या ब्याह देने में संकोच न करनेवाले। उन्हें विद्यावती से भी ममता नहीं है। सारे सम्बन्ध दास-स्वामी के स्वार्थ सम्बन्ध हैं। विद्यावती उन्हें जवाब दें या घर से बाहर निकलें, यह उन्हें पसन्द नहीं है। अपने नाना रूपों में पितृसत्ता स्त्री को सामन्ती दायरे में बाँधे रखना चाहती है। लेकिन गाँधी जी के असर से विद्यावती और दूसरी स्त्रियाँ इन बन्धनों को ठुकराकर रचनात्मक कार्य में ही नहीं, राष्ट्रीय आन्दोलन में भी उतर पड़ीं। नत्थीमल आश्चर्य से सोचते हैं कि "बैयर हमारी और काबू उस जेल में बैठे गाँधीबाबा का।" पराधीनता और जड़ता से ग्रस्त समाज में गाँधीजी ने बल प्रयोग की जगह आत्मप्रेरणा का जो रास्ता चुना यह उसका क्रान्तिकारी पक्ष था, जो राजनीति के ग्रन्थों से शायद उतना स्पष्ट नहीं होता, जितना पारिवारिक चित्रण से स्पष्ट होता है। इसे ममताजी का रचनात्मक कौशल कहना चाहिए।

आजादी के बाद यही गाँधी 'एक लाचार ट्रैजिक हीरो' की तरह दिखाई देते हैं। उनकी सारी कोशिशों के बावजूद न उस समय देश का बँटवारा रुका, न आगे चलकर सादगी भरा सामाजिक जीवन बना। उनके लिए खादी 'वस्त्र नहीं, विचार' था। भरतिया जी ने इसकी सही व्याख्या की कि अर्थव्यवस्था के क्षेत्र में 'खादी वस्त्र नहीं, अस्त्र है।' लेकिन हुआ उलटा। 'सादा जीवन उच्च विचार' के बदले पूँजीवादी विकास ने 'तड़क-भड़क' से सजे बाजार पैदा किये, जिसका खर्च 'ग्राहक की जेब से ही' वसूला जाता था। सांस्कृतिक जीवन पर इसका यह असर पड़ा कि विद्यावती की बड़ी पोती 'बाहरी तड़क-भड़क' से आकर्षित होकर मॉडल बनने के लिए घर से भाग जाती है। व्यक्तिगत रुचि, संस्कार और निर्णय किस गहराई से सामाजिक जीवन का प्रभाव ग्रहण करते हैं, ममताजी ने इस जटिल तथ्य को सहज रूप से प्रस्तुत करके अपना सामर्थ्य प्रकट किया है।

राजनीति ममता जी का क्षेत्र नहीं है, हालाँकि जीवन का अनिवार्य हिस्सा है। लेकिन चरित्रों और स्थितियों को सचाई से पकड़ने के नाते उनका राजनीतिक दृष्टिकोण काफी सुसंगत रहता है। बँटवारे की बातचीत में वे कहती हैं, "दिल्ली, मुम्बई या लन्दन में बैठे नेताओं को जनता की राय की दरकार नहीं थी।" जनता की यह राय ममताजी के लिए साहित्य की कसौटी भी है। जनता का सबसे मूल्यवान गुण है 'संघर्षधर्मिता और जिजीविषा'। अँग्रेज सत्ताधारियों से सत्तालोलुप नेताओं के समझौते से विभजित भारत को जो आजादी मिली, उसके बाद शरणार्थियों की भीड़ लग गयी। अपना सब खोकर, केवल जान बचाकर आए हुए पंजाबी भीख, खैरात और मुफ्तखोरी से जीना नहीं चाहते। उन्होंने सड़कों पर, पटरियों के किनारे, दुकानें लगाईं। और एक सस्ते, ग्राहकोन्मुख बाजार का सूत्रपात किया।

उनकी व्यावसायिकता खानदानी किस्म के 'थुलथुल सेठों' से बहुत अलग थी। उन्होंने प्रतिस्पर्धा और सहयोग का मन्त्र अपनाकर अपने दुख को फिर से सुख में बदला। इस तरह, यातना और संघर्ष, पराजय और जिजीविषा से भरा यह पूरा जीवन ही 'कभी दुक्खम, कभी सुक्खम' है।

दिलचस्प बात यह है कि लेखिका ने यह शीर्षक बच्चों के खेल में गाई जानेवाली पंक्ति से लिया है और उसे सुशील मुनि के प्रवचन में सुखमा-दुखमा सम्बन्धी कालचक्र की अवधारणा से अर्थवत्ता प्रदान की है। कौतुक और विचारमयत का यह सामंजस्य अगर सजग रूप में विकसित किया जाता तो 'दुक्खम सुक्खम' का पूरा रचना-विधान एक नई आभा से दीप्त हो सकता था। फिर भी, इससे लेखिका को यह गुण मिला है कि चरित्रों और स्थितियों को वह एक ही साथ आत्मीयता और तटस्थता से देख सके। कविमोहन इस उपन्यास का सबसे प्रमुख पात्र है और उसका चित्रण सर्वाधिक सहानुभूति से किया गया है। फिर भी, न तो वह नायक है, न आदर्श। ममताजी ने उसकी योग्यता और संवेदनशीलता को ही नहीं, व्यक्तिवाद और पलायनवाद को भी बड़ी सचाई से देखा है। चाहे मथुरा के परिवार में हो या दिल्ली के कॉलेज में कुहेली के साथ मित्रता में। इसी प्रकार, विद्यावती का 'दुलार और दुत्कार', इन्दू की चेतना और जड़ता, मनीषा का दब्बूपन और संकल्प, सभी जगह जीते-जागते मनुष्यों का वास्तविक संसार दिखाई देता है। इसलिए 'दुक्खम सुक्खम' को पढ़ना एक सुखद अनुभव रहा।

चकाचौंध के भीतर

जिस समय कुछ साठोत्तरी लेखक 'रीछ' से आत्मरेचन कर रहे थे, उस समय रवीन्द्र कालिया 'नौ साल छोटी पत्नी' लिख रहे थे। सामाजिक विडम्बना और आत्मग्रस्त भावना का फर्क उनमें हमेशा रहा है। प्रेमचन्द से शेखर जोशी तक जिन रचनाकारों को पाठक की आत्मीयता मिली है, उनके गद्य में बोझिलपन नहीं है। वे स्थितियों और संघर्षों का चित्रण करते समय सारे वातावरण और चरित्र को अवसाद से दबा नहीं देते। निराशा, विफलता के चित्र भी जीवन के व्यापक परिप्रेक्ष्य और व्यंग्य-विडम्बना की कला के माध्यम से सकारात्मक प्रभाव छोड़ते हैं। कालिया का गद्य ऐसा ही है। '17 रानडे रोड' इसका अपवाद नहीं है। (भारतीय ज्ञानपीठ, नयी दिल्ली, 2010) उसका चरित्र नायक सम्पूरन ओबेराय उर्फ ओबी विलक्षण व्यक्तित्व है। उसने फाकामस्ती में भी भौतिक कष्ट में रहना नहीं सीखा।

बेशक, ओबी का संघर्ष निजी सफलता तक सीमित है। लेकिन उसकी निजता आत्मग्रस्त नहीं है। वह फुटपाथ पर है तब ऊँची सफलता के लिए छलाँग लगाता है, थोड़ा-सा मौका मिलते ही (एक छोटी-सी विज्ञापन फिल्म या टीवी धारावाहिक बनाने का प्रस्ताव आते ही) वह पूरा समाज जोड़ लेता है, दरियादिली से पार्टियाँ करता है, कुछ लोगों की राय है कि शराब पार्टियाँ ज्यादा ही करता है, लेकिन ग्लैमर जगत का शायद यही हाल है! एक सफलता के बाद धक्का लगने पर वह टूटता नहीं, बल्कि वैकल्पिक साधनों से जीने की शुरुआत करता है और अगली छलाँग की तैयारी। वह हार मानना नहीं जानता।

उपन्यास की शुरुआत में ही सम्पूरन के देहान्त की सूचना है। 'अतिथि पात्र दो: स्वर्णसिंह, सम्पादक चेतना' अध्याय का पहला वाक्य है, "अचानक गौरा ने सुदर्शन (पुरुषार्थी) को फोन पर सूचना दी कि आपके दोस्त सम्पूरन ओबेराय नहीं रहे।" सातवें दशक में उर्दू के उभरते शायर की हैसियत से सुदर्शन जब किस्मत आजमाने बम्बई गये थे तब वे तीन सौ रुपये में सम्पूरन के पेइंग गेस्ट थे। हालाँकि हिसाब लगाया जाए तो वह इससे कहीं अधिक रकम सुदर्शन पर

खर्च कर देता था। उपन्यास के अन्त में, दिल्ली मुख्यालय से दूरदर्शन के लिए सम्पूरन का हास्य धारावाहिक मंजूर होने के दिन ही डीडीजी सलूजा का दिल के दौरे से देहान्त और मुम्बई के एक थोक आलू व्यापारी द्वारा धारावाहिक पर स्टे ले लेने से स्थिति उलझ गई, तब अनिश्चय और तंगी के बीच वह अपनी पीए-पार्टनर-प्रेमिका सुप्रिया से कहता है, ''कल से तेरा खादिम फिर से अखबार बेचेगा।''

उत्तर सोवियत समय में, जब बड़े सपने और संघर्ष पृष्ठभूमि में हैं, मनुष्य अपने जीने की लड़ाई में उलझा है, पूँजीवादी विश्व-व्यवस्था की मन्दी जीवन को और कठिन बना रही है, तब सम्पूरन जैसे चरित्र भी हौसला देते हैं। पुरानी यथार्थवादी भाषा में इसे 'संघर्ष' नहीं कहेंगे क्योंकि वह इसे संघर्ष की तरह लेता भी नहीं और न ही उसके प्रयत्नों का कोई व्यापक सामाजिक धरातल है। लेकिन उसमें जीवन की उथल-पुथल का सामना करने की योग्यता है। स्थिर चरित्र, जिन्हें परसाई तृप्त आदमी कहते थे, वे उपन्यास के चरित्र नहीं हो सकते। उनमें जीवन का कोई सार व्यक्त नहीं होता। उपन्यास का कथानक जीवन के संघात से निर्मित होता है। परिस्थितियों के वैविध्य और उतार-चढ़ाव से। उसे धारण करने योग्य चरित्र ही विश्वसनीय होते हैं। कालिया मे यह सूझबूझ है।

ग्लैमर जगत की व्यावसायिकता पर लिखा '17 रानडे रोड' अपने ढंग का अनूठा उपन्यास है। वह मुम्बई के भीतर की उस दुनिया का चित्र है जो एक तरफ धनाढ्य व्यापारियों, प्रोड्यूसरों, फाइनांसरों, स्पांसरों, एडवरटाइजर्स की मुखापेक्षी है, दूसरी तरफ साधारण समाज से उसका जटिल सम्बन्ध है—वहाँ से वह अनेक प्रकार के साधन जुटाती है और उसे प्रभावित भी करती है। यह दुनिया प्रकटतः स्वायत्त दिखती है। लेकिन दोतरफा सम्बन्ध सूत्रों के जटिल ताने-बाने से बुनी हुई यह दुनिया अपने ढंग की क्रूरता और नैतिकता से परिचालित होती है। वहाँ आनेवाले सुषमा की तरह सफलता पाकर शिष्ट क्रूरता अपना सकते हैं, चन्दन की तरह अपना मानसिक सन्तुलन भी गँवा सकते हैं।

अपने किसी पात्र से रवीन्द्र कालिया का ऐसा तादात्म्य नहीं होता कि वह लेखक का प्रतिरूप बन जाए, किसी पात्र से ऐसा प्रतिशोध नहीं होता, जो उन्हें स्रष्टा के आसन से स्खलित कर दे। वे हर पात्र से सहानुभूति और दूरी का अनुपात समझते हैं। इसीलिए वे प्रेमचन्द की रचनाशैली का अपने समय की वास्तकिता में सर्जनात्मक विकास करते हैं। उपन्यासकार में कथानक की समझ और विवरण का धैर्य अनिवार्य है। कथानक (घटना, चरित्र, परिवेश आदि) और विवरण (प्रसंग, स्थितियाँ, कथासूत्र आदि) का संश्लिष्ट विधान संरचना है। विरचना के युग में भी संरचना के बिना कथा निर्मित नहीं हो सकती। कालिया अपनी इस

क्षमता के कारण पाठक को बाँधकर रखते हैं और सार्थकता का बोध कराते हैं। 17 रानडे रोड की पठनीयता का यह महत्त्वपूर्ण कारण है।

कथानक के विश्लेषण का या विवरण के औचित्य को परखने का अवकाश यहाँ नहीं है। लेकिन इतना उल्लेख किया जा सकता है कि पाठक न तो कथानक के मामले में निराश होता है, न विवरण के मामले में ऊबता है। अनुपात का बोध कालिया की रचनाशैली का गुण है। छोटे-से-छोटे प्रसंग में (मसलन, सुदर्शन या सुषमा का पुराना सामान फेंकना और नया सामान लाना) और मामूली-से-मामूली चरित्र में (इंटीरियर डेकोरेटर इन्द्रधनुष का मालिक और प्रतिनिधि आल इन वन या आकाशवाणी में संगीत प्रोड्यूसर नीलिमा अधीर) कहीं भी कोई ऐसा विवरण नहीं है जो आवश्यक हो और छूट जाए या अनावश्यक हो और ठुँस जाए। इसीलिए, कालिया की स्थितियाँ अमिट न हों तो भी वास्तविक लगती हैं, उनके चरित्र अमर न हों तो भी सजीव होते हैं। उनके पात्र और स्थितियाँ पाठक का विश्वास जीतते हैं, उसे वितृष्ण नहीं करते। 17 रानडे रोड में अनगिनत पात्र हैं। कह सकते हैं कि अधिक पात्रोंवाले कथानक चुनना उपन्यासकार कालिया की शैली है, वह चाहे 'खुदा सही सलामत है' जैसा बृहद उपन्यास हो या 17 रानडे रोड जैसा मध्यम। लेकिन कोई पात्र निरर्थक या अनावश्यक नहीं है। सभी मिलकर कथा और उसमें वर्णित जीवन-दृश्य को विश्वसनीय बनाते हैं। सम्पूरन और उसकी पीए-पार्टनर-प्रेमिका सुप्रिया के अलावा शिवेन्द्र और सुदर्शन काफी देर तक याद रहनेवाले पात्र हैं।

सम्पूरन अपनी अच्छी-खासी पैतृक सम्पत्ति छोड़कर फिल्म में भाग्य आजमाने बीस रुपये लेकर बम्बई आया था। सहसा एक दिन वह अपने मित्र स्वर्ण को फोन करता है, "सुबह से मेरे साथ विचित्र हादसे हो रहे हैं। मिसेज क्लिफ्टन (क्लिफ्टन पार्क ऐंड ली की उसकी पुरानी मालकिन) अपने दफ्तर का (लेमिंग्टन रोड का) कमरा गिफ्ट कर गयी हैं और उम्मीद है घंटे भर में (शिवेन्द्र की मदद से शिवाजी पार्क में) सी फेस पर एक फ्लैट भी मिल जायेगा।" यानी, माली हालत खस्ता रहने पर भी वह बड़ा आदमी बन गया। लेकिन इतनी आसानी से (जिन्दगी की) कहानी समतल भूमि पर नहीं आ जाती। सफलता-विफलता, अवसर-अवरोध के इतने प्रसंग हैं कि बहुत फैलाव के बिना भी कहानी जीवन का काफी बड़ा दायरा समेट लेती है। सी फेस मकान से समुद्र का हाई-टाइड और लोटाइड में निरन्तर दिखना पूरे कथानक के उतार-चढ़ाव में प्रतीकात्मक व्यंजना ग्रहण कर लेता है। सम्पूरन को जो फ्लैट मिला है, उसमें तीन हत्याएँ—एक आत्महत्या हो चुकी थी और एक अभिनेत्री पागल हो चुकी थी। शायद यही वजह है कि इस मकान को भुतहा करार देकर छोड़ दिया गया था। यह भी संयोग

है जिस दिन उसे दफ्तर और फ्लैट मिलता है उस दिन अत्यधिक भाग-दौड़ में उसे दिनभर अन्न नहीं मिलता। बहरहाल, भूतों का प्रसंग अनायास दूसरे इलाहाबादी कथाकार विभूति नारायण राय की याद दिलाता है, जिनका नया उपन्यास 'प्रेम की भूत कथा' आया है। कहा जा सकता है कि जिन दिनों भूत-प्रेत का लोकप्रिय विश्वास बढ़ रहा हो और समूह संस्कृति के उत्पादों (फिल्मों-धारावाहिकों) में भूतों की प्रतिष्ठा बढ़ रही हो, उन दिनों कलात्मक रचनाओं में भूत-प्रेत का आना संयोग नहीं है। विभूति के लिए भूत ऐसे सच को सामने लाने का जरिया है, जो किसी प्रमाणिक माध्यम से नहीं जाना जा सकता। कालिया के लिए भूत मुम्बई के फिल्म जगत की अबूझ व्यावसायिकता को, भाग्य के डूबने-चमकने के अज्ञात-अप्रत्याशित कारणों को व्याख्यायित करने का तरीका है।

विभूति ने अँग्रेजी राज के निर्विघ्न दिनों की यातना का अत्यन्त मार्मिक और प्रतीकात्मक प्रसंग चुना है, लेकिन अपने कलात्मक माध्यम पर उन्हें आवश्यक विश्वास नहीं है वरना भूतों में अपने अविश्वास की वे अलग से कैफियत न देते। कालिया ने पात्रों, स्थितियों के अनुसार भूत को प्रमाणित-अप्रमाणित किया है—कहीं अभिमन्त्रित जेवर हैं, कहीं परिक्रमा में पूजा का थाल लिये रहस्यमय युवती। लेखक के विचार उसके कथानक से स्वयं उद्घाटित हो जाते हैं। लेकिन कहीं-कहीं असावधानी जरूर दिखती है। सुदर्शन मुम्बई में रुका नहीं। एक जगह "आज से पचीस वर्ष पूर्व सुदर्शन उससे विदा लेकर दिल्ली लौट आया था।" दिल्ली में ही सम्पूरन के निधन का समाचार सुनकर सुप्रिया के पास मुम्बई जाता है। दूसरी जगह मुम्बई के गजल संसार में विशिष्ट स्थान बना लेने के बाद "अब वह ब्रिटेन का नागरिक था और कभी-कभी भारत लौटता था।" क्या यह माना जाए कि आलस्य प्रतिभा की खाद हो न हो, असावधानी प्रतिभा का लक्षण जरूर है।

सकल करम करि थकेउँ गोसाईं

ज़माना बाजारवाद का है। साहित्यिक रचनाओं में भी चमक-दमक का ज़ोर है। किसान के धूसर जीवन पर लिखना काफ़ी हिम्मत का काम है। शिवमूर्ति ने 'आख़िरी छलाँग' में यह हिम्मत दिखायी है। वे साधुवाद के पात्र हैं। बाज़ारवादी व्यवस्था का सबसे घातक असर किसान पर पड़ा है। उसकी दुर्दशा पर ध्यान देने की फुर्सत अर्थशास्त्रियों के पास है न राजनीतिज्ञों के, संचार माध्यमों के पास है न साहित्यकारों के। सांस्कृतिक वातावरण ऐसा है कि जुगुप्सा, चमत्कार, उत्तेजना पैदा करनेवाली छोटी-से-छोटी घटना संचार माध्यमों पर छायी रहती है लेकिन किसान की लड़ाई हो या आत्महत्या, उसे राष्ट्रीय समाचार का दर्जा नहीं मिलता। स्थिति इतनी भयावह है कि हर तीस मिनट पर एक किसान आत्महत्या करता है। (पी.साईनाथ, द हिन्दू, 15 नवम्बर, 2007)। इन यातनाओं से बेख़बर हिन्दी के जगमगाते चेहरे भी 'देह की राजनीति' से लेकर 'न लिखने के कारण' तक उत्तेजित-चमत्कृत करनेवाली बहसें तो खड़ी करते हैं, भारत की बहुसंख्यक जनता—किसान—की त्रासदी को विषय बनाकर अपना लोक-परलोक नहीं बिगाड़ते। इस पृष्ठभूमि में शिवमूर्ति के प्रयत्न की सार्थकता अधिक स्पष्ट होती है।

शिवमूर्ति की प्रतिभा मूलतः कहानीकार की है। ग्राम जीवन को विषय बनाकर लिखने के नाते उन पर फणीश्वरनाथ रेणु का पर्याप्त असर रहा है। यह असर गीतात्मक संवेदना और ग्रामवादी आग्रह की ओर ले जाता है। 'तिरिया चरित्तर' की कहानियों की अपेक्षा 'आख़िरी छलाँग' में यह असर कम हुआ है। यहाँ जिन समस्याओं से कथानक का निर्माण किया गया है, वे ग्रामवादी नज़रिये का खंडन तो नहीं करतीं लेकिन गीतात्मक संवेदना को अवश्य तोड़ती हैं। गीतात्मकता या लोकसंस्कृति एक उपकरण की तरह जरूर आती है पर वह संवेदना या कथा के ढाँचे का निर्धारण नहीं करती। 'आख़िरी छलाँग' के चरित नायक पहलवान जी एक किसान का संघर्ष झेलते हुए अनुभव करते हैं कि "सारे हालात तो मर जाने के हैं। जिन्दा कैसे रहा जाए?"

इस मर्मान्तक संघर्ष के चित्रण के लिए, उसके विभिन्न स्रोतों और पहलुओं

को उभारकर रखने के लिए, कहानी की अपेक्षा अधिक विस्तार चाहिए। उस विस्तार के लिए अपेक्षित अनुभव और विश्लेषण-क्षमता शिवमूर्ति में नहीं है। स्वभावत: वे किसान की यातना के अनेक समसामयिक बिन्दुओं को छूते हैं लेकिन किसी एक समस्या को केन्द्र बिन्दु बनाकर किसान को त्रासदी के सूत्रों को पिरो नहीं पाते। इसलिए 'आख़िरी छलाँग' कहानी की सीमा तो लाँघ जाती है, (लघु) उपन्यास के दायरे में नहीं पहुँच पाती। कलात्मक गठन की इस अनिश्चितता के बावजूद उसका महत्त्व है क्योंकि उदारीकरण के डेढ़ दशक में जिन किसानों का जीवन नाश के कगार पर पहुँच गया है, उनके बारे में हिन्दी के किसी महत्त्वपूर्ण लेखक ने पहली बार इतनी गम्भीरता से रचनात्मक प्रयास किया है।

'सारे हालात तो मर जाने के हैं, जिन्दा कैसे रहा जाय'—यह ऐसा प्रश्न है जो एक तरफ़ मर्मान्तक यातना का साक्षात्कार कराता है, दूसरी तरफ जीने का संघर्ष उभारता है। यातना और संघर्ष के विरोधी ताने-बाने से पिरोई गयी शिवमूर्ति की कथा आज के किसान जीवन की पेचीदगियों के प्रति सजग करती है। इसमें सन्देह नहीं कि शिवमूर्ति में समस्याओं को कथानक का रूप देने की भरपूर क्षमता है। लेकिन हिन्दी में ग्रामकथाओं का अधिक विकास न होने के कारण और खुद रचना की नयी शैलियों के प्रयोग में हिचकिचाहट के कारण शिवमूर्ति अपने शिल्प में रेणु के आस-पास ही रहते हैं। वे रेणु से अलग हटते हैं—संघर्ष की चेतना को लेकर। रेणु के मित्र गोपीकृष्ण प्रसाद ने लिखा है कि रेणु की समस्याएँ तो सामाजिक होती हैं लेकिन उनके प्रति दृष्टिकोण व्यक्तिवादी होता है। यही बात रामविलास शर्मा ने भी कही थी हालाँकि उनकी विचारधारा रेणु और गोपीकृष्णजी से बहुत अलग थी।

शिवमूर्ति का दृष्टिकोण व्यक्तिवादी नहीं है। 'आख़िरी छलाँग' के पहलवानजी की समस्याएँ अंशत: व्यक्तिगत हैं, अंशत: सामूहिक, हालाँकि दोनों प्रकार की समस्याओं का चरित्र सामाजिक है। छोटी बेटी के लिए वर खोजना 'व्यक्तिगत' समस्या है और नहर काटने के झूठे आरोप में पूरे गाँव को नोटिस 'सामूहिक' समस्या है। पहलवान को वरदेखाई के लिए जाना है लेकिन खेलावन सेक्रेटरी ने जिलाधिकारी कार्यालय पर धरना-प्रदर्शन रखा है। पहलवान पहले प्रदर्शन के लिए जाते हैं। जब बारह बजे तक 25-30 आदमी से ज़्यादा नहीं जुटते, और प्रदर्शन स्थगित हो जाता है, तब वे 'निजी' काम के लिए जाते हैं।

इसी प्रकार, कोआपरेटिव से लिया गया 3200 रु. का क़र्ज़ न चुका पाने के कारण अमीन उन्हें सरेबाज़ार पकड़कर बिठा लेता है। उनका एक पुराना शागिर्द लल्लन पहलवान चन्दा जुटाने की बात कहता है। पहलवान इसे अपने स्वाभिमान के विपरीत मानते हैं। हुनर दिखाकर पुरस्कार लेना उन्हें मंजूर है, अपना क़र्ज चुकाने

के लिए चन्दा लेना क़फ़न लेने के समान है! इस घटना के बाद उनमें भीतरी अस्त-व्यस्तता और धार्मिकता का असर दिखायी देता है। (यह सांकेतिक है कि मानसिक अस्त-व्यस्तता और धार्मिकता का असर साथ-साथ बढ़ता है!) पाँड़े बाबा की बरसी पर सभा हुई। उनके लड़के को एक दलाल और बैंक मैनेजर ने ठकसाकर ट्रैक्टर के लिए क़र्ज़ दिलाया था। अदायगी सम्भव नहीं हुई। ज़मीन नीलाम हो गयी। भुखमरी की हालत आ पहुँची। पाँड़े बाबा विक्षिप्तता की स्थिति में फन्दा लगाकर आत्महत्या कर लेते हैं। उनकी बरसी पर होनेवाली सभा की सफलता और उसमें उठनेवाली बातों ने पहलवान में फिर परिवर्तन किया—उनका धार्मिक व्यवहार घटने लगा, आत्मविश्वास जागने लगा। संघर्ष की चेतना के साथ निराशा, असहायता, अकेलापन और अन्धविश्वास घटते हैं। एक रास्ता है अकेले संघर्ष, अन्धविश्वास, अवसरवाद और आत्महत्या का, दूसरा रास्ता है, "जो हमारी आत्महत्या की ज़मीन तैयार कर रहे हैं उनसे दो-दो हाथ किया जाए।" शिवमूर्ति दूसरा रास्ता चुनते हैं। उनके इस चुनाव का सम्बन्ध उनके दृष्टिकोण से है।

'आख़िरी छलाँग' में उन्होंने जिन सामाजिक समस्याओं को, विशेषत: किसान जीवन की जिन परिस्थितियों को, उठाया है, वे आज के भारत को विरासत में मिली हैं तथा नयी विकास नीतियों के कारण दिनोंदिन उग्र होती जा रही हैं। कर्ज़, दहेज, बाज़ारवाद, सरकारी नीतियाँ, इनमें से कोई एक समस्या नहीं, परस्पर उलझी हुई अनेक समस्याओं का जंजाल 'आखिरी छलाँग' का कथानक है। यही आज के भारतीय किसान की प्रतिनिधि वास्तविकता भी है। पूँजीवादी विकास, अपनी शैशवावस्था में हो या वृद्धावस्था में, किसान जीवन को समस्याग्रस्त बनाता है। 'खेती न किसान को...', तुलसीदास के समय से "हम विभिन्न प्रान्तों के आत्महत्या करनेवाले किसान हैं बच्चा", शिवमूर्ति के समय तक पूँजीवादी सम्बन्धों और नीतियों ने कृषि समस्या को लगातार गम्भीर बनाया है। पाँड़े बाबा की आत्महत्या में उन दारुण परिस्थितियों की सिर्फ झलक भर मिलती है जिनमें भारत के डेढ़ लाख किसानों ने पिछले एक दशक में आत्महत्या की है। पी. साईनाथ ने चार किश्तों की अपनी लेखमाला में यह निष्कर्ष निकाला है कि खेतिहारों की दुर्दशा के मुख्य स्रोत हैं "कर्ज़ तथा फ़सल का नुकसान या फ़सल का पैदा न होना (जो अक्सर साथ-साथ चलते हैं)। बेटी के विवाह का ख़र्च न उठा सकने वाले किसानों का तनाव। और स्वास्थ्य का बढ़ता हुआ ख़र्च।" (द हिन्दू, 14 नवम्बर, 2007)। स्वास्थ्य की जगह बेटे की शिक्षा रख दें तो ऐसा जान पड़ता है मानो 'आख़िरी छलाँग' के लिए यह लिखा गया है।

बेशक, आत्महत्या के बजाय क़र्ज़, दहेज, उपज की समस्या शिवमूर्ति के लिए प्राथमिक है। एक तो इसलिए कि साईनाथ के समाजशास्त्रीय विश्लेषण का

फलक अखिल भारतीय है और शिवमूर्ति के कथानक का आधार पूर्वी उत्तर प्रदेश का ग्रामांचल। स्थानीयता और विशेषता कलात्मक चित्रण के लिए अनिवार्य हैं, सामान्यीकरण और सूत्रीकरण बौद्धिक विश्लेषण की जरूरतें हैं। दूसरे, महाराष्ट्र, कर्नाटक, आन्ध्र प्रदेश जैसे उन्नत क्षेत्रों में सर्वाधिक आत्महत्याएँ हुई हैं; बिहार, हिमाचल, उत्तर प्रदेश जैसे पिछड़े राज्यों में सबसे कम। (साईनाथ, द हिन्दू, 13 नवम्बर, 2007) यह उल्लेखनीय है कि समाजशास्त्रीय ब्यौरे कम होने या समस्याओं के गहन और सैद्धान्तिक पहलुओं से परिचय कम होने पर भी शिवमूर्ति में यह सहजबोध है कि जिन क्षेत्रों में किसान संघर्ष करते हैं, वहाँ आत्महत्या नहीं करते। राजस्थान और पश्चिमी उत्तर प्रदेश इसके उदाहरण हैं। पाँड़े बाबा की बरसी पर लोगों की उपस्थिति देखकर 'आख़िरी छलाँग' में खेलावन सोचते हैं, "किसानों को अपने ऊपर मँडराते ख़तरे की आहट मिलने लगी है।"

यह कहा जा सकता है कि आज के भारतीय यथार्थ को देखते हुए, ख़ासकर पूर्वी उत्तर प्रदेश में खेतिहरों के प्रतिरोध की अवस्था को देखते हुए, इस आहट के साथ ही कथानक पूरा हो सकता था। लेकिन शिवमूर्ति का आशावाद उनके यथार्थवाद पर हावी हो जाता है। इसलिए कहानी के अन्त में वे पहलवान से उसी जगह लम्बी छलाँग लगवाते हैं जिस जगह युवावस्था में उन्होंने कई छलाँगें लगाई हैं और पुरस्कार जीते हैं। अधेड़ अवस्था में फिर से लगाई गयी यह 'आखिरी छलाँग' किसान की नियति का—उसके जीवन-मरण के प्रयत्न का—प्रतीक है। लेकिन प्रतीकवाद की मुश्किल यह है कि जब किसानों में चेतना और संगठन के अंकुर दिखने लगते हैं, जिसका सकारात्मक प्रभाव पहलवान पर भी पड़ता है, तब लेखक अपने चरित नायक से अकेले में छलाँग लगवाता है। इस प्रतीकवाद के बिना जीवन-स्थितियों के संयोजन से उसने पूरी कहानी में अत्यन्त मार्मिक प्रभाव छोड़ा था।

'किसान के घर जन्म' से लेकर 'दूसरे मुल्कों की दशा' तक भारत की किसान समस्या को शिवमूर्ति ने अपने भरसक वस्तुगत परिप्रेक्ष्य में देखा है। उनका यह परिप्रेक्ष्य मूलतः सही है। कहा जा सकता है कि औपनिवेशिक विरासत और राजनीतिक परिदृश्य को सम्मिलित करके कथानक का ढाँचा बनता तो उसका आन्तरिक फलक उपन्यास का स्वरूप अधिक निखारता और कथा का परिप्रेक्ष्य भी अधिक प्रामाणिक होता। फिर भी, शिवमूर्ति का दृष्टिकोण विमर्शवादियों से ज़्यादा विश्वसनीय है। यह उनके समस्या-निरूपण से भी सिद्ध होता है और कथानक-निर्माण से भी। विमर्शवादियों की तरह वे बहुलता की पद्धति न अपनाकर अन्तर्विरोधों की धारणा लागू करते हैं। "अमीर उद्योगपतियों के लिए दूसरा कानून है। ग़रीब किसानों के लिए दूसरा।" पूँजीवादी विकास के अन्तर्विरोधों से सरकारी

कानूनों का और सरकारी नीतियों से किसान की दुर्दशा का अटूट सम्बन्ध है। मिलमालिक किसान का प्रत्यक्ष शोषण करें (गन्ने का बकाया कई साल तक न दें) या सरकार को निमित्त बनाकर परोक्ष शोषण करें—खाद, बीज, पानी, बिजली महँगी होती जाए और अनाज के दाम जहाँ के तहाँ रहें; किसान के पास से खाद्यान्न सस्ते में बिकें, व्यापारी के पास से महँगे में; किसान से क़र्ज़ वसूली के लिए ज़मीन नीलाम कर दी जाये और उद्योगपतियों से बिजली का बिल वसूल करने में आनाकानी की जाए)—हर स्थिति में किसान बनाम पूँजीपति, ग़रीब बनाम अमीर की खाई दिखती है।

शिवमूर्ति की यह वर्ग चेतना विमर्शवादी नज़रिये के विपरीत है। यह उल्लेख करने की बात ज़रूर है कि 'विमर्श' के बाहर भी 'वर्चस्व' की प्रक्रिया को समझा जा सकता है, ''यहाँ उसी के बारे में सोचा जाता है जो सोचवाने में सक्षम है।'' शक्ति के इस विमर्श का सूत्र 'आख़िरी छलाँग' में विकसित नहीं होता क्योंकि लेखक की कला प्रधानतः अनुभव पर आधारित है, उसके पीछे प्रेमचन्द जैसा ऐतिहासिक-सामाजिक विश्लेषण नहीं है। फिर भी, वह अपने भरसक अनुभववाद की सीमा से निकलने का प्रयत्न करता है। प्रेमचन्द ने साम्राज्यवादविरोधी संघर्ष के दौर में अपने किसानों को रूस-अमेरिका-जापान की चर्चा करते दिखाया था। रेणु की परम्परा के 'आंचलिक' कथानक से यह अन्तर्राष्ट्रीय परिप्रेक्ष्य ग़ायब हो गया था। शिवमूर्ति ने भूमंडलीकरण के दौर में अपने किसानों को इस पर विचार करते दिखाया है कि ''अमीर देशों में किसानों को भारी सब्सिडी दी जाती है। सस्ती दर पर बिजली, खाद, बीज वगैरह। तब जाकर उन्हें पोसाता है। अपने यहाँ किसानों के बारे में इस तरह सोचनेवाला कोई नहीं है।''

अमीर देशों में किसान और ग़रीब देशों के किसान, अपने देश में अमीर उद्योगपति और ग़रीब किसान—अन्तर्विरोधों के कई स्तर हैं और उन सभी अन्तर्विरोधों की मार सबसे ज्यादा किसान पर पड़ती है। यथार्थ की अन्तस्सम्बद्धता या अन्तर्विरोधिता के दृष्टिकोण पर ही कथानक-निर्माण की पद्धति निर्भर है। 'आख़िरी छलाँग' में जिन दो समस्याओं पर विशेष ध्यान दिया गया है, उनमें पहली है लाभकर खेती की समस्या, दूसरी है दहेज की समस्या। एक का सम्बन्ध कृषि-व्यवस्था से है, दूसरी का परिवार-व्यवस्था से। दोनों परस्पर-सम्बद्ध हैं। जिन घरों में बाहरी सहायता नहीं आती, उनमें कर्ज़ और तबाही आती है; बाजारवादी प्रलोभनों और असहनीय परिस्थितियों के चलते दहेज के ज़रिए ग़रीबी मिटाने का अवसरवादी—अमानवीय तरीक़ा ज़ोर पकड़ता है। बड़े बेटे को इंजीनियर बनाकर पहलवान अपने संकट से उबरने का सपना देखते हैं लेकिन फीस देना भारी पड़ता है। उसके इंजीनियर बन जाने पर भी किसान-समस्या हल नहीं होगी, किसान जीवन से

छुटकारा भले मिल जाए! इसलिए सामूहिक प्रयत्न का विकल्प ही एकमात्र रास्ता बचता है।

कृषि-व्यवस्था के चित्रण में शिवमूर्ति की समस्यामूलक दृष्टि सजग है तो परिवार-व्यवस्था के चित्रण में परिहास-वृत्ति। यह उनकी कला का सबसे सशक्त पहलू है। पहलवान और पहलवानिन के मार्मिक ही नहीं, रोचक संवाद भी हैं। लेकिन सबसे सजीव अंश वह है जब पहलवान अपने फुफेरे भाई तीरथ के साथ झुन्नू बाबू के घर उनके बेटे राजेश कुमार से अपनी छोटी बेटी का रिश्ता पक्का करने जाते हैं। घूसवाली नौकरी करने के नाते राजेश के लिए उसके पिता एक लाख रुपये और मोटरसाइकिल की माँग करते हैं। पहलवान के सवालों से परेशान होकर आख़िर वे मैदान छोड़ देते हैं। राजेश की माँ फिर से अपनी माँग को जायज़ ठहराते हुए तर्क देती हैं, "गुन-सहूर, रूपरंग, कद काठी, कुल खानदान तो चाहिए ही चाहिए भइया। उसमें कैसी कोताही। लेकिन इसके साथ-साथ यह भी देखा जाता है कि कैसी गोड़ी लेकर ड्योढ़ी में परवेश करता है।...किसी रईस के घर से आएगी तो उसके घर में रहीसी आएगी। किसी दरिद्र के घर से आएगी तो इस घर में भी उसके साथ-साथ दलिद्दर की पैसारी हो जायेगी।"

स्वाभिमानी पहलवान को झुन्नू बाबू की यह बात अखर गयी थी कि लोग घर घेरे रहते हैं! उसी तरह उनकी पत्नी को यह 'दलिद्दर की पैसारी' वाली बात अखर गयी। जवाब दिया, "सीधे-सीधे डुगडुगी पिटवाकर बाजार के दिन लड़के को नीलामी पर क्यों नहीं चढ़वा देतीं? झुन्नू बाबू के बाप तो आपकी गोड़ी इस ड्योढ़ी के अन्दर पड़ने से नहीं बचा पाये। दलिद्दर की पैसारी हो गयी।" ऐसे दहेज लोभियों को रास्ते पर लाने के लिए खेलावन भी 'डमी उम्मीदवार' भेजने का सुझाव देते हैं! दहेज लेकर वर को बेचनेवाले हैं तो दहेज देकर वर खरीदनेवाले भी हैं। माल बाबू ऐसे ही व्यक्ति हैं। वे जब अपने सेवक और झुन्नू बाबू के साले तथा पहलवान के साले को लेकर अपने लड़की से इंजीनियरिंग पढ़ने वाले बड़े लड़के की शादी का रिश्ता लेकर आते हैं, तब कई मनोरंजक प्रसंग सामने आते हैं। इस तरह के प्रसंगों में ग्रामीण चरित्रों के मनोविज्ञान की पकड़, उनके संवाद की भंगिमा और परिस्थितियाँ का बोध अनिवार्य हैं। शिवमूर्ति इन मामलों में अपने दूसरे समकालीनों से आगे हैं। शायद इसलिए भी कि गाँव के जीवन पर लिखनेवाले कम हैं।

ठेकेदार, मिलमालिक, सरकारी अमले और विदेशी कम्पनियाँ—किसान के सौ दुश्मन हैं लेकिन सबसे बड़ा दुश्मन है जातिवाद जो उन्हें अपने हित पहचान कर एकजुट नहीं होने देता। शिवमूर्ति जातिवाद का 'विमर्श' करने की जगह उस पर कड़ा प्रहार करते हैं। वे यह बात साफ़-साफ़ देखते हैं कि पिछड़ी जातियाँ

खेती में ताक़तवर हुई हैं इसलिए संघर्ष में भी अगुआई कर रही हैं। लेकिन अपने सवर्ण संस्कारों के नाते ब्राह्मण-ठाकुर उनकी अगुआई में संघर्ष का हिस्सा बनने से आनाकानी करते हैं; ''क्या इसके पीछे कोई राजनीति नहीं है कि ठाकुरों के दोनों ट्रैक्टर नहीं आये और कुर्मी और प्रजापति के आये?'' यह जातिवादी भावना का एक परिणाम है। लेकिन शिवमूर्ति यह भी देखते हैं कि कुर्मी-प्रजापति जैसी पिछड़ी जातियों में भी सवर्णों की तरह ट्रैक्टरवाले धनी किसान हैं! दूसरी तरफ, लल्लू सिंह और भुअर पंडित जैसे सवर्ण भी हैं जो संघर्ष में शामिल होते हैं। वे आगामी दिशा का प्रतिनिधित्व करते हैं।

जिस बात के लिए शिवमूर्ति की विशेष प्रशंसा होनी चाहिए, वह उनका इतिहास सम्बन्धी दृष्टिकोण है। भले उस दृष्टिकोण में वैचारिकता कम हो लेकिन वह सही दिशा में सक्रिय है। पाँड़े बाबा की आत्महत्या वाले प्रसंग में : ''ग्रामीणों में आत्महत्या की प्रवृत्ति नयी लग सकती है लेकिन पहलवान को लगता है वह इतनी नयी भी नहीं है।...बाबा तुलसीदास भी अपने समय में इसका कारण सम्पत्ति का नष्ट होना बता गये हैं।'' एक तो तुलसीदास का स्मरण, दूसरे उनके यथार्थवाद से—सम्पत्ति के कारण किसान की दुर्दशा से—आज की समस्या को जोड़ना, दो तथ्य विशेष ध्यान देने योग्य हैं। समस्या की जड़ें पुरानी हैं, उनसे संघर्ष के लिए भी इतिहास और परम्परा की ज़रूरत है। बरसी वाली सभा में ''पहलवान को उस वक्ता का भाषण बहुत अच्छा लगा जिसने किसानों की समस्याओं के लिए संघर्ष करने के लिए अपना संगठन खड़ा किया है। संगठन में शामिल होने के लिए किया गया उसका आवाहन कितना ज़ोरदार था—जैसे सुराजियों में नाम लिखाने के लिए गाँधीजी ने आवाहन किया था, जैसे आज़ाद हिन्द फौज में भर्ती होने के लिए नेताजी ने आवाज दी थी, जैसे जमींदारों के खिलाफ़ लामबन्द होने के लिए इसी धरती से बाबा रामचन्द्र ने पुकारा था...।''

अवध की धरती पर फिर से एक नयी चेतना का अंकुर फूटते हुए देखना शिवमूर्ति का सपना हो सकता है लेकिन हिन्दुस्तानी किसान के लिए वह जीवन-मरण का प्रश्न है। जिनका ध्यान सत्ता के लिए 'विमर्श' पर रहता है, वे हंसों की पाँत में खड़े होकर इतिहास को झुठला सकते हैं लेकिन जिन्हें संघर्ष की जरूरत है, और जिनका अस्तित्व ही उस संघर्ष पर निर्भर है, उनके लिए संगठन और इतिहास अनिवार्य हैं। गाँधी, सुभाष, रामचन्द्र आधुनिक इतिहास के नायक हैं, जिनसे नाता जोड़कर हम वर्तमान संघर्षों को जातीय परम्परा का अंग बनाएँगे और बहुत-सी ग़लतियाँ करने से बच सकेंगे। इतिहासबोध ही नहीं प्रेरणा भी है। शिवमूर्ति इस बात को रेखांकित करते हैं। उत्तर-आधुनिक रचना-समय में यह उनका प्रशंसनीय गुण है।

इतिहास का औपन्यासिक विधान

सिद्धान्त-निरूपण के बारे में नहीं कह सकते लेकिन सृजनात्मक लेखन में उत्तर-आधुनिकता के साथ आनेवाली पद्धतियाँ—'जादुई' यथार्थवाद से लेकर नवइतिहासवाद तक—प्रत्येक समाज की विशिष्ट स्थितियों के अनुरूप विकसित हुई हैं। इन प्रयोगों को सदैव यथार्थवाद का निषेध नहीं माना जा सकता। महत्त्वपूर्ण रचनाकारों ने अपने समाज की प्रवहमान वास्तविकता से तार जोड़कर सामाजिक-ऐतिहासिक जीवन को विश्वसनीय ढंग से व्यंजित करने में इन पद्धतियों का उपयोग किया है। परस्पर गहरे सम्पर्क में आती हुई दुनिया में एक साहित्य की उपलब्धि का दूसरे साहित्य पर प्रभाव भी ज़्यादा पड़ता है इसलिए साहित्यिक प्रवृत्तियाँ ही नहीं, प्रयोग भी बहुत कुछ समानता प्रदर्शित करते हैं।

उदाहरण के लिए, लैटिन अमरीकी उपन्यास में 'जादुई यथार्थवाद' ने स्मृति और वर्तमान, विश्वास और यथार्थ, मनोजगत और घटना का जैसा संगुफित ताना-बाना पेश किया है, वह प्रतिरोध की ठोस स्थितियों से उत्पन्न हुआ था। यूरोपवासियों ने चार-पाँच सौ साल पहले अपनी बस्तियाँ बसाने के लिए वहाँ मूल आबादी का उन्मूलन किया था। कुछ का नामोनिशान मिट गया था। उन्हीं में माया सभ्यता के लोग थे, जिनके लिए पाब्लो नेरूदा ने 'माच्चू-पिच्चू के शिखर' शीर्षक विश्वविख्यात शोकगीत लिखा था। 20वीं सदी के उत्तरार्ध में साम्राज्यविरोधी प्रतिरोधों के उभार के समय इतिहास से विच्छिन्न जाति उन सभी चीज़ों से शक्ति अर्जित करती थी जिन्हें हम कट्टर यथार्थवादी भाषा में (अन्ध) विश्वास, (निम्न-पूँजीवादी) पिछड़ापन और (धार्मिक) प्रतिक्रियावाद कहते हैं। जिस समाज में कम्युनिस्ट गुरिल्ला और कैथोलिक ईसाई मिलकर विदेशी आततायियों से सशस्त्र संघर्ष कर रहे हों, उसके साहित्य में 'जादुई' यथार्थवाद एक स्वाभाविक प्रवृत्ति के रूप में उभरा।

भारत में उत्तर-आधुनिकतावाद और 'जादुई' यथार्थवाद का प्रवेश हताशा के समय में हुआ। उसका पहला चरण, जैसा अक्सर होता है, अनुकरणप्रधान रहा। अपनी नैतिक उत्तेजना के चलते बाक़ी सबकी नैतिकता में चोर-दरवाजा खोजनेवाले कुछ चिड़ीमार-कथाकार 'जादुई' यथार्थवाद को एक अलंकार की तरह ले आये। लेकिन अच्छे रचनाकार न तात्कालिता से बँधे रहते हैं, न रचना को

प्रतिशोध का माध्यम बनाते हैं। उत्तर-सोवियत दौर के भारतीय यथार्थ को आत्मसात करके सार्थक रचनाएँ देनेवाले अनेक रचनाकारों ने इतिहास से वर्तमान के संवाद की युक्तियाँ विकसित कीं और इस प्रयत्न में जोखिम भी उठाये। बेशक़, हर जगह इतिहास और वर्तमान के अनुपात और रचाव में एक जैसी सफलता या उपलब्धि नहीं दिखाई देती। यह स्वाभाविक है। फिर भी, यह उल्लेखनीय है कि हिन्दी कथाकारों ने यथार्थवाद के प्रति विश्वास बनाये रखकर चरित्रों के माध्यम से ही इस संवाद को खोजा है। यह सही है कि इतिहास का परिप्रेक्ष्य बदल गया है। इतिहास अब रूपक की तरह उपयोग में नहीं आता। अतीत से वर्तमान के सम्बन्धों को निरन्तरताओं, परिवर्तनों, अन्तर्द्वन्द्वों और सम्भावनाओं को, खोजने के लिए अक्सर पारिवारिक इतिहास को माध्यम बनाया जाता है। प्रियंवद का नया उपन्यास 'छुट्टी के दिन का कोरस' इसी प्रक्रिया का एक हिस्सा है।

इतिहास को रूपक बनाने में चुनौती भी थी और सुविधा भी। किसी समय उस सुविधा का उपयोग अधिक हुआ। बहुत कम लेखकों ने उसे रचनात्मक चुनौती के रूप में अपनाया। इसलिए 'ऐतिहासिक' उपन्यासों के अम्बार में से आज पाँच-सात नाम ही याद आते हैं। वर्तमान के साथ अन्तस्सम्बद्ध इतिहास का चित्रण अपेक्षाकृत अधिक समस्यामूलक है। वर्तमान के ब्योरे हमें इस तरह घेरे रहते हैं और उनके प्रति हमारा हित-अहित इस तरह सक्रिय रहता है कि उनके बीच से विकास-क्रम के सूत्र पहचान कर आधुनिक समाज के सौ-दो सौ साल का इतिहास पुनर्जीवित करना, अपने व्यक्तिगत आग्रहों को परे रखना, काफ़ी संयम, धैर्य और विवेक की माँग करता है।

'छुट्टी के दिन का कोरस' अपने ऐतिहासिक बोध और कलात्मक रचाव, दोनों ही स्तरों पर इस चुनौती का सफलतापूर्वक सामना करता है। इसमें विवान डगलस नाम के जिस ऐंग्लो इंडियन को चरित्र बनाया गया है, वह बहुत-से द्वन्द्वों का सजीव प्रतिनिधि बनने की सहज योग्यता रखता है। प्रकटतः 'जादुई' यथार्थवाद की भी युक्ति का उपयोग इस उपन्यास में दिखाई देता है। अपने बचपन के कस्बाई बाज़ार में विवान एक दुकानदार की 'तिलस्मी अँगूठियों' के लाल पत्थर से दूर का कोई मनचाहा दृश्य देखता है और वृद्धावस्था के एकान्त कक्ष में छत के ही एक हिस्से से अतीत में चला जाता है। लेकिन प्रियंवद ने इस युक्ति को कौतुक में नहीं बदलने दिया है। बल्कि उसे वर्तमान और अतीत के बीच संवाद का—तनाव, निरन्तरता और अलगाव को परखने का—माध्यम बनाया है।

यह कहना उपन्यास के रचनात्मक श्रम का महत्त्व घटाना है कि किसी ऐंग्लो इंडियन को केन्द्र में रखकर सम्भवतः यह पहला उल्लेखनीय उपन्यास लिखा गया है। प्रियंवद का ध्येय ऐंग्लो इंडियन समुदाय के विशिष्ट सामाजिक जीवन

को चित्रित करना नहीं है। ऐसा लगता है कि उसे उन्होंने किसी भी प्रकार की जड़ प्रतिबद्धता से मुक्त रहने के उपकरण के रूप में चुना है। आधुनिक इतिहास के चित्रण में साम्राज्यविरोध या रूढ़िवादविरोध का नुस्खा अनायास उभर आता है; प्रियंवद उससे सचेत रूप से बचे हैं और इस सजगता का माध्यम चरित्र का यह चुनाव है। विवान के पिता विंसेंट डगलस अँग्रेज हैं और उसकी माँ सुदेषणा बंगाली हिन्दू। उसे हम अधिक-से-अधिक दोनों जातियों और संस्कृतियों का संगम कह सकते हैं हालाँकि अँग्रेज़ी सत्ता और भारतीय समाज में ऐंग्लो इंडियन समुदाय की स्थिति इसी विडम्बना का द्योतक है। प्रियंवद इस विडम्बना के प्रति सजग हैं। इसीलिए उसका चित्रण न करके भी उन्होंने विवान की मानसिकता के निर्माण में उस विडम्बना के यातनादायी बोध की सक्रियता लक्षित की है। इस बोध के साथ-साथ अगर उस सामुदायिक जीवन का भी कुछ अंश उपन्यास के फलक पर मौजूद होता तो 'कोरस' का प्रभाव और समृद्ध होता। कथा कहने की जो शैली प्रियंवद ने अपनायी है, छोटे-से-छोटे प्रसंग और चरित्र को, मूलकथा से बहुत सम्बन्ध न होने पर भी, उसकी स्थिति में पूरे तफसील से रचा है, उसमें एक और स्वर सहजता से जुड़ सकता है क्योंकि उसका मूलकथा से अनिवार्य सम्बन्ध था।

बहरहाल, विवान डगलस के परिवार की अनेक पीढ़ियों के माध्यम से प्रियंवद ने 1857 से लेकर 2005 तक, लगभग डेढ़ सौ वर्षों के भारतीय जीवन की उथल-पुथल को यथासम्भव समग्रता में जाँचा है। उसे 'कोरस' कहना उचित है क्योंकि उसमें काल के प्रसार के साथ-साथ चरित्रों के इतने प्रकार समाहित हैं, इन चरित्रों की इतनी समस्याएँ हैं, इन समस्याओं में जीवन के इतने पहलू निहित हैं कि उसे 'गीत' नहीं कहा जा सकता। इकहरापन न उसके शिल्प में है, न अनुभव-वस्तु में। उसके लिए जिस रचनात्मक धैर्य की ज़रूरत है, वह प्रियंवद में है। उन्होंने प्रत्येक स्थिति से सम्बन्धित विवरणों को पूरी तन्मयता से रचा है मानो काफी फुर्सत से उन्हें जुटाया गया है। यह सही है कि इस कोरस में कुछ स्वर दब गये हैं, कुछ अधिक मुखर हैं, कहीं-कहीं संवादी और विसंवादी ही नहीं, बेमेल स्वर भी आ गये हैं, लेकिन इतने जटिल रचना-विधान में, इतने ढेर-से स्वरों को संयोजित करते हुए एक सुसंगत कथा कह देने के लिए प्रियंवद के कौशल की सराहना होनी चाहिए।

उत्तर-आधुनिकता को रचना-विधि बनाकर लिखनेवाले अनेक फैशनेबुल कथाकार हैं। उसे रचना-दृष्टि बनानेवाले कम ही हैं। उसमें भी, इतिहास-बोध सुरक्षित रखते हुए अर्थ-संरचना की बहुलता का निर्वाह करने की क्षमता और भी कम दिखती है। वह क्षमता केवल अभ्यास, कला-कौशल से नहीं आती। ज्ञान

के अनुशासनों और जीवन के अनुभवों से प्राप्त सामग्री को संवेदनात्मक ताप में गलाकर लेखक उसे जब स्वाभाविक रूप में ढलने देता है, तब उसकी रचना-दृष्टि सक्षम बनती है। प्रियंवद ने यह प्रयत्न सफलतापूर्वक किया है। इसीलिए उन्होंने न अपने उद्देश्य को और न अपने चरित्रनायक विवान डगलस को किसी भी बिन्दु पर सीधे-सपाट आशय से बँधने दिया है। उन्होंने एक आशय को खारिज करके छद्म आशय भी प्रत्यारोपित नहीं किया है। बल्कि एक-दूसरे से भिन्न और विपरीत दिखायी देनेवाले आशय साथ-साथ सक्रिय रहकर विवान का अस्तित्व गढ़ते हैं। इस बात का थोड़ा विवेचन आवश्यक है।

नाटकीय परिवर्तनों से भरे विवान डगलस के जीवन में चार मोड़ हैं। 1933 में जन्म से लेकर हॉस्टल में पढ़ने तक तेईस वर्ष का प्रारम्भिक जीवन; 1656 में सशस्त्र गुरिल्ला बनने से लेकर गिरफ्तार होने तक रिमाडी के जंगलों में बिताये हुए सत्रह वर्ष; 1973 में गिरफ़्तारी के बाद जेल के जीवन के पन्द्रह वर्ष; 1988 में जेल से छूटकर लावारिस मय्यत कमेटी के दफ़्तर में काम शुरू करने के बाद से अन्त तक, जहाँ वह जेल की ऊँची दीवार के साथ-साथ गुज़रनेवाले "जुलूस के पीछे-पीछे चलता हुआ उनके फोरस में शामिल हो गया।" (पृ. 285) इनमें किसी अगले मोड़ का पिछले जीवन से तारतम्य नहीं बैठता।

कथानक में यह परिवर्तन इतने स्वाभाविक रूप से घटित होता है कि सहजता से उस ओर ध्यान नहीं जाता। लेकिन दो जीवन-खंडों में इतनी विपरीतता है कि विवान का पूरा विकास-क्रम समस्यापरक बन जाता है। प्रियंवद ने यह परिवर्तन सोद्देश्य रखा है। इसीलिए चौथे चरण के निचाट एकाकीपन के समय उसके 'क्रान्तिकारी' जीवन का अध्ययन करने के लिए उन्होंने अपने तीन विद्यार्थियों के साथ मनोविज्ञान के प्रोफेसर को उपस्थित किया है। क्योंकि प्रोफ़ेसर और उसके विद्यार्थी विवान को क्रान्तिकारी नहीं, हत्यारा मानते हैं। चाहें तो इसी को समस्या का, लेखक के रचनात्मक उद्देश्य और कौशल का प्रस्थान बिन्दु मान सकते हैं। विवान को क्रान्तिकारी मानने और 'हत्यारा' मानने में विचित्र क़िस्म का तनाव है जहाँ दोनों चीज़ें एक-दूसरे को पुष्ट भी करती हैं और खारिज भी। साथ ही, नयी सम्भावनाओं का द्वार भी खोलती हैं। विवान के इस अप्रत्याशित जीवन को समझना उपन्यास को और अपने सामाजिक वर्तमान को साथ-साथ समझना है।

विवान के चरित्र-निर्माण को समझने के क्रम में कम-से-कम चार विचार-सूत्र उभरते हैं। पहला, स्वाधीन भारतीय सत्ता के प्रति अँग्रेज़ वंश-परम्परा का प्रतिरोध भाव; दूसरा, उसका कायर-भयभीत व्यक्तित्व जो प्रत्यावर्तित रूप में हिंसक पशु बन जाता है; तीसरा, मिश्रित नस्ल के कारण भारत के ब्रिटिशविरोधी सामाजिक वातावरण में विवान का यातना-बोध और असुरक्षा-बोध; और चौथा,

अपने पुरखों द्वारा किये गये अत्याचारों का प्रायश्चित, जो अत्यन्त प्रतीकात्मक ढंग से उसे लावारिस मय्यत कमेटी में गहरे एकाकीपन की स्थिति में जा पहुँचाता है। प्रियंवद इन सभी आशयों को सक्रिय रखकर अपने कथानक का ताना-बाना बुनते हैं। उनकी वर्णन-शैली भी इसी प्रयत्न से सम्बन्ध रखती है, इसलिए कोई भी कथन सीधा, एकायामी (और एकार्थक भी) नहीं है।

विवान के पुरखे विल्मौट डगलस अँग्रेज़ी फौज में थे। 1857 में अवध की विजय में उन्होंने हिस्सा लिया था। विवान के पितामह विली डगलस भी फौज में थे। उन्होंने 1914 के प्रथम विश्वयुद्ध में हिस्सा लिया था। अवध पर कब्ज़े के बाद जब 1859 में विद्रोह का दमन हो गया तब विल्मौट डगलस इंग्लैंड वापस चले गये। 1919 में जब अँग्रेज जीत गये और पूरी दुनिया को बाँटकर 'सारे खनिज स्त्रोतों पर कब्जा' कर लिया, तब विली ने फौज छोड़ दी। (पृ. 20) विली की माँ काफ़ी गर्व से बयाँ करती हैं कि उनके बहुत-से रिश्तेदारों की क़ब्रें भारत में हैं जिन्होंने ब्रिटिश शासन क़ायम करने में बलिदान दिया है। विवान के पुरखों ने भारत में अँग्रेज़ी शासन की नींव रखी, विवान आज़ाद भारत की सत्ता के खिलाफ़ सशस्त्र गुरिल्ला संघर्ष में हिस्सा लेता है। इससे यह नतीजा निकल सकता है कि विवान अपने पुरखों की ओर से प्रतिशोध ले रहा है। इसके पर्याप्त आधार उपन्यास में हैं। फिर भी, ऐसा निष्कर्ष निकालना निहायत सरलीकरण होगा।

प्रतिशोध के अलावा एक मनोवैज्ञानिक पक्ष है, जहाँ 'मिश्रित नस्ल' के कारण उसे यातना-बोध से, सामाजिक और भावनात्मक संकट से गुज़रना पड़ता है : (1) "उसने (पिता विंसेंट ने) विवान को इशारे से यह भी बताया कि हिन्दुस्तान की नयी आज़ादी के नये हिन्दुस्तानी के बीच, अँग्रेज दिखनेवाले विंसेंट का यहाँ रहना अब ठीक नहीं है।" (पृ. 160) (2) "मैंने (अपने गुरिल्ला दल के मुखिया बाबू से विवान ने) बताया कि मुझे वह सब अस्वीकार है जो मेरे चारों तरफ़ है। उसमें मेरा परिवार भी है, मेरी मिश्रित नस्ल है, मेरी जाति, मेरा संघर्ष, मेरी शिक्षा, यह समाज, देश भी है।" (पृ. 233)

दोनों तथ्य एक ही साथ 'प्रतिशोध' की अवधारणा भी प्रस्तुत करते हैं और 'यातना-बोध' की भी। इसलिए किसी एक अर्थ-सरणि को ग्रहण करके विवान के पूरे जीवन और उपन्यास की पूरी संरचना को 'समझना' भ्रामक होगा।

मनोविज्ञान का प्रोफेसर और उसके विद्यार्थी अपनी सैद्धान्तिकी के पूर्व निश्चित ढाँचे में उसकी एक और ही व्याख्या प्रस्तुत करते हैं। प्रोफ़ेसर उसे 'तर्कपूर्ण सिद्धान्तों के आवरण में हत्या करनेवाले हत्यारे' के रूप में पेश करता है। (पृ. 96) एक शैक्षिक अनुशासन के रूप में मनोविज्ञान की विद्या का उद्देश्य भी आततायी व्यवस्था की रक्षा है। क्रान्ति के नाम पर हत्यारों के गिरोह को आड़

बनाकर ऐसी विधा हर प्रकार के विद्रोह को बदनाम करती है। अपने विद्यार्थियों को जिस 'पूर्वाग्रह' से बचने की सलाह प्रोफेसर देते हैं, ख़ुद उसी से ग्रस्त हैं। (पृ. 103) वे विवान का साक्षात्कार लेकर सचाई नहीं जानना चाहते; यह खोलना चाहते हैं कि वह 'महान योद्धा नहीं' बल्कि 'सिद्धान्त, युटोपिया और क्रान्ति के नाम पर हत्याओं में सुख' पानेवाला 'कुशल हत्यारा' है। (पृ. 101) नतीजा तय है, उसे स्थापित करने का नाम विद्या है।

प्रोफ़ेसर के विद्यार्थियों में अमीना भी है। सवाल-जवाब वही करती है। पाँच साल पहले उसका मंगेतर परवेज साम्प्रदायिक हिंसा में मारा गया था। निरीह लोगों की नियति ही है मरना। वे गदर में मरते हैं, दंगे में मरते हैं, क्रान्ति में मरते हैं। अमीना अपने अनुभव की रोशनी में विवान को 'कायर', भयभीत, दोहरे चेहरे वाला' बताती है। (पृ. 110-111) विवान की मनोदशा इसके ज़्यादा नज़दीक है। लेकिन पूरी तरह नहीं। विंसेंट की राय में देश, धर्म और नस्ल की रेखा पार नहीं करनी चाहिए। (पृ. 194) लेकिन "उसके पास (विवान के पास) परिवार, धर्म, परम्पराओं, इतिहास, जाति या राष्ट्र के आस्थावान और अविचलित रहनेवाले इस तरह के मजबूत टीले नहीं थे।" जिनके सहारे वह उद्देश्य, सन्तोष या अर्थवत्ता प्राप्त करता। (पृ. 225-226)

इस परिस्थिति के लिए वह ख़ुद जिम्मेदार नहीं है। वह न पूरा भारतीय है, न अँग्रेज़। उसके पास इंग्लैंड की स्मृतियाँ भारत और अपनी माँ तक सीमित हैं। उसमें स्वाधीन भारतीय सत्ता के बजाय अपने पुरखों से प्रतिशोध लेने का भाव अधिक दिखता है। दो दिन के लिए हॉस्टल से घर आने पर विंसेंट ने उसे विल्मौट की गदर डायरी पढ़ने को दी। उसी के बाद विवान के भीतर का वीरानापन इतना बढ़ा कि उसने पिता का क़ारोबार सँभालने के बजाय रिवाडी के जंगलों का वीरानापन चुन लिया। इस वीरानी में उसे अपने साथ केवल बल्लीमारान का ग़ालिब महसूस होता है, जिससे उसका परिचय माँ के ज़रिये हुआ था, 'कोई वीरानी-सी-वीरानी है, दश्त को देख के घर याद आया।' दश्त भी घर से ज़्यादा वीरान नहीं है! यह वीरानी विवान के अकेलेपन को असहनीय बना देती है। उसके आग़ामी जीवन के शेष तीनों चरण इसी वीरानी का मूर्तिमान रूप हैं।

धर्म, नस्ल, जाति, राष्ट्र आदि का बन्धन न होना किसी चरित्र की सम्भावनाशीलता का आधार भी हो सकता है। विवान के लिए यह यातना और विघटन का स्रोत बन गया है। क्या इस परिणति में हमारे सामाजिक विधान की कोई जिम्मेदारी नहीं है? जिस समाज में अगल-बगल खड़ी "जेल मिल से ज्यादा पुरानी थी। जेल चल रही थी। मिल बन्द थी।" (पृ. 140) वहाँ समृद्धि और उजाड़, ऐशगाह और अपराध साथ-साथ पलते हैं। प्रियंवद जीवन के निर्धारण

में न तो मनोवैज्ञानिक पक्ष की अवहेलना करते हैं, न उसे अकेला तत्त्व समझते हैं। इसकी खोजबीन के लिए दूर की कौड़ी लाने की ज़रूरत नहीं है। दामोदर कुंडेल बंगाली भद्रलोक का सदस्य है। उसकी बेटियाँ हैं सुदेषणा और सुलक्षणा। विंसेट सुदेषणा से विवाह करता है। सुलक्षणा बिना विवाह किये साथ रहती है। मक्खी और चींटी की दौड़ का जो सवाल सुदेषणा हल करती है, वह मानो उनकी व्यक्तिगत ज़िन्दगी का प्रतीक है। चींटी जीतकर भी पिछड़ जाती है। अकेली रह जाती है। मक्खी को बेईमानी करना आता था। विवान ने माँ का उपेक्षित, परित्यक्त, एकाकी जीवन बहुत पास से देखा है। हर रविवार वह माँ के साथ तारघर, यतीमखाना, क़स्बे से बाहर उपेक्षित मन्दिर और रेलवे स्टेशन जाता रहा है। उसकी आन्तरिकता का गठन इन ठोस तथ्यों से होता है। अन्तिम चरण के एकाकीपन में क्रान्तिकारी जीवन की स्मृतियाँ उसके साथ नहीं रहतीं। उसके साथ रहती है माँ, परित्यक्त ईश्वर और ग़ालिब। विवान का 'मनोविज्ञान', उसकी आन्तरिकता का मूल आधर, इन्हीं स्मृतियों से बना है।

मनोविज्ञान का प्रोफ़ेसर उसके बाह्य–सार्वजनिक जीवन के बारे में बहुत कुछ जानता है। उसी आधार पर वह निष्कर्ष निकालता है। "वह माँ, परित्यक्त ईश्वर और ग़ालिब के बारे में नहीं जानता था।" (पृ. 96) निजी–अन्तरंग जीवन से अपरिचित रहकर वह 'मनोविज्ञान' का अध्ययन करता है! साहित्य का काम ऐसी 'विद्या' से नहीं चलता। उसमें दोनों पक्ष समाविष्ट होते हैं। अध्येतागण उसके दूसरे–तीसरे चरण को ही देखते हैं। जबकि उसका मूल व्यक्तित्व बचपन की स्मृतियों पर आधारित है। युवाकाल की चेतना में बहुत–सी तात्कालिक प्रेरणाएँ थीं जो उस मूल व्यक्तित्व से प्रतिबिम्बित होकर अप्रत्याशित रूप ले लेती थीं। वार्धक्य में इन प्रतिबिम्बों का संसार मिट गया। उसके अन्तरंग के गठन में बचपन की जो स्मृतियां हैं, उनके केन्द्र में माँ है। उसे नवफ्रायडवादी संकेत कहा जा सकता है। लेकिन माँ से ऐसा ही अन्तरंग लगाव अमीना का भी है और यह बात फ्रायडवाद के विपरीत है। अमीना और विवान कहीं एक–दूसरे के पूरक–प्रतिलोम भी हैं, जैसे 'विरुद्धों का सामंजस्य'। दोनों की उम्र भी 27:72 है!

बाबू ने एक बात बड़े पते की कही थी, "सबकुछ इस पर निर्भर करता है कि तुम जीवन को कहाँ पर खड़े होकर देख रहे हो और अपने लिए, उसका चुनाव करते समय, उसे कहाँ से उठा रहे हो।" (पृ. 186) इस मानवीय–कोण के बिना यथार्थ की कोई अवधारणा सम्भव नहीं है। उसकी वस्तुपरकता में आत्मपरकता समाविष्ट रहती है। इसीलिए 'यथार्थवाद' निर्जीव, तटस्थ, सार्वभौम और तथ्यगत नहीं होता, उसके विभिन्न रूप सम्भव होते हैं। लेनिन इसी कोण, पक्ष या चुनाव को प्रतिबद्धता कहते थे। विडम्बना यह है कि मार्क्सवादी–लेनिनवादी

विचारक यथार्थवाद के नाम पर वस्तुपरकता और तटस्थता को आदर्श मानने लगे हैं, उत्तर-आधुनिकता ने अतिरंजित बल देते हुए आत्मपरकता और मानवीय पक्ष को पुनः प्रतिष्ठित किया है।

प्रियंवद इस बारे में सचेत हैं। वे किसी 'सिद्धान्त' को जड़तापूर्वक नहीं अपनाते और हर सिद्धान्त से जीवन-रचनात्मक दृष्टि लेने का खुलापन रखते हैं। इसीलिए 'छुट्टी के दिन का कोरस' में वे किसी आशय को स्थिर नहीं करते। बल्कि पर्याप्त लचीलेपन के साथ, कथा के सहज प्रवाह को खंडित किये बिना, विभिन्न अभिप्रायों को सक्रिय करते हैं। जेल से छूटने के बाद विवान लावारिस मय्यत कमेटी के दफ्तर में काम करता है।

लावारिस मय्यतों के मिलने का सिलसिला 1858 में शुरू हुआ था। वह अब तक ख़त्म नहीं हुआ (पृ. 79-80 और 246-248) अँग्रेज़ी राज में क़ायम कोई भी ऐसा सिलसिला अब तक ख़त्म नहीं हुआ है। विल्मौट डगलस ने अपनी डायरी में लिखा था, "...हमारे सामने ही यह बात शुरू हुई थी कि इन लावारिस लाशों के अन्तिम कर्म के लिए एक कमेटी बनायी जाय...।" (पृ. 200) उनके बाद इसी कमेटी में उनका वंशज विवान काम करता है!

लावारिस लाशें हिन्दुस्तानियों की थीं। उन्हें लावारिस लाश में बदल रहे थे अँग्रेज़। विंसेंट के पास विल्मौट की डायरी है, उसमें विजेता की आँख से देखा गया इतिहास है। विवान के पास कमेटी का रोज़नामचा है, उसमें ग़ुलामों की आँख से देखा गया इतिहास है। कमेटी का दफ़्तर और विवान की रिहायश माहरुख के घर में है। वह अनिन्द्य सुन्दरी थी। जिसके क़िस्से थे लेकिन वह भी ग़ुलाम ही थी—वेश्या, लौंडी! परित्यक्त; विवान के माँ की तरह, क़स्बे से बाहर मन्दिर में देवता की तरह। आकाशदीये जलाकर माहरुख का अनन्त प्रतीक्षा करना उसी वीरानी का प्रतीक है जिसका अनुभव ग़ालिब और विवान ने किया था। इस तरह, भिन्न-भिन्न कालों में भिन्न-भिन्न चरित्र और स्थितियाँ एक ही संवेदना ध्वनित करते हुए जीवन का 'कोरस' रचती हैं।

बहरहाल, 'डायरी' और 'रोज़नामचे' से बननेवाले दो तरह के इतिहासों में विवान और उसके पुरखों की पाँत एक ही नहीं रहती। इसी से यह ध्वनित होता है कि विवान अपने पुरखों का प्रायश्चित करता है। साम्राज्य संस्थापकों के गर्व और वैभव के मुक़ाबले विवान का क्षुब्ध और एकाकी जीवन मानो उस पूरे इतिहास का प्रतिलोम है। निरुद्देश्य, गतिहीन और वीरान! ग़ालिब और माहरुख को अपनी 'वीरानी' का हल नहीं मिला था लेकिन विवान का जुलूस के पीछे-पीछे चलने लगना आज़ाद हिन्दुस्तान के लोकतान्त्रिक वातावरण में, 72 साल की उम्र में ही सही, रोशनी पा जाना है। समाज में अपने व्यक्तित्व को मिला देना

पश्चाताप, वीरानी और असहायता का विकल्प है।

अब थोड़ी चर्चा कथा के विन्यास की। जिसे शिल्प, बुनावट, संरचना का कलापक्ष कहते हैं। विन्यास लेखक के उद्देश्य और कथानक के ढाँचे की परस्पर क्रियाशीलता से बनता है। इसलिए वह संवेदना और चरित्र, कथ्य और भाषा, विचार और घटना आदि सभी तत्त्वों का संश्लिष्ट रूप होता है। प्रियंवद की अपनी विशिष्ट शैली है। वे प्रत्येक स्थिति को तफसील से गढ़ते हैं, उसे कथानक के प्रवाह में उपयुक्त ढंग से फैलाते और जमाते हैं। उनकी प्रत्येक स्थिति (कथाप्रसंग, चरित्र और घटना) लगभग प्रतीकात्मक अर्थ ग्रहण कर लेती है। 'लगभग' इसलिए कि वह कथ्य के प्रवाह में ठहराव की तरह होता है लेकिन उस प्रवाह में बाधक नहीं होता। जैसे नदी तट पर घाट होते हैं। प्रत्येक स्थिति दूसरी स्थितियों से मिलती, टूटती, टकराती हुई चलती है और उसके बिखरे हुए प्रसंग मिलकर एक मार्मिक अनुभूति जगाते हैं। ऐसे विभिन्न प्रसंगों की समान्तर योजना से कथानक का निर्माण होता है। इसी अर्थ में वह 'कोरस' है। बहुत-से स्वरों का समवेत रूप। प्रत्येक स्वर का स्वतन्त्र अस्तित्व और सबका समन्वित प्रभाव। गीतात्मकता नहीं, संगीतात्मकता। मय्यत कमेटी का मुंशी कालका प्रसाद, साध्य के लिए साधन को तुच्छ समझनेवाला केमिस्ट गुल्लू, घरेलू नौकर सत्यनारायण का बेटा रामू, मच्छरदानी बनानेवाला गंगादीन, मय्यत कमेटी के सदर का पिता, जेल में तीन साल बाद विवान के साथ रखा गया रहस्यमय व्यक्ति, गुरिल्ला संगठन का नेता बाबू, मनोविज्ञान की छात्रा अमीना, बाज़ारवादी समाज में नष्ट होते परम्परागत हुनर वाले देवकी गुरु और उनका बेटा मुकुन्दी, वग़ैरह अनेक छोटे-बड़े चरित्र उस 'कोरस' में अपना-अपना स्वर मिलाते हैं। सबकी स्वतन्त्र स्थिति है और सब एक राग का हिस्सा भी हैं। इससे उपन्यास की अनुभव वस्तु समृद्ध होती है और कथाविन्यास समावेशी बनता है।

प्रियंवद की निर्माण-विधि को समझने के लिए एक छोटा-सा प्रसंग लें। परवेज़ ने अमीना को अँगूठी दी थी। उस पर बहुत छोटे हर्फों में लिखा था, "पाँव की धूल...माहरुख" (पृ. 137)। विवान ने ख़ुर्दबीन से पढ़कर बताया था। विल्मौट डगलस को एक अँगूठी मोहम्मद अली खाँ से मिली थी जो अवध की महारानी विरजिस कदर के इंजीनियर थे और फौज की 93वीं बटालियन में आलुबुखारा बेचने की इजाज़त लेकर जासूसी कर रहे थे। उस अँगूठी पर भी लिखा था, "पाँव की धूल...माहरुख!" (पृ. 221) अमीना को वह इतिहास नहीं पता था। वह हैरान थी, 'कौन है माहरुख?' (पृ. 137) विवान की छत पर अपना लंगूर पकड़ने गंगादीन आता है, उससे पता चलता है कि माहरुख एक 'बूढ़ी तवायफ' थी जिसका चेहरा मरने पर भी किसी ने नहीं देखा था लेकिन 'सुना

गया था कि वह कभी बहुत सुन्दर थी।' और आकाशदीये जलाकर किसी का इन्तज़ार करती थी; विवान का घर और दफ़्तर उसी के मकान में है, विवान कमरे की अलमारी के पल्लों पर दो हिस्सों में बनी जिस लकड़ी को देखता है, वही माहरुख है। (पृ. 151-153)

मुहम्मद अली खाँ को यह अँगूठी उनकी प्रेमिका ने एक बच्चे से भिजवायी थी और कहलाया था कि जहाँ रहेगी, रोज़ रात को एक आकाशदीया जलाकर उनका इन्तजार करेगी। (पृ. 221) विल्मौट से यह अँगूठी परवेज़ तक कैसे पहुँची? पूरी कथा तो नहीं है। फिर भी, अफगानिस्तान की लड़ाई में जब विल्मौट मारा गया, तब कोई अँगूठी समेत उसकी उँगली ही काट ले गया! पृ. 230) माहरुख ने अँगूठी मुहम्मद अली खाँ को दी थी, परवेज ने अमीना को (वापस) दी; मानो एक चक्र पूरा हुआ। माहरुख का मुहम्मद अली लौटकर नहीं आया, अमीना का परवेज भी लौटकर नहीं आया; मानो दूसरा चक्र पूरा हुआ। प्रेम और हिंसा का ताना-बाना अँगूठी के इर्द-गिर्द भी मौजूद है।

कथानक को संवेदनशीलता और रचाव प्रदान करनेवाले इस तरह के बहुत-से आवर्तमूलक प्रसंगों को प्रियंवद ने उपन्यास में पिरोया है। लेखक की भावधारा या विचारधारा पकड़ने की दृष्टि से दो प्रसंग अधिक विश्लेषण की माँग करते हैं। पहला विवान का गुरिल्ला जीवन, जिसमें वैचारिक बहसें, संगठन के कार्यकलाप और उसकी परिणति शामिल है; दूसरा, विल्मौट डगलस की डायरी, जिसमें भारतीय प्रतिरोध की व्यापकता, अँग्रेज़ों का भय, प्रतिरोध, दम्भ और विद्रोह का दमन शामिल है। इनकी समीक्षा स्वतन्त्र विस्तार का विषय है। संक्षेप में कहें तो उससे दो चीज़ें स्पष्ट होंगी। पहली, अँग्रेजी भारत और स्वतन्त्र भारत के समाजों का तुलनात्मक चित्र; दूसरी, औपनिवेशिक सत्ता और राष्ट्रीय सत्ता के विरुद्ध सशस्त्र विद्रोहों की असफल परिणति, जिसके नियतिवादी निहितार्थों से सहमत हो पाना ज़रूरी नहीं है। सन् 1857 को लेकर प्रियंवद के दृष्टिकोण में कई समस्याएँ हैं, हालाँकि इतिहास का उनका अध्ययन और उसका कलात्मक रूपान्तरण 'साहित्यकार' की साधारण क्षमता से बहुत हटकर है।

अन्त में, कुछ असावधानियों का जिक्र मुनासिब होगा। प्रियंवद ने तिथियों और ब्योरों का आत्यन्तिक उपयोग किया है। वह कथा को ऐतिहासिक सन्दर्भ में विश्वसनीय बनाने का माध्यम है। दूसरी तरफ़, संवेदना और चरित्र-निर्माण कथा को प्रामाणिक बनाने का माध्यम है। लेकिन तिथियों और तथ्यों का यह जंजाल कहीं पाठक को उलझा देता है, कहीं ख़ुद कथाकार को। उपन्यास के फ्लैप पर किसी सुशील सिद्धार्थ की टिप्पणी है, "छुट्टी के दिन का कोरस विवान (विंसेंट डगलस) के विचित्र जीवन का महाकाव्यात्मक आख्यान है।" विंसेंट और विवान

पिता–पुत्र हैं, उन्हें लेकर उलझाव कथा निर्माण की जटिलता का परिणाम भी हो सकता है और फ्लैप लेखक की असावधानी का भी। लेकिन विवान के जीवन की तिथियों में असंगति अवश्य लेखक की होगी।

विवान 1988 में जेल से छूटा। (पृ. ९८) अपने द्वारा की गयी हत्याओं के प्रायश्चित के रूप में लावारिस लाशों का अन्तिम संस्कार वह 'पिछले सात सालों से' कर रहा है। (पृ. 101) इस दृष्टि से बिलकुल ठीक है कि मनोविज्ञान का प्रोफेसर जब विवान से मिलने आया, तब "सन् 1995 की सर्दियों का कोई महीना था।" (पृ. 93) लेकिन मुश्किल तब खड़ी होती है जब वह अपने विद्यार्थियों को बताता है कि "आज वह 72 साल का बूढ़ा होकर लावारिस लाशों का अन्तिम कार्य करता है।" (पृ. 98–99) वह 1933 में पैदा हुआ था, (पृ. 37) तभी आज़ादी के समय 1947 में वह '14 साल का' हुआ था। (पृ. 45) इस लिहाज से वह 2005 में 72 साल का होगा, 1995 में नहीं! तिथियों का जाल बुनते–बुनते लेखक खुद उलझ जाए तो पाठक का हाल आप ख़ुद सोचिए।

मय्यत कमेटी के रोज़नामचे में "130 साल का ब्यौरा दर्ज़ है; 130 साल यानी 45450 दिन"। (पृ. 81) लेकिन 130 साल में 47450 दिन होंगे! आँकड़ों की इन त्रुटियों को छोड़ दें। कुछ दूसरी समस्याएँ भी हैं। विवान के रिहायश के सामने एक ओर जेल है, दूसरी ओर मिल। वह पिछले 18 वर्षों से मिल को बन्द देख रहा है। उसके 17 साल पहले जब वह जेल में प्रवेश कर रहा था, तब भी मिल बन्द थी, धरना चालू था। (पृ. 273) क्या पिछले 35 साल से मिल बन्द थी? मिल और जेल के बीच चबूतरा था, जिस पर दिन में पूरी दुनिया बस जाती थी। वहीं हैनीमैन की मूर्ति के पास काले कपड़ों में एक औरत तस्वीह के दानों पर उँगलियाँ फेरती है, पास ही में उसके साथ आयी दो लड़कियाँ रस्सी कूदती हैं। (पृ. 17) पैंतीस साल पहले विवान के जेल–प्रवेश के समय भी हू–ब–हू यही दृश्य है। (पृ. 273) इस आवृत्ति को अगर ठहराव का प्रतीक भी मान लें तो 35 वर्षों के अन्तराल पर उसी दृश्य के मौजूद रहने की तार्किक संगति 'जादुई' यथार्थवाद से ही सम्भव है।

यह सही है कि ऐसी छोटी–छोटी असावधानियों से कथाकार के सामर्थ्य पर प्रश्नचिह्न नहीं लगता। उनकी कला में जो शक्ति है, वह तार की भाषा की तरह कम–से–कम शब्दों में ज़्यादा–से–ज़्यादा सुख या दुख भरने की कोशिश से आती है, "जैसे कविता में होता था, प्रार्थना में होता था, यातना में होता था।" (पृ. 49) कविता, प्रार्थना और यातना का समवाय अगर उपन्यास में तैयार हो तो वह 'छुट्टी के दिन का कोरस' होगा। इसलिए कला की असावधानियाँ कलाकार की उपलब्धियों को ख़ारिज नहीं करतीं।

हिन्दी के अमर उपन्यास

होना यही चाहिए कि अमर कृतियों (क्लासिक्स) के रूप में वही रचनाएँ याद आयें जो समय की परतें और आन्दोलनों के थपेड़े झेलकर जीवित हों। उन रचनाओं के स्वरूप में कुछ भव्यता हो, उनकी संवेदना में व्याप्ति हो। शायद इसीलिए किसी भी युग की अनगिनत रचनाओं में से अमरकृति का दर्जा कुछ को ही मिलता है। क्या नोक-पलक दुरुस्त होने पर भी 'रामचन्द्रिका' (केशव) उसी तरह 'क्लासिक' है जिस तरह विवादित होकर भी 'रामचरितमानस' (तुलसी) है? उपन्यास तो बहुत नयी विधा है, हालाँकि उसने परिदृश्य पर अपना भरपूर दबदबा कायम कर लिया है। हिन्दी में भी, लगभग डेढ़ सौ साल की यात्रा में उपन्यास ने कुछ विश्वस्तरीय कीर्तिमान स्थापित किये हैं। दूसरे नामों पर मतभेद हो तो भी अकेले प्रेमचन्द को लेकर यह बात कही जा सकती है। प्रेमचन्द ने 'मध्यवर्गीय जीवन के महाकाव्य' को औपनिवेशक समाज की वास्तविकता का प्रतिनिधि रूप देते हुए 'किसान जीवन का महाकाव्य' बनाया। उनके दो उपन्यास 'रंगभूमि' (1924) और 'गोदान' (1936) भारतीय समाज की आन्तरिक गहराई और इतिहास चेतना के वैश्विक फलक की दृष्टि से अप्रतिम हैं।

इन दोनों उपन्यासों का ताना-बाना एक तरफ औपनिवेशिक किसान की संघर्षकथा, दूसरी ओर आधुनिक पूँजीवाद की विकासयात्रा के दो परस्पर गुँथे हुए सूत्रों से बुना गया है। इसीलिए सूरदास का वंशज दिखाई देता है होरी क्योंकि पूँजीवादी व्यवस्था के अभ्युदय के साथ अपने ज़मीन की ऐतिहासिक लड़ाई किसान 'रंगभूमि' में हार जाता है; 'गोदान' में गृहस्थ के मजदूर बनने की कथा है, यानी किसान के सर्वहारा बनने की। ज़मीन के लिए लड़ाई होरी का यथार्थ नहीं है। इसी प्रकार, जॉन सेवक कमज़ोर पूँजीवाद का प्रतिनिधि है जो औपनिवेशिक सत्ता (क्लार्क) और सामन्ती तत्त्वों (महेन्द्र सिंह) पर निर्भर है। लेकिन 'गोदान' के मि. खन्ना अन्तर्राष्ट्रीय बैंकपतियों से लेकर गाँव के छुटभैये महाजन तक एक पूरे तन्त्र का प्रतिनिधित्व करते हैं, जहाँ उनकी अपनी ताकत भी हो चुकी है।

प्रेमचन्द के कनिष्ठ समकालीन जैनेन्द्र कुमार के प्रारम्भिक उपन्यास परख

(1929), सुनीता (1935) और त्यागपत्र (1937) एक नया धरातल प्रस्तावित करते हैं। फिर भी अमरकृति के रूप में याद किये जाने का अधिकार 'त्यागपत्र' को सबसे ज्यादा है। इसमें मनोवैज्ञानिक तथ्यों के माध्यम से एक तरफ मध्यवर्ग के विभाजन और विकास की अन्तर्विरोधी कथ है, दूसरी तरफ कुलीन वर्ग और समाज के तलघर की नैतिक भिन्नता का चित्रण है। पारम्परिक संस्थाओं, मूल्यों और सम्बन्धों की निर्मम समीक्षा है और यथास्थितिवादी दृष्टिकोण के बावजूद गहरे असन्तोष के बीज भी हैं। अज्ञेय की 'शेखर : एक जीवनी' (1940, 1944) को भी अक्सर 'मनोवैज्ञानिक' या 'क्रान्तिकारी' की सरल श्रेणी में रखकर देखा जाता है। लेकिन उसका नयापन एक तो उसकी अभिजात दृष्टि में है, दूसरे व्यक्ति और परिवेश के बीच तनाव की संकल्पना में। सन '30-'40 के इसी दशक में लिखा गया वृंदावन लाल वर्मा का 'गढ़कुंडार' (1930) अमरकृतियों में अवश्य गिना जायेगा। उनके ऐतिहासिक-यथार्थवाद की चर्चा तो हुई ही है, जिसे 'उपेक्षित इतिहास' में जनता का पक्ष कहते हैं, श्रमिक-दलित जनता की स्मृतियों, किंवदन्तियों, लोककथाओं आदि के माध्यम से अतीत को सजीव करना, जैसे यहाँ बलवन के समय का इतिहास है, यह वर्माजी की कला का अत्यन्त सजीव पक्ष है।

सन् '45-'46 में क्रमशः 'दिव्या' (यशपाल) और 'बाणभट्ट की आत्मकथा' (हजारी प्रसाद द्विवेदी) अपने ऐतिहासिक कथानक और यथार्थवादी दृष्टिकोण में वृन्दावन लाल वर्मा से जुड़ते हुए भी संवेदना के धरातल पर परवर्ती उपन्यासों के ज़्यादा निकट हैं। यशपाल ने स्त्री-प्रश्न को केन्द्र में रखकर धर्म-राजनीति-परिवार, सभी की समीक्षा की है। संयोग की बात नहीं है कि द्विवेदी जी ने भी नारी शरीर को 'देवमन्दिर' की संज्ञा देकर धर्म की आलोचना की है और 'राजा की सृष्टि प्रजा ने की है'—यह सूत्र प्रस्तावित करके नये यथार्थवाद का परिचय दिया है। इनके अलावा यशपाल का 'झूठा-सच' (वतन और देश, 1958 तथा देश का भविष्य, 1966) देश के विभाजन और स्वाधीन भारत के विकास की प्रक्रिया का विस्तृत चित्र रचता है। अनुभव, संवेदना, जीवन दृश्य और मानव-चरित्र की विपुलता के कारण 'झूठा-सच' का महत्त्व अक्षुण्ण है।

फणीश्वरनाथ 'रेणु' का 'मैला आँचल' (1954) और अमृतलाल नागर का 'बूँद और समुद्र' (1956) सहसा स्थानीयता (क्रमशः मिथिलांचल और अवध) को स्वाधीन भारत की पृष्ठभूमि में केन्द्रीयता प्रदान करते हैं। रेणु की सर्जनात्मकता अपनी वैचारिक दिशाहीनता के कारण 'मैला आँचल' के बाद आत्मसम्मोहन का शिकार होकर बिखर गयी लेकिन नागरजी ने 'मानस का हंस' (1972) और 'नाच्यो बहुत गोपाल' (1978) में नयी ऊँचाई प्राप्त की। दोनों उपन्यास भविष्य की चुनौतियों से रू-ब-रू हैं। उन्हीं दिनों लिखे गये आपका बंटी (मन्नू भंडारी,

1971), धरती धन न अपना (जगदीश चन्द्र माथुर, 1972), तमस (भीष्म साहनी, 1973) और जिन्दगीनामा (कृष्णा सोबती, 1979) पर ध्यान दें तो हम पाते हैं कि जीवन अपने वैविध्य के साथ उपन्यास में सजीव हो उठा है। बेशक, यह सजीव विविधता किसी एक प्रेमचन्द की नहीं है। लेकिन विशेषज्ञता की सीमाओं को तोड़ते हुए अनुभव के नये क्षेत्रों में प्रवेश करना और उस अनुभव को जीवन के व्यापक परिप्रेक्ष्य में देखने का प्रयत्न करना इन उपन्यासों को 'छोटे-छोटे देवताओं' की मनोभूमि से अलग करता है। इसी में इनके महत्त्व और अमरता के स्रोत निहित हैं।

हिन्दी का स्वरूप और मूल स्वभाव

उत्तर-औपनिवेशिक चिन्तन से प्रगतिशीलता की नयी बहार आयी है। औपनिवेशिक अतीत से जुड़ी साम्प्रदायिकता जैसी समस्याओं का समाधान खोजने की दिलचस्पी ने उद्विग्नता का रूप ले लिया है। विदेश जा बसनेवाले या स्वदेश लौट आने वाले बुद्धिजीवियों की प्रगतिशील नयी पीढ़ी अतीत की परतें खुरच-खुरचकर उसकी तहों में छिपे कीटाणुओं से वर्तमान समस्याओं का सम्बन्ध जोड़ने में एड़ी-चोट का पसीना एक कर रही है। इस प्रयत्न में औपनिवेशिक सत्ता की भूमिका ओझल हो जाती है। वैसे भी, स्वार्थी, गर्हित, क्रूर उपनिवेशवाद ने ही हमें सभ्य, आधुनिक, लोकतान्त्रिक बनाया है। अब इतने जटिल-गहन चिन्तन के लिए भाषा भी समर्थ होनी चाहिए। अँग्रेजी के आगे देशी भाषाएँ कहाँ ठहरती हैं? उसमें भी हिन्दी, जो सीधे-सीधे हिन्दू साम्प्रदायवाद से जुड़ी हुई कृत्रिम भाषा है!

इस तरह के तर्कों की पूरी श्रृंखला समकालीन विमर्श ने खड़ी कर दी है। इन तर्कों का सारतत्त्व यही है कि हिन्दी कृत्रिम और साम्प्रदायिक भाषा है, वह हिन्दू कर्मकांडों और संस्कृतनिष्ठता पर टिकी है, मुसलमानों से घृणा करना सिखाती है, उर्दू स्वाभाविक भाषा है जिसके विरोध में हिन्दी खड़ी है, इत्यादि। आज के बौद्धिक वातावरण की एक विशेषता यह है कि पुरानी पीढ़ी नयी विद्वता का विरोध नहीं करती, बल्कि ज्यादा उत्साह के साथ नये निष्कर्षों को अपना लेती है। दलित विमर्श आया तो बहुत-से गैर-दलित बुजुर्ग और वरिष्ठ लेखक उसके प्रबल समर्थक बन गये। अभी एक राष्ट्रीय संगोष्ठी में एक अत्यन्त प्रतिष्ठित विद्वान ने बताया कि उर्दू के जनक अमीर खुसरो थे! पता नहीं, संस्कारबद्धता के कारण या असावधानी के कारण, उनकी बात पर किसी ने ध्यान नहीं दिया। लेकिन यह स्थापना बहुत गम्भीर है।

मान लीजिए, बहुत-सी चीजों की तरह खुसरो उर्दू के भी जनक हैं तो इसमें क्या नुकसान है? अगर केवल सत्यवाद (ट्रूइज्म) न समझा जाए तो पहली बात यह है कि इससे ऐतिहासिक प्रक्रिया का वस्तुगत बोध लुप्त होता है। खुसरो खड़ी बोली के पहले कवि थे हालाँकि वे सिर्फ एक पीढ़ी पहले भारत आये

थे। उन्होंने अपने प्रयोगों से बहुत से सांस्कृतिक रूपों को जन्म दिया। उनमें एक प्रयोग खड़ी बोली हिन्दी में तुर्की या फारसी मिलाकर कविता लिखना था। इन प्रयोगों में दो बातें दर्शनीय थीं। एक भारतीय ग्रामांचलों के लोकछन्दों को आधार बनाकर हिन्दी में या तुर्की-हिन्दी, फारसी-हिन्दी के मिश्रण से कविता की रचना। दूसरे, कव्वाली या रुबाई जैसे लोकप्रिय फारसी छन्दों को हिन्दी की अभिव्यक्ति परम्परा में शामिल कर देना। भाषा और छन्द का यह मिश्रण हिन्दी भाषी समाज में तुर्की और फारसी बोलनेवाली जाति के घुलने-मिलने का ऐतिहासिक साक्ष्य प्रस्तुत करता है। लेकिन इससे उर्दू का जन्म नहीं होता। न खुसरो अपनी भाषा को उर्दू कहते हैं, न सैयद एहतेशाम हुसैन जैसे उर्दू साहित्य के इतिहासकार उन्हें उर्दू का जनक कहते हैं। उर्दू से खुसरो का सम्बन्ध जोड़ा उत्तर-औपनिवेशिक सिद्धान्तकारों ने।

विदेशी जातियों के आने और भारतीय समाज में उनके घुलने-मिलने की प्रक्रिया के साथ एक और घटना थी जो अधिक मूलगामी भी है और निर्णायक भी। वह है व्यापारिक उन्नति। उसी के कारण बाहरी जातियाँ भी आकर्षित होती थीं। यह सिलसिला अँग्रेजी सत्ता की स्थापना तक बराबर चलता रहा। उसके बाद अन्धकार युग शुरू हुआ जिसमें भारत आकर्षण के बजाय हिकारत का विषय बना। व्यापारिक क्रान्ति के दौर में, समाज और राजनीति का सामन्ती ढाँचा बना रहने पर भी, सम्बन्धों की संरचना और समाज की अन्तर्वस्तु बदलती है। भाषा अगर सामाजिक सम्बन्धों की प्रक्रिया से जुड़ी है तो इस गहन यथार्थ की झलक भी भाषा में मिलनी चाहिए। विद्यापति लोककवि और दरबारी इतिहासकार साथ-साथ थे। उन्होंने 'देसिल बयना' मैथिली के साथ 'अवहट्ट' या 'अपभ्रंश' को मिलाकर वैसा ही प्रयोग किया जैसा खुसरो ने किया था।

इन प्रयोगों से तत्कालीन इतिहास की विशेषता प्रकट होती है, किसी नयी भाषा का जन्म नहीं होता। सामंती वातावरण में रहकर भी लोकसंस्कृति के प्रति झुकाव खुसरो-विद्यापति की पहचान है। लोकभाषा—खड़ी बोली और मैथिली—का व्यवहार नयी सांस्कृतिक चेतना का द्योतक है। यह प्रक्रिया रुकने वाली न थी। आगे चलकर जायसी-रसखान हों, जो अवधी और ब्रज में लिखते हैं, या मीर-गालिब हों, जो रेख्ता (फारसी लिपि में लिखी हिन्दी) में लिखते हैं, दोनों ही परम्पराएँ हिन्दी के रूप में पहचान बनाती हैं। सच पूछिए तो अवध के जायसी और ब्रज के रसखान जनपदीप संस्कृति के प्रतिनिधि हैं तथा दरबार से जुड़े मीर-गालिब जातीय संस्कृति यानी हिन्दी संस्कृति के। इसलिए 'हिन्दी जबाँ' की चर्चा जायसी-रसखान नहीं करते, मीर करते हैं जिनके सचेत उत्तराधिकारी हैं गालिब। मीर का प्रसिद्ध शेर है—

क्या जाने लोग कहते हैं किसको सुरूरे-कल्ब।
आया नहीं है लफ़्ज़ ये हिन्दी जबाँ के बीच॥

बोलचाल की भाषा ही कविता की भाषा है, उसमें 'सुरूरे-कल्ब' जैसा अप्रचलित फारसी-प्रयोग मीर को बर्दाश्त नहीं है। अपने को इसी परम्परा में खड़ा करते हुए ग़ालिब ने कहा था—

रेख्ता के तुम्हीं उस्ताद नहीं हो ग़ालिब।
कहते हैं अगले जमाने में कोई मीर भी था॥

गालिब का खुद को उर्दू का नहीं, रेख्ता का कवि समझना बड़े महत्त्व की बात है। एक तो यह उसी हिन्दी की परम्परा थी जो मीर से आयी थी और जिसे आगे जाकर भारतेन्दु ने 'नयी चाल' में ढाला था, भले ही वह फ़ारसी लिपि में लिखी गयी हो। दूसरे, यह 'हिंदी' गिलक्राइस्ट के विशेष प्रयत्न से उत्पन्न 'उर्दू' से अलग थी और गालिब के सामने मीर की हिन्दी ही नहीं, गिलक्राइस्ट की उर्दू भी मौजूद थी। फोर्ट विलियम कॉलेज की स्थापना 1800 में हुई थी और भाषा के रूप में उर्दू का प्रयोग 1802 में शुरू हुआ था। गालिब उसके बाद आये थे लेकिन उन्होंने अपने को 'उर्दू' से नहीं जोड़ा था। शायद तब तक उर्दू को कृत्रिम भाषा समझा जाता था।

ऐसा समझना बहुत नाजायज भी नहीं था। हिन्दी के ढाँचे पर फारसी शब्दावली का खोल चढ़ाकर जो नयी भाषा गढ़ी गयी, उसे उर्दू कहा गया, बोलचाल की हिन्दी में संस्कृत शब्दावली की भरमार करके जो दूसरी भाषा गढ़ी गयी, उसे हिन्दी कहा गया। इसीलिए दोनों भाषाओं का व्याकरण एक है, क्षेत्र एक है, सांस्कृतिक परिवेश एक है, केवल शब्दावली अलग है और आगे चलकर जैसे-जैसे इस अलगाव का आग्रह बढ़ता गया, वैसे-वैसे शब्दावली के साथ जुड़ी स्मृतियों का कोष भी अलग होता गया। उन्हें दो भाषा सिद्ध करने का सैद्धान्तिक आधार मिला ब्रिटिश सत्ता की साम्प्रदायिक नीति से। हिन्दी का हिन्दुओं से और उर्दू का मुसलमानों से कोई सम्बन्ध न होने पर भी यह सम्बन्ध सहजबोध का ऐसा अंग बन गया है कि तथ्यों के आधार पर की जानेवाली चर्चा भी 'प्रगतिशील' उत्तर-औपनिवेशिक विद्वानों की नजर में साम्प्रदायिकता प्रतीत होती है।

नजर की यह कमी दूर करने में इंशा अल्ला खाँ की भूमिका का स्मरण बहुत सहायक हो सकता है। गिलक्राइस्ट की महान परिकल्पना से 1802 में जिस साल पहली बार भाषा के रूप में उर्दू का अस्तित्व प्रकट हुआ, उसी साल इंशा ने 'रानी केतकी की कहानी' लिखी, जिसमें विषय-वस्तु का नयापन दर्शाना उनका उद्देश्य नहीं था बल्कि शुद्ध हिन्दी का प्रयोग करके गद्य या कहानी लिखना मुख्य

उद्देश्य था। शुद्ध हिन्दी से इंशा का मतलब तत्सम नहीं, बोलचाल की भाषा से था—

यह वह कहानी है कि जिसमें हिन्दी छुट।
और किसी बोली का मेल है न पुट॥

यह है हिन्दी का स्वरूप। इंशा की भाषा में 'और किसी बोली का' मेल या पुट नहीं है। मतलब यह कि न संस्कृत-पालि-अपभ्रंश का मेल है, न अरबी-फारसी-तुर्की का। संस्कृत और फारसी की मिलावट से अलग जो हिन्दी है, वह शुद्ध हिन्दी है। वही हिन्दी का मूल स्वभाव है जिसकी रक्षा के लिए सबसे पहले इंशा अल्ला खाँ सामने आये। 1802 में हिन्दी के साथ संस्कृत के मिश्रण की समस्या नहीं थी, फारसी के मिश्रण की समस्या थी। इस प्रकार, जो तथाकथित उर्दू गढ़ी जा रही थी और हिन्दी समाज में अलगाव की भूमिका बनायी जा रही थी, इंशा उसका पहला और तत्काल प्रतिरोध कर रहे थे।

जाहिर है, हिन्दी में तुर्की मिलाकर नहीं, फारसी मिलाकर उर्दू को जन्म दिया गया। खुसरो ने जिन भाषाओं को मिलाया है, उनके मूल व्याकरण को कायम रखा है। 'उर्दू' का अपना कोई व्याकरण नहीं है। वह हिन्दी व्याकरण और फारसी शब्दावली से निर्मित भाषा है। लेकिन इससे भी ज्यादा दिलचस्प बात दूसरी है। इंशा ने शुद्ध हिन्दी की कहानी लिखते समय जो विषयवस्तु चुनी वह पुरानी थी, उसका घटना-विन्यास पुराना था, उसका ढाँचा भी पुराना था। यानी, विषय वस्तु, घटना-विन्यास और कथात्मक का ढाँचा सबकुछ आख्यान का था और यह आख्यान जायसी-तुलसी के काव्य में मौजूद था। यानी आख्यानमूलक स्वरूप और उसमें मौजूद स्मृति भंडार, कुछ भी फारसी का नहीं था, न अरबी-तुर्की का था। वह पूरी तरह जातीय था, जिसकी जड़ें, हिन्दी मानस की गहराइयों में थीं। कहीं ऐसा तो नहीं था कि इंशा ने पुरानेपन की परवाह किये बिना, बल्कि इस पुरानेपन का आभास देनेवाला आख्यानपरक ढाँचा और जातीय स्मृति-भंडार जान-बूझकर चुना हो? इस ढाँचे और स्मृति के साथ वही हिन्दी आ सकती थी जिसमें और किसी बोली का मेल या पुट न हो, यह बोली चाहे महान अतीत की हो या उससे भी महान शासकों की हो।

हिन्दी का अर्थ अपनी इस सामाजिक पृष्ठभूमि और जातीय परम्परा से निरपेक्ष नहीं हो सकता। साम्प्रदायिक समस्या का सम्बन्ध हिन्दू और मुसलमान समुदायों से है, भाषा इस साम्प्रदायिक विभाजन से परे, एकताबद्ध सांस्कृतिक व्यवहार का साक्ष्य देती है। साम्प्रदायिक दृष्टिकोण से भाषा-सम्बन्धी शोध करने के बदले भाषा के वास्तविक लौकिक व्यवहार से साम्प्रदायिक प्रश्न का हल खोजने पर हम आग्रहों-दुराग्रहों से बच सकते हैं। नयी पीढ़ी के प्रगतिशील विचारक हिन्दी विरोधी और उर्दू-समर्थक रुख अपनाकर न केवल अल्पसंख्यक तुष्टीकरण

का आभास देते हैं, बल्कि साम्प्रदायिक विद्वेष बढ़ाने में परोक्ष सहायता करते हैं। वास्तव में वे पुराने उपनिवेश की भूमिका को उचित ठहराते हैं और नये उपनिवेशीकरण की सांस्कृतिक भूमिका तैयार करते हैं। खुसरो इंशा तक हिन्दी की परम्परा अपनी जनता की भाषा और स्मृति से रस खींचकर आगे बढ़ती रही है। औपनिवेशिक हस्तक्षेप से उसमें कहीं-कहीं उत्साही या अतिवादी प्रतिक्रियाएँ जरूर पैदा हुईं लेकिन उससे हिन्दी का मूल स्वभाव परिवर्तित या नष्ट नहीं हुआ। उसे पहचानकर ही हम अपने वर्तमान कर्तव्य और भावी दिशा का सही चुनाव कर सकते हैं।

हिन्दी की ताकत उसकी जनता है

जब से विश्व बाजार में भारत की नई भूमिका शुरू हुई है, तब से भारत के समाज और संस्कृति के प्रति भी दुनिया का ध्यान आकर्षित हुआ है। भाषा हमारे समाज और संस्कृति का ऐसा पहलू है जो एक तरफ हमारी आपसदारी कायम करती है तो दूसरी तरफ हमारी सार्वभौम पहचान बनाती है। व्यापार हो या दर्शन, साहित्य हो या राजनीति, ज्ञान-विज्ञान और सामाजिक व्यवहार की सभी प्रक्रियाएँ भाषा के माध्यम से ही रूप लेती हैं। इसलिए अन्तर्राष्ट्रीय क्षेत्र में भारत की बढ़ती हुई भूमिका के समानान्तर भारत की भाषाओं के प्रति भी ध्यान आकर्षित हो रहा है। यह संयोग की बात नहीं है कि ऑक्सफोर्ड डिक्शनरी के नये संस्करण में अकेले हिन्दी के दस हजार शब्द शामिल किये गये हैं। यह भी उल्लेखनीय है कि ऑक्सफोर्ड डिक्शनरी जिस नयी शब्द-सम्पदा का परिचय दे रही है, वह ब्रिटिश और अमेरिकन इंगलिश का परम्परागत बँटवारा खत्म कर रही है। अन्तर्राष्ट्रीय बाजार की जरूरतों के अनुसार एक नई भाषा बन रही है, जिसमें हिन्दी और भारतीय भाषाओं की जगह भी है।

यह वर्तमान विश्व में हिन्दी का नया आयाम है। हालाँकि इसके सूत्र इतिहास में बहुत पीछे तक चले गये हैं। 12वीं शताब्दी के बाद जब भारत और मध्य एशिया के बीच नये व्यापारिक सम्बन्धों का विकास हुआ और यूरोप की कुछ जातियाँ ईरान और अन्य मध्य एशियाई बाजारों में भारतीय वस्तुओं से परिचित होने लगीं, तब विश्व संस्कृति पर भारतीय दर्शन, विज्ञान, ज्योतिष, गणित और साहित्य का बड़ा गहरा असर पड़ा। उन्हीं दिनों दुनिया की अनेक भाषाओं में भारतीय ज्ञान-विज्ञान के अनुवाद की परम्परा भी शुरू हुई जो 19वीं शताब्दी में मैक्समूलर और 20वीं शताब्दी में प्रो. बाशम तक चली। ज्ञान, विज्ञान और व्यापार हो या साहित्य और सामाजिक व्यवहार, अभिव्यक्ति और सम्प्रेषण के सभी पारस्परिक रूप अन्ततः भाषा से सम्बद्ध हैं।

पिछले दौर में व्यापार की भाषा खड़ी बोली हिन्दी थी, लेकिन ज्ञान-विज्ञान की भाषा मुख्यतः संस्कृत। नये दौर में यानी आज के विश्व बाजार में हमारे ज्ञान-

विज्ञान और व्यापार की भाषा एक ही है। और वह है भारतीय समाज के बोलचाल की भाषा। हिन्दी इनमें एक है, एकमात्र नहीं। लेकिन अपनी भौगोलिक स्थिति और अपनी आबादी की बहुलता के कारण वह एक विशेष स्थिति अर्जित कर लेती है।

प्राचीन काल से हमारे देश की एकता का केन्द्रीय सूत्र उसी क्षेत्र से जुड़ा रहा है जिसे आज हम हिन्दीभाषी क्षेत्र कहते हैं। आज भी हमारी राष्ट्रीयता का मूल आधार यही हिन्दीभाषी क्षेत्र है। इसीलिए प्राचीन काल में जिसे भारतीय संस्कृति कहा गया, उसका सम्बन्ध प्रधानतः इसी क्षेत्र से है। मध्यकाल में जिन्हें केन्द्रीय शासन कहा गया, वे मूलतः इसी क्षेत्र में थे। आज हम जिसे भारतीयता कहते हैं, उसके मूलाधार इसी क्षेत्र से सम्बद्ध हैं। इसीलिए हम देखते हैं कि हिन्दीभाषी संस्कृति का बाजार अहिन्दीभाषी क्षेत्रों में भी फैला हुआ है। न केवल लोकप्रिय हिन्दी सिनेमा का निर्माण अहिन्दीभाषी प्रदेशों में होता है जैसे कलकत्ता, मुम्बई और मद्रास, बल्कि इन क्षेत्रों में लोकप्रिय हिन्दी संस्कृति का अच्छा खासा बाजार भी है। इसीलिए हिन्दी क्षेत्र में बंगला या तमिल का विरोध करने के लिए आन्दोलन नहीं चलते, बल्कि अहिन्दी क्षेत्रों के अवसरवादी राजनीतिज्ञ हिन्दी विरोध के आन्दोलन चलाया करते हैं।

अँग्रेजी उपनिवेशवाद के दिनों में भारत से जो आबादी राष्ट्रीय सीमाओं के बाहर ले जायी गयी, वह मूलतः हिन्दी क्षेत्र की थी और अगर पहले दौर में भारत के व्यापारी अपनी भाषा लेकर विश्व से सम्पर्क कर रहे थे तो 19वीं शताब्दी में भारत के कुली, मजदूर, जिन्हें गिरमिटिया नाम से जाना जाता है, अपनी श्रम-शक्ति के साथ दुनिया से एक नया साक्षात्कार कर रहे थे। यह उल्लेख करने की बात है कि भारत के व्यापारी अपनी भाषा से विश्व का केवल परिचय करा सके, लेकिन इन गिरमिटिया मजदूरों ने दुनिया के अनेक देशों में अपनी भाषा के पौधे रोपे हैं। सही मायने में हिन्दी को इन्होंने विश्व भाषा बनाया। आज जब दुनिया के सबसे विकसित देशों में ब्रिटेन और अमेरिका तक में 'विश्व हिन्दी सम्मेलन' आयोजित हो रहे हैं, तब इन समृद्ध देशों की चकाचौंध के सामने अपने गिरमिटिया पुरखों की भूमिका, उनकी यातना और उनके परिश्रम को याद करना हमारा अनिवार्य धर्म बन जाता है।

यहाँ हमारे सामने दो तथ्य उभरते हैं। पहला यह कि इन गिरमिटियों के साथ जो हिन्दी बाहर गयी, वह खड़ी बोली नहीं थी। हमारे गिरमिटिया पुरखे अधिकतर निर्धन और निरक्षर थे। उनके पास केवल अपनी मातृ बोली थी। वह थी भोजपुरी और अवधी या बुन्देली या हिन्दी की कोई दूसरी जनपदीय भाषा। हिन्दी की इन बोलियों ने केवल भारतवर्ष की हिन्दी को ही समृद्ध नहीं किया,

बल्कि उसने विश्व भाषा हिन्दी को पहचान दी है। इसलिए हिन्दी के रूप में खड़ी बोली का महत्त्व रेखांकित करते समय उसके इन लोक-स्रोतों को अनदेखा नहीं किया जाना चाहिए। मैं इन्हें लोकभाषा के बजाय हिन्दी का लोक-पक्ष कहना अधिक उपयुक्त समझता हूँ।

इस प्रक्रिया का दूसरा पहलू यह है कि हमारे निरक्षर पुरखे जिन देशों में गये, वहाँ की भाषाओं से उन्होंने सह-अस्तित्व कायम किया। उनसे टकराहट के बजाय आदान-प्रदान और सामंजस्य का रिश्ता बनाया। इससे यह भी पता चलता है कि जहाँ निहित स्वार्थ सक्रिय होते हैं, वहाँ भाषाओं का संघर्ष दिखाई पड़ता है, एक भाषा द्वारा दूसरी भाषा का दमन दिखाई पड़ता है और भाषाओं का उन्मूलन दिखाई पड़ता है। लेकिन जहाँ श्रमजीवी जनता सांस्कृतिक जीवन में निर्णायक भूमिका अदा करती है, वहाँ भाषाओं के बीच सम्बन्ध, सामंजस्य, आदान-प्रदान और भाईचारा दिखाई पड़ता है। इसलिए हमारे सद्भावनापूर्ण भविष्य के लिए, सामंजस्यपूर्ण सामाजिक संस्कृति के लिए और भाषाओं के बीच समानतापूर्ण आपसदारी के लिए, श्रमजीवी जनता को आधार बनाने की आवश्यकता स्पष्ट हो जाती है।

यहाँ हमारे सामने यह बात भी स्पष्ट होती है कि कोई भाषा तभी विकास करती है जब वह अनेक भाषाओं के सम्पर्क में होती है। जैसे कोई संस्कृति या कोई मनुष्य तभी विकास करता है जब वह अनेक संस्कृतियों और मनुष्यों के सम्पर्क में होता है। परस्पर विकास में सहायक होनेवाली विभिन्न संस्कृतियों और भाषाओं में किसी का महत्त्व स्वीकार करना और किसी का अवमूल्यन करना वास्तव में अन्धता की प्रक्रिया है। इसलिए हम सच्चे हिन्दी प्रेमी तभी बन सकते हैं जब हम हिन्दी के साथ एक तरफ उसके लोक-स्रोतों को यानी जनपदीय बोलियों को आदर और महत्त्व दें, दूसरी तरफ अन्य भारतीय भाषाओं को अपनी ही भाषा के समान आदर और महत्त्व दें और तीसरी तरफ विश्व की अन्य भाषाओं की रक्षा और विकास के लिए सहयोग दें।

दूसरे शब्दों में, प्रत्येक भाषा अपने आन्तरिक स्रोतों और बाहरी सम्बन्धों के प्रति खुली और जनतान्त्रिक दृष्टि अपनाकर अपनी रक्षा कर सकती है और अपने विकास का मार्ग प्रशस्त कर सकती है। विकास की इसी प्रक्रिया में एक भाषा दूसरी भाषा को समृद्ध करती है। लचीलापन और ग्रहणशीलता विकास की कुंजी है। यह तभी सम्भव है जब हमारा दृष्टिकोण संकीर्ण और संकुचित न हो।

अँग्रेजी के विकसित होने का एक बड़ा कारण उसमें लचीलेपन और ग्रहणशीलता का गुण है। हमें हिन्दी के विकास के लिए इस गुण को और अधिक अपनाना होगा। मैं इस प्रवृत्ति का घोर विरोध करता हूँ कि बोलचाल के प्रचलित शब्दों को छोड़कर या पारिभाषिक शब्दावली के रूप में स्वीकृत शब्दों को छोड़कर

हम अनुवाद की कृत्रिम शब्दावली निर्मित करें। 'अधिशासी अभियन्ता' जैसे गरिष्ठ शब्दों का निर्माण करने के बजाय हमें जनता से यह सीखना चाहिए कि उसने अँग्रेजी की रेल और हिन्दी की गाड़ी को मिलाकर कितनी सरलता से यह रेलगाड़ी शब्द बना दिया। विवेक का यह लचीलापन निरक्षर जनता में तो है लेकिन विद्वानों और बुद्धिमानों में थोड़ा कम ही दिखाई देता है। वास्तव में इस विवेकसम्मत खुलेपन के बिना न हमारी भाषा दूसरी भाषाओं को समृद्ध करेगी और न दूसरी भाषाएँ हिन्दी को समृद्ध करेंगी।

भाषाओ की आपसदारी से यह स्पष्ट होता है कि उनके बीच सौहार्द का मूल आधार समानता का रिश्ता है। भाषाओं की समानता अन्ततः मनुष्यों की समानता है। गुलाम की भाषा स्वामी की भाषा नहीं हो सकती। वस्तुओं के ही नहीं शब्दों के अर्थ भी मनुष्य की स्थिति से निश्चित होते हैं। पुराने गुलामों को याद कीजिए जिनकी पीठ पर कोड़ा बरसता था। उनके लिए कोड़े का वही अर्थ नहीं था जो कोड़ा चलानेवालों के लिए था। भूखे शेर से लड़ते हुए एक गुलाम को देखकर दासों के स्वामी कैसा पैशाचिक आनन्द लेते थे। उनके लिए शेर और गुलाम दोनों मनोरंजन का बहाना थे, लेकिन गुलाम के लिए अपने मालिक और शेर वही अर्थ नहीं रखते थे। अनुभव की यह प्रक्रिया भाषा में ही रूप लेती है। इसलिए सामाजिक सम्बन्धों में विषमता रहने पर भाषा के क्षेत्र में सौहार्द और सामंजस्य की कल्पना नहीं की जा सकती। यह विषमता चाहे जिस रूप में हो—मनुष्यों के बीच, जातियों के बीच, वर्गों के बीच, क्षेत्रों के बीच या देशों के बीच।

आज हम भूमण्डलीकरण के जिस अनुभव से गुजर रहे हैं, उसका आर्थिक आधार बाजार व्यवस्था ने निर्मित किया है। विडम्बना यह है कि आज यह बाजार व्यवस्था केवल आवश्यकताओं की पूर्ति और वस्तु-विनिमय का क्षेत्र नहीं रह गयी है, बल्कि वह आर्थिक और सामाजिक लाभों के वितरण की नियन्ता भी बन गयी है। इस स्थिति में यह स्वाभाविक हो जाता है कि जिसके पास आर्थिक शक्तियाँ केन्द्रित हैं, वही अपने पास लाभ भी समेट लेगा और जो इस प्रक्रिया में बाहर खड़ा है, वह लगातार वंचना का शिकार होगा। लाभ बटोरने वाले और वंचित होनेवाले मनुष्यों के समुदाय जिन भाषाओं का उपयोग करते हैं, उन भाषाओं में भी प्रभुत्व और अधीनस्थतता का सम्बन्ध विकसित होने लगता है। इसीलिए हम देखते हैं कि जिन विश्व शक्तियों के हाथ में आर्थिक शक्तियाँ केन्द्रित हैं, जिनके पास सामरिक शक्तियाँ केन्द्रित हैं, वही अपनी विश्व बैंक और मुद्राकोष जैसी संस्थाओं के माध्यम से दुनिया पर अपनी नीतियाँ थोप रहे हैं और वही दूसरी भाषाओं को भी अपना अधीनस्थ बना रहे हैं।

आज दुनिया की करीब सौ भाषाएँ विलुप्त होने के खतरे का सामना कर

रही हैं। हिन्दी संकट में अवश्य है, लेकिन खतरे में नहीं। संकट अधीनस्थता से जुड़ा है और खतरा विलोप से। चालीस करोड़ हिन्दुस्तानी जनता की भाषा को और उसकी आधी विश्व जनता की भाषा को विलुप्त करना किसी साम्राज्यवाद के वश में नहीं। इसीलिए एक ही समय में दो परस्पर विरोधी चीजें दिखाई देती हैं। हिन्दी पर अंग्रेजी का बढ़ता प्रभुत्व जो अधिकांशत: उच्च शिक्षित और नवधनी समुदाय में परिलक्षित होता है और दूसरी तरफ हिन्दी का बढ़ता प्रभाव जो नई उभरती सामाजिक शक्तियों के माध्यम से अभिव्यक्त होता है।

इससे यह भी पता चलता है कि हिन्दी संस्कृति अपनी दमित शक्तियों के उभार और नवधनी कुलीन वर्गों की अजीर्ण संस्कृति के बीच एक प्रकार के विभाजन का सामना कर रही है। यह विभाजन भाषा में भी अभिव्यक्त हो रहा है। यह जो कुलीन तबका है, वह दरिद्रों, आदिवासियों, स्त्रियों और दूसरे वंचितों से जुड़ने में अपनी शान नहीं समझता।

इसके विपरीत वह देशी धनिकों और विदेशी प्रभुओं से जुड़ना अपनी नियति समझता है। भले ही उनके सामने उसकी स्थिति दयनीय ही क्यों न हो।

इससे यह भी स्पष्ट होता है कि हमारे नवधनी कुलीन वर्गों की मानसिकता अंग्रेजी के प्रभुत्व और हिन्दी की हेयता का कारण बन गयी है। जबकि नई शक्तियों का आत्मविश्वास और विकास हिन्दी में नई जागृति का रूप लेकर आगे बढ़ रहा है। यह विरोधाभास हमारे समाज के अन्दर भी है। लेकिन विकास का प्रत्येक रास्ता द्वन्द्व और संघर्ष के भीतर से ही निकलता है, वह विरोधाभासों को दूर करते हुए नये सामंजस्य और सन्तुलन की खोज करता है। इसलिए विश्व हिन्दी सम्मेलन की पृष्ठभूमि में हिन्दी भाषा संस्कृति और समाज के इन आवश्यक पक्षों को अपने विचार का विषय बनाना प्रत्येक देशभक्त और हिन्दी प्रेमी नागरिक का कर्तव्य है।

णाणं
पयासयं
वीर नि.सं. 2470
ई.सन् 1944
भारतीय ज्ञानपीठ